사회복지 실천기술론

3판

구혜영 지음

신정

머리말

'사회복지에 기술이라는 것이 있을까? 있다면 어떻게 실천하고 적용해야 할까?' 참으로 어려운 주제임에는 틀림없다. 이 어려운 주제를 대상으로 사회복지실천론이라는 교재를 2010년에 초판을, 2013년에 2판을 출간하였다. 시간에 흘러 몇 가지 보완사항이 눈에 보여 3판을 내놓게 되었다.

사회복지가 갖는 타 학문과의 차별성과 전문성을 강조하는 데 초점을 두었다. 그런 의미에서 기술이 고도화되고 사회가 첨단화되는 사회변화에도 불구하고 사회복지학 특히 사회복지실천기술에 대한 사회적 관심은 더 커져갈 것이라 생각한다.

1장에서는 사회복지실천 학문이 갖는 의의와 방향에 대하여 기술하였고, 2장, 3장, 4장은 사회복지실천현장에서 적용되고 있는 실천모델들을 설명하면서 개입과정과 기술들을 정리하였다. 5장은 개인을 대상으로 한 사회복지실천의 의의와 과정, 기법을 서술하였으며, 6장과 7장은 가족을 대상으로 한 사회복지 실천모델과 개입기술을 기술하였다. 8장과 9장, 10장은 집단을 대상으로 한 사회복지실천의 의의와 유형, 집단의 역동성, 모델 및 기법들을 수록하였다. 11장은 지역사회를 대상으로 한 사회복지 실천모델과 기술, 12장은 사회복지실천의 기록기술을, 13장은 평가기술에 대하여 정리하였다.

늘 그렇듯 책은 자신의 생각을 일부 전달하는 수단일 뿐, 전체를 다 담아내지 못함을 다시금 느낀다. 제 자신의 부족함을 탓하며….

행당동 연구실에서

구혜영

차례

contents

contents

06 가족 대상의 사회복지실천

07 가족치료모델과 개입기술

contents

contents

12 사회복지실천의 기록

contents

CHAPTER

01

사회복지실천기술의 전문적 기반

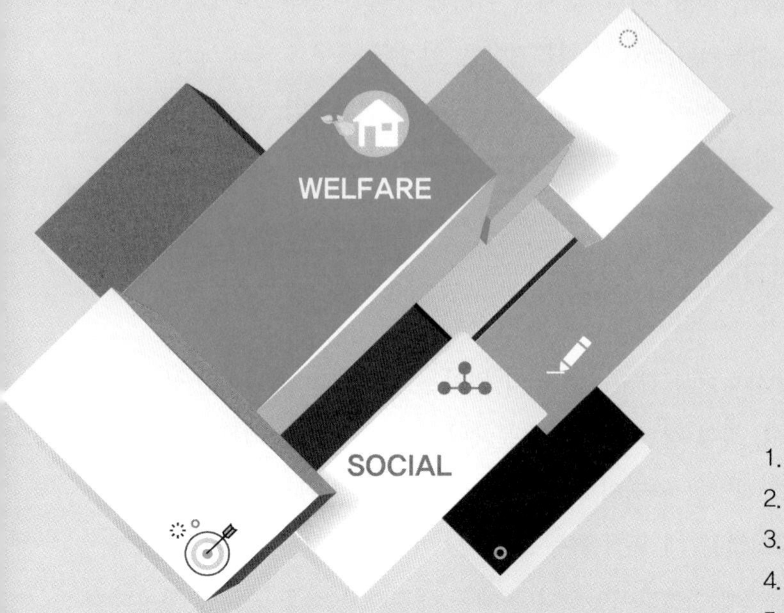

1. 사회복지실천의 전문적 기반
2. 사회복지실천기술
3. 사회복지현장의 이해와 분류
4. 사회복지사의 역할과 기능
5. 사회복지전문직의 윤리

01 CHAPTER 사회복지실천기술의 전문적 기반

1 사회복지실천의 전문적 기반

사회복지는 인간의 성장발달과정에서 직면하게 되는 일반적인 문제, 즉 성장, 학습, 직장생활, 결혼생활, 양육, 슬픔, 질병, 이별, 경제적 어려움 등을 극복하도록 돕는 기술(helping skills)을 알게 하는 학문이다. 즉, 사회복지학은 인간의 욕구를 충족시키고 그 책임을 수행하는데 도움이 되는 여러 가지 자원 제공을 통해 전인적인 건강한 성장과 사회적 기능회복 및 사회문제의 예방과 해결을 가능하게 한다.

1) 사회복지실천의 목적과 개념

사회복지실천은 인간이나 사회현상 간의 역기능의 원인을 이해하고, 효과적인 문제해결의 방법과 계획을 수립하여, 직접 경험하지 못한 문제나 상황에 대한 이해를 향상시키는 목적을 갖고 있다. 그리고 다양한 관점의 제공으로 의사소통을 지원하며, 클라이언트의 낙인 최소화의 관점을 강화하는 데 목적을 두고 있다. 이러한 목적을 달성하기 위한 사회복지실천의 구체적인 역할에는 클라이언트의 문제를 해결하고 적응 능력을 향상하기 위해 지지하는 역할, 인간과 자원・서비스・기회를 제공하는 체계와 중개하는 역할, 기관이나 조직 차원에서 체계적이고 효과적으로 옹호, 프로그램 개발, 수퍼비전, 조정하는 역할이 있다.

Pincus와 Minahan(1973)은 사회복지실천이란 사람과 자원 간의 연결과 상호관계라고 정의하며, 사회복지실천 활동을 수행하기 위해서는 대인관계기술, 면접기술, 집단지도기술, 의사소통기술, 평가 및 종결기술 등이 요구된다고 하였다. 그러므로 사회복지실천은 우선 사회복지실천의 지식, 가치, 윤리, 의무로부터 제시되어야 하며, 사회복지사에 필요한 핵심적 자질과 일치해야 한다. 또한 실천의 단계나 과정의 맥락을 고려하여 전문적 통합성의 특징을 반영해야 한다.

2) 사회복지실천의 기반지식

사회의 급속한 변화로 인해 발생되고 있는 인간의 기본적인 욕구의 불충족과 역기능적 상황, 사회적 불평등, 차별, 소외 등 사회문제로 사회복지학의 학문의 필요성이 증대되었다. 즉, 사회복지학은 인간의 생존구조와 문제, 복지를 향상시키기 위해 경제적, 사회적, 정치적, 문화적 다양한 종합체적 성격 지식체계를 발전시켜 왔다는 것이다. 그러므로 사회복지실천의 지식기반은 심리학, 사회학, 교육학 등에서 도출되어 점차 공통적으로 수용될 수 있는 개념과 준거틀을 찾는 과정을 거쳤으며, 실천에 대한 가설을 검증하고 표준적 조사방법을 통해 실천을 평가하며 타당성을 확보하는데 관심을 기울여 왔다(배창진 외, 2003).

(1) 사회복지학과 인접 학문

사회복지학의 지식은 인간과 사회체계에 관한 것이며 다양한 학문을 응용한 것인 만큼 광범위하다. 또한 사회복지학은 응용학문의 성격이 강하기 때문에 다양한 학문들과 밀접한 관계를 맺고 있다. 어떤 학문의 어떤 이론이라도 인간의 사회적 기능을 높이는 목적에 직접 적용될 수 있는 것이면 사회복지학의 지식기반으로 적용될 수 있다(서성철, 2004).

우선 사회복지학은 사회과학이다. 이것은 사회복지학이 어떠한 현상상태나 표현방식을 취하든 학문적 연구방법상 사회과학적이어야 한다는 것을 의미한다. 하지만 사회과학은 사회현상과 인간관계 현상을 연구대상으로 하고 사회과학의 지식은 과학이론인 데 비해 사회복지학은 어떠한 사회현상에 내재하는 사회문제에 대처해 나가기 위한 사회적 정책의 체계이고 사회복지학의 지식은 실천이론이다. 그러므로 사회복지학의 사회문제에 대한 연구방법은 사회과학적이어야 하며 그 실천은 문제해결과 복지발전을 목적으로 해야 한다(정종우, 2007).

| 표 1-1 | 사회복지 인접 학문과의 비교

구분	인접 학문	사회복지학
사회학	사회문제나 사회현상의 원인과 결과를 사실적으로 밝히는 과학적 방법에 초점	사회구성원의 사회적 기능을 향상시키고, 개인의 문제를 해결하는 구체적인 방법을 개발하여 적용하는 데 초점
심리학	인간의 내면세계나 성격적 특성, 그리고 행위의 원인을 밝히는 것에 초점을 두는 심리치료 서비스	이외에도 사회 · 경제적 서비스를 제공
정신의학	정신질환을 진단, 처방, 치료, 회복하는 것을 강조	개인과 가족의 일상적인 심리문제를 해결하고, 사회적 기능을 향상시켜 주는 것에 초점
정치학	정부와 정치제도의 과정, 원칙, 구조를 연구	공적 및 사적 영역의 대인서비스에 관심
경제학	상품의 생산, 분배, 소비를 연구	사회경제적 정의의 원칙에서 정책, 정책 형성과정, 그리고 사회정책분석에 영향을 미치는 요인에 관심
문화인류학	고고학적 · 민속학적 · 사회적 · 심리학적 자료를 기반으로 하여 인간문화를 연구하고 분석방법을 연구	인간의 문제에 대한 사회체계적 환경적 요인에 대한 분석

출처: 류종훈 외(2007). 정리 요약.

(2) 전문적 기반

사회복지실천의 전문적 기반은 과학적 기반과 예술적 기반으로 나누어 설명할 수 있다(김혜란 외, 2006).

첫째, 사회복지실천은 구체적인 변화를 위해 지식을 활용하고 이론을 적용하는 과정으로 이를 위해서는 과학적 기반을 갖추어야 한다. 사회복지실천의 과학적 기반을 위한 필요한 지식은 다음과 같다. 우선 개인의 인생과업에서 강조되는 인간의 성장과 발달, 욕구와 물리적 사회적 자원, 인간의 행동에 관한 지식(전인적인 인간관 이해, 인간과 환경과의 상호작용 이해), 인간의 의사소통의 다양한 방법의 이해(내적 감정상태 이해), 집단 과정의 이해(집단 구성 시 개인과 집단의 역할 이해), 개인 · 집단 · 지역사회에 대한 문화적 요인의 영향 이해(종교, 영적가치관, 법률, 사회제도 등), 인간관계 및 상호작용에 대한 이해, 지역사회의 본질에 대한 이해(내적구조, 과정, 발달과 변화 형태, 자원, 서비스 현황 등), 미시 · 중범위 · 거시 전문가 수준의 사회복지실천방법에 관한 지식 필요(개입모델, 문제해결과정, 개입방법 등), 조직행위와 기관의 행정적 과정 · 정치적 과정 · 실천을 위한 지식을 형성하고 실천 영역의 서비스 전달을 평가하기 위한 과학적 · 분석적 이해와 설명을 제공하는 조사방법과 프로그램 평가 방법 등이 있다.

사회복지실천의 예술적 기반은 전문적인 관계, 즉 감정이입, 온화함, 진실성, 창의성, 상상력, 융통성 등을 의미한다. 사회복지실천의 예술적 기반에 포함되는 요소로는 동정, 인간의 고통에 직면할 수 있는 용기, 의미 있고 생산적인 원조관계를 형성할 수 있는 능력, 변화를 창조하는 창의성, 변화과정에 에너지와 희망을 불어넣는 능력, 건전한 판단능력, 개인의 가치 등이 이에 속한다. 결국 사회복지실천은 인간서비스 전문 활동인 동시에 실천에 관한 과학이며 가치에 기초를 둔 예술이라 할 수 있다.

2 사회복지실천기술

1) 개념

사회복지실천기술이란 사회복지실천에서 클라이언트의 변화를 위해 개입하고 노력하는 행위를 지원하는 이론적인 체계인 동시에 전문적인 지식과 가치에 기초한 개입기술을 의미한다.

다양한 학자별로 사회복지실천기술에 대해 정의한 내용을 정리해 보면 다음과 같다.

표 1-2 학자별 사회복지실천기술의 개념

학자	개념
Mary Richmond (1922)	개개인, 그리고 개인과 사회환경 사이에서 의식적인 조정을 통해 사회환경 속에서의 적응능력을 향상시켜 개개인의 인격과 성격발달을 도모하는 기술
Bowers (1949)	클라이언트와 그의 환경 사이의 조화를 이루도록 지역사회 내의 자원과 클라이언트 개인의 능력을 최대한 동원하는 지식과 기술
Bartlett (1970)	개인과 환경에 대한 이중 초점을 두고 개인이 갖고 있는 대처능력과 개인에 대해 환경이 요구하는 것 사이의 균형을 이룰 수 있도록 돕는 기술
Pincus & Minahan (1973)	사람과 사회환경에 존재하는 체계들 사이의 연결과 상호관계의 기술 (개인의 문제해결 능력과 대처능력을 향상시키고 사람들을 자원과 서비스 및 기회를 제공하는 체계와 연결시키며, 이 체계들이 효과적·인도적으로 운영되게 장려하고, 사회정책 개발과 발전에 기여하는 기술)
NASW 1 (1958)	인간과 사회환경의 부조화로 인해 나타나는 개인이나 집단의 문제를 해결하거나 최소화하여, 이러한 문제를 미리 예방하여 개인, 집단, 지역사회의 잠재력을 최대화하는 것을 목적으로 하는 원조 활동의 기술
NASW 2 (1977)	개인, 집단 또는 지역사회가 사회적 기능(social functioning)을 향상시킬 수 있는 자신들의 능력을 회복하거나 증진시키고, 자신들의 목표달성을 위한 사회조건을 스스로 만들어 갈 수 있도록 돕는 전문적 활동의 기술 → 기존의 사회복지실천 3대 방법(개인, 집단, 지역사회조직사업)이 새로운 방법으로 모색(사회복지실천, 사회치료, 임상사회사업 등), 통합실천방법론이 대두되기 시작
Germain & Gitterman (1980)	개인과 개인에게 영향을 주는 사회, 물리적 환경 간의 역기능적 교환에 개입하는 기술
Perlman (1986)	전문적 활동과 과업을 수행하도록 그들에게 권위, 승인, 허가를 부여받은 사회복지사에 의해 이루어지는 개입의 기술(6P)
CSWE (1994)	삶의 질을 향상시키고 빈곤과 억압을 감소시키기 위해 공적인 영역과 사적인 영역으로부터 권한을 위임받아 다양한 분야에서 사회적 서비스를 제공하는 전문직의 기술 (개인, 가족, 집단, 조직, 지역사회가 목적을 달성하고 고통을 완화시키며, 자원을 활용할 수 있도록 도움으로써 이들의 사회기능을 촉진, 회복, 유지, 향상시키는 기술/인간의 기본 욕구를 충족시키고 인간이 갖고 있는 잠재력 및 가능성 개발을 돕기 위해 필요한 사회정책, 서비스, 자원, 프로그램을 계획, 공식화, 시행하는 기술)
IFSW (2000)	약자의 권익증진을 위해 사회변화를 촉진함과 동시에 개인을 차별과 억압으로부터 해방시키는 기술

출처: 신정자 외(2007). 요약 정리.

(2) 사회복지실천의 기초기술

사회복지실천의 기초기술은 면담기술, 사정기술, 개입기술, 팀워크기술, 지지망 구축기술, 협상기술, 평가 및 종결기술로 나눌 수 있다.

| 표 1-3 | 사회복지실천의 기초기술

면담기술	의사소통 및 관여기술
사정기술	개인과 환경의 상호작용 맥락에서 문제나 어려움 발견
개입기술	문제나 어려움 해결 기술
팀워크기술	문제해결을 위해 다른 전문직과 합동으로 노력하는 기술
지지망 구축기술	개입효과의 지속성을 유지함으로써 클라이언트의 자립 유도
협상기술	클라이언트의 복지와 관련된 주변 체계와의 협상기술
평가 및 종결기술	클라이언트와 사회복지사의 협력적 노력의 결과를 평가하고 클라이언트의 자립생활을 위해 종결하는 기술

2) 사회복지실천기술의 유형

사회복지실천기술들은 클라이언트의 문제에 개입하는 과정에 나타난다. 하나는 나이가 들어감에 따라 생겨나는 과업이나 역할, 지위 등 정상적 사회화의 과정에서 나타나는 문제에 개입하는 것이며, 다른 하나는 사회적 기능을 하는데 장애가 있거나 역기능적 역할 수행에 따른 개선 및 방법습득을 제공하는 개입이 치료 과정에서 나타난다(Garvin & Tropman, 1998).

사회화 및 치료적 과정에 개입하는 사회복지실천기술을 구체적으로 구분하면 열두 가지로 나눌 수 있다. 그것은 전문가로서의 이해와 목적을 가지고 경청하는 기술, 사회력과 사정 및 보고서를 준비하기 위해 관련된 사실과 정보를 수집하는 기술, 전문적 원조관계를 형성, 유지하고 그 관계 속에서 자신을 활용하는 기술, 언어적 · 비언어적 의사소통을 관찰하고 해석하며 성격심리학과 사정방법에 대한 지식을 활용하는 기술, 클라이언트가 스스로 자신들의 문제를 해결하고, 신뢰를 얻을 수 있도록 해주는 기술, 정서적으로 민감한 주제들을 지지적 방법으로 토론하는 기술, 클라이언트의 욕구에 대한 창의적 해결책을 만들어 내는 기술, 치료적 관계의 종결 시기와 방법을 결정하고 실행하는 기술, 조사연구의 수행과 결과의 해석, 전문적 문헌을 해석하는 기술, 갈등관계에 놓인 양측을 화해시키거나 협상하는 기술, 조직 간의 연계서비스를 제공하는 기술, 후원자, 시민, 입법관계자 등에게 사회적 욕구를 해석하고 전달하는 기술 등이다(이윤로, 2007).

3 사회복지현장의 이해와 분류

Bartlett(1970)은 사회복지현장을 서비스 체계, 서비스 제공 주체, 서비스 유형에 따라 구분하였다. 서비스 체계는 서비스의 성격과 범위에 따라 정책과 프로그램으로 구분되며, 서비스 설립 유형에 따라 정부와 NGO · NPO로 구분하였다. 또한 서비스의 제공 주체에 따라 사회복지현장이 공공기관과 민간기관으로 구분될 수 있는데, 각 기관의 특성은 다음의 표와 같다.

| 표 1-4 | 서비스 제공의 주체에 따른 유형 특성

구분	공공기관	민간기관
특성	관료적, 위계질서에 의해 통제적	자율성, 융통성, 담당업무 중심으로 권한이 분산
재정	정부지원으로 운영	기부금, 후원금, 재단전입금, 공동모금회의 지원과 프로젝트 사업비, 기타 서비스 이용료로 운영
운영	정부규정, 지침에 의해 지도감독	기관의 규정과 내규에 의해 정책결정이 이뤄지며, 이사회에서 기관의 운영을 책임
유형	행정체계, 집행체계	협의체, 사회복지법인, 재단, 사단법인, 종교단체, 시민사회단체기관, 사회서비스 기관

그리고 서비스 전달의 유형에 따라 행정기관과 서비스기관으로 구분되는데, 행정기관은 행정업무와 기관 간의 연계 조정을 담당하며, 중앙, 광역, 기초, 읍면동의 사회복지

담당에 의해 업무가 이루어진다. 서비스기관은 직접서비스 제공을 담당한다.

Kahn(1978)은 사회복지현장을 실천 영역, 주거서비스 제공 여부, 대상 및 문제 영역, 세팅에 따라 구분하였다. 실천 영역에 따른 구분으로 사회화와 발달을 위한 서비스, 치료나 원조 및 재활을 위한 서비스, 서비스 연결이나 정보, 조언을 제공하는 서비스 등으로 구분되며, 주거서비스 제공 여부에 따라 생활시설, 이용시설로 나뉜다. 대상에 따라 아동복지, 노인복지, 여성 및 가족복지, 장애인복지, 다문화가족 등으로 구분되며, 문제 영역에 따라서는 의료 및 보건 분야, 빈곤, 학대, 물질남용, 비행, 가족갈등, 노숙 등으로 구분된다. 사회복지현장 세팅에 따라서는 학교, 복지관, 병원, 지역사회, 시설이나 기관, 협의체 조직, 시민단체 등으로 나뉘기도 한다. 이 밖에도 사용되는 지식, 가치, 기술의 형태, 시각의 차별성, 접근방법이나 모델에 따라 구분된다.

4 사회복지사의 역할과 기능

1) 사회복지사의 개념

제대로 된 사회복지를 실현하는데 서비스 전달체계를 통한 예산의 확보도 중요하지만, 사회복지프로그램을 만들고 사회복지실천현장에서 사회복지서비스를 실천하는 전문인력의 확보가 더 중요하다고 볼 수 있다. 이와 같이 사회복지사업의 전문적 접근 필요성이 제기됨에 따라 이에 대처하기 위한 노력의 과정에서 전문인력으로서 사회복지사 자격제도를 강조하게 되었다. 사회복지사업법 제11조 제1항의 규정에 의하면 사회복지사란 사회복지에 관한 전문적인 지식과 기술을 가진 자라고 정의하며 보건복지부장관이 자격증을 교부하도록 되어 있다. 또한 제2항 규정에 의하여 사회복지사의 등급은 1, 2급으로 나누어져 있다. 1급은 국가시험에 합격해야 한다. 이러한 기준에 의해 이들에게 복지업무를 담당토록 함으로써 아동 · 청소년 · 노인 · 장애인 · 가족 등 보호가 필요한 사람들에게 전문적이고 체계적인 복지서비스를 제공하고자 하는 것이다.

통계청 한국표준직업분류에서 "사회복지사는 사회복지서비스 전문가로서 사회문제와 복지욕구를 가진 복지대상자들을 사회복지학 및 인접 사회과학의 전문지식을 바탕으로 문제에 대한 진단과 평가를 통해 궁극적인 문제해결을 할 수 있도록 지원"하는 직업군으로 정의하고 있다.

2) 사회복지사업법의 사회복지사 자격제도 변화

우리나라의 사회복지사 자격에 대한 변천과정을 살펴보면 다음과 같다(장인협, 1999)

(1) 자선사업가

해방과 한국전쟁 이후 수많은 전쟁고아나 노인들에 대한 외원단체들의 활동으로 구호물자의 전달과 고아원 설립이 활발하게 이루어졌다. 우리나라의 사회복지를 고아원이 대표하며 지역사회와 가정의 해체, 지속적인 빈곤, 만연된 부정부패의 시대가 1970년대까지 이어졌다. 고아원 등의 수용시설 운영자들은 자선사업가라고 불리며 우리나라 사회복지현장을 대표하게 되었다.

(2) 사회복지사업종사자 자격제도

1970년에 제정된 사회복지사업법 및 시행규칙에서 '사회복지사업종사자'라는 자격제도가 도입되었다. 당시 사회복지사업법은 사회복지법인, 시설, 인력 등에 관한 사항을 규정함으로써 주로 외원에 의존하고 정부의 지도감독이나 재정지원의 대상이 아니었던 민간 사회복지서비스 분야가 더이상 방치될 수 없는, 정부의 개입을 필요로 하며 일정부분 사회가 책임을 져야 하는 필수적인 사회복지제도를 인정하는 것이었다. 따라서 그동안 자선적 관념에서 일해 온 민간 사회복지서비스 전달자인 사회사업가들은 과거와는 달리 서비스에 대하여 사회적인, 법적인 책임을 지게 되었으며, 이를 담보하기 위하여 최소한의 자격을 확보할 것을 요구받게 된 것이다.

그리하여 이들은 사회복지사업종사자라는 명칭으로 일괄적으로 표현되었으며 자격기준이 사회복지사업법시행령에 명시되었다. 사회복지사업종사자자격증은 시 · 도지사를 거쳐 보건사회부에서 교부하기 시작하였으며, 1972. 8. 9. 사회복지사업법 시행령 개정으로 보건사회부에서 교부하던 사회복지사업종사자 자격증이 시 · 도지사에 위임 교부하게 되었다. 그러나 단순히 사회복지사업에 7년 이상의 실무경험만으로, 그리고 정부의 사회사업훈련기관에서 8개월 이상의 훈련만으로도 사회복지사업종사자 자격을 획득할 수 있게 되어 있어 소위 전문직으로서의 자격기준은 아니었다고 볼 수 있다.

이러한 상황은 정규 사회사업교육을 받은 자가 소수에 지나지 않고 한국전쟁의 비극적인 상황에서 폭발적으로 확대된 수용시설이 대부분 순수한 자선의 관념 또는 일부 외원에 끌려 발을 들여놓은 사람들에 의하여 운영되었던 것을 생각하면 현실의 반영이라고 볼 수 있다. 한편 민간단체로서 대학에서 정규 사회사업교육을 받은 사람들이 중심이 되어 한국사회사업가협회(현 한국사회복지사협회)가 조직되어 활동하고 있었다. 아직 전문직 단체로서 기능을 하기에는 미흡하였으나 사회사업의 전문직을 위한 중요한 발걸음이었다고 하겠다.

(3) 사회복지사 자격제도

사회복지사업종사자 자격제도는 1983년 전면 개정되어 '사회복지사' 자격제도가 신설되었다. 1985년 사회복지사업법 시행규칙 개정으로 한국사회복지협의회에서 위탁받아 한국사회복지협의회장 명의의 사회복지사 자격증 교부업무를 시행하였으며, 1990. 11. 19. 사회복지사업법 시행규칙 개정으로 자격증 명의를 보건사회부장관 명의로 변경하였다. 분명히 사회복지사업종사자 자격제도에 있어 1970년대와 1980년대의 사회복지현장의 상황은 달라졌다. 대학에서 사회복지를 전공하고 졸업한 인력이 증가하여 이를 중심으로 새롭게 자격제도를 만들 수 있는 기반이 조성되고 있었다.

1999년 사회복지사업법 개정으로 자격증 교부 업무가 한국사회복지사협회로 이관되어 보건복지부장관 명의의 사회복지사 자격증 교부 업무를 수행하게 되었다. 2003년부터는 사회복지사 1급 국가자격시험제도를 도입하여 대학교 사회복지학과 졸업과 관련되어 2급 자격증이 발급되지만, 1급은 한국사회복지사협회에서 주관하는 시험에 의해 발급되도록 하였다. 2008년부터는 시험을 산업인력관리공단에 위탁하여 실시하고 있다. 2019년부터는 학교사회복지사, 정신보건사회복지사, 의료사회복지사 자격제도가 실시되고 있다.

3) 세팅별 사회복지사의 역할

인간이 속해 있는 사회와 문제들은 항상 다양한 상황 속에서 존재하기 때문에 사회복지사의 역할도 다양해질 수밖에 없다. 특히 어떤 특정한 상황에서 하나의 문제를 해결하는 데에도 시기별 혹은 단계별로 다양한 역할이 요구되기 때문에 사회복지사의 역할에 대해 명확한 이해를 하는 것은 매우 중요한 일이다. 사회복지사의 역할은 사회복지현장마다 전문적으로 활동을 하는 과정에서 다른 역할을 수행하게 된다. 그 구체적인 내용을 살펴보면 다음과 같다(구혜영, 2009).

첫째, 조력자의 역할이다. 조력자는 도움을 주는 사람이다. 즉, 어려운 사람, 혹은 문제를 가진 사람들이 그 문제를 해결할 수 있도록 도와주는 그런 역할들이다. 예를 들어 이혼이나 실직 같은 위기상황에서 긴급하게 도움을 줄 수 있는 주거서비스나 보육서비스, 기타 상담서비스 등을 통해 각자가 갖고 있는 문제를 대처하고 또 해결할 수 있도록 도와주는, 돕는 역할이 바로 조력자의 역할이라 할 수 있다.

둘째, 중재자의 역할이다. 중재자는 견해가 서로 다른 개인이나 집단 사이에 의사소통을 향상시키고 타협하도록 도와 논쟁이나 갈등을 해결해 주는 역할이다. 이때 중재자는 항상 중립을 유지해야 하기 때문에 상대방의 양쪽 입장을 정확히 이해해야 되고 서로가 갖고 있는 여러 가지 측면의 장점과 단점을 토대로 갈등을 해결해야 한다.

셋째, 사회복지실천현장에서 사회복지사는 통합과 조정자 역할을 하기도 한다. 옹호나 조정가능성을 파악하는 일에서부터 기술적으로 지원하고 또 서비스를 연계하고 수행하기 위해서 직접 개입하는 역할까지 수행하는 것을 말한다.

넷째, 관리자의 역할을 수행한다. 관리자란 사회복지기관이나 부서의 책임행정자의 역할로서 조직의 어떤 목표 설정이나 서비스 프로그램 운영, 재정 확보, 실무자들의 과업 조정 등과 같은 업무를 수행하는 역할이다.

다섯째, 교육자의 역할도 한다. 교육자는 클라이언트나 또 클라이언트를 둘러싸고 있는 다양한 형태의 체계라고 하는 부분들에 대한 정보를 주고, 또 그 정보를 활용할 수 있는 기술들에 대해 가르치는 역할을 한다.

여섯째, 분석, 평가자의 역할을 담당한다. 사회복지사의 개입이나 기관의 프로그램과 기능을 분석해서 그 효과성을 평가하는 기능을 의미한다.

일곱째, 사회복지사는 중개자의 역할을 담당하기도 하는데, 마치 집을 사겠다는 사람과 집을 팔겠다는 사람을 연결해 주는 공인중개사처럼 양쪽에 필요한 자원들을 연결해 주고 또 서비스를 연계해 주는 것을 의미한다.

여덟 번째, 촉진자의 역할을 한다. 이 촉진자는 집단의 집단사회복지사 역할을 의미하는 것으로 사람도 모으고 의사전달 통로도 만들어 활동이나 자원을 전달하는 그런 변화 노력을 하는 것을 말한다.

아홉 번째, 주창자의 역할을 한다. 이 주창자는 개선해야 될 문제에 대해서 관심을 불러일으키고 캠페인 같은 것을 통해서 우리 지역에 이런 문제가 있다든가 지금 현재 이런 부분에서 굉장히 힘든 상황에 놓인 클라이언트가 있다라는 부분들을 알리고 밝혀주는 일을 한다.

열 번째, 사회복지현장에서 사회복지사는 협상가의 역할을 한다. 협상가는 각각의 집단에서 이슈가 되는 무언가를 얻어내는, 그래서 양쪽에서 어떤 변화 같은 것들을 얻어내서 필요한 것들을 클라이언트에게 주는 역할을 담당하게 된다. 중재자가 갈등을 해결하기 위해서 양쪽 집단의 어떤 이해관계나 대립 요소들을 설명하고 설득하는 것과는 달리 협상가는 협상을 통해 클라이언트의 문제해결에 초점을 두고 클라이언트 욕구를 강하게 알려주는 역할을 담당해야 한다.

열한 번째는 옹호자의 역할이다. 옹호자는 클라이언트가 필요한 것을 얻을 힘이 없을 때 그 입장을 대변해 주는 역할이라고 할 수 있다. 클라이언트들은 대부분 힘도 없고 또 가진 것도 없고 아는 것도 없어 매우 위축되어 있기 때문에 사회복지사는 클라이언트의 입장과 처지, 상황의 역기능적인 부분들을 다른 사람에게 알리는 역할을 담당해야 한다.

열두 번째, 역할은 사회변화대행자라는 역할을 들 수 있다. 이 역할은 주민의 삶의 질을 향상시키는 영역에 대해 확인하고 변화를 위한 새로운 자원들을 획득하기 위해 이익집단을 동원하는 것을 의미한다. 즉, 각각 흩어져 있는 이익집단들을 활용해서 클라이언트나 주민들의 삶의 질을 위해서 노력하는 활동들을 의미한다.

사회복지사의 이러한 다양한 역할들은 사회복지현장에서도 많이 볼 수 있는데, 적절히 역할을 수행하기 위해서는 인간행동에 대한 정확한 이해와 사회환경과의 상호작용의 분석이 필수적이다.

(1) 공공기관에서의 역할

| 표 1-5 | 공공기관에서의 사회복지사의 역할

<table>
<tr><th rowspan="2">인력 유형</th><th rowspan="2">근거법</th><th colspan="4">주요 업무내용</th></tr>
<tr><th>미시</th><th>중범위</th><th>거시</th><th>전문가</th></tr>
<tr><td>사회복지직 공무원</td><td>국민기초생활 보장법</td><td rowspan="6">조력자 및 중개자(수급자 및 요보호대상자에 대한 서비스 제공 및 자원연계)
옹호자 및 교사(권익보호 및 정보제공)

그러나 공무원 신분상 자격요건에 적합한 수혜자에게 자원제공의 역할로 한정</td><td rowspan="6">촉진자
(서비스 전달체계상의 문제점 개선, 조직 내 기능이나 연결망 강화)

그러나 행정체계의 경직성과 업무과다로 역할 수행에 장애</td><td rowspan="6">계획가나 현장 개입가
(홍보 및 교육활동, 프로그램개발)

그러나 업무과다로 새로운 프로그램의 개발이 제한적</td><td rowspan="6">연구자/학자
(주민의 욕구와 실태, 만족도에 대한 조사업무)

그러나 정보교류의 기회부족과 비전공자의 높은 비율로 전문성 미비</td></tr>
<tr><td>아동복지지도원</td><td>아동복지법</td></tr>
<tr><td>노인복지상담원</td><td>노인복지법</td></tr>
<tr><td>장애인복지 지도원</td><td>장애인복지법</td></tr>
<tr><td>모자복지상담원</td><td>모자복지법</td></tr>
<tr><td>여성복지상담원</td><td>여성복지법</td></tr>
</table>

(2) 민간기관에서의 역할

| 표 1-6 | 민간기관에서의 사회복지사의 역할

구분		미시	중범위	거시	전문가
주거별	생활시설	조력자(욕구와 서비스와 활동의 체계적 관리) 중개자(프로그램개발 및 자원확보)	촉진자(시설운영규정마련 및 행정기관과의 협조)	계획가 행동가	
	이용시설(지역복지관 등)	조력자 및 중개자(서비스와 프로그램 제공, 물품과 후원금 전달, 타 기관과의 연계) 교사(교육프로그램 제공)	촉진자(프로그램의 관리방안과 운영구조개선으로 조직의 기능강화) 중재자(연계와 공동사업으로 지역복지네트워크 구축) 훈련가(직원교육과 수퍼비전, 인적자원의 개발)	계획가와 현장개입가(문제해결을 위한 주민참여와 공동체 의식 증대, 지역사회인식 개선 및 사회행동)	촉매자
분야별	아동복지	조력자 중개자 사례관리자 정서적 지원자 교사			전문가
	청소년 복지	상담가 조력자 정서적 지지자	옹호자	계획가 행동가 현장개입가	
	노인복지	조력자(정서적 안정) 교사 중개자		현장개입가	전문가
	여성복지	조력자 중개자 교사	옹호자	행동가	
	장애인 복지 및 의료보건	조력자 중개자	옹호자	행동가 현장개입가	
	소득보장/생활보장	조력자(정서적 지지 및 상담) 중개자(자원연결)	중재자 촉진자 옹호자	행동가	
세팅별	학교사회사업	조력자 중개자		실천모델 개발	전문가
	의료사회사업	조력자 상담가 중개자 교사	옹호자	행동가, 현장개입가	전문가 연구자 학자
	교정복지	조력자 중개자	제도적 옹호자		

5 사회복지전문직의 윤리

윤리란 선하고 바람직한 행동을 선택하는 지침 혹은 기준을 말한다. 사회복지는 기본적인 권리로서 인간존엄성과 독특성에 대한 존중을 강조하며, 개인의 복지에 대한 사회와 개인 공동의 사회적 책임을 강조한다. 또한 사회적 형평성과 개인적 자유에 관한 헌신성을 강조하며, 자기결정에 대한 지지를 강조한다. 이러한 것이 잘 실현될 수 있도록 하는 것이 사회복지의 윤리라고 할 수 있다.

사회복지직에서 활동하는 사회복지전문가는 인간의 존엄성과 독특성, 권리, 기회 등을 중요시하는 사회복지전문직의 기본 가치에 기반을 두고, 실천을 함에 있어 이러한 기본 가치를 증진시키도록 통제하는 조건이다. 그러므로 사회복지전문가 윤리는 사회복지사가 자신의 전문적 가치를 실천적 행동으로 전환하도록 돕는 지침이 된다. 구체적으로 사회복지전문가 윤리는 사회복지사 등 전문가의 가치관과 클라이언트, 동료 전문가 등 다른 사람들의 가치관 사이에 존재하는 공통점과 차이점을 체계적으로 확인하기 위해 필요하며, 윤리적 갈등을 이해하고 이에 대처하는 능력을 갖기 위해 필요하다. 또한 현행 사회복지 주류 가치가 얼마나 정당한지 파악하는 데 필요하고, 서로 다른 가치관 사이에 관계 정립을 위해 그리고 사회복지실천방법을 개발하거나 전문가의 전문경력을 발전시키기 위해 필요하다.

미국 사회복지교육협의회(CSWE)에서는 사회복지사의 전문적 관계가 개인의 가치와 존엄성에 기초하며, 상호 참여와 수용, 비밀보장, 정직 그리고 책임 있는 갈등관리를 통해 발전함을 강조하였다. 또한 사회복지사는 자율적인 자기결정의 권리와 원조과정에 적극적으로 참여하는 권리를 존중해야 한다고 하였다. 그리고 사회복지사는 클라이언트 체계가 필요로 하는 자원을 충족할 수 있도록 도울 책임과 사회제도가 보다 인간의 욕구에 부응하도록 변하는데 기여할 책임이 있음을 강조하였다. 특히 사회복지사는 다양한 집단의 고유한 특성을 존중하고 차이를 수용해야 하며, 실천윤리를 기반으로 적절하게 개입하고 실천하여야 한다고 하였다. 따라서 사회복지사는 전문적인 지식과 기술을 지속적으로 발전시키는 노력과 더불어 윤리적 실천을 위한 훈련을 해야 함을 강조하였다.

우리나라에서는 1992년 10월 22일 세 차례의 개정을 통하여 한국사회복지사의 윤리강령을 채택하였고 2001년 재개정하였다. 그 내용은 인간의 존엄성과 사회적 정의 및 공평 등의 가치를 추구하면서 균등하고 차별 없는 서비스를 받을 클라이언트의 권리와 사회복지사 개인의 이익을 배제하고 전문적 지식과 기술개발을 위해 계속해서 노력할 것과 팀워크, 전문인으로서의 책임성 등을 강조하고 있다(양옥경, 2005).

미국의 사회복지사협회 윤리강령은 전문, 윤리강령의 목적, 윤리원칙, 윤리기준 등 크게 네 부문으로 구성되어 있다. 그중 윤리원칙을 간략히 소개하면 다음과 같다. 미국 사회복지사협회의 윤리원칙들은 사회복지서비스의 핵심 가치, 사회정의, 개인의 존엄성과 가치, 인간관계의 중요성, 신뢰성, 능력을 바탕으로 한다. 이러한 원칙들은 모든 사회복지사가 열망하는 이상을 규정한다. 사회복지사의 주요 목표는 욕구에 처한 사람들을 도우며 사회문제를 해결하고자 하는 것이다. 사회복지사는 사회적 불공평에 도전한다. 사회복지사는 개인의 타고난 존엄성과 가치를 존중한다. 사회복지사는 인간관계의 본질적인 중요성을 인식한다. 사회복지사는 신뢰성을 줄 수 있게 행동한다. 사회복지사는 자신의 능력이 미치는 범위 안에서 실천을 하며, 자신의 전문기술을 발전, 강화시킨다.

CHAPTER

02

사회복지실천모델과 기술(1)

1. 정신역동 실천모델
2. 기능주의적 실천모델
3. 심리사회적 실천모델
4. 행동수정 실천모델

CHAPTER 02 사회복지실천모델과 기술(1)

1 정신역동 실천모델

1) 이론적 배경

정신역동 실천모델은 Freud와 그의 추종자들의 심리치료기법을 도입하면서 이루어졌다. 인간의 행동은 심리 내부의 역동성과 상호작용에서 나온다고 가정하면서 인간의 성격과 정신세계를 강조하였다. 이것은 인간발달에 대한 이론, 성격 및 비정상 심리에 대한 이론, 치료에 대한 이론으로 발전하였다. 사회복지에 있어 진단주의 학파 태동에 기여하였으며, 개별 사회복지모델로 확대되는데 기여하였다. 이 모델의 목적은 개인으로 하여금 그들의 내적 사고와 갈등 감정을 좀더 잘 이해하게 도움으로써 개인의 사회적 기능을 향상시키는 것에 있다.

2) 특징 및 주요 개념

정신역동 실천모델은 정신결정론 혹은 심리결정주의, 환원주의적 관점에 초점을 두었다. 이는 인간의 정신 안에서 일어나는 정신적 현상이나 심리적 경험은 어떤 것이라도 우연히 일어나는 것이 없고 거기에서는 반드시 어떤 원인이 있으며 개인의 사고과정을 통해 발생한다는 원칙을 뜻한다.

Freud는 지형학적인 관점에서 인간의 정신을 일종의 지도로 제시하여 의식, 전의식, 무의식으로 나누어 설명하였다. 의식은 한 개인이 현재 각성하고 있는 모든 행위와 감정들을 포함하고 있으며, 개인의 관심이 다른 곳으로 돌려지면 전의식이나 무의식으로 그 내용이 사라져 버리는 것으로 설명하였다. 전의식은 현재에는 의식되지 않지만 전에 의식했던 것이 저장된 것으로 주의집중을 통해 쉽게 의식될 수 있는 경험이라고 하였다. 무의식과 의식 사이에 존재하고 있는 영역이며 무의식에서 떠오르는 감당하지 못하는 충동이나 욕구들을 검열하고 조절하는 역할을 한다고 하였다. 무의식은 욕구나 본능이 깊게 자리하고 있는 영역으로 사고나 인식, 지각할 수 없고 직접적으로 확인할 수도 없는 접근 불가능한 창고에 해당한다고 하였다. 본능적인 역동, 성적 본능으로 이루어져 있으며 충족되지 않은 소망들이 담겨 있다(구혜영, 2009).

또한 Freud는 구조적 관점에서 인간의 성격이 원초아(id), 자아(ego), 초자아(superego)로 구성되어 있다고 보았다. 원초아는 출생 시부터 타고난 것이며, 원시적이고 본능적이고, 정신에너지의 저장고로써 전적으로 무의식에 속한다고 보았다. 그래서 성격의 기초가 되며, 그 기능과 분별력은 유아적인 수준으로 쾌락을 추구하고 고통을 회피하는 방향으로, 즉 쾌락원리에 따라 움직인다고 보았다.

자아는 원초아와 초자아를 중재하며 내부세계와 외부세계 사이에서의 기능이 잘 집행되도록 하는 역할을 한다고 하였다. 본능적 충동을 충족시킬 수 있는 바람직한 대상과 방법이 발견될 때까지 정신에너지의 맹목적인 방출을 지연시키고 사회적으로 수용될 수 있는 방법이 발견될 때까지 긴장을 참아내고 실제적인 만족을 얻기 때문에 현실원리에 입각하여 작용한다고 하였다.

초자아는 선악을 판단하는 것과 자아이상의 두 가지로 나뉜다. 선악 판단의 기준으로 초자아는 금지의 개념이 강하고, 자아이상은 동일시의 결과로 나타나 개인이 닮고 싶은 이상적인 모습들을 동일시한다. 또한 초자아의 일부는 사회의 도덕률이나 금기로 구성되고, 일부는 부모에게 받은 도덕교육을 토대로 형성된 도덕관념으로 구성된다고 보았다. 초자아는 외부세계의 대변자이기 때문에 사회원리를 따른다고 볼 수 있다.

3) 성격형성단계

인간의 성격은 태어나면서 갖고 있는 본능적 에너지에 의해 이루어지는데 다섯 단계를 거치면서 결정된다고 보았다(구혜영, 2009). 첫째, 구강기(출생~1세)에서는 생리적 쾌감을 주는 주 기관 즉, 리비도가 집중된 구강(입, 입술, 혀, 잇몸)을 자극하면서 만족을 느끼기 때문에 빨고, 삼키고, 깨무는 반사작용을 한다. 구강기에는 수동적으로 어머니의 보살핌을 받으며 생활하기 때문에 의존적이고 다른 사람으로부터 분화되지 않은 상태이다. 이 단계에서 구강적 욕구를 적절히 충족시킨 사람은 다른 사람과 쉽게 친밀한 관계를 형성 할 수 있으나 적절한 경험을 하지 못한 경우에는 극도의 의존성을 보인다.

둘째, 항문기(2~3세)에는 자신이 원하는 대로 배변이나 배뇨를 조절할 수 있게 되며, 배설 행동을 중심으로 성격이 발달되기 때문에 배변훈련이 성공하면 사회적 승인을 얻는 쾌감을 경험하고 창조적이고 생산적인 성격특성이 발달한다. 그러나 부모가 지나치게 엄격하고 강압적인 배변훈련을 할 경우 유아는 일부러 지저분한 행동을 하고 부모에게 대항하기도 한다. 항문기의 경험을 통해 유아는 의존에서 벗어나 자기조절, 자립, 자부, 자존 등을 배우게 된다. 항문기 때 고착되면 고집이 세고 인색하며, 복종적이고, 시간을 엄수하며, 지나치게 청결한 특징을 보이거나 정반대로 잔인하고 난폭하고 적개심이 강하며 불결한 특징을 보이기도 한다.

셋째, 남근기(4~6세)는 리비도가 성기 부위에 집중되며 성기의 자극으로부터 쾌감을 느끼는 시기이다. 이 시기의 아동은 자신의 성기에 대해 관심을 갖고 자위행위를 하기도 하며, 출산, 성에 대해서도 많은 질문을 한다. 남아는 오이디푸스 콤플렉스, 여아는 엘렉트라 콤플렉스를 겪게 된다. 이 시기에 중요한 과제는 동일시를 통해서 남성이나 여성으로서의 역할을 학습하고, 사회적 규범과 도덕 그리고 가치기준을 내면화하는 초자아를 형성, 발달시키는 것이다. 오이디푸스적 갈등을 충분히 해결하지 못한 채 이 시기를 넘기게 되면 성적 무기력, 불감증, 성도착 등의 결과를 낳게 된다.

넷째, 잠재기(7세~12세)에는 성적 욕망이 억눌려지고 비성적 활동, 예를 들면 지적 호기심, 운동, 친구관계의 활동이 싹트는 시기이다. 잠재기에는 성적 관심 또는 리비도의 관심 오이디푸스 콤플렉스, 부모와의 삼각관계가 잠재되는 시기이며 따라서 동성의 부모에 대한 동일시도 중단되는 시기라고 볼 수 있다. 그러므로 이 시기의 아동은 동성의 또래 친구들과 어울리며 동성 간의 동일화, 자기주체성의 확립 등 사회화를 계속해 나간다.

다섯째, 생식기(12세 이후)에는 신체적 성숙이 이루어짐에 따라 진정한 의미에서의 성욕이 나타나는 시기이다. 초기에는 생리적 · 생화학적 변화가 나타나게 되고 성기의 성숙, 내분비선에서 호르몬이 분비되는 등 제2의 성 특징이 나타난다. 생식기를 원만히 지낼 경우 성숙되고 책임 있는 사회적 · 성적 관계를 유지하게 되며, 이성과의 사랑에서 만족감을 느끼게 된다. 이성으로부터 성적 만족을 얻으려 하는 이성 애착적 경향을 보인다.

4) 사회복지실천에의 적용

(1) 기본 전제

정신역동 실천모델의 사회복지실천 개입목표는 '무의식의 의식화'를 통한 자기통찰, 즉 클라이언트에게 행동의 패턴, 행동의 의미, 행동의 원인에 대하여 해석해 줌으로써, 과거의 경험에서 갖게 된 불안한 감정이나 무의식적 갈등을 의식화하여 이러한 것들이 어떻게 자신의 행동에 영향을 주고 있는지에 대한 통찰력을 갖도록 돕는 것이다.

(2) 개입과정

정신역동 실천모델의 관점에서 사회복지실천의 개입과정은 비정상적, 파괴적 행동의 밑바탕에 깔려 있는 원인을 밝혀내는 것이며, 교정적인 정서 경험을 하는 것이다. 이때 무의식적 욕구와 소원을 상징하는 동기는 겉으로 드러난 행동을 이해함으로써 해석이 가능하다. 개입과정은 다음의 단계를 거친다(류종훈 외, 2007).

① 관계형성단계

본격적 원조과정으로 들어가기 위해서 사회복지사와 클라이언트가 상호관계를 형성하는 시기이다. 원조과정의 초기에 발생하는 불안에 직면한 클라이언트에게 편안함을 제공하여 사회복지사와 원조에 대한 저항을 줄이고, 방어적이지 않게 만들어 주는 것이 중요하다.

② 동일시를 위한 자아구축단계

클라이언트와 사회복지사 사이에 친밀한 관계가 형성되는 단계이다. 클라이언트는 사회복지사를 동일시하기 시작하여 사회복지사의 생각과 태도 중 많은 부분을 받아들이기도 하고 자신의 갈등과 관련 있는 과거의 어떤 중요한 인물에 대한 정서적 반응을 사회복지사에게 옮기게 되는 전이현상을 보이기도 한다. 이러한 동일시와 전이 등과 같은 심리기제들을 잘 분석, 이해하여 클라이언트가 겪고 있는 갈등의 본질을 잘 파악하여야 한다. 또한 사회복지사는 클라이언트에게 현실감을 부여하여야 한다.

③ 클라이언트가 독립된 자아정체감을 형성하도록 원조하는 단계

클라이언트가 자신의 문제에 대한 통찰이 깊어지는 단계로서, 사회복지사의 전문적 원조를 받은 후에는 클라이언트가 독립된 하나의 인격체로서 세상을 향해 나아가야 하기 때문에 독립된 정체감을 확립하는 것이 필요하다. 그러나 그 과정이 어렵기 때문에 클라이언트가 퇴행하는 모습을 보일 수도 있다. 이때 사회복지사는 강하고 공정하며 일관성 있는 부모의 모습으로 클라이언트가 독립된 인격체로 성장하는 도전을 이해하고 도와주어야 한다.

④ 클라이언트의 자기이해를 원조하는 단계

클라이언트가 자신의 행동과 그 행동의 원인을 이해할 수 있도록 원조하는 단계로서 클라이언트의 무의식적 갈등과 미해결된 문제를 해결하는 단계이다. 사회복지사는 클라이언트가 자신의 방어 기제에 대해 의식하며, 부적합한 정서적 행동에 빠지지 않으면서 좌절과 실패에 대응하는 방법을 찾을 수 있게 원조한다.

(3) 개입기술

① 자유연상

사회복지사는 연상된 자료들의 연관성을 해석해 줌으로써 통찰력을 가질 수 있도록 돕는다. 클라이언트의 마음에 떠오르는 감정, 생각, 기억, 환상, 꿈 등을 자유롭게 말하도록 하여 클라이언트의 무의식적 억압된 감정이나 사고를 탐색하는 기법이다.

② 해석

클라이언트가 자신에 대한 통찰을 갖도록 클라이언트의 사고, 감정, 환상의 정신 역동적 의미에 대해 설명을 하는 것이다. 클라이언트의 꿈, 자유연상, 저항, 치료관계 자체에서 나타나는 행동의 의미를 클라이언트에게 지적하고 설명하고 가르치는 기법이다.

③ 전이의 분석과 해석

전이는 클라이언트가 사회복지사에게 과거 자신이 경험했던 정서적 반응을 그대로 반영하도록 함으로써 무의식적 저항이나 불안의 해소에 도움을 주는 기법이다.

④ 경청과 감정이입

자유연상을 통해 클라이언트가 자유롭게 말하는 내용을 중립적이고 공감하는 태도로 주의 깊게 듣고 감정적으로 이를 이해하고 받아들여 신뢰를 형성하는 기법이다.

⑤ 버텨주기와 간직하기

버텨주기는 클라이언트의 경험 혹은 막연한 불안과 두려움을 견딜 수 있는 힘을 제공하는 기법이며, 간직하기는 클라이언트가 두려워하는 충동과 경험을 간직하여 완화시켜 주는 기법이다.

⑥ 직면

직면은 클라이언트에게 나타나는 저항이나 부적응적인 행동, 특정 현상에 주의를 기울이도록 유도하고 이제까지 회피해 왔던 일에 대해 앞으로는 이해하는 문제로 인지하도록 도와주는 기법이다.

⑦ 명료화

명료화는 클라이언트가 직면한 심리적 현상에 대해 예리하게 초점을 맞추거나 산만하게 이야기하는 클라이언트의 이야기에서도 가장 핵심이 되는 문제의 원인에 초점을 맞추어 상담을 진행하는 기법이다.

⑧ 훈습

클라이언트가 저항이나 전이에 대해 이해한 것을 반복, 심화, 확장함으로써 통합적으로 이해하도록 하는 기법이다.

⑨ 꿈의 분석

꿈을 통해 나타나는 무의식적인 소망과 욕구, 두려움을 해석함으로써 무의식적으로 억압했던 자료들을 풀어내고 새로운 통찰력을 갖게 하는 기법이다.

⑩ 사이코드라마

클라이언트가 자신의 문제와 결탁되어 있는 사람과의 역할연습을 통해 자각과 통찰을 얻게 하는 기법이다.

⑪ 창조적 방어기제

불안으로부터 보호하기 위해 무의식적으로 사용되는 방어기제 중에서 자신의 나름대로 창의적이며 타인에게 방해되지 않는 형태의 방어기제를 사용하게 함으로써 일시적으로 불안과 갈등에서 해방시키게 하는 기법이다.

⑫ 지지기법

클라이언트의 불안을 감소시키고 동기화를 촉진하는 것을 목표로 하는데, 경청, 수용, 재보증, 신뢰감 표현, 선물주기 등의 방법이 사용된다.

⑬ 지시기법

사회생활기능의 장애가 되는 요인을 제거하는 것인데, 조언, 강화, 장려, 대변적인 행동 등이 포함되는 기법이다.

⑭ 정화법

클라이언트의 감정 표출로 긴장을 완화시키는 것으로, 초첨잡기, 부분화, 화제의 전환 등의 기법을 의미한다.

⑮ 사람과 상황의 상호작용에 대한 반성적 토의

문제에 대한 보다 나은 이해를 깊게 하기 위해 또는 행동에 어떠한 변화를 초래하기 위해 클라이언트가 그릇되게 받아들이고 있는 제반사항들을 현실적으로 파악하게 하는 기법으로 일반화, 행동의 시범, 정보제공, 명확화, 역할놀이 교육, 대결 등의 방법이 있다.

⑯ 퍼스널리티의 반성적 토의

변화의 동기를 촉진시키면서 클라이언트 자신의 퍼스널리티의 패턴, 특징 및 역동적인 면을 이해하도록 원조하는 기법으로 깊은 차원의 명확화, 해석, 통찰의 개발이 사용된다.

⑰ 유아기의 발생적 고찰

변화를 위해 유년기의 문제와 현재 행동 간의 인과관계의 연계를 클라이언트가 자각케 하는 기법이다.

(4) 방어기제(defence mechanism)

인간은 불안한 상황에 놓이게 되거나 현실적으로 받아들이기 힘든 본능적 충동에 빠지게 되면 이를 인식하지 않으려고 하면서도 본능적 충동을 충족하려고 시도하는데, 그러한 역할을 담당하는 것이 바로 방어기제이다. 방어기제는 무의식적으로 갈등의 원천을 왜곡하거나 대처하고 차단하여 갈등과 불안을 해소하도록 하기 때문에 습관적으로 사용하지 않는다면 누구에게나 다 가지고 있을 수 있는 부분이라 할 수 있다(김홍규 · 원애경, 2007). 예를 들어 사람들이 불쾌한 일을 당했을 때 빨리 잊어버리려 하고, 잘못된 행동을 했을 때 자기도 모르게 변명하게 되며, 욕구 불만에 직면했을 때 자신을 방어하기 위해 자동적으로 취하는 적응 방법이다.

성공적인 방어기제는 자아와 초자아가 받아들일 수 있는 대리적 충족을 찾아냄으로써 본능에서 생긴 에너지를 간접적으로 발산하도록 하는데, 무의식적으로 작용한다는 것과 불안을 감소시켜 준다는 특징을 갖는다. 그러나 방어기제는 현실을 왜곡해서 스스로 지각하게 하고, 자기 기만적인 성격을 갖기 때문에 불안을 일시적으로 감소시켜 줄 수 있을지는 몰라도 최선의 대처 방안은 아니라고 할 수 있다. 그러므로 개인의 방어기제에 대한 이해는 겉으로 드러나는 인간의 행동 뒤에 흐르고 있는 혹은 이를 변형하고자 하는 본래적 의미의 분석을 통해 인간의 행동을 정확히 분석하는데 필요한 것이다. 특히 자신의 방어기제에 대한 이해는 사회복지사와 같이 다른 사람을 이해하고 도와야 하는 일들을 담당하는 사람들에게는 꼭 필요한 것이라 할 수 있다. 방어기제는 성격의 성숙수준을 나타내며 일반적으로 성격발달에 밀접하게 관련되는데, 위계서열에 의해 결정된다. 위계서열에 따라 방어기제의 종류를 구체적으로 설명해 보면 다음과 같다(구혜영, 2009).

① 합리화(rationalization)

합리화란 자기보호와 체면유지를 위해서 우리가 가장 많이 사용하는 방어기제이다. 자신의 부적응 행동이나 실패의 원인이 의식에서 용납할 수 없는 내용일 경우 현실을 왜곡하여 자존심을 보호하고자 하는 경우에 사용된다. 또한 사회적으로 용납되지 않는 충동이나 동기를 용납되는 동기로 바꿀 수 있는 구실과 핑계거리를 통해 자기만족을 얻으려는 방법이다. 자신의 비이성적 행동이 타인과 자기 자신에게 합리적이고 정당한 것처럼 보이게 하기 위해서 자기 자신을 속이는 것이기 때문에 사실은 불합리하며, 지나칠 경우에는 핑계와 변명만을 늘어놓는 인간이 될 수 있다.

예를 들어 실수나 잘못된 판단, 실패로 인해 어떤 일을 이루지 못했을 때 자신은 처음부터 그것을 원하지 않았다고 말하거나, 현재 자기가 가지고 있는 것이 바로 자기가 원했던 것이라고 스스로 믿는 것이다. 이솝우화에 나오는 여우와 신포도 이야기에서 여우는 높이 달려 있는 포도를 따 먹지 못한 이유가 키가 작아서라고 말하면 자신이 너무 초라해 보이는 것 같아 "너무 시어서 먹을 수 없어."라고 말하는 경우이다.

② 억압(repression)

스트레스나 불안에 대처하기 위해 가장 많이 사용하는 방어기제로, 의식수준에서 용납되기 어려운 위협이나 고통스런 생각, 충동 등을 무의식 속으로 눌러 의식화시키지 않으려는 무의식적인 반응을 말한다. 즉, 억압을 통해서 죄의식이나 창피 또는 자존심의 손상의 경험, 위험한 기억이나 사고 또는 지각을 의식 밖으로 몰아내어 그것들이 어떤 형태이든 행동으로 나타나지 않도록 한다.

억압은 정상적인 성격발달에 꼭 필요한 것이며, 정상적인 사람들은 누구나 어느 정도 억압을 사용하고 있다. 억압이 성공적이 될 때 본능적인 욕구나 사회적으로 금지된 욕망의 노골적인 표현을 막는 것이 가능해지므로 사회적·도덕적으로 순응하고 잘 적응된 생활을 할 수 있게 된다. 그러나 억압은 원초아의 집중을 완전히 해소시킨 것이 아니기 때문에 본능적인 욕구나 충동은 끊임없이 의식의 상태로 떠오르게 된다(프로이드, 1901; 김정일, 1996 재인용). 억압은 착오 행위로 나타나 일시적인 만족을 얻기도 하지만 심할 경우에는 신경증적 행동, 히스테리, 위궤양, 관절염, 근육통, 천식 같은 정신·신체장애와 발기불능, 불감증 같은 성 심리적 장애의 원인이 되기도 한다.

③ 전치(displacement)

전치는 본능적 욕구나 충동의 표현을 재조정해서 자신의 감정을 표출하여도 덜 위험하거나 편안한 대상 혹은 사람을 향해 에너지를 분출함으로써 긴장을 완화시키는 방법이다. 그렇다고 본능적 욕구나 충동의 원천과 목표가 바뀌는 것이 아니라 다만 대상이 변하는 것뿐이다. 충분히 만족시킬 수가 없는 욕구를 포기하는 대신 덜 만족스럽지만 충분히 만족시킬 수 있는 욕구를 충족시키는 방법이라 할 수 있다. 전치는 사회의 전통과 관습을 따르는 경향을 보이며, 본래의 대상과 유사한 것으로 나타난다. '종로에서 뺨 맞고 한강에서 눈 흘기기', '만만한 게 수수팥떡'과 같은 속담이 이에 속한다.

예를 들어 선생님이나 부모님께 꾸지람을 들은 아이가 동생을 때리거나, 자기의 장난감을 부수는 행동, 자식이 없는 부부가 강아지나 고양이 같은 애완동물을 귀여워하는 것, 직장 상사로부터 무능하다는 소리를 들은 남편은 아내나 아이들의 작은 자극에도 벌컥 화를 내는 경우 등을 전치의 예로 볼 수 있다. 어린 시절 어머니에 대해 가졌던 사랑의 감정을 어머니에게 직접 표현하지 못할 경우, 어머니와 유사한 사람을 자기의 연인으로 삼는다든가, 젖꼭지를 빨고자 하는 욕구가 차단될 경우에 그와 유사한 손가락을 빠는 경우도 이에 속한다. 그러나 본래의 대상과 유사하더라도 원래의 대상이 주는 만족보다는 못하기 때문에 긴장이 완전히 해소되지는 않는다.

④ 동일시(identification)

동일시는 부모 등 주위의 영향력 있는 사람이나 중요한 인물이 갖고 있는 특성을 자신의 성격 속에 흡수하여 일체화하는 과정이다. 자신이 목표로 한 다른 사람의 성격과 행동을 그대로 따라하면서 다른 사람을 본받고 모방하려는 동일시는 성격발달을 결정하는 중요한 요소가 되며 특히 아이들의 성격발달에서 매우 중요한 위치를 차지한다. 남자아이가 아버지를, 여자아이가 어머니를 동일시하는 것은 아동이 성역할을 배워나가는 발달적 과정의 한 부분이지만 이것 역시 방어기제의 하나인 것이다.

동일시를 통해 개인은 자기존중감을 고양시키거나 실패감에 대처하게 된다. 그래서 근본적으로 열등감을 느끼는 사람은 자신을 성공적인 사례나 조직, 또는 그들이 가치 있다고 생각하는 사람들과 동일시하여 그 열등감을 해소하고자 한다. 동일시는 어떤 두려움을 극복하려는 측면에서는 방어기제이지만 규율을 배우고 자기보다 나은 사람을 모방하는 과정을 통해 세상을 배워 나간다는 측면에서는 중요한 발달기제일 수 있다.

예를 들어 자기가 예수라고 믿는 신경증 환자는 동일시를 통해 자기만족을 얻는 것이며 독서 · 연극 · 영화 구경 또는 운동 경기에서 주인공의 강점을 자기 것으로 만드는 동일시를 통해 자신의 미래에 대한 불안을 해소한다.

⑤ 함입(introjection)

외부의 대상을 자기 나름대로 느끼고 생각하여 자기의 자아 속에 받아들이는 것을 말한다. 외부 대상에게 주었던 사랑이나 증오가 자기 내면세계 속의 대상으로 자리 잡게 함으로써 실제 대상에게 얻을 수 없었던 욕구를 충족시키려는 방어기제이다. 자기와 자기가 아닌 것은 구분하지만 자기 아닌 것을 자기 속에 내재시키려는 동일시 현상인 것이다. 예를 들어 부부싸움을 하다가 화가 난 남편이 머리를 벽에 부딪치는 행위 등이 이에 속한다. 우울증 환자의 대부분이 이 방어기제를 많이 사용한다.

⑥ 상징화(symbolization)

금기의 성질을 갖는 한 대상에게 갖는 감정의 가치를 비난받지 않을 무난한 다른 대상에게 이동시키는 방어기제이다. 억압된 충동이 상징화를 통하여 증상으로 나타나면 그 양상이 원래의 충동과 너무나도 다르므로 그 상징의 의미를 파악하는 것이 매우 어렵다. 꿈은 대표적인 상징화의 산물이며, 무의식의 언어이다.

⑦ 전환(conversion)

심리적 갈등이 신체감각기관과 근육기관의 증상으로 나타나는 것을 말한다. 예를 들어 자신을 버리고 떠난 애인을 죽이고 싶다는 마음을 가질 때 갑자기 전신마비가 오거나 심리적인 이유로 실명이 오는 경우이다.

⑧ 격리(isolation)

과거의 고통스러운 사실은 기억하지만 그 사실과 관련되었던 감정은 의식에서 무의식

속으로 격리되어 느끼지 못하는 것으로 강박장애에서 흔히 볼 수 있다. 즉, 고통스런 사실은 의식 세계에, 감정은 무의식 세계에 각기 분리되어 있는 것이다. 예를 들어 상사를 죽이고 싶다는 부도덕하고 무서운 살해 공격충동을 느낀 사람이 자기 업무에 대해 잘못이 있을까 하여 서류 확인 행동을 반복하는 것은 격리라는 방어기제의 한 예이다. 또한 아버지와 관련된 죽음에는 별 반응이 없다가 아버지를 연상시키는 영화를 보면서 비통하게 우는 경우가 이에 속한다.

⑨ 반동형성(reaction formation)

반동형성을 겉으로 나타나는 태도나 언행이 마음속의 생각이나 욕구와는 정반대인 경우의 방어기제이다. 위협적인 충동에 대처하기 위해 적극적으로 그런 충동에 반대되는 행동을 하는 것이다. 사랑 대 증오, 생명 대 죽음, 능동 대 수동, 지배 대 복종과 같이 한 쌍을 이루는 감정은 다른 사람을 증오하는 감정이 초자아 때문에 불안해지면 자아는 그 증오를 감추기 위해 반동형성적으로 사랑의 감정을 촉발시키게 된다. 반동형성은 불안을 감소시키기 위한 방어기제이지만 그것은 비합리적이고, 기만적이고, 위선적이다. 그렇기 때문에 반동형성이 자주 나타나는 사람은 현실을 왜곡해서 보거나 엄격하고 융통성 없는 성격으로 발달할 수 있다. 그러므로 이따금 자신을 돌아보며 자신이 이러한 방어기제를 지나치게 사용하는 것은 아닌지 생각해 보아야 할 것이다.

반동형성은 흔히 두 단계를 거쳐서 일어나는데, 먼저 받아들일 수 없는 충동을 일단 억압하고, 다음 단계에서는 충동에 반대되는 행동을 의식적으로 한다. 그래서 반동형성은 강박적이고 과장되며 엄격한 성격을 가진 사람들에게 잘 나타난다. 예를 들어 누군가를 미워하거나 싫어하는 감정이 생길 때 거꾸로 그 사람과 친해지려고 하거나 친절하게 대하려고 한다. 그리고 사회를 두려워하는 사람은 사회의 관습을 철저하게 지키려고 한다. 또한 어떤 부모들은 의붓자식들을 미워하고 있다는 사실을 숨기기 위해 '미운 놈 떡 하나 더 주는 식'으로 과잉보호를 진정한 사랑으로 보이고자 한다.

⑩ 취소(undoing)

반동형성과 밀접한 관계가 있는 방어기제로서, 죄책감을 느끼는 일을 하고 나서 안한 것처럼 원상복귀라도 하듯이, 또는 죄의식을 완화라도 하듯이 상징적인 행동이나 생각을 하는 경우이다. 자신의 욕구와 실제 혹은 상상의 행동으로 인해 타인에게 피해를 주었다고 느낄 때 그 피해적 행동에 대한 일종의 속죄 행위이다. 예를 들어 부정하게 번 돈의 일부를 자선사업에 쓰고자 하는 것, 부인을 때린 남편이 쇼핑을 할 수 있도록 신용카드를 주는 것, 종교적 속죄의식 등이 이에 속한다.

⑪ 투사(projection)

투사는 억압 다음으로 중요한 방어기제로 현실에서 받아들일 수 없는 욕구나 충동으로 불안을 일으키는 원인이 자신의 내부에 있음에도 불구하고 타인에게 있는 것으로 간주해 버리거나 외부세계로 전가하는 것을 말한다. 즉, 자신이 수용하기 싫은 소망이나 충동, 실패, 자신에게 발생한 문제, 자기 결점을 남의 탓이나 환경 탓으로 돌리면서 자기의 불안을 해소하고 자신을 방어하려고 한다는 것이다.

예를 들면 어떤 사람이 미울 때 그가 자기를 미워한다고 말하는 경우가 이에 속한다. 또 아내가 바람필까 봐 두려워 밖에도 나가지 못하게 하고, 화장도 진하게 하지 못하게 하는 사람은 자신이 바람피고 싶은 욕망을 아내에게 투사한 것이다. 그리고 테니스 칠 때 실수로 공을 잘못 친 경우 자신의 라켓을 탓하는 경우, 자기의 성적 욕망을 숨기려고 자기와 데이트하는 모든 남자들이 자신을 유혹하려고 한다고 말하는 경우도 투사의 예이다. 시험문제가 이상해서 성적이 나쁘다고 불평하거나, 다른 학생들이 부정행위를 해서 자기가 상대적으로 피해를 봤다고 생각하는 경우도 이에 속한다. 투사의 정도가 심하고 오래 지속되면 인간관계는 비뚤어지고 사람들과의 관계는 더 멀어지는 악순환이 계속된다. 투사를 하면 할수록 세상 사람들은 못 미더워 보이고, 그들을 의심하게 되고, 적대시하게 되고, 더 나아가서 피해망상에 이르게 된다.

⑫ 부정(denial)

가장 원초적인 자아의 단순한 방어기제 중 하나이다. 의식화된다면 도저히 감당할 수 없는 어떤 생각, 욕구, 또는 위협적인 현실에 대해 그 사실 자체를 부정해 버림으로써 마음의 평정을 찾고 불안을 피하려는 반응을 말한다. 현실을 존재하지 않는 것처럼 여기든지 또는 그 현실을 소원대로 공상으로 대신함으로써 고통을 피하는 것이다. 예를 들어 전쟁에서 사망한 남편의 유품을 보고도 남편의 죽음을 인정하지 않고 뭔가 착오가 있다고 말하는 경우가 이에 속한다. 또한 두 다리가 절단된 환자가 착각으로 잘린 부분이 아직도 있는 것처럼 느끼는 현상도 부정의 일종이다. 부정하는 사람은 자신의 느낌이나 죄악감을 용인하기에는 괴롭고 힘들며 두려워서 이러한 반응을 보이는 것이다. 부정은 물론 무의식적인 심리기제이며, 의식적으로 거부하는 거짓과는 구별되어야 한다.

⑬ 보상(compensation)

자신의 신체적 구조, 성격의 특성, 지적인 성취, 환경조건 등 실제의 또는 상상의 결함 혹은 열등을 보완 혹은 극복하기 위해서 취하는 무의식적인 심리적 기제가 곧 보상이다. 남보다 못하다는 생각이나 느낌이 사실 여부를 떠나 스스로의 결점으로 인식하여 이를 해결하고자 하는 행동이나 말로 나타날 경우가 이에 속한다. 예를 들어 작은 고추가 맵다는 말처럼 키가 작은 사람이 작은 체구가 암시하지 못하는 힘과 권위를 찾기 위해서 공격적인 언동을 하고 덤벼드는 성격을 갖게 되는 경우가 이에 속한다. 또한 신체적인 열등감으로 무너진 자존심을 찾기 위해 사회적으로 유용한 일을 하려고 하고 공부에 열중하는 등 건설적인 성격을 갖게 되는 것이다. 또한 성적이 좋지 못한 학생이 운동으로 명성을 얻는 경우 등도 있다.

⑭ 승화(sublimation)

승화는 전치의 일종으로, 직접 표현되면 문제가 될 수 있는 본능적 욕구나 성적에너지, 참기 어려운 충동에너지를 다른 돌파구 즉, 사회 규범에 맞게, 양심에 어긋나지 않게 사회적으로 용납되고 인정받으며 존경받는 방향으로 바꾸어 사용하는 가장 건전하고 건설적인 방어기제이다. 결국 승화는 성욕과 공격성 에너지를 직접 표현하지 않고 변형시켜 지적이고, 인도주의적이고, 문화적이고, 예술적인 방향으로 공격성이 없는 행동으로 전환시켜 표현한다. 승화는 다른 방어기제와는 달리 원초아를 반대하지 않으며 자아의 억압이 없고 충동에너지를 그대로 유용하게 전용하는 것이 특징이다. 승화가 이루어진다고 해서 본능적인 욕구나 충동이 완전히 사라지는 것은 아니다. 다만 긴장을 감소시켜 주는 대상이나 수단이 바뀔 뿐이다.

예를 들면, 위대한 예술작품들은 성적 또는 공격적 에너지를 창조적 활동으로 돌린 결과에서 나온 것이라고 여겨진다. 또한 경쟁적인 운동도 공격 충동의 승화에 해당한다. 소년이 성장해 나가는 동안 자위행위가 불안을 일으킨다면 자신의 성 충동을 축구나 수영 또는 다른 운동과 같이 사회적으로 인정되는 대치 행동으로 해소시킬 수 있다.

⑮ 퇴행(regression)

퇴행은 좌절을 심하게 당했을 때 또는 아주 심한 스트레스를 받았을 때 과도한 긴장이나 도전에 직면할 때 발달 초기 단계로 돌아가는 미성숙하거나 부적절한 행동을 함으로써 어려움을 피하거나 불안에 대처하는 것을 말한다. 퇴행은 생존과 책임을 다하려는 데에서 오는 두려움이나 불안정을 덜어 주기는 하겠지만, 결코 건설적인 해결은 못된다. 예를 들어 대소변을 잘 가리던 어린이가 동생을 보게 되자 빼앗긴 어머니의 관심을 되찾으려고 오줌을 싸거나 젖병을 빨려고 하는 것은 퇴행의 좋은 예다. 실수한 어린이가 손가락을 빠는 것이나, 실수를 했을 때 어린아이처럼 우는 것도 이에 속한다. 성인이 된 사람들이 중학교 동창회에 모여 중학생처럼 까부는 것이나 꿈이나 공상 등도 정상적인 상태의 잠깐 동안의 퇴행의 예라고 할 수 있다.

⑯ 고착(fixation)

충족이 지나치거나 좌절이 지나칠 때, 새로운 것에 대한 두려움으로 발달이 특정 발달 단계에 정지되어 정신적 에너지가 병적 애착을 보이는 것을 말한다. 고착이 생기고 퇴행이 일어날 때에 성격의 전부가 그렇게 되는 것은 아니며, 성격의 어느 일부가 다른 부분

보다 뒤떨어지게 되고, 후퇴도 일부만 생겨나게 된다. 예를 들어 신체적으로나 지적으로 생각하고 느끼고 행동하는 것은 제 나이대로 성숙했지만, 애기 말투를 쓰거나 어리광을 부리거나, 어린아이 같은 요구행위를 하는 것은 고착의 좋은 예다.

⑰ 전이(transference)

전에 알았던 사람과 현재의 사람을 동일시하여 전에 알았던 사람에게 가졌던 사랑이나 미움의 감정을 현재의 사람에게 옮겨와 반복시키고 있는 착각의 현상으로 대부분 무의식적 현상이다. 정신적인 치료 때에 환자가 의사에게 느끼는 감정으로 경우에 따라 의사가 좋아 보이기도 하고 밉게 느껴지기도 하는 것이다. 일상생활에서도 흔히 일어나는데, 어떤 사람이 까닭 없이 좋고 싫고 한 이유를 잘 알아보면 새로 알게 된 사람이 전에 알았던 어떤 사람과 동일시되었음을 알게 된다. 어린 시절 아버지의 지나친 권위나 폭력에 주눅 들어 있는 사람은 커서도 권위를 상징하는 사람이나 사회에서 아버지의 역할을 담당하는 사람에게 같은 모습을 보이게 되는 경우이다.

⑱ 역전이(counter-transference)

전에 다른 사람에게 가졌던 동일한 감정을 관리자나 사회복지사가 아랫사람에게 갖게 되는 착각의 현상이다. 전이는 보통 아랫사람 또는 클라이언트에게 많은 반면 역전이는 반대의 경우이다. 업무나 치료를 하는 과정에서 부하직원 혹은 클라이언트로 인해 마음 속에 분노나 증오심, 우울감과 슬픔이 이유 없이 생겼다면 이것이 바로 역전이 현상이다. 이것은 아랫사람의 문제가 관리자를 자극해서 관리자의 무의식 속에 감추어져 있었던 숨겨진 갈등이 표출되어 나온 현상이라 할 수 있다.

⑲ 해리(dissociation)

마음을 편하지 않게 하는 성격의 일부가 그 사람 자신의 지배를 벗어나 하나의 독립된 성격인 것처럼 행동하는 방어기제로서 지킬박사와 하이드처럼 이중인격이 대표적인 사례이다. 현실적인 고통을 참고 처리할 만큼 성숙되지 못한 사람이 감당할 수 없는 큰 고통에 직면했을 때 보이게 된다.

⑳ 압축(condensation)

동일한 본능 에너지 값을 갖고 있는 두 가지 이상의 이미지가 합병된 것을 말한다. 예를 들어 꿈속에서 만난 여인이 아내 같기도 하고 어머니 같기도 한 것 같은 경우이다.

㉑ 환상(illusion)

이루지 못하는 욕구를 상상 속에서 충족시키려는 현상이다.

㉒ 억제(suppression)

억제는 스트레스나 불안을 일으키는 생각이나 충동을 의식화하지 않으려고 의식적으로 잊으려고 노력하는 방어기제이다. 다른 방어기제들은 무의식 속에서 일어난다면 억제는 의식적인 방어기제이므로 순수한 방어기제라고 볼 수는 없다.

5) 제한점

정신역동 실천모델에서 인간은 기계론적이고 결정론적 존재로 인식되기 때문에 단지 성욕과 과거 경험이 지배되는 수동적이고 소극적인 존재로 보았다. 가족관계의 심리·성적인 측면을 중요시하였으며, 특히 유아기 아동에 대한 영향을 강조하여 가족적응이나 아동의 심리를 주로 취급하는 사회복지에 큰 영향을 주었다.

그러나 인지발달은 무시한 채 정서발달에만 치중하였다는 것과, 발달에 미치는 생물학적 요인의 강조로 대인 관계적·사회적 요인의 영향을 고려하지 않았다는 비판을 받고 있다. 이와 같이 반여성적 입장, 결정론적 입장, 사회환경과의 상호작용이나 상황 속의 인간이라는 관점을 도외시하는 입장, 강점보다는 문제에 초점을 둠으로써 정신역동 실천모델은 한계를 갖게 되었다.

이 접근방법이나 기술은 자기분석을 통해 성장을 이루고자 하는 의지가 높은 클라이언트에게 적용하기 용이하다. 특히 자신의 내면적 갈등에 대한 이해와 통찰력을 획득함으로써 현재의 문제에 대한 해답을 찾고자 하는 클라이언트에게 적용할 수 있다. 나아가 자아성장을 위해 오랜 시간 동안 자기분석에 관심을 갖고 있는 클라이언트를 대상으로 장기적인 치료를 제공할 수 있다.

그러나 이러한 특성은 사회복지사의 우월성을 강조한 나머지 클라이언트의 낙인으로 이어질 소지가 있으며, 장기 비용 문제에 직면할 수 있다. 또한 통찰력이나 문제인식 및 이해가 결핍되거나 미약한 클라이언트에게는 저항감을 불러일으키게 되고, 비자발적이고 문제해결의 의지가 약한 클라이언트에게 저항감과 전이의 섣부른 해석이나 직면은 클라이언트의 반감을 가져올 수 있다. 지적능력 및 언어구사능력이 높아야 치료가 가능하며, 빈곤문제 등 일상적인 문제와 관련된 클라이언트, 단기간에 궁극적인 해답을 원하는 클라이언트에게는 적용의 한계가 있다(원요한, 2007).

2 기능주의적 실천모델

1) 이론적 배경

기능주의적 모델은 1930년대 펜실베니아대학 사회복지학 교수들에 의해 처음 시작되었으며, 사회복지의 일차적 과정인 개인, 집단 및 지역사회와의 직접적인 실천 활동과 이차적 과정인 지도감독, 행정, 사회복지조사 및 사회복지교육에 적용되어 왔다. 이 모델은 심리적 기초, 사회적 기초, 과정기초를 전제로 하고 있는데, 심리적 기초란 모든 인간이란 자신과 그의 환경을 목적에 따라 수정할 수 있고, 그의 능력과 환경을 변화시킬 수 있다는 관점을 의미한다. 또한 사회적 기초는 사회복지기관의 기능을 활용하는 사회복지실천의 한 형태로 원조과정은 사회복지기관이나 사회적 서비스가 확립되고 현재

지지되고 있는 구체적 사회목적을 성취하는데 사용되어야 한다는 뜻이다. 마지막으로 과정적 기초는 개인이든, 집단이든, 지역사회든 모든 현상을 과정으로 인식해야 한다는 것이다(권육상 외, 2008).

이 모델을 적용하는 목적은 계속 변화하는 목표를 달성하려는 클라이언트에게 욕구충족과 서비스 제공을 통해 최선의 기회를 제공하려는 데 있다. 즉, 클라이언트가 건전한 개인적·사회적 생활조건을 갖추도록 함으로써 심리사회적 치료의 한 형태가 아닌 어떤 구체적인 사회적 서비스를 관리하도록 하는 것이다.

2) 특징 및 주요 개념

기능주의적 모델에서 인간은 과거의 경험에 의해서 결정되는 존재가 아닌 자아의 창의적이고 적극적인 의지에 의해 지속 성장 발전하는 존재로 인식되고 있다. 본질적인 면에서 Freud가 발전시킨 심리학적 이해와 관련되는 기계론적, 결정론적 인간관의 영향을 받았으나, 클라이언트 스스로 자기의 목표를 찾고 그것을 확신하며 실현하기 위해 사회복지사와의 관계를 포함한 제반 인간관계를 활용할 수 있는 존재로 파악하고 있기 때문에 병리적 모델이 아닌 건강모델이라 할 수 있다.

그러므로 변화의 초점이 클라이언트에게 있으며, 인간은 스스로 결정할 수 있는 존재로서 '치료'라는 용어보다는 '도움' 혹은 '개입'이라는 용어를 사용한다. 이를 위해 클라이언트의 현재 상황에 따른 지속적인 사정이 필요하며, 문제해결에 클라이언트의 적극적 참여와 자기결정권이 강조되고 있다(전남련, 2007).

3) 사회복지실천에의 적용

기능주의적 모델을 사회복지현장에 적용하는 것은 사회복지기관의 서비스를 유용하게 하는 인간관계를 기초로 초기, 유지 및 종결 등 시간적 맥락에 따른 체계적 진행과정을 실천하는 것을 의미하며, 사회복지사와 클라이언트가 함께 참여하여 클라이언트에게 어떤 도움이 제공될 수 있는가를 발견하는 것이다. 또한 클라이언트가 협력해서 함께 진단에 참여하고 자기결정권을 존중해야 하며, 기관의 제공 가능 서비스를 염두해 둔 업무수행으로, 기관의 사회적 책임성을 강조해야 한다. 클라이언트에 대한 자세한 설명과 아울러 클라이언트의 체계적 활용을 통해 변화를 유도해야 한다.

이 모델은 클라이언트에 대한 지나친 신뢰와 잠재력 강조, 기관의 목적과 서비스에 대한 강조 등으로 사회복지사를 하나의 연계물 혹은 대변의 역할로만 한정짓는 한계를 갖고 있다.

3 심리사회적 실천모델

1) 이론적 배경

심리사회적 실천모델은 문제의 원인을 인간의 본능적 충동과 과거의 경험으로 보는 단선적 관점이 아닌 사회적 환경과의 상호작용에서 파악하려는 모델이다. 1930년대 초 Mary Richmond의 진단주의적 개별사회사업에서 기초되었으며, 1937년 Golden Hamilton에 의해 체계화되었다. 이 모델은 개인의 심리적 특성뿐만 아니라 신체 생리적인 현상과 사회적인 환경까지 고려하는 상황 속의 인간(person in situation) 관점이라는 사회복지의 고유한 관점을 발전시켰다. 즉, 사회적 자원의 결핍이 개인의 문제에 미치는 영향력을 중시하여 클라이언트와 사회환경 간 혹은 클라이언트와 타인 간의 상호작용에서 나타나는 사회적 역기능을 해결하는 데 초점을 두었다.

초기 심리사회적 모델은 기능주의적 모델과는 달리 진단을 중요시하였기 때문에 '진단적 모델'이라고도 하였다. 이 모델은 1920～30대의 사회경제적 상황과 Freud 정신분석이론의 영향을 크게 받았으며, 이후 성격이론, 사회학이론의 영향을 받아 심리사회적 관점을 더욱 확고히 하였다. 그러나 1970년대 이후 체계이론을 받아들여 사회적 개입을 위한 보다 구체적인 실천방안을 제시하기 전까지는 개인의 변화를 위한 개입에 보다 초점이 있었다.

2) 특징 및 주요 개념

심리사회적 모델은 기본적으로 정신분석학에 뿌리를 두고 있으며, 자아심리학, 체계이론 등의 영향을 받아 형성된 모델이다. 그러므로 문제가 드러나게 된 배경과 과정을 중시하고 인간의 기능에 초점을 두는 철학적 관점을 반영하고 있다. 인간에 대해 생리적, 심리적인 시각뿐 아니라 인간을 둘러싼 사회경제적인 상황을 포함한 포괄적, 전체적인 관점을 갖고 있어 특정한 시간에 특별한 인간과 특수한 환경 사이의 복잡한 관계 속에 존재하는 '현재 그리고 여기(here and now)'를 중시한다. 또한 클라이언트의 문제를 인지, 대처하는 행동을 파악하는 개별성을 강조하였다.

이러한 다양한 학문적 배경을 갖고 있는 심리사회적 모델은 다음과 같은 기본 가치를 전제하고 있다(전남련, 2007). 개인은 타고난 가치 또는 존엄성을 갖고 있다는 것이다. 그러므로 사회복지사는 클라이언트의 존엄성을 존중하기 위해 그를 현재 상황에서 있는 그대로 받아들여야 한다. 그리고 클라이언트의 상황을 함께 이해하고, 클라이언트가 느끼는 것을 함께 느끼는 공감이 강조되는데 이 역시 개인의 존엄성과 가치를 최대한 존중하는 것에서 비롯된다. 이 공감은 변화를 유도하는 관계 형성의 필수요소로 사용된다.

또한 사회심리적 모델은 인간이란 성장능력, 학습능력, 적응력 그리고 사회적·물리적 환경을 변화시킬 수 있는 능력을 긍정적 존재라는 시각에 기본 가치를 두고 있다. 이것은 인간의 존엄성에 근거한 사회복지사의 긍정적 존중, 온정, 정확한 공감, 비심판적 수용, 진솔성, 클라이언트의 자기결정에 대한 존중, 클라이언트 체계 내에 긍정적 변화가 일어나기 시작하며, 한번 일어나기 시작한 변화는 지속된다는 변화에 대한 낙관론이 전제된다.

이와 같이 심리체계는 독립적으로 존재하는 것이 아니라 생리-사회적 체계와 끊임없이 상호작용한다고 전제된다. 따라서 심리사회적 모델에서는 클라이언트의 현재 문제

상황에 영향을 주는 생리-심리-사회체계 등 모든 관련 체계에 대하여 이해해야 한다. 동일한 문제 상황이라 하더라도 그 상황이 발생한 배경이 다를 수 있기 때문에 클라이언트의 문화적 배경, 사회경제적 배경, 계층, 주변 환경 등이 개별적으로 차별되어 다루어져야 한다는 다원성을 중시하였다(이미선 외, 2008).

3) 사회복지실천에의 적용

심리사회적 모델은 상황 속의 인간이란 관점으로 현재의 생활 경험을 중시하기 때문에, 사회복지실천의 개입 목적도 클라이언트와 사회환경 혹은 클라이언트와 타인의 상호작용에서 나타나는 사회적 역기능을 해결하는 것으로 정의한다. 클라이언트가 과거 혹은 현재의 경험과 관련한 내적 갈등을 이해하고 통합함으로써 성장하도록 원조하는 것을 강조하는 것이다. 클라이언트의 문제는 개인의 역기능, 결함이 있는 환경 또는 이 두 가지의 다양한 정도의 상호작용에서부터 비롯된다. 사회복지사는 이러한 요인을 명확히 하며, 클라이언트의 개별화된 욕구에 부합된 가장 적절한 방법으로 클라이언트를 원조해야 한다.

(1) 기본 전제

심리사회적 모델에서 사회복지사는 클라이언트의 복지에 관심을 갖고 보살피며, 그를 존경하면서 동시에 수용해야 한다. 사회복지사는 클라이언트의 욕구에 우선권을 두는 타인 중심의 관계에 있어야 한다. 또한 사회복지사는 평가나 반응을 할 경우에 개인적인 선입관을 배제하고, 과학적인 객관성을 갖고 클라이언트를 이해해야 한다. 사회복지사는 클라이언트와 타인 간의 상호작용을 인정해야 한다.

(2) 단계별 개입과정

① 초기단계

초기단계 또는 심리사회적 조사단계에서는 클라이언트와 클라이언트의 상황에 대한 사실들을 관찰 및 조사하여 논리적으로 정리하는 과정인 심리사회적 조사가 강조된다. 심리사회적 조사에서는 클라이언트의 문제 상황, 그리고 그 문제 상황에 직접적으로 관여되어 있다고 생각되는 요소들과 관련된 사실들과 초기의 발달과정에 대한 정보, 원가족과 관련된 정보를 수집하는 과정으로서 언어적 정보 이외에 비언어적 표현으로 이루어진 정보도 수집해야 한다. 클라이언트는 초기단계에서 자신의 문제를 인식하게 되고 다시 생각해 보는 기회를 갖게 된다.

심리사회이론에서 초기 면담은 사실수집에 초점을 두게 된다. 이것은 클라이언트로부터 문제가 무엇이며, 문제의 원인, 클라이언트가 문제를 해결하기 위해 시도한 방법, 클라이언트에게 지금 도움이 될 수 있을 것이라고 생각되는 것, 문제와 관련되어 있는 사람들과 체계에 대한 클라이언트의 인식을 파악하는 것이다.

초기 면담과 사정과정에서 사회복지사의 질문은 클라이언트의 문제나 상황을 사회복지사가 이해하고 있음을 보여 주는 것일 뿐만 아니라 현재의 어려움을 이해하는 데 있어 클라이언트의 참여가 중요함을 강조하는 것이기도 하다. 특히 질문을 통해 사회복지사는 클라이언트의 행동과 문제, 상황에 대해 새로운 관점에서 조망해 볼 수 있도록 돕는다. 이러한 과정에서 사회복지사는 클라이언트의 문제의 원인을 파악하게 된다.

클라이언트의 문제나 어려움에 대한 설명은 심리사회조사의 중요한 기초적 정보를 제공한다. 하지만 사회복지사는 클라이언트가 제공하는 설명 이외에 다른 추가적인 정보를 통해 클라이언트에 대한 이해를 도모할 수 있다. 클라이언트의 비언어적 행동과 태도 그리고 사회복지사-클라이언트의 관계의 역동성을 포함한 정보도 도움이 된다.

클라이언트에 대한 추가적인 정보를 확보하기 위하여 종종 공동면담이 사용되기도 한다. 예를 들어 남편의 설명으로 아내에 대한 정보를 얻었던 사회복지사는 아내와 남편을 함께 면담함으로써 새로운 정보를 획득할 수 있다. 또 다른 예를 들어보면, 아동을 면담

할 경우 아동은 특히 환경에 민감하기 때문에 아동을 둘러싼 환경, 즉 부모-아동관계, 아동-가족관계 또는 학교 교사나 교우와의 관계 등을 파악하는 것이 중요한 정보원이 된다(설진화, 2008).

심리사회적 사정을 위해 얼마나 포괄적으로 혹은 깊이 어렸을 때의 발달력을 탐색할 것인가는 중요한 과제다. 무의식적 충동에 초점을 두고 있는 정신분석과는 대조적으로 심리사회이론을 기반으로 한 사회복지실천에서는 의식적 그리고 전의식적 현상에 초점을 두기 때문에, 어렸을 때의 억압된 감정이나 기억을 파악하는 것이 심리사회적 사정의 목적은 아니다. 하지만 사회복지사는 클라이언트에게 직접적인 영향을 미칠 수 있는 원가족에 대한 정보와 어렸을 때의 발달력을 탐색하거나 명료화할 필요성이 있다. 나아가 생활주기에서 나타날 수 있는 다양한 경험을 면밀하게 탐색함으로써 클라이언트가 갖는 기대와 대처방식 그리고 적응능력을 파악할 필요가 있다(최선화, 2008).

Hollis(1960)는 초기단계에서의 기본적 과제를 다음과 같이 제시한다(김정자 외, 2007).

첫째, 클라이언트가 사회복지사와 왜 만나야 하는지를 이해하도록 돕는다. 클라이언트가 사회복지사의 도움을 받기 위해 자의로 찾아왔을 때 먼저 그 이유에 대해서 이해할 필요가 있다. 클라이언트가 기관의 기능을 잘못 이해하고 찾아왔을 경우에는 사회복지사가 클라이언트에게 기관의 기능을 설명할 필요가 있다. 그리고 그를 다른 기관에 의뢰하거나 접촉할 수 있도록 그의 문제에 관한 더 많은 정보를 탐색할 수 있다. 비자발적인 신청의 경우 의뢰자와 클라이언트의 면접을 통하여 사회복지서비스의 필요성의 희망 여부를 알아보아야 한다.

둘째, 클라이언트가 사회복지사의 원조를 활용할 수 있도록 전문적 관계를 확립한다. 클라이언트로 하여금 사회복지사의 도움을 활용케 할 두 사람 간의 관계를 수립하는 것이다. 여기서 중요한 것은 사회복지사의 능력과 호의에 대한 클라이언트의 신뢰이다.

셋째, 클라이언트를 원조 과정에 참여시킨다. 치료에 클라이언트를 참여시키는 것은 단순할 수도 있고 복잡한 문제가 될 수도 있다. 여기에는 항상 동기와 저항의 중요한 두 측면이 있는데 동기를 일으키고 저항을 극복하는 문제가 초기 개입단계의 중요한 과업이다.

넷째, 환기와 지지를 제공하고 치료적 개입을 시작한다. 면접을 통해 클라이언트의 문제와 관련하여 클라이언트, 클라이언트의 환경, 클라이언트와 환경과의 상호작용에 관한 사실을 진술하고 설명하며 원조하도록 하고 사실과 관련된 감정을 끄집어 냄으로써 카타르시스를 경험하도록 원조한다.

다섯째, 심리사회적 진단과 개입에 필요한 정보를 수집한다. 사회복지사는 클라이언트가 어떤 종류의 도움을 필요로 하는지 이해해야 하며 그러기 위해서는 클라이언트와 클라이언트의 문제를 정확하게 알아야 한다. 사회복지사는 가장 적절하고 유용한 정보를 제한된 시간 내에 확보하도록 면접을 이끌어 갈 책임을 가진다. 여기서 사회복지사의 관심은 개인과의 일련의 상호작용에 있다. 과거사를 얼마나 거슬러 올라갈 것인가, 성격을 얼마나 깊이 탐색할 것인가, 클라이언트가 도움을 구하지 않는 생활의 면을 얼마나 조사할 것인가에 대한 논의가 있어야 한다.

② 심리사회적 사정과 진단단계

심리사회적 사정은 심리사회조사단계에서 수집된 정보에 대해 비판적으로 검토하는 것으로서 수집된 사실로부터 추론을 전개하는 과정이다. 따라서 심리사회적 사정과 진단단계에서는 상황 속의 클라이언트에 대한 사정평가를 한다. 즉, 클라이언트가 무엇을 알고 있는지, 클라이언트는 어떠한 문제에 봉착해 있는지, 그 문제의 원인은 무엇인지, 어떠한 변화가 그의 문제를 경감 내지 해소시킬 수 있는지 등을 이해하고, 어떤 개입을 하는 것이 적합한지를 결정하기 위해 문제의 배경과 적절한 자료수집으로 추론하는 노력의 단계이다. 또한 이러한 사정과정을 통해 사회복지사는 개인과 개인을 둘러싼 환경을 통합한 전체 틀 속에서 문제를 바라봄으로써 여러 체계들이 어떻게 상호작용하여 문제를 발생시켰는지 알아내게 된다.

초기의 심리사회적 모델을 진단주의라고 하는데, 이것은 개별 사회사업의 수행을 위해서는 진단이 기본이라고 보았기 때문이다. 진단은 문제의 성격을 상세하고 엄밀하게 이해하기 위해 클라이언트와 상황의 복합체와 도움이 요청되는 문제에 대해서 클라이언트와 타인의 행동, 사회의 일반적 규범 등에 맞추어서 반복적으로 검토되어야 한다.

진단에는 세 가지의 유형이 있다. 첫째, 역동적 진단으로서 클라이언트가 충분히 기능하기 위해서는 클라이언트 성격의 여러 측면이 어떻게 상호작용하는가를 검토하는 것, 둘째, 원인론적 진단으로서 문제요인이 현재의 상호작용 내에 있는지, 현재까지 영향을 미치는 과거의 사건에 있는지, 또는 클라이언트의 딜레마의 원인 속에 있는지를 찾아내는 것, 셋째, 임상론적 진단으로서 클라이언트의 여러 가지 기능적 측면을 분류하는 노력을 하는 것 등이다(이인정, 2005).

그러므로 진단적 사정은 문제의 규명, 문제의 유발요인, 변화되고 수정될 수 있는 것 등에 대한 종합적인 답을 찾는 노력이라 할 수 있다. 구체적으로 사정을 위해 염두에 두어야 할 질문을 고려해 보면 다음과 같다. 개인의 어떤 강점이 개발될 수 있는가, 가족구성원들 가운데 누가 가장 접근 가능하며, 높은 참여 동기를 갖고 있는가, 어떤 지역사회체계와 자원을 파악하고 동원할 수 있는가 등이다. 사회복지사의 면접에서 클라이언트의 이야기를 경청함으로써 끊임없이 위의 세 가지 질문에 대한 답을 얻으려고 하는데, 계속 접촉을 하는 동안 개인-상황에 관하여 알아야 할 모든 것을 조사할 필요가 있다. 조사에서 개인의 인생발달단계, 전환기에 주목한 가족생활주기를 검토하고, 사정에서 개인-상황에 대한 이중적 초점으로 체계들의 상호작용을 개념화시켜야 한다.

③ 개입단계

이 단계에서는 개입의 목표와 계획을 수립한다. 개입의 목표는 클라이언트가 스스로 이해하며 변화되기를 바라는 것과 사회복지사가 그것이 가능하며 도움이 된다고 생각하는 것, 사회복지사가 클라이언트를 위해서 활동할 수 있는 시간, 기관의 기능, 사회복지사의 능력 등으로부터 성립된다. 또한 사회복지사가 문제의 원인, 클라이언트가 가진 문제의 역동성, 수정 가능하다고 생각되는 사람과 상황의 상태 등 여러 측면을 이해하는 방법에 따라 구체화되며, 유동적인 것으로 생활의 과정이 변하거나 새로운 방법이 출현할 때에는 상황에 따라 개별화하는 것이다.

개입의 과정에서는 사회복지사가 클라이언트의 심리 내적 변화를 추구하는 직접적 개입을 할 것인지, 클라이언트의 환경에 관련된 대인관계에 개입하거나 클라이언트와 사회환경의 변화를 추구하는 간접적 개입을 할 것인지, 아니면 통합적으로 개입을 할 것인지를 선택하여야 한다. 사회복지사가 환경을 적극적으로 중재할 때 여러 가지 많은 역할을 수행할 수 있으며, 사회복지실천의 중재가 필요할 때 그 과정은 환경의 변화에만 국한되는 것이 아니라 보통 클라이언트의 직접적인 활동을 의미한다. 개입에서 다양한 수준(개별+가족면담+다른 중요한 타자와 접촉)의 개입이 혼합되어 사용된다. 클라이언트의 정서적 문제나 가족관계, 대인관계에서의 문제 등 직접적 개입이 필요한 경우에는 사회복지사가 자원동원자, 자원개발자, 조정자, 옹호자 등의 다양한 역할을 할 수 있다(이애재, 2006).

④ 종결단계

클라이언트의 문제상황이 개선되어 개인 및 가족의 안녕상태가 회복되고, 개인이나 가족의 사회적 기능이 회복되었으며, 대인관계가 향상되었거나, 개입의 목표가 어느 정도 달성되었다고 사회복지사와 클라이언트가 동의하면 개입이 종료된다.

종결단계에서는 지금까지 클라이언트와 사회복지사 사이에 형성된 관계의 단절로 발생할 수도 있는 정서적 충격, 즉 일종의 분리불안을 최소화할 수 있도록, 지금까지 형성된 관계 및 감정을 다루어 주고 정리할 수 있도록 도와주는 등 모든 노력을 기울여야 한다. 또한 사회복지사 자신의 지식과 기술에 대한 자기성찰 등이 필요하다. 종결 후에 일정 기간 동안 사후관리를 통해 클라이언트의 적응상태를 점검하는 것도 좋은 방법이다.

(3) 개입기술

① 수용

수용이란 클라이언트의 현실을 있는 그대로 받아들이는 것으로 사회복지사의 기본적인 태도로서 가장 중요시되고 있다. 수용은 클라이언트의 장점이나 약점, 좋은 성격이나 나쁜 성격, 긍정적이거나 부정적인 감정, 건설적이거나 파괴적인 행동 등을 있는 그대로 이해하고 다루어 나가는 사회복지사의 행동상의 원칙이다. 클라이언트의 정상적이지 않은 태도, 행동, 감정 등을 사회복지사가 인정해 주는 것이 아니라 클라이언트의 있는 그대로의 현실적인 모습 또는 실존적인 상황을 받아들여 주는 것이다. 또한 클라이언트에게 온정과 친밀함을 유지하는 태도로서, 타인의 감정이나 주관적인 상태에 참여하고 받아들이는 감정이입이 중요한 요소가 된다.

수용의 목적은 치료적인 것에 있다. 즉 클라이언트가 있는 그대로의 자신을 표면에 내세우고, 그러한 자기 자신을 바라보는 것에 안도감을 갖게 도와주며, 클라이언트가 자신의 문제나 현실을 있는 그대로 인지하고, 방어기제와 감정의 얽매임에서 풀려나와서 해방감과 자유를 느끼게 하는 치료적 목적인 것이다.

② 자기결정

클라이언트의 자기결정이란 클라이언트 스스로 선택과 결정을 할 수 있는 자유와 권리 그리고 이에 대한 욕구를 실제로 인식하는 것이다. 다시 말하면 클라이언트가 지닌 자기선택의 권리와 결정능력, 자기결정의 자유를 클라이언트의 자기선택과 자기결정의 욕구로 인정하여 주는 것을 의미한다. 그러나 클라이언트의 자기결정 권리는 적극적, 건설적 결정을 내릴 수 있는 클라이언트의 능력, 법률, 도덕의 테두리 또는 사회기관의 기능의 범위에 따라 제한받는다.

③ 관계형성

처음으로 기관에 찾아온 사람에게 그가 원하는 욕구가 무엇인가를 파악하기 위해서 무엇보다도 클라이언트와의 라포를 성립하는 것이 우선이다. 즉, 자유롭게 자기문제를 표현할 수 있는 관계를 조성해야 한다. 사회복지사와 클라이언트 사이에 상호 긍정적인 좋은 관계를 강조하는 것이다.

사회복지사전(서강훈, 2009)에 의하면 라포(rapport)란 사회사업 면접에서 사회복지사와 클라이언트 사이에 상호이해와 일하는 관계를 허용하는 조화롭고, 일치하고, 감정이입적인 상태를 의미한다. 이것은 클라이언트가 가지는 두려움을 감소시키고, 클라이언트는 사회복지사를 신뢰하고, 사회복지사는 진정으로 자신을 도우려는 사람임을 클라이언트가 스스로 느낄 때 형성된다. 다시 말해서 사회복지사는 원조적 관계의 특성과 조건인 감정이입, 긍정적 고려, 개인적 온화함, 진실성을 갖추어야 클라이언트가 심리적으로 편안하여 사회복지사와 긍정적인 관계를 형성하게 되는 것이다.

④ 간접적 개입기술

간접적 개입기술은 클라이언트를 둘러싼 환경과 관련된 문제에 개입하는 과정으로서, 클라이언트를 지지하고 영향을 미칠 수 있는 가용한 자원을 연계하고 배치시키는 것을 의미한다. 예를 들면 클라이언트의 대인관계에 개입하거나 클라이언트에게 필요한 자원을 발굴, 제공하여 클라이언트에 대한 옹호 및 중재활동을 한다. 또한 클라이언트 스스로가 주변을 변화시킬 수 있도록 원조한다. 클라이언트 문제해결 과정에서 주변 사회환경 자원을 최대한 활용하기 위해서 사회복지사는 기관의 정책, 기관이 갖고 있는 자원, 기관의 권력구조, 타 전문직의 문화 또는 분위기 등을 이해하고 있어야 한다. 또한 기관의 직원과도 지속적 협력관계를 유지해야 한다. 간접적 개입에 있어 사회복지사의 역할과 관련하여 강조해야 할 두 가지 중요한 사항으로 클라이언트의 신상에 대한 비밀보장과 클라이언트의 자기결정과 그에 따른 클라이언트의 책임성을 들 수 있다.

⑤ 직접적 개입기술

직접적 개입기술은 사회복지사와 클라이언트와의 신뢰관계를 바탕으로 클라이언트에게 언어적 혹은 비언어적 의사소통을 통해 경청, 수용, 격려, 신뢰감의 표현지지, 관심, 수용, 감정 이입적 이해, 재확신, 격려, 제안과 설득을 제공하는 것을 의미한다. 사회복지사는 클라이언트를 수용하고 원조하고자 하는 의사를 표현한다. 그리고 문제해결 능력에 대해 확신을 표현해서 클라이언트가 갖고 있는 불안을 줄이고 자아존중감을 증진시킨다.

구체적인 기술(전남련, 2008)로는 첫째, 문제를 해결하기 위해 직접 영향주기 기술이다. 클라이언트의 사회생활 기능에 있어 장애가 되는 요인을 제거한다. 클라이언트의 동기 및 행동을 강화하기 위해 사회복지사의 의사를 관철하면서, 클라이언트의 욕구에 따라 조언하거나 제안한다. 직접적 조언과 옹호적 행동은 클라이언트와 강한 신뢰관계가 수립되었을 때, 클라이언트에 대해 충분한 지식을 가지고 있을 때 사용한다. 기법으로는 클라이언트 자신의 제안을 격려하고 강화하기, 현실적 제안 설정하기, 직접적 조언하기, 옹호적 행동하기 등이 있다.

둘째, 클라이언트 자신의 감정을 탐색하고 환기하는 기술을 들 수 있다. 이것은 진단적 이해와 함께 환기에 의한 긴장완화를 시도한다. 클라이언트가 자신의 상황과 자신과 주변 사회환경의 상호작용에 대한 사실과 그와 관련된 감정을 표출하여 감정정화를 경험하고 긴장이 완화되도록 도와주는 기법이다. 단순히 클라이언트 자신이 보는 그대로의 사실을 제공하게 하는 것이다. 환기는 사실과 관련된 감정을 끌어내는 것이다. 클라이언트는 이러한 과정에서 자연히 자신의 감정을 표현하고, 환기를 경험하는 것만으로도 문제를 해결하는 경우도 있다.

셋째, 개인-상황과의 관계에 관한 반영하기 혹은 클라이언트를 상황 속의 인간이라는 관점에서 반영하는 기술이다. 이것은 문제를 보다 더 잘 이해하기 위해 또는 행동 변화를 초래하기 위해 클라이언트가 잘못 이해하고 있는 내용들을 현실적으로 파악하게 한다. 클라이언트를 둘러싼 현재 혹은 최근 사건에 대해 반영을 하는 것으로 심리사회적 모델의 핵심기법이다. 사회복지사가 클라이언트를 도와 클라이언트 자신의 상황과 그 속에서 자신의 위치나 기능, 상황 속에서 경험한 생각이나 느낌, 감정 등에 대해 보다 잘 이해할 수 있도록 해준다. 반영은 다른 사람, 건강, 상황, 사건 등에 대한 클라이언트의 지각방식을 알아보는 외부반영과 클라이언트 자신의 행위나 자신 또는 타인에게 어떤 영향을 주는가를 생각해 보게 하는 중간 정도의 반영으로 나누어 볼 수 있다. 기법으로는 논리적 토의 및 추론, 설명, 일반화, 행동시연, 역할극, 강화, 명확화, 직면, 요약, 옹호, 교육 등이 있다.

넷째, 클라이언트의 성격과 행동, 심리 내적 역동 등 유형-역동성에 대해 반영하는 기술이다. 이것은 변화의 동기를 촉진시키면서 자신의 성격유형, 특징, 행동유형, 방어기제, 초자아와 기능수행 정도 등 심리 내적 역동에 대해 이해하도록 한다. 클라이언트의 행동 경향, 클라이언트로 하여금 어떠한 특정 행위에 이르도록 하는 생각이나 감정의 유형, 또는 사건에 대한 생각들을 클라이언트 스스로 찾아낼 수 있도록 도와주는 기술이다. 기법으로는 명확화, 해석, 통찰의 개발 등이 있다.

다섯째, 클라이언트의 사회적 기능수행에 영향을 주는 과거와 현재의 경험을 반영하는 기술이다. 이것은 변화를 위해 유년기의 문제와 현재 행동과의 인과관계를 클라이언트에게 자각하게 한다. 클라이언트의 현재의 성격이나 기능에 영향을 미친다고 생각되는 원가족의 경험 또는 유아기 때의 경험에 대해 생각해 보도록 하는 기법이다. 유년기의 문제와 현재 행동 간의 인과관계를 클라이언트가 깨닫게 됨으로써 변화를 유도한다. 기법으로는 명확화, 해석, 통찰의 개발, 논리적 토의 및 추론, 설명, 일반화, 행동시연, 역할극, 강화, 명확화, 옹호, 직면, 요약, 교육 등이 있다.

⑥ 자아지지기술

자아의 기능을 보존, 지지, 회복시키기 위해 필수적인 방어, 자아의 통제력과 기능, 지적과정, 현실 판단력, 충동조절능력 등을 향상시키는 것을 말한다.

⑦ 비밀보장

클라이언트가 자신의 정보를 숨기거나 혹은 개방할 권리를 존중한다.

⑧ 자기성찰

현재의 상황과 타인과의 상호작용에 관한 클라이언트의 인지, 사고, 감정, 행동을 명확히 인식하도록 돕는 기술이다. 현재의 클라이언트의 성격이나 기능에 영향을 미친 가족 기원이나 초기 경험을 고찰하도록 한다.

4) 한계점

심리사회적 모델은 사회복지실천현장 어디에서나 발견될 수 있는 실천방법이며, 개인, 가족, 집단치료, 환경과의 작업 등 여러 가지 형태로 실천되고 있다. 또한 장·단기 개입, 위기 개입, 예방적 개입, 외상치료 등 다양한 상황에서 사용되고 있다. 이 모델은 개인, 환경, 개인과 환경 간의 상호작용들을 모두 중시하고 지역사회를 포함한 모든 대상에 개입한다고 주장하고 있으나 주로 대화를 통한 개인에 대한 개입 쪽에 무게를 두고 있다고 평가된다.

사회복지사는 자원을 창조하고 발견하고 제공하는 역할을 하거나, 클라이언트와 다른 사람들 사이에서 해석자, 중재자, 공격적 개입자로서 역할을 한다. 그러나 심리사회적 모델은 개인의 인식과 이해의 증진 및 변화, 또는 대인관계 적응이 목표일 때는 적절한 모델이지만, 생태체계 관점에서 실천현상을 인식하고 개입하려는 사회복지사에게는 구별되어 사용되어야 한다. 그리고 기관이나 지역사회, 또는 정치적 수준 같은 환경적인 작업에 대해서는 강조점이 덜 주어지고 있다는 비판이 있다.

4 행동수정 실천모델

1) 이론적 배경

행동수정 실천모델은 조건적 조건이론과 조작적 조건이론 등의 행동주의 이론과 사회학습이론에 기반을 둔다. 이 모델은 인간의 행동이 반복 행동수정이나 학습에 의해 변화될 수 있다고 보기 때문에 인간의 내적인 동기와 욕구, 지각에 초점을 두기보다는 환경의 자극의 동기화 혹은 강화에 의해 결정되는 구체적으로 관찰할 수 있는 행동에 초점을 둔다. 이것은 정신역동모델처럼 인간을 병리적으로 보지 않고 매우 중립적인 입장을 취하는 결과이다.

행동수정 실천모델에 영향을 미친 이론으로는 인간의 행동은 개인의 과거 및 현재의 환경 속에서 확인될 수 있다는 결정론, 객관적 자료나 실험조사연구 등의 실증적 결과에 의존하는 경험주의, 단순하고 간결한 원인론을 강조한 간결주의, 원인과 결과를 명확히 구분하는 비순환론적 사고 등을 들 수 있다.

그러므로 인간의 문제는 정신 내적 과정, 인지, 의지, 동기와 같이 추상적인 개념들에 의해서가 아니라 눈을 통해 관찰할 수 있는 행동을 통해 풀어야 하며, 행동 변화의 핵심은 의지의 문제가 아니라 행동기술의 문제라고 보았기 때문에 구체적인 문제행동에 초점을 두었다. 즉, 구체적이고 정확한 문제규정, 변화목표, 개입과정을 강조하였고, 사회복지사의 책무성을 강조하였다.

2) 특징 및 주요 개념

(1) 고전적 조건화(classical conditioning)

고전적 조건형성은 Pavlov의 개 실험을 통한 고전적 조건반사 연구에서 그 유래를 찾을 수 있다. 개에게 고기를 주기 전에 매번 종을 울리면 그 개는 점차 종소리만 듣고도 침을 흘리게 된다. 즉, 무조건적인 자극이 없어도 중립자극으로 무조건적 반응을 유도하게 되는데, 이때 개는 조건화된 것이다. 인간에게 있어서 고전적 조건화는 연상적 학습을 설명해 준다. 가령, 물에 대한 공포 연상이 일생 동안 물에 대한 회피를 가져올 수 있다.

(2) 조작적 조건화(operant conditioning)

조작적 조건화란 고전적 조건화와 달리 유기체가 원하는 결과를 얻기 위하여 실행하는 자발적이며 능동적인 반응이다. 조작적이라는 용어는 유기체가 원하는 결과를 얻기 위해 선택적으로 환경에 작용하는 것을 의미한다. Skinner는 행동의 학습은 어떤 강화가 없으면 일어나지 않는다고 보고, 조작적 조건화의 개념을 활용하여 인간행동을 수정할 수 있는 다양한 행동적 기법을 개발하여 임상에 적용하였다.

(3) 관찰학습

반두라는 인간의 행동 또는 성격의 결정요인으로 사회적 요소를 중요하게 생각하며, 대부분의 학습은 다른 사람의 행동을 관찰하고 모방한 결과로 이루어진다고 본다. 인간의 행동은 발달단계나 고유한 특성에 의해서보다는 자신이 처해 있는 상황과 그 상황에 대한 해석에 의해 결정된다고 본다. 아동은 타인의 행동을 관찰한 결과로써 도덕적 행동을 학습한다. 인간의 습관은 대부분 다른 사람을 관찰하고 모방함으로써 배우는 것이며, 이러한 사회학습의 경험이 성격을 형성한다고 본다. 사회학습이론은 사회복지사가 클라이언트 및 모든 사람들의 행동을 명확히 인지하고 이 행동이 서로 어떻게 연관되는지 파악하는 것을 가능하게 하였다.

(4) 강화와 처벌

조작된 상황에서 많은 행동의 변화에 사용되어지는 것으로, 문제되는 반응의 이전과는 다른 조작과 결과를 얻도록 하는 방법이다. 강화는 행동을 증가시키기 위한 것으로 긍정적 강화와 부정적 강화로 구분된다. 긍정적 강화는 결과를 제시함으로써 행동의 가능성을 높이는 것이며, 부정적 강화는 결과를 철회함으로써 행동의 가능성을 높이는 것을 말한다. 처벌은 행동을 감소시키기 위한 것인데, 긍정적 처벌과 부정적 처벌로 구분된다. 긍정적 처벌은 결과를 제시함으로써 행동의 발생가능성을 감소시키는 것이며, 부정적 처벌은 결과를 철회함으로써 행동의 발생가능성을 감소시키는 것을 말한다.

(5) 소거

긍정적 강화에 의해서 유지되는 조작적 반응에 대해, 반응이 나타날 때 강화물을 제거함으로써 행동이 일시적으로는 강화될 수 있으나 이어서 줄어들 것이며, 궁극적으로는 완전히 소멸시키는 것이다.

(6) 체계적 둔감법

역조건화를 이용하여 상상된 자극에 대한 이완된 반응으로 활용된다. 클라이언트의 이야기에 근거하여 서열을 정한 후 근육을 이완시킨 상태에서 낮은 수준의 자극에서부터 시작하여 높은 수준의 자극에 이르기까지를 경험하여 불안 혹은 부적응의 반응을 점차 줄이는 방법이다.

3) 사회복지실천에의 적용

행동수정 실천모델에 의한 사회복지실천 개입은 현재의 문제행동을 변화시켜서 바람직하지 못한 행동을 감소 및 제거하고 바람직한 행동을 양성하려는 것을 목표로 한다. 그러므로 개입의 대상이 되는 행동이 측정 가능한 것이어야 하고, 개입과정에서 클라이언트가 문제행동을 지속시키는 선행조건과 강화요인이 무엇인지 사정할 수 있어야 한다. 문제행동의 강도와 빈도를 양적으로 측정하여 개입을 통한 문제행동의 해결정도와 목표달성의 정도를 지속적으로 평가해야 한다. 사회복지사가 개입과정의 주체이며, 사회복지사와 평가자의 역할을 동시에 수행하게 된다.

(1) 개입과정

행동수정모델에 있어 개입과정은 초기단계, 개입단계, 동결단계를 거친다. 이를 구체적으로 보면 사정과 계약(구조화된 질문→목표설정→계약)→프로그램 실시→종결과 평가의 단계이다.

① 초기단계

초기단계에서는 표적문제의 관찰을 통해 문제를 구체화하고, 정확한 기초선 자료를 획득하여 개입 목표설정 및 계획을 수립, 계약하는 단계이다. 우선 문제를 구체화하는 가장 핵심적인 작업이 이루어지는데, 클라이언트에게 구체적인 행동의 예를 들어 질문함으로써 인식된 문제를 명확히 하게 된다. 문제행동이 반드시 행동이어야만 하는 것은 아니며 정서적 반응이나 사고가 될 수 있다.

기초선 자료수집은 개입 이전의 문제행동의 수준을 알아야 개입의 효과를 측정하기 쉽기 때문에 이루어진다. 즉, 기초선 자료는 문제행동의 현재 수준과 앞으로의 변화를 구체화해서 보여줄 수 있는 방법으로 수집되어야 한다. 자료수집 시에는 표적문제(행동, 감정, 사고)가 발생하는 즉시 기록해야 하고, 모든 기록을 정확하고 엄격하게 기록해야 한다. 수집방법은 행동의 빈도, 정도, 내용에 대해 표나 그래프 또는 일기형식 등 다양한 방법을 활용하고, 서면으로 남기는 것이 좋다.

또한 초기단계에는 사정과 목적설정이 이루어져야 하는데, 개입의 목표는 '__________ 한 상황에서 __________행동을 변화시키는 것이다'라고 기술하며, 이때 내용은 구체적이면서도 행동적인 용어로 표현하는 것이 중요하다. 문제의 우선순위가 정해지면 표적문제의 발생 전후관계를 분석하여 모든 영역을 고려한 변화계획을 수립해야 한다. 그리고 대안행동을 항상 제시하고, 행동변화에 대한 신념을 담고 있어야 한다.

그리고 초기단계에서는 계약이 이루어지는데, 표적문제, 장 · 단기 목표, 개입계획, 사회복지사와 클라이언트 각자의 역할, 기간, 장소, 참여자 등이 명시되어야 한다. 이때 변화매개자로서의 사회복지사의 역할이 중요한데, 클라이언트가 적절한 변화목표를 선택하도록 돕고 적절한 원조역할을 선택하여 변화의 단계를 인식함으로써 클라이언트와 좋은 관계를 유지해야 한다(윤현숙, 2005).

② 개입단계

행동이 거의 자동적으로 이어서 일어나면서 먼저 일어난 행동이 다음 행동의 촉발 요인이 되고 이 행동이 다시 그 다음 행동의 촉발요인이 되는 경우, 바람직하지 못한 표적행동을 가져오는 상황이나 사고로부터 거리를 둠으로써 문제행동이 연쇄적으로 일어나는 것을 방지하고 변화시키는 단계이다. 이를 위해 목표행동에 이르기까지 연쇄적으로 연결된 세부행동이 서로 자극-반응관계로 이루어지도록 해서 각각 다음 단계의 강화물로 작용하고, 클라이언트가 문제행동을 인식하도록 인식체계를 변화시킴으로써 새로운 선행조건을 창조하도록 해야 한다.

최종적인 목표행동에 도달하기 위해 점진적으로 이를 진행시키는 경우, 현재 클라이언트가 위치한 수준에 즉 낮은 수준에서부터 설정해야 하며, 단계적으로 목표를 높여 나갈 때, 그 간격이 너무 커서 클라이언트가 억압되지 않도록 좁혀 잡아야 한다.

③ 종결단계

종결단계는 계약의 목적과 관련하여 진전을 평가, 종결 결정이 내려지면 바람직한 행동유지를 위한 조건을 설정하는 단계이다. 종결이 다가오면 종결을 예고하고 그 동안의 진전과정을 클라이언트와 함께 평가하게 되는데, 평가기준은 초기단계에서 작성한 계약에 의한다. 새로 획득한 바람직한 행동을 유지하기 위해서 사회복지사는 클라이언트와 함께 개입과정에서 배운 학습의 원리를 검토하게 한다.

종결의 결정이 내려지면 바람직한 행동 유지를 위한 조건을 설정하고 면담이 없더라도 최소한 4주 정도는 진전 상황을 기록하게 하고, 종결 4주 후 추후면담을 결정하여 행동변화가 계속되었는지를 점검한다.

(2) 개입기술

변화를 위해 주로 사용되는 행동수정기술로는 조작적 행동에 관련된 기술, 반응적 행동에 관련된 기술, 복합적 기술로 구분되는데, 조작적 행동에 관련된 기술로는 긍정적 강화, 부정적 강화, 소거, 반응형성화, 처벌 등이 이에 속한다. 반응적 행동에 관련된 기술은 고전적 강화, 체계적 둔감화, 홍수법 등을 들 수 있다. 복합적 기술로는 부정적 실천, 싫증, 자극형성, 언어적 지시, 행동연습, 규칙 제정, 지위설정, 모델링, 통찰학습, 사고중단, 리허설 등이 있다.

이중에서 언어적 지시는 간단명료한 언어로 단호하게 행동을 통제하는 것을 의미한다. 사고중단은 바람직하지 못한 생각이 들 때, 바로 스스로에게 '멈춰'라고 말하는 것이며, 긍정적 강화는 조작적 행동이 결과에 영향을 받는다는 원칙에 근거하여 발달시키고자 하는 바람직한 행동을 할 때마다 보상을 함으로써 그 행동이 더 자주 일어나도록 하는 것이다.

리허설은 발달시키고자 하는 행동을 반복적으로 연습하는 것이며, 모델링은 원하는 행동을 훌륭하게 수행하고 있는 다른 사람들을 관찰하고 모방함으로써 행동을 익히는 것이다. 소거는 어떤 행동에 대해 더이상 강화를 해주지 않음으로써 그 행동의 발생을 약화시키는 기술이며, 처벌은 어떤 행동이 발생했을 때 불쾌한 결과를 동반시킴으로써 그 행동을 약화시키는 방법이다. 이러한 기술들은 부적절한 행동 즉시 사용하는 것이 좋다.

4) 제한점

행동수정 실천모델은 인간의 감정이 행동을 결정짓는 것이 아니라 감정은 행동과 환경의 관계로 인한 결과로 나타나는 것이며, 인간의 부적절한 행동은 특정한 상황에서 부적절한 보상을 받았거나 바람직한 새로운 행동을 학습받지 못한 결과에 의한 것으로 본다. 그래서 인간의 행동을 측정할 수 있는 장점이 있다고 본다.

이러한 개입의 과정과 목표를 측정하고 평가할 수 있어 사회복지실천의 효과성을 보여주는 객관적 이론으로 인식되며, 단일체계연구방법의 개발과 실증적 실천모델로 활용되고 있다. 그러나 인간을 환경에 수동적으로 반응하는 존재로 규정하고 있어 사회복지 분야에서 접근이 많은 유용성을 가짐에도, 사회복지사에 의해 조작적으로 다루어진다는 이유로 윤리적 비판을 받기도 한다.

CHAPTER

03

사회복지실천모델과 기술(2)

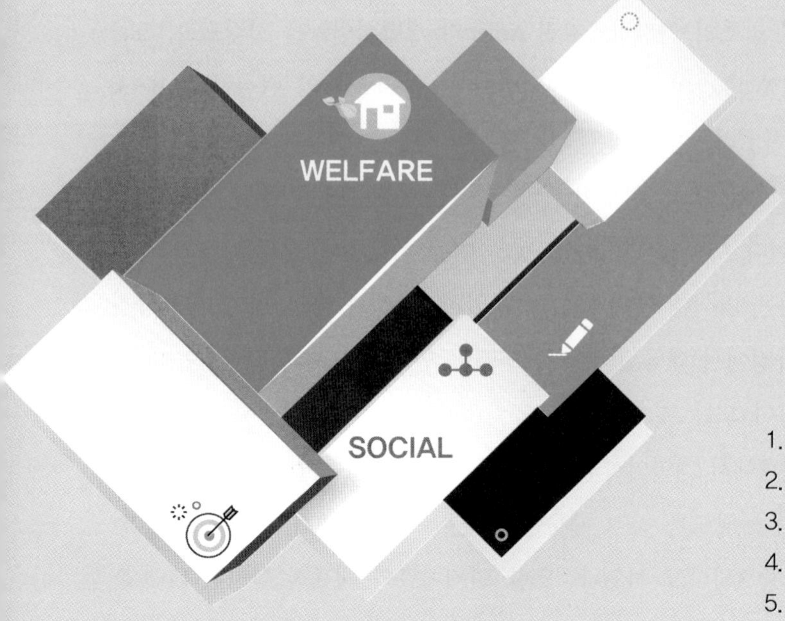

1. 인지행동모델
2. 문제해결모델
3. 과제중심모델
4. 임파워먼트모델
5. 위기개입모델

03 사회복지실천모델과 기술(2)

CHAPTER

1 인지행동모델

1) 이론적 배경

인지행동모델은 1920년대 최초의 인지치료자인 Adler의 개별심리학을 시작으로, Ellis의 이성 및 감성 정신치료, Walker의 이성적 개별사회사업, Glasser의 현실치료, Beck 등의 이론들을 토대로 발전하였다. 이 모델은 인지활동이 행동에 영향을 미친다는 것과 바람직한 행동변화는 인지변화를 통해 이루어질 수 있다는 기본적인 가정을 공유한다.

그러므로 사람들의 감정이나 행동을 결정하는 것은 어떤 사건이나 상황 자체가 아니고 그들이 그 상황을 해석하는 방식에 달려 있다고 보았다. 자신과 타인, 세계 생활사건에 대해 정보를 처리하는 과정에서 왜곡된 사고를 하거나 인지적 오류가 발생하는데 이것이 문제의 핵심이자 원인이 되는 것이다.

Ellis는 합리적 정서치료이론에서 개인의 인지적 사고는 특정한 행동이나 사건에 대하여 부정적이거나 긍정적인 감정을 갖도록 하기 때문에 단순히 행동을 변화시키기보다는 인지체계를 변화시키는 것이 중요하다고 하였다. 또한 인지치료의 대표적 학자인 Beck은 우울증 환자를 면접하면서 이들에게서 나타나는 부정적 사고나 왜곡된 사고, 인지적 오류 등에 주목하였는데, 사고의 내용이 일관적이며 사고의 패턴에서 체계적 왜곡이 존재한다는 것을 발견하였다. 클라이언트가 가지고 있는 특정한 믿음이나 신념은 클라이언트 자신에 대한 생각뿐만 아니라 미래와 세계를 보는 관점에 큰 영향을 미친다는 것을 알게 되었으며 개인이 가지고 있는 다양한 종류의 믿음에 주목하였다. 즉 정신장애는 생활사건에 대한 왜곡된 사고 및 비현실적 인지평가의 결과로 이해될 수 있는 것이다(배창진 외, 2003).

2) 특징 및 주요 개념

(1) 자동적 사고

한 개인이 어떤 상황에 대해 내리는 즉각적이고 자발적인 평가나 이미지를 말한다. 당사자에게는 타당하며 현실적인 것처럼 생각되기도 하지만, 대부분 부정적인 내용이며 역기능적으로 작용한다.

(2) 핵심믿음체계

클라이언트의 경험을 조직하는 인지구조의 기초로서 개인의 왜곡이나 편견을 형성하는 근간을 이룬다. 핵심믿음이 근거가 없고 사실이 아니라는 정보에 대해서는 관심을 갖지 않거나 무시한다. 결과적으로 핵심믿음이 부정확하고 역기능적인 내용이지만 지속적으로 믿게 된다.

(3) 중간믿음체계

중간믿음은 태도나 규칙, 가정들로 구성되며 핵심믿음이 영향을 미친다. 자신도 중간믿음을 잘 인식하지 못하는 경우가 많다.

(4) 도식

정보를 받아들이고 조직화하는 인지구조로서 개인의 발달 초기단계에 사고 패턴을 제시한다. 개인이 현실을 구조화하는 방식은 정서적인 상태를 결정한다. 즉, 정서와 인지 간의 상호관계가 존재하는데 정서와 인지는 서로를 강화하여 감정적, 인지적 손상을 악화시킨다.

(5) 인지적 오류

① 임의적 추론, 자의적 유추

충분하고 적절한 증거가 거의 없거나 부적절함에도 불구하고 자기 마음대로 자신이 생각하는 바대로 결론에 도달하는 것이다.

② 선택적 요약

맥락에서 벗어난 세부사항에만 초점을 두는 것으로 전체적인 상황이나 맥락을 무시한다.

③ 과잉일반화

연관되지 않은 사건이나 상황을 전반에 적용하여 결론이나 법칙을 끌어내서 관련 없는 상황에 광범위하게 적용하는 것이다.

④ 극대화와 극소화, 과장과 축소

사건의 의미의 크기를 왜곡하여 크게 생각하거나 작게 생각하고 판단한다.

⑤ 개인화

자신과 관련이 없는 사건을 관련시키거나 모든 일에 자신이 원인이 되었다고 판단한다.

⑥ 이분법적 사고(all or nothing thinking)

모든 문제를 흑과 백, 선과 악, 득과 실의 양 극단으로만 구분하고 중립적인 것을 인정하지 아니하려는 편중된 사고방식이나 논리를 의미한다.

⑦ 정신적 여과(mental filtering)

성공 사례가 있음에도 불구하고 한 번 실패한 것에 집착하여 행동한다.

⑧ 낙인(labeling)

한 번 실수를 개인적 특성으로 규정하고 판단한다.

⑨ 비합리적 신념

비합리적 신념은 부정적인 감정과 증상의 원인이 된다. 비합리적 신념에는 반드시 ~해야 한다, 절대로, 모든, 완전히 등의 사고들이 저변에 깔려 있다. 따라서 합리적 정서치료에서 사회복지사는 클라이언트의 비합리적 신념들을 찾아내고 반박하면서 그것을 대체할 수 있는 합리적인 신념들을 제시해 줄 수 있어야 한다. 비합리적 신념을 규명하고 도전하여 인격체계의 변화를 하는 것이 치료의 목적이다.

비합리적 신념과 반박의 예는 다음과 같다(박경애, 1999).

가. 인정의 욕구

- 내용: 모든 사람으로부터 사랑과 인정을 받아야만 한다는 믿음
- 반박: 모든 사람으로부터 사랑과 인정을 받는 것은 바람직한 일이지만 필수적으로 이루어지는 것은 아니기 때문에 비합리적이다.

나. 과도한 자기 기대감

- 내용: 자신이 가치 있다고 생각하기 위해서는 모든 영역에서 완벽하게 유능하여 반드시 성공을 거두어야 한다는 믿음
- 반박: 인간은 불완전한 존재이기 때문에 모든 영역에서 성공하는 것은 불가능하다. 강박적으로 이것만을 추구한다면 오히려 열등감, 삶에 대한 무력감, 실패에 대한 두려움만 생기게 된다.

다. 비난 성향

- 내용: 자신에게 해를 끼치거나 악행을 저지르는 사람은 나쁘고 야비한데 이들은 반드시 비난과 처벌을 받아야 한다는 믿음

• 반박: 선과 악에 대한 절대적 기준이 없다는 판단이 오히려 인간의 비합리적인 편견일 수 있으므로 그것은 비합리적인 생각이다.

라. 좌절적인 반응

• 내용: 일이 뜻대로 되지 않을 때 인생이 아무런 가치가 없으며 끔찍하다는 믿음
• 반박: 우리가 원하는 대로 이루어지는 것만은 아니다. 가끔 욕구가 좌절되는 것은 정상적이므로 받아들일 수 있어야 한다.

마. 정서적 무책임

• 내용: 인간의 불행은 외부 환경에서 비롯되므로 그것을 통제할 수는 없다는 믿음
• 반박: 외부 환경에서 기인하기도 하지만 일반적으로 부정적인 감정은 자신의 내부에서부터 생기는 것이다.

3) 사회복지실천에의 적용

인지행동모델을 적용하는 사회복지사는 교육적 환경에서 클라이언트의 비합리적 신념을 합리적인 신념으로 바꾸도록 원조한다. 먼저 클라이언트가 자신의 자동 사고를 모니터링함으로써 부정적 감정 혹은 행동과 연관된 비합리적 신념을 찾아내고, 비합리적 신념이 옳은지 그른지 사회복지사와 토론함으로써 비합리적 신념과 합리적 신념을 구분해 내도록 교육한다. 토론과정에서 사회복지사는 클라이언트에게 일방적으로 설명하는 것이 아니라 스스로의 잘못된 신념을 모니터링할 수 있도록 논박형 토론방식인 소크라테스 산문법을 주로 사용한다. 또한 사회복지사는 역기능적 사고를 일지 혹은 특성 양식에 작성하는 과제를 내기도 한다.

(1) 개입의 기본 전제

인지행동모델의 접근방법 시 기본적인 사회복지사의 자세(최선화, 2008)는 첫째, 클라이언트가 경험한 주관적 경험의 독특성을 이해해야 한다는 것이다. 즉, 각 개인이 갖는 삶의 사건과 정서반응의 독특한 의미, 현실을 조직하는 데 작용하는 정보전달과정, 신념, 신념구조와 같은 경험의 독특성을 존중하고 이해해야 한다는 것이다. 둘째, 사회복지사와 클라이언트는 협력적 노력을 해야 한다. 클라이언트의 문제해결은 클라이언트와 사회복지사의 협력적 노력에 의해 이루어진다고 가정하고 있기 때문에 클라이언트의 협력적 노력과 상호신뢰를 기반으로 하는 특징이 있다.

셋째, 자신과 타인을 위한 무조건적 관심이 있어야 한다. 인지행동모델에서 사회복지사는 모든 인간은 가치가 있다는 견해를 가지며, 인간은 누구나 강점과 제한점, 기술과 재능, 지식과 무지, 예외적 특성과 흐름을 가지고 있다는 자기수용을 기반으로 해야 한다는 것이다. 넷째, 구조화되고 직접적인 접근을 해야 한다. 사회복지사는 일정한 절차가 있는 개입과정을 유지하고 비협조, 힘의 갈등, 종결 등과 같은 이슈를 관리하고, 표적이 되는 문제에 전략적 초점을 유지해야 한다. 사회복지사와 클라이언트 간의 협력이 중요하지만 궁극적 책임은 사회복지사에게 있다. 다섯째, 클라이언트는 적극적으로 참여하고 역할을 수행해야 한다. 즉, 사회복지사와 변화를 위한 전략이 세워지면 성취에 필요한 자료를 모으고, 스스로가 능동적으로 문제해결에 참여해야 하며, 성취된 것이 유지되도록 노력해야 한다. 여섯째, 교육적인 성격을 지녀야 한다. 효과적 개입에서 중요한 것은 클라이언트가 문제에 대해서 파악하고, 인지행동모델의 개념을 이해하는 것이며, 이를 위해서 개입의 초기에는 인지행동모델에 관한 교육이 필요하다. 독서요법, 쓰기 과제, 문서, 오디오와 비디오테이프 사용, 강의와 세미나 참여 등 직접적 교육을 포함한다.

※ Beck(1997)의 인지행동모델에서의 사회복지사 원칙

1. 클라이언트 및 클라이언트의 문제에 관해 인지행동적인 용어로 공식화하고 이를 근거로 전개한 계통적 설명에 기초를 두고 있다.
2. 건전한 치료관계를 필요로 한다.

3. 사회복지사와 클라이언트의 적극적 참여로 이루어지는 협력을 바탕으로 한다.
4. 문제에 초점을 두며 목표 지향적이고 문제 중심적이다.
5. '지금, 여기'를 강조한다.
6. 교육적이며 클라이언트 자신이 스스로 사회복지사가 될 수 있도록 교육한다.
7. 가능하다면 시간에 제한을 두도록 한다.
8. 면담은 구조화되어 있다.
9. 사회복지사는 클라이언트가 역기능적 사고와 신념을 확인하고 평가하면서 효과적으로 대응할 수 있도록 돕는다.
10. 사고, 감정, 행동을 변화시키기 위해 다양한 치료기술을 사용한다.

(2) 개입과정

구체적인 인지행동모델의 개입과정은 다음과 같다(박경애, 1999).

① 초기단계

가. 접수

심신의 이완상태를 유도하는 대화 및 간단한 호흡을 시행하여 클라이언트가 편안한 상태에서 사회복지사와 대화할 수 있는 상태를 만든다. 이와 함께 인지체계의 재구성 원리 및 절차를 간략히 설명한다. 즉, 자기 자신에게 하는 말, 자신이 갖고 있는 가정, 믿음, 생각 등이 인생에서 경험하는 많은 것들에 대한 감정 및 행동반응을 결정할 수도 있다는 것을 설명한다. 이 단계에서는 인간이 살아가면서 문제를 경험하는 것은 지극히 정상이며 또한 피할 수 없는 것이라는 것을 충분히 인식시키고, 클라이언트의 입장에서 문제를 이해하고 받아들이도록 노력해야 한다.

나. 문제청취

사회복지사와 클라이언트 사이에 충분한 rapport가 형성되어야 클라이언트의 문제 또는 사고체계가 드러날 수 있으므로, 문제청취단계에서는 클라이언트가 호소하는 어려움을 있는 그대로 받아들이면서 이해하도록 노력한다. 즉, 이 단계에서는 클라이언트의 사고와 논리체계에 문제가 있더라도 일단 받아들이면서 이해하도록 노력한다.

다. 문제 우선순위의 설정

클라이언트의 문제들은 복합적이고 상호 연결되어 있는 경우가 대부분이다. 이러한 복잡하고 다양한 문제들 가운데 우선적으로 개입할 문제를 찾아내야 한다. 문제의 우선순위를 정할 때에는 클라이언트의 입장에서 쉽게 성취 가능한 작은 변화를 목표로 하는 문제를 선정하는 것이 좋다.

라. 부정적 인지·사고체계 탐색

이 단계는 문제 속에 내재하는 역기능적 믿음, 사고체계, 인식체계 등을 찾아내도록 돕는 단계이다. 잘못된 인식체계를 찾아내는 과정에서 사회복지사와 클라이언트는 클라이언트가 갖고 있는 인식 및 사고체계가 어떻게 작용하여 어떤 결과를 낳게 하였는지 알아야 한다. 그리고 그 인식 및 사고체계를 변화시켜야 하는 이유는 무엇인가에 대해 충분히 토의한 후 동의해야 하다. 클라이언트가 자신의 잘못된 예전의 믿음체계를 버리고 새로운 믿음체계를 받아들이기 위해서는 주변의 주요 타인으로부터의 지속적 지지와 격려가 필요하다.

클라이언트의 잘못된 믿음 체계를 확인하는 하나의 전략으로서 첫째, 어떻게 해서 현재 자신이 갖고 있는 믿음에 이르게 되었는가를 질문하고, 둘째, 현재의 역기능적 관점이나 믿음을 뒷받침할 수 있는 증거를 제시할 것을 요구하며, 셋째, 마지막으로 어떤 행위 뒤에 일어날 결과에 대해 지나친 걱정이나 두려움을 갖게 된 논리에 도전하는 방법을 들 수 있다.

마. 자료수집

사회복지사의 개입 후 클라이언트의 문제 상황이 해결되었는지를 사후에 평가하기 위해서는 개입 전의 문제 상황에 대한 자료수집이 필요하다. 문제 상황에 따라 자료의 성격이 달라지겠지만 대부분의 문제는 문제의 발생빈도, 문제의 정도나 강도, 문제가 지속되는 기간 등의 형태로 측정될 수 있을 것이다.

② 개입단계

가. 부정적 인지·사고체계의 정황분석

클라이언트로 하여금 부정확한 인식이나 잘못된 생각 등을 갖게 한 주변의 사건이나 상황을 클라이언트 스스로 분석하여 그 당시에 자신이 가졌던 생각이나 믿음의 합리성 정도를 평가하도록 한다. 클라이언트로 하여금 어떤 생각을 갖게 했던, 그래서 감정을 상하게 했던 구체적 장소, 관련된 주요 인물, 구체적 정황, 클라이언트의 행동 등으로 나누어 묘사하도록 한다.

나. 순기능적 인지·사고체계로 전환

자기 파괴적 인식체계를 자기구술로 순기능적으로 바꾸도록 사회복지사가 모델링을 통해 도와준다. 이 과정에는 예전에 해보지 않았던 새로운 생각을 하게 되기 때문에 갈등, 불안 등 내키지 않아 하는 현상이 나타날 수 있으므로 시범을 보여준 후, 그것을 따라 할 마음의 준비가 되어 있는지를 확인하면서 조심스럽게 진행한다.

처음에는 상황에 진입하기 전의 상황에서 자기구술로 변화연습을 하고 그것을 어느 정도 소화했을 때 진입 중 및 진입 후의 단계로 이전해 간다. 이때 제시되는 대안적 사고나 행동은 가능하면 구체적이어야 한다. 시범을 보여주고 따라 해보도록 하고, 따라한 행동을 필요에 따라 수정 및 조정해 준 후, 계속해서 반복하도록 한다. 변화노력과정에서 발생한 작은 성공에 대해 스스로 칭찬할 필요가 있다는 것을 클라이언트에게 설명해 주고 사회복지사가 시범적으로 칭찬을 해본다.

다. 변화를 지속시키기 위한 과제 내주기

개입과정에서의 변화가 지속되지 않으면 개입의 효과는 없다고 볼 수 있다. 따라서 변화된 인지체계가 현실생활 속에서 계속 유지될 수 있도록 클라이언트에게 과제를 내준다. 과제의 목적은 클라이언트가 일상생활에서 경험하는 심리사회적 어려움 가운데서 자신에게 행하는 역기능적 자기구술을 관찰하고 발견하여 그것을 순기능적 자기구술로 바꾸는 훈련을 지속적으로 하도록 하는 데 있다. 사회복지사는 클라이언트의 과제수행 여부를 수시로 점검하여 클라이언트의 변화 노력에 지속적인 관심과 지지를 제공한다.

라. 종결단계

개입을 종결하면서, 개입의 효과성 및 목표달성의 정도를 평가하는 단계이다. 평소에 갖고 있던 역기능적 인지체계나 사고체계가 어느 정도 합리적 대안체계로 변화되었는가를 확인하는 단계인 것이다. 앞서 역기능적 문제를 유발했던 상황 또는 그와 비슷한 상황 속에서 역기능적 사고의 빈도, 강도, 지속시기 등이 어느 정도 변화되었는가를 확인하고 평가한다. 또한 이러한 인지·사고체계의 변화로 인해 전에 경험하던 사회심리적 문제가 현실생활 속에서 어느 정도 해결되었는지를 살펴본다.

(3) 개입기술

개입의 목적은 부정적 감정의 근원이 되는 비합리적 신념을 밝혀내고 도전함으로써 재구조화하는 것이다. 적절한 부정적 감정은 오히려 합리적 사고의 결과일 수 있지만 부적절한 부정적 감정이 문제가 된다. 따라서 변화의 표적은 부정적 감정 자체가 아니라 그것의 근원이 되는 비합리적인 믿음에 맞춰진다.

일반적으로 인지행동모델의 과정은 부정적 행동을 선행하는 사건(Accident) → 부정적인 행동으로 이끈 비합리적 신념(Belief) → 부정적인 감정 혹은 행동결과(Consequence) → 비합리적 신념에 대한 반박(Depute) → 효과적인 신념(Effect) 혹은 합리적 신념에 따르는 감정과 행동으로 진행된다.

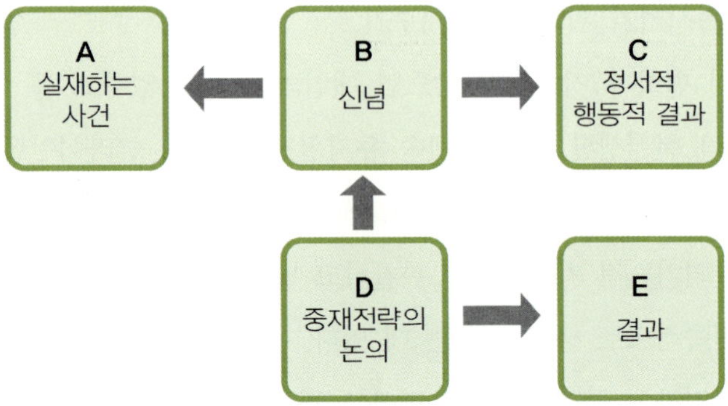

| 그림 3-1 | Ellis의 인지행동모델의 A-B-C-D-E 과정

사건 A는 C라는 정서 및 행동 상태의 원인이 아니라, 사건 A에 대해 개인이 갖는 신념체계인 B가 C를 유발하는 주요 원인이다. 따라서 B가 가장 중요하다. 비합리적인 신념을 발견해서, 이를 논박하여 합리적인 신념체계로 바꾸도록 하면 불안이나 분노, 적개심 같은 부정적 감정과 자기 파괴적인 행동은 감소하거나 없어지게 된다. A와 B, C의 관계 속에서 비합리적 신념을 찾아낸다. 논박을 통해 비합리적 신념과 합리적 신념을 구분하게 한다. 비합리적 신념이 합리적 신념으로 재구조화된다(구혜영, 2009).

예를 들어 어떤 여자 대학생이 남자 친구와 결별 후 우울증을 겪는다면 그것은 남자 친구와의 결별이라는 사건 자체가 우울증을 일으키는 원인이 아니라, 자신은 삶에 실패했고 거부당했으며 사랑을 잃었다고 믿는 그녀의 잘못된 신념이 우울증을 일으키는 원인이다.

구체적인 기술로는 전문가의 행동을 모방하도록 하는 모델링 기법과 강의나 세미나 참가와 같은 교육적인 지도방법이 있다. 그리고 소크라테스식 문답법이 있는데 클라이언트의 사고를 변화시키는데 가장 많이 사용하는 접근으로 문답식 질문과 유도심문을 통해 스스로의 문제를 알아가도록 하는 기법이다. 또한 재구조화기법을 들 수 있는데 이것은 긍정적인 사고로 인지체계를 변화시키는 기법이며, 자기주장법은 클라이언트에게 자신의 생각이나 의견, 의사나 감정의 자유로운 표현을 할 수 있도록 하는 기법이다. 그리고 클라이언트가 사회적인 어려움에 빠졌을 때, 정상적인 사회적 기능을 하도록 돕는 사회기술훈련기법도 포함될 수 있다.

역설적 의도기법은 사회복지사가 문제의 행동을 의도적으로 하게 함으로써 스스로 그 문제행동이 가져오는 결과에 대해 인지하도록 하는 기법이다. 예를 들어 간질 발작을 두려워하는 클라이언트에게 회의가 시작할 때마다 간질 발작을 의도적으로 일으켜 볼 것을 지시 주문하는 것 등이 있다. 그리고 이득-불이득 분석표 작성기법은 왜곡된 신념들에 도전하기 위해 직접 표를 만들어 보게 하는 기법이며, 활동스케줄 작성기법은 첫 회기에서 활동스케줄을 작성하는 일을 과제로 활용하여 클라이언트 현재 시간 사용을 평가하고, 생산적인 시간 사용을 계획하는데 도움을 주는 기법이다(박영숙 외, 2008).

행동시연기법은 사회복지사가 클라이언트의 수행에 대하여 피드백을 주면서 보다 나은 행동을 하도록 가르칠 수 있다. 이때 사회복지사는 클라이언트의 인지적 문제가 발생하는 구체적 상황을 다루어야 한다. 그리고 이완, 명상 및 호흡기법은 불안한 클라이언트들에게 점진적인 이완, 심호흡, 명상 등을 활용하여 자신의 산란한 마음과 불안에 대해 통제력을 가질 수 있도록 돕는 기법이다. 이외에도 문서, 오디오 테이프나 비디오테이프의 사용을 통한 자기모니터, 독서요법, 역할연습, 상대방 역할 모의수행 등이 있다.

(4) 제한점

인지행동모델은 인간과 환경의 호혜적 상호교류를 잘 설명하며, 사회복지의 직접적 실천에 쉽게 적용될 수 있는 개입전략과 지침을 포함하고 있다. 또한 클라이언트를 수동적이 아닌 적극적인 참여자로 간주한다는 점에서 긍정적인 모델로 평가받고 있다(원요한, 2007).

하지만 인지행동이론에 근거한 다양한 기술들이 사회복지실천현장에서 활용되고 있음에도 불구하고 이들 기술들을 클라이언트에게 적용하는 데는 몇 가지 한계점이 있다. 우선 개입방법이 매우 지시적이고 교육적이므로 사회복지사의 가치중립적이어야 한다는 원칙과 갈등 · 인지와 신념에 대한 강조는 자칫 사건 자체의 중요성을 간과할 수 있다. 사회복지사의 접근이 지나치게 지시적으로 되기 쉽다는 것이다. 환경적 개입보다 심리적 개입에 치중하기 때문에 지금 여기에만 집중하면 과거의 상처와 억압된 분노, 적개심을 과소평가하는 결과를 낳게 된다(박경애, 1999).

그리고 이 모델을 적용할 때는 클라이언트가 자신의 사고와 감정, 행동의 관계 및 인지행동이론에서 적용하고자 하는 기술을 충분히 이해할 수 있어야 하기 때문에 일정한 교육 수준 혹은 지적 능력을 가진 클라이언트에게는 반복적인 학습과 훈련을 통해 어느 정도의 효과를 기대할 수는 있지만, 그 효과성에는 많은 제약이 따른다. 그리고 이 모델에 근거한 기술들이 일반적으로 4~14회 정도의 치료기간이 소요되므로 즉각적인 개입을 필요로 하는 클라이언트에게는 적용하기 어렵다.

그럼에도 불구하고 인지행동이론의 기술들은 가장 널리 활용되는 기술이면서 정신분석적 해석이나 통찰력을 이해하지 못하거나 그러한 해석이나 통찰력에 거부감을 갖고 있는 클라이언트에게 적용될 수 있다는 점에서 긍정적이다. 이후 인지행동모델은 인지이론과 행동주의 및 사회학습이론에서 나온 개념들을 통합적으로 적용한 것이기 때문에 1960년대부터 1970년대 사이에 다양한 모델의 탄생을 주도하게 되었다.

2 문제해결모델

1) 이론적 배경

1950년대 초 진단주의모형에서 분리된 사회복지실천의 문제해결모델은 모든 인간의 삶 자체는 끊임없는 문제해결과정이며, 인간은 문제를 해결하기 위한 능력이나 강점을 본능적으로 가지고 있는 존재라는 기본 가정으로부터 출발한다. 그러므로 클라이언트의 문제는 기본적으로 클라이언트의 어려움이 문제가 아니라 문제를 해결하는 태도 즉, 그들 자신이 적절한 방법으로 그의 문제를 해결하거나 경감시키려는 동기, 능력 또는 기회가 부족하기 때문이라고 보고 있다. 따라서 클라이언트의 문제해결방법이 비효율적일 때 개입이 필요하며, 개입의 목적은 문제의 해결이 아니라 클라이언트의 문제해결능력과 대처능력을 회복시키는 것이라 할 수 있다. 인간은 현재 직면하고 있는 개별적이고 다양한 문제를 효과적으로 처리하거나 해결하기 위해서 기관으로부터 도움을 구하는데 이 도움은 현재의 구체적인 문제의 사정을 통한 명확하고 세밀한 계획과 확실한 해결책을 강조한다.

Perlman(1957, 1986)과 Compton & Galaway(1994)는 문제해결모델이란 진단주의와 기능주의, Dewey의 이론에 기본을 두고 있다고 설명하였다. 진단주의에서 진단적 사정, 클라이언트의 문제해결 종결과 대처능력, 자원을 사정하는 것, 자아심리학 영향 등의 특성을 인용하였다. 그리고 기능주의에서는 자아기능에 의한 인간의 지속적인 변화가능성, 현재의 강조, 동기 부여를 위한 전문적 관계 활용, 단계 구분, 시간 중시, 복지관의 역할과 기능에 대한 관점 등의 특징을 활용하였다. 마지막으로 Dewey의 이론에서는 인간의 반성적 고찰의 개념으로 인간 개인은 스스로의 행동을 판단하고 결정하는 인지적 과정이 있다는 것과 교육은 이러한 문제해결의 과정을 습득하는 것이라는 개념을 수용하였다.

이러한 문제해결모델은 1950~1960년대에 개별사회사업 중심으로 발전하였고, 1970~1980년대에는 이 모델을 가족치료 분야 및 모든 사회사업방법론에 적용하였으며, 1990년대에 과업중심모델, 위기개입모델, 단기치료, 생활모델 등의 기반을 제공하면서 통합적 문제해결모델로 전환되었다.

2) 특징 및 주요 개념

문제해결모델에서 사회복지실천은 클라이언트가 자신의 문제를 올바르게 평가하고 판단할 수 있도록 문제를 인식하게 하고 주어진 문제를 해결할 수 있는 교육과 개입과정이라고 보았다. D'Zurilla & Goldfried(1971)는 인지행동적 접근은 지속적이고 일반화된 행동변화를 일으킨다고 하면서 좀더 일반화된 사회적 능력을 향상시키기 위해서는 문제해결능력이 향상되어야 한다고 주장하였다.

문제 상황에 적절하게 대처하지 못하는 것은 정서적, 행동적 장애의 필요충분조건이다. 즉, 문제를 적절히 해결하지 못하면 정서, 행동장애가 유발될 수 있고, 정서, 행동장애가 있는 사람은 문제해결능력이 떨어진다. 따라서 일상생활에서 직면하는 문제 상황에 대처할 수 있도록 문제해결 절차나 기술을 개인에게 훈련시킴으로써 문제해결능력을 효과적으로 향상시킬 수 있다(신성자, 2007).

Perlman은 사회복지실천의 구성요소를 6P로 분석했는데 처음의 4P인 문제(problem), 사람(person), 장소(place), 과정(process)으로 시작하였다가 이후에 사회복지사의 전문적 역할을 강조하는 전문가(professional)와 자원이나 기회의 제공을 강조하는 제공물 또는 제공자원(provisions)의 개념을 추가하였다. 이와 같이 사회복지실천은 6P로 확대되면서 현재에는 사회복지의 통합적 모델이나 일반적 실천방법으로 활용되고 있다.

(1) 문제(problem)

문제는 개인과 환경 간의 상호작용과정에서 개인의 충족되지 않은 욕구, 대인관계상의 부적응, 주변 환경과 개인과의 부적응과 같이 사회적 기능 수행상의 문제나 과거의 경험 혹은 새로운 환경변화에 의해 발생된다. 사회복지사는 자신의 활동 대상이 되는 문제의 성격(문제의 정도, 문제의 발생 빈도, 문제의 지속 시간 등), 문제에 대한 클라이언트와 타인의 정의의 차이점, 문제의 해결 가능성, 우선적으로 가장 쉽게 해결될 수 있는 문제, 문제해결을 위한 과거의 노력 여부와 그 효과성, 문제해결의 시급성, 문제가 해결되지 않을 경우 예상되는 결과들을 면밀히 분석해야 한다.

(2) 사람(person)

사람은 개인과 환경 간의 상호작용의 내용 변화를 위해 조정을 필요로 하는 클라이언트를 의미한다. 사람은 과거의 무의식에 의해 지배를 받는 존재가 아니라 자아의 의지에 따라 항상 변화하고 발전하는 개방된 체계로서, 자기에게 주어진 역할과 당면하고 있는 문제에 영향을 받는 존재이다. Richmond는 조정을 통해 개인의 인격발달을 이루는 과정이라고 하여 개인의 변화에 초점을 두는 듯하나 개인과 환경 간의 조정 과정에 클라이언트가 주체적으로 참여하여야 함을 강조한 것으로 볼 수 있다. 사회복지사들은 클라이언트가 전인적 인간으로서 문제에 노출될 때 해결을 위해 관련된 요소들을 세심하게 관찰해야 한다.

(3) 장소(place)

장소는 사회복지사가 소속되어 있는 기관일 뿐만 아니라 클라이언트의 문제해결을 위해 참여 또는 동원 가능한 모든 기관을 의미한다. 기관은 문제해결에 필요한 자원과 기능을 갖고 있는 공식적인 조직과 사회복지사의 원조가 이루어지는 비공식적인 조직을 모두 포함하며, 사회복지실천은 기관의 역할 내에서 제공되어야 한다고 보았다.

(4) 과정(process)

Richmond가 표현한 '의식적인 조정'은 일정한 목적을 갖고 합리적인 절차와 이론에 입각하여 신중히 이루어지는 활동으로써 클라이언트가 표출하는 문제, 문제해결을 위한 클라이언트의 노력, 사회복지사의 개입활동 등을 조화롭게 서로 연결할 수 있는 체계적인 연결고리라고 할 수 있다. 그러므로 사회복지실천의 과정은 문제해결을 위해 클라이언트의 참여와 협조를 강조하며, 상황에 따라 문제를 재사정하고 수정하는 지속적인 원조과정인 것이다.

(5) 제공물 또는 제공자원(provisions)

클라이언트의 물질적 욕구, 지지관계망 확보 욕구, 만족스런 일상활동에 대한 욕구 등을 충족시키는데 필요한 제반서비스 및 기회들을 클라이언트의 생활환경 가운데서 적극적으로 발견하고 찾아내어 클라이언트가 이용 가능하도록 만들어 주는 모든 활동을 포함한다.

(6) 전문가(professional)

조정을 위해 개입하는 사회복지사는 사회복지실천 활동에 있어 하나의 개별적 주체로서 전문가를 의미한다.

3) 사회복지실천에의 적용

문제해결모델에서 사회복지실천 개입은 변화를 위해 클라이언트의 동기를 확대시키고, 활력을 주며, 방향성을 제시하는 것을 의미한다. 또한 문제에 대처하기 위해 클라이언트의 정신적, 감정적, 행동적 능력을 개방시키고 반복적으로 훈련시키는 것이며, 문제의 경감 또는 해결에 필요한 자원을 클라이언트가 이용하게 하는 것을 뜻한다. 따라서 개입의 목표는 개인이나 가족이 현재 직면하고 있는 어떤 어려움을 처리하거나 해결할 수 있도록 돕는 것이라 할 수 있다.

(1) 개입과정

개입과정은 동기화, 능력 발휘와 향상, 도움과 자원 기회에 접근시키는 것을 포함하는데, 이때 클라이언트가 자신의 문제해결에 주체적 행위자여야 한다. 이를 위해 동기강화가 필요하고 사회복지사는 이를 지지해 주어야 한다. 또한 클라이언트의 대처능력과 적응력 강화를 위해서 반복훈련이 제공되어야 하며, 클라이언트의 외부자원을 문제해결에 연결할 수 있도록 다양한 원조와 사회적 관계망 확장, 기회 제공을 해주어야 한다.

이때 자기 결정권의 강조, 지속적 사정과 초기단계(참여자로서 관여하게 하고 문제를 부분화시키는 단계)가 강조된다. 그리고 이러한 과정은 단계별로 평가 순환적 성격 즉, 클라이언트와 사회복지사는 필요하다면 어떠한 단계에서라도 언제든지 이전의 단계로 돌아가거나 앞의 단계로 더 나아갈 수 있는 유연성 있는 과정의 전개가 중요하다.

① 문제 지향

정상적, 일상적, 피할 수 없는 인생사건 등이 나타날 때 클라이언트의 문제인식, 문제의 귀인, 문제의 평가, 문제에 대한 개인적인 통제, 문제해결을 위한 시간과 노력의 헌신에 따라서 문제해결에 대한 방향과 방법 등이 달라지므로 이를 평가한다.

- 문제인식: 클라이언트가 문제를 어떻게 인식하고 있고 무엇이라고 규정하는가.
- 문제의 귀인: 문제의 원인이 변화 가능한 환경과 개인에 있다고 보는지 혹은 지속적

인 내적 결점이나 이상에 있다고 여기는가.

- 문제의 평가: 문제를 위협이라고 보지 않고 도전이라고 보는가.
- 문제에 대한 개인적인 통제: 개인이 문제를 해결할 수 있고 통제 가능하다고 인지하는가.
- 문제해결을 위한 시간과 노력의 헌신: 문제를 해결하기 위해 걸리는 시간과 노력 등을 바치려는 의지가 있는가.

② 문제의 재구조화

클라이언트에게 나타나는 문제가 스스로의 결함이나 과거의 경험에 의해 발생되었다기보다는 자신의 대처능력 부족 및 대처기술의 부적절함에 기인하는 것이라고 인식을 바꾸도록 한다.

③ 긍정적 자기진술

긴장이완, 명상을 통해 자신에게 존재하는 문제에 대한 불안을 관리하도록 훈련함으로써 자신에 대한 강점을 분석하고 긍정적으로 문제해결할 수 있는 신념을 가질 수 있도록 한다.

④ 문제의 규정과 계획형성

재구조화된 문제에 대한 객관적 정보를 수집하고 문제의 성격을 명확하게 한다. 그리고 이를 토대로 현실적인 해결 목표를 세우고 계획을 수행하는데 야기될 수 있는 장애물을 발견하여 이에 대한 대책도 강구하도록 한다. 이때 문제해결의 비용을 분석할 필요가 있다.

⑤ 가능한 대안의 모색

이 단계는 문제의 해결책을 찾기 위해 대안을 모색하는 단계로, 최선의 대안들을 많이 만들기 위해 가능한 다양하고 많은 대안을 모색한다. 이때 세 가지의 원칙이 필요하다.

우선 양의 원칙은 대안이 많이 제시될수록 좋은 대안이 생긴다는 것이며, 판단유예의 원칙은 개개의 대안에 대해 평가를 미루고 대안들을 많이 제시할수록 좋은 대안들이 생긴다는 것이고, 다양성 원칙은 다양한 영역에서 해결방안을 모색할수록 좋다는 원칙이다(김은수, 2008).

⑥ 의사결정

전 단계에서 제시된 다양한 대안을 객관적으로 평가하고 가장 바람직한 또는 최적의 대안을 정하는 단계이다.

⑦ 문제해결책의 실행과 검증, 평가

이 단계는 선택된 대안을 직접 실행하고 자기강화, 문제고치기 등의 과정을 거치며 그 과정을 스스로 모니터링하여 평가하는 단계이다. 평가를 통해 이전의 단계로 돌아가기도 한다. 이 단계에서 사회복지사는 클라이언트의 문제해결 동기와 대처능력을 극대화시키며, 문제해결에 필요한 사회적 자원을 개발, 연계하는 역할을 담당해야 한다.

(2) 개입기술

문제해결모델에서 사회복지사는 클라이언트로 하여금 변화를 위한 동기를 가지게 하며 에너지를 부여하는 방향을 찾게 해야 하는데 기술적으로는 클라이언트의 불안이나 공포를 최소화시키고 자아의 방어기제를 약화시키도록 해야 하지만 성장에 대한 기대치는 높여야 한다. 그리고 자아가 갖는 에너지를 당면한 과제에 투입할 수 있도록 하기 위해 지지와 안정감을 제공해야 한다(권육상 외, 2008). 뿐만 아니라 클라이언트가 문제해결과 관련해서 요구되는 지각, 감정, 인식, 이해, 선택, 판단, 결정, 행동 등의 기능을 반복·실천하게 함을 목표로 삼아야 한다. 특히 문제해결 혹은 그 완화에 필요한 원조나 사회자원 등 외적 환경에 접근을 발견하고 이를 활용하는데 초점을 둠으로써 만족스러운 역할수행이 가능하도록 도와야 한다.

4) 한계점

문제해결 모델은 그동안 너무나 전문적으로 치우치는 사회복지실천 경향에 대한 반발로 일반주의 실천의 기초방법을 강조하는 입장을 보여왔다. 그러므로 클라이언트의 이익을 위한 실용적이고, 행동 지향적 가치를 지닌 모델로서 사회복지실천 전 영역에 활용되고 있다. 그러나 일시적인 기능 약화나 자원 부족 클라이언트에게는 적합한 모델이나 학습의 문제가 있거나 변화 동기나 의지가 미약한 정신장애 클라이언트에게는 부적절하다.

3 과제중심모델

1) 이론적 배경

1970년대 초반 미국 시카고 대학의 Reid와 Epstein에 의해서 개발된 과제중심모델은 정신분석방법과는 달리 효율적으로 학습할 수 있는 전문 원조기술의 개발, 직접적 실천의 효과성 증진, 실천을 평가하는 능력을 증진할 수 있는 모델의 개발을 목적으로 진행되었다(류종훈, 2005). 문제해결모델이 등장하게 된 배경은 정신분석에 기초한 장기치료에 대한 비판과 함께 반드시 단기치료보다 장기치료의 효과가 큰 것은 아니라는 생각이 이 시기에 확산되었다. 또한 현재의 문제상황에 개입의 초점을 두고자 하는 시각이 고조되어, 활동적이고 방향성 있는 과정을 반영하게 되었다.

또한 과제중심모델은 실천의 효과성 증진을 위해 문제해결중심의 방법론에 인지행동이론, 행동수정기법, 체계이론, Studt의 과업에 대한 개념을 통합적 · 절충적으로 접근하여, 계획적이고 집중적이며 구조화된 개입을 지향한다. Epstein은 이 모델이 이전의 사상과 실천을 근간으로 하여 수년간의 실천경험과 평가에 기초를 두고 있다고 하였다. 그러므로 과제중심모델은 다양한 프로그램에 적용해 본 결과, 그동안 전통적 케이스워크의 장기적 유형이 효과성을 입증하지 못했던 상황에서 광범위한 문제 영역에서 효과적이며, 비용 측면에서도 효율적인 사회복지실천 모델이 되었다. 또한 심리학이나 정신의학이 아닌, 사회복지전문가에 의해 사회복지실천현장에서 활용하기 위해 개발된 모델이라는 점도 의의를 가진다. 특히 이론보다는 경험적 자료를 통해 개입의 기초를 마련하려는 움직임이었던 것도 중요한 의의를 갖는다.

즉, 과제중심모델의 실천개입 목적은 클라이언트가 자신에게 주어진 행동적 과제를 통하여 스스로 문제를 해결할 수 있도록 도와주는 것인데 이를 위해서는 그다지 긴 시간이 필요하지 않다고 보는 입장이다. 그 이유는 대부분의 클라이언트들이 사회복지기관에 가지고 오는 문제들은 일시적이고 불균형 상태이며, 클라이언트의 문제들은 재균형의 힘, 특히 변화에 대한 클라이언트의 동기와 그가 취하는 행동에 따라 완화될 수 있기 때문이다. 그리고 대부분의 변화는 일반적으로 길어야 2~3개월 밖에 되지 않는 비교적 단기간 내에 발생할 수 있다고 보기 때문이다.

2) 특징 및 주요 개념

과제중심모델의 주요 특징은 시간 제한적, 문제 지향적, 과제 중심적, 조사에 기반을 둔다는 점이다. 주 1~2회 면접을 전체 8~12회 정도로 구성하여 대개 4개월 이내에 사례를 종료하는 시간 제한적인 계획된 단기접근을 취한다. 또한 클라이언트가 관심을 가지고 있고 명확하게 문제라고 인식하고 동의한 문제에 초점을 두고 사회복지사와 클라이언트가 표면적으로 계약한 문제들을 해결하는 데 개입의 초점을 둔다. 그리고 변화는 기본적으로 클라이언트가 상담 중에 혹은 외부에서 행한 문제해결의 활동, 즉 과제를 통해 달성된다. 클라이언트의 문제해결활동은 그가 수행에 동의한 과제를 중심으로 조작되기 때문에 사회복지사는 클라이언트가 과제를 수행할 수 있도록 원조해야 한다. 특히 과제중심모델은 이론적 연구보다는 실제적인 경험, 개입 등을 통해서 발견된 조사결과 사실들에 기초를 둔다(한인영, 2009).

사회복지사는 클라이언트가 제한된 기간 내에 가능한 한 건설적으로 자신의 문제를 완화시킬 수 있는 활동을 할 수 있도록 원조하고 클라이언트와의 관계는 보호가 아닌 협조적인 노력을 강조하며 클라이언트를 광범위하게 참여시켜야 한다. 표적문제를 선정할 때 클라이언트의 견해를 우선적으로 반영하며, 개입 방향도 클라이언트와 사회복지사가 계약함으로써 정해지고 과제설정과 실행, 평가과정에서도 클라이언트는 주체적인 역할을 수행한다.

과업중심모델은 특정한 한 가지 이론이나 모델을 고집하지 않으며 다양한 접근방법, 즉 문제해결, 인지 · 행동적, 인지적 · 구조적 접근방법 등으로부터 경험적으로 이끌어진 이론과 방법을 선택적으로 사용한다. 그래서 다른 모델에 비해 상대적으로 실천과정이 매우 구조화되어 있으며, 각 단계마다 사회복지사의 역할이나 과제 등이 자세히 규정되어 있다. 클라이언트의 자원이나 기술부족으로 문제가 발생하는 것으로 보기 때문에 클라이언트의 문제와 관련된 자원에 대해 탐색하고 이를 활성화하기 위한 방안을 개입의 모든 과정에서 강조한다. 그리고 개발의 목적 중 하나가 사회복지실천의 책무성을 증진하기 위한 것이기 때문에 이를 증명하기 위해 노력해야 한다. 이러한 과정은 클라이언트를 범주화하지 않기 때문에 낙인화를 방지한다(김경호, 2005).

문제해결모델과의 공통점은 클라이언트가 인식하고 동의한 문제를 해결할 수 있도록 클라이언트의 현재 상황에 적합한 행동적인 과업을 설정하여 수행하도록 지원한다는 점이며, 문제해결모델과의 차이점은 단기치료, 문제해결을 위한 직접적이고 행동적인 과제의 수행을 강조한다는 점이다. 그러므로 과제중심모델의 주요 특징으로 구조화된 접근, 클라이언트의 자기결정권에 대한 강조, 클라이언트의 환경에 대한 개입 강조, 개입의 책무성에 대한 강조 등을 들 수 있다.

(1) 표적문제(target problem)

표적문제는 클라이언트가 스스로 감소되어야 하고, 관리되어야 한다고 생각하는 것이 대상이 된다. 고통, 불안, 혼란, 역기능, 대인관계에서의 갈등, 사회적 관계에서의 불만, 조직과의 문제, 역할 수행상의 어려움, 결정문제, 정서적 스트레스, 자원의 부족 그리고 심리적 행동적 문제장애 또는 목표를 이루는데 위협을 느끼는 상태 등이 일반적이다(전남련, 2007).

표적문제는 클라이언트의 초기면접에서 문제에 대한 정보를 획득하여 클라이언트와의 협조하에 결정된다. 사람들이 스스로 효과적으로 문제를 감소시킬 수 없을 때 부딪히는 심리적 · 환경적 · 사회관계적 문제들에 과제중심모델의 주된 개입이 이루어진다. 표적문제에 집중함으로써 클라이언트는 사회복지사에 대한 저항을 줄일 수 있고, 의지와 동기를 극대화할 수 있다.

(2) 과제(task)

과제란 표적문제를 감소시키고 목표를 달성하기 위하여 수행해야 하는 구체적 행동이면서, 클라이언트와 사회복지사 간의 동의에 의해 계획되는 특정 유형의 구조화된 문제해결활동을 말한다. 토의를 통해 다양한 대안적 과제를 제시하고 행동이나 전략적 계획을 구체화한다. 클라이언트는 과제를 문제상황에 직접 적용해 보면서 자신의 문제상황을 해결하려고 노력한다. 사회복지사는 표적문제의 감소를 위해 클라이언트의 활동을 보완하고, 작업을 촉진시킬 수 있는 과제를 수행한다(이미선 외, 2008).

① 일반적 과제(general tasks)

행동의 방향을 제시하지만 무엇을 해야 하는가에 대해서는 정확하게 언급하지 않는 과제이다. 목표달성을 위해 무엇이 행해져야 하는가를 의미하고, 목표는 과제가 행해졌을 때 달성되어야 하는 상태를 뜻하는 것이다. 따라서 일반적 과제는 클라이언트의 목표를 내포하고 있기 때문에 대개 클라이언트의 목표와 과제가 일치하는 경우가 많다.

② 조작적 과제(operational tasks)

일반적 과제에 기반을 두고, 상위과제에 도달하기 위한 하위과제이다. 조작적 과제는 클라이언트가 수행해야 하는 구체적인 활동으로 계약이 이루어진 후에 시작되는데 자주 바뀔 수 있다. 조작적 과제는 전체 과정에 체계적으로 접근하기 위해, 세분화되고 명확한 정보를 포함한다. 과제수행에서 무엇을 언제 어떤 조건에서 어떻게 해야 하는지에 대해 클라이언트와 사회복지사 간에 합의가 필요하며, 형식이나 내용 면에서 수정되고 변화할 수 있다.

③ 단회성 과제

유일과제라고도 하며, 한 번의 수행을 위해 계획된 과제이다. 예를 들면, 화요일에 위탁가정 사례관리자 만나기 등이다.

④ 반복과제

되풀이 과제로 반복적인 행동을 위한 계획된 과제이다. 예를 들어 기분 상태에 대해 매일매일 자녀들과 이야기하기 등이다.

⑤ 복합과제

두 개 혹은 분리된 활동들이 밀접하게 연결된 활동의 과제로 예를 들어 수술의 효과와 수술방법에 대해 담당의사와 의논하고, 가사와 자녀양육에 미치는 영향을 고려하기 등이다.

⑥ 개별과제

혼자서 수행하는 과제이다.

⑦ 상호과제

두 사람 이상이 교환으로 수행하는 과제로 분리되었지만 서로 관련된 과제이다. 예를 들면 A가 B에게 소리 지르는 것을 그만두고, A는 가출하지 않는 대신에 무엇 때문에 화가 나는지 어머니에게 말하기 등이다.

⑧ 공유과제

두 사람 이상이 같은 목표를 성취하기 위해서 함께 수행하는 과제이다. 예를 들어 A가 B와 함께 대인관계 클리닉을 방문하여 상담받기 등이다.

⑨ 인지적 과제

선택과 의사결정에 도움이 될 수 있도록 사고나 감정들을 명확히 하는 과제이다. 예를 들어 A가 자신이 진정으로 원하는 것과 원하지 않는 것에 대해 생각하기 등이다.

⑩ 개방과제

자연적인 종료 시점이 없는 과제이다. 예를 들어 새로운 친구를 사귀는 일이다.

⑪ 폐쇄과제

설정된 종결점이 있는 과제이다. 예를 들어 여름방학 기간에 2학기 등록금 내기 등이다.

⑫ 과제들 간의 상호 관련성

일반적으로 조작적 과제는 일반적 과제로부터 나온다. 조작적 과제는 계약이 이루어진 후에 시작되는데 과제수행 정도 등에 따라서 과제가 자주 바뀔 수 있다.

3) 사회복지실천에의 적용

과제중심모델의 개입목표는 계획적이며 의도적인 과정을 통해 클라이언트의 문제를 구체적인 과제로 해결해 나가고자 하는 데 있다. 제한된 기간 내에 가능한 한 건설적으로 자신의 문제를 완화하기 위한 행동을 취할 수 있게 한다.

(1) 개입과정

과제중심모델의 개입과정은 표적이 되는 클라이언트의 문제를 확인하고, 계약하는 과정인 초기단계와 과제의 달성, 문제의 감소, 문제의 해결을 하는 과제수행 과정인 중간단계, 사회복지사와 클라이언트가 이전의 표적문제를 설명하고 변화를 확인하는 종결단계로 구분된다. 이때 사회복지사는 클라이언트가 과제를 완수할 수 있도록 돕기 위해 다른 사람들과도 함께 일하면서, 성공을 하도록 다양한 인센티브를 제공하고 보상하도록 준비한다. 그리고 클라이언트가 자원이나 기술이 부족하여 과제를 혼자 수행하기 어려울 경우 클라이언트와 공동으로 과제를 수행하는 역할을 담당한다.

과제중심모델의 개입과정을 표로 나타내 보면 다음과 같다.

| 표 3-1 | 과제중심모델의 개입과정

단계	세부단계	내용
시작단계		**면접** **자발적 클라이언트**: 문제규명단계로 바로 넘어감 **의뢰된 클라이언트**: 의뢰기관의 목표와 이유가 클라이언트 자신이 제시하는 내용과 일치하는지 탐색, 불일치시 조정 필요
초기단계	1단계	**문제규명**: 클라이언트 표적문제 규정과 신속한 사정 ※ 표적문제 선정 기준 • 클라이언트가 인정하는 문제 • 클라이언트 자신의 노력으로 해결 가능한 문제 • 구체적인 문제 ※ 표적문제를 결정할 때 사회복지사의 역할과 책임 • 클라이언트가 문제라고 여기는 것이 무엇인지 충분히 상세하게 이끌어 내기 • 클라이언트의 문제가 자신에게 무엇을 의미하는지 이해할 수 있게 하기 • 적절하고 실행가능하며 바람직한 문제규정에 대한 전문적 판단하기 • 저항을 최소화하고 협조를 최대화하여 관계형성하기
	2단계	**계약**: 목표, 표적문제(최대 3개), 과제, 기간, 일정, 참가자 등 결정 ① 계약과정에서 개입형태 선정에 영향을 미치는 요인 • 제안된 개입이 사회상황과 문제, 그리고 관련 당사자 등에게 적절한 영향을 미치는지의 여부 • 긍정적 결과를 예견하는 정보의 신뢰성

		• 기관의 스타일이나 요구사항, 클라이언트 상황에 내재된 제약 요인, 돌발적이고 우연히 발생하는 사건 등 사회복지사와 클라이언트의 선호 ② 계약방식 • 서면계약: 내용을 명확히 하고 통재수단으로 사용할 수 있음. • 구두계약: 일반적인 방식이지만 계약내용은 구체적으로 구성되어야 함 ③ 계약체결의 유의사항 • 비자발적인 클라이언트: 계약체결 과정에서 쉽게 충격을 받거나, 비현실적인 계약을 별 생각 없이 동의하는 등 특수한 문제를 야기할 수 있음 • 사회복지사는 클라이언트가 쉽게 상처를 받거나 스스로 계약을 체결할 수 없는 경우 그 보호자와 계약을 체결해야 함 • 계약은 영원한 것이 아니며 당사자의 자기판단 혹은 클라이언트와 사회복지사와의 상의에 의해 언제든지 바뀔 수 있음.
중기단계	3단계	실행: 문제해결, 과제개발, 과제 수행, 점검 및 모니터 • 자원을 획득하고 사정 • 지시 • 모의 훈련 • 역할연습지도 및 연습 • 모델링과 옹호를 위해 클라이언트 동반 • 과제 수행의 장애물 탐색 – 사회환경에서: 자원 부족, 스트레스, 차별, 구조적 문제들 – 대인 간 상호작용에서: 결핍과 갈등, 협력 부족 – 심리적 상태에서: 두려움, 의심, 지식 부족 • 장애물 제거, 감소, 변경하기 위한 행동을 계획 • 기술 부족, 다른 사람들의 협력과 지지의 부족, 지원 부족, 역신념에 대해 토의 • 사회복지사의 과제에 대해 계획하고 진술: 클라이언트에게 사회복지사의 과제들에 대해 알려주고, 과제실행과 문제 상태를 점검
종결단계	4단계	종결 • 종료 • 치료 연장: 클라이언트가 승인하는 경우 • 점검: 관련 법규, 법원의 명령, 공식적 기관의 요청이 존재하는 경우

출처: Reid & Epstein(1972).

(2) 개입기술

과제중심모델에서 과제계획 및 형성 시 사회복지사가 고려해야 할 내용(이옥선, 2007)은 첫째, 클라이언트가 문제해결에 어느 정도 동기화되어 있으며 과제를 수행할 힘과 에너지가 있는지 고려한다. 되도록 클라이언트에게 문제를 해결할 수 있다는 희망을 주는 등 높은 동기화를 유지시켜 주는 것이 좋다. 둘째, 클라이언트가 문제해결을 강하게 희망하고 동기화되어 있지만 현실적으로 과제를 수행할 가능성은 분명치 않은 경우가 있으므로 실행 가능한 과제를 선택할 수 있도록 원조한다. 클라이언트의 객관적인 능력을 평가하기도 하고, 클라이언트가 자신감이 없는 경우 낙관적인 관점에서 클라이언트의 잠재력을 강조해 주어 자신감을 부여해 주는 것도 좋다. 셋째, 수행되는 과제가 과연 바람직한지, 꼭 이루어져야 하는지 고려해야 한다. 클라이언트의 과제가 클라이언트 자신이나 다른 사람에게 부정적인 결과를 초래해서는 안 되기 때문이다. 넷째, 클라이언트가 여러 번(세 번 정도) 반복했지만 달성할 수 없는 경우에는 과제를 바꾸는 융통성이 필요하다. 또한 상황이 변화하는 것에 따라 과제가 달라질 수 있으므로 이를 잘 반영해야 한다.

4) 한계점

과제중심모델은 다양한 문제와 클라이언트에게 조직체 부적응이나 자원부족 등에 의해 발생되는 문제해결에는 성공적으로 적용되고 있지만, 아직 어떤 사례에 활용해야 할지, 또는 무엇이 단기적 특성인지에 대한 의문이 제기된다. 그리고 과제중심모델은 문제 청소년의 중증 상태의 만성적 과다행동과 관련된 경우에는 성공하기 어렵다. 특히 문제가 지역사회 내의 반사회적 행동이나 부모자녀 간의 갈등 혹은 부모 간의 갈등일 경우 더욱 그러하다. 또한 과제가 변화를 가져오는 도구라는 증거가 상당히 있기는 하지만, 어떤 문제와 클라이언트에게 어떤 과제가 가장 좋은지에 대해서는 아직 더 연구가 필요하다(김혜란 외, 2006).

과제중심모델의 성과는 서비스 기간의 제한을 얼마나 효과적으로 활용하느냐에 따라 달라진다. 많은 연구들이 단기적, 시간 제한적 치료가 적어도 장기적, 개방적 치료만큼 효과가 있다는 것이 입증되었다. 일반적으로 클라이언트는 단기치료 결과에 만족하는 것으로 보이지만, 간결성에 대한 불만족이 문제가 되기도 한다. 사람들은 일반적으로 자신의 표적문제를 규명하고 서술할 능력이 있지만, 그렇지 못한 경우에는 사회복지사가 도와야 한다. 만약 선택된 표적문제가 바람직하지 않다거나 작업이 어려울 것이라고 생각된다면, 사회복지사는 전문적 견해를 발휘해 다른 표적문제를 찾도록 도와야 한다. 과제중심모델 적용 사례를 연구한 결과, 문제의 범위가 넓거나 초점이 명확하지 않은 경우에는 효과적이지 않다는 한계를 갖는다(설진화, 2008).

4 임파워먼트모델

1) 이론적 배경

임파워먼트모델은 1970년대 이후 사회복지에서 일반체계이론과 Germain의 생태학이론이 활용되면서 시작되었다. 상황을 변화시켜 개인과 환경 간의 조화가 이루어지도록, 억압을 직면하고 비슷한 처지의 사람들이 연합하여 도전하는 과정을 원조하는 것에 관심을 갖게 되었기 때문이다. Addams의 인보관 운동에서 직접실천 방법과 미국 흑백분리정책 시대의 흑인 여성 행동가들의 사회운동이 결합하여 나타났다(김용민, 2009).

임파워먼트모델은 클라이언트를 문제의 중심이 아니라 클라이언트의 상황을 환경 안에서 이해하며 개인적, 대인적, 사회경제적 및 정치적 강점 중심으로 봄으로써 클라이언트의 잠재력 및 자원을 인정하고 환경을 개선하는 방향으로 영향을 주고 클라이언트가 건강한 삶을 결정할 수 있도록 권한 혹은 힘을 부여하고자 하는 것이다. 따라서 클라이언트의 욕구를 고착된 문제라기보다는 하나의 도전으로 보며, 병리학적 낙인에 의해서가 아니라 전인적인 관점에서 클라이언트를 바라보고자 하는 것이다. 결국 문제를 제거한다기보다는 클라이언트가 가지고 있는 자원, 회복력이 무엇인지를 탐색하여 해결책을 찾아내는데 역점을 둔다(Miley 외, 2000).

그러므로 클라이언트와 사회복지사는 동반자관계에서 문제해결 과정에 함께 참여하는 협력자의 관계로 설정하였다. 즉, 변화 과정의 파트너이며, 함께 계획하는 자이고, 사회복지사는 많은 사회체계 수준의 해결해야 할 이슈들을 가진 일반 사회복지사로서 본다. 임파워먼트모델에 의한 주된 사회복지 실천대상은 빈민과 억압받는 사람들, 이민자와 피난민, 유색인, 장애인, 중독자, 낙인받거나 차별받는 사람이나 사회 차원에 접근하는데 거부당한 사람 등이다.

2) 주요 개념 및 특징

(1) 인간관

임파워먼트모델에서 인간은 성장하고 변화할 능력이 있고, 클라이언트는 문제를 실제로 해결을 할 수 있는 능력과 지식을 함께 갖고 있다는 것에서 출발한다. 사회복지실천의 원조과정에서 사람들의 문제와 병리보다는 클라이언트를 독특한 존재로서 다양성을 인정하고 존중하면서 클라이언트의 결점보다는 강점에 초점을 두어 가능한 모든 자원을 활용하여 역량을 실현해 나가도록 돕고자 하는 것이다.

(2) 임파워먼트

임파워먼트란 자신이 처한 상황을 스스로 개선하기 위한 행동을 취할 수 있도록 개인적 · 대인적 · 정치적 측면에서 힘을 키워나가는 과정이자 힘과 효능감, 능력과 같은 정신의 상태를 계발하고 권력을 재분배하기 위해서 구조적 상황을 수정하는 것으로 정의된다(Gutierrez, 2006).

즉, 개인적 차원에서는 자신이 가지는 능력감, 자제력, 강점 그리고 변화에 영향을 주는 능력을 의미하고, 인간관계적 차원에서는 인간이 타인과 효율적으로 상호작용하며 그들과 영향을 주고받는 능력으로 규정할 수 있다. 이때 인간관계적 수준의 힘은 첫째,

사회적 지위(예를 들어, 지위, 성, 그리고 계층)에 기초한다. 이러한 임파워먼트는 새로운 기술을 습득하고 새로운 지위를 보장하는 권한 부여를 통하여 성취된다(백은령, 2006).

(3) 강점관점

강점관점을 임파워먼트모델에 적용하기 위해서는 다른 실천모델을 활용하던 사회복지사들은 실천에 대한 지향점, 클라이언트 체계를 보는 관점, 그리고 클라이언트가 제시한 사안에 대한 해석을 재평가해 보는 것이 필요하다. 강점관점의 실천은 사회복지사들이 주요 변화를 새롭게 점검해 볼 수 있도록 한다. 문제로부터 도전으로, 병리적인 것에서 강점으로, 그리고 과거의 편견에서 미래를 향한 지향점의 변화로 새롭게 변화하도록 하고 있다(임상록 외, 2009).

(4) 클라이언트의 개념

클라이언트는 자신이 처한 환경과 능력을 가장 잘 알고 있는 전문가적인 파트너로서 변화과정에 능동적으로 참여한다. 파트너십을 근거로 하여 상호책임에 바탕을 두기 때문에 변화책임에 대한 전문가의 부담을 약화시킨다. 클라이언트의 자기결정권을 보장하여 줌으로써 클라이언트를 개입의 객체가 아니라 주체로 보게 한다. 클라이언트의 개념은 서비스를 구하는 개인이나 사회체계가 권리와 책임을 동시에 가진다는 것이다. 인간서비스체계에서 소비자주의의 기본 원리는 특정한 생활 경험으로 인해 특별한 욕구를 가진 개인이 전문가보다 자신의 욕구에 대해 더 잘 알고 있다는 가정에 근거한다(이인재 외, 2004).

3) 사회복지실천에의 적용

임파워먼트모델을 통한 사회복지실천의 원칙은 첫째, 맥락화로서 사회복지사의 전제나 방침보다는 자신의 '사회적 존재상'에 대한 클라이언트 나름의 이해에 초점을 맞추는 것이다. 둘째, 이때 핵심은 클라이언트로 하여금 자신의 삶에 영향을 미치는 결정들을 스스로 내릴 수 있게 돕는 데 있다. 셋째, 소외감을 줄이고 클라이언트의 대인관계를 연결하는데 초점을 두어야 한다는 것이다(류종훈, 2005).

이러한 원칙이 제대로 적용되기 위해서는 생태체계적 관점을 활용하여 클라이언트가 도전하고 강점을 이해할 수 있게 하고, 다양한 해결책을 확인하며, 현재 체계의 변화가 다른 체계 수준에 영향을 미치도록 해야 한다. 그리고 임파워먼트 지향을 반영하기 위하여 지속적으로 클라이언트 체계의 능력을 신뢰하고, 그들이 가지고 있거나 또는 잠재능력을 바탕으로 해결책을 모색하며, 임파워먼트에 있어 사회 정치적인 변화의 본질적인 역할을 인식하도록 설명해야 한다. 특히 사회복지사와 클라이언트는 동반자적 협력이 중요한데, 협력은 클라이언트에게 힘을 주기 위한 자원이 된다. 사회복지사가 자신의 힘을 클라이언트와 공유할 때 클라이언트는 자신의 능력을 받아들이는 변화가 일어나기 때문이다.

역량강화실천모델의 개입과정은 크게 대화, 발견, 발달의 세 단계로 나누어 각 단계별 주요전략과 과업을 수행하고 있는데, 이러한 실천단계의 구분은 미시적 실천뿐만 아니라 사회복지행정을 포함한 거시적 실천에도 매우 유용하게 사용될 수 있다(이애재, 2006).

(1) 개입과정

① 대화단계(Dialogue)

사회복지사는 그들의 상황, 목적, 그리고 강점들에 관하여 클라이언트와 계속적인 대화와 토의를 통해 수용, 존중, 신뢰에 기반을 둔 협력관계를 구축한다. 우선 동반자관계 혹은 파트너십을 형성하기 위해 클라이언트의 권리와 독특성, 역할을 존중하여 권한 부여 관계를 구축한다. 다음은 현재의 도전받는 상황을 명료화하고 위기욕구를 처리하기 위하여 클라이언트의 경험, 상호작용 특성, 목적달성을 위한 반응을 확인하고 도전 상황을 사정한다. 이어서 방향을 정하기 위해 적절한 자원을 탐색하고 클라이언트의 변화 동기를 부여하기 위한 방향설정 및 일차적인 목표를 설정한다.

② 발견단계(Discovery)

발견단계는 사회복지사와 클라이언트가 계속 사정하면서 변화를 위한 체계적인 해결계획을 구성하는 자원을 찾아내는 과정에 참여하는 단계이다. 우선 변화를 위한 자원으로서 클라이언트의 강점을 확인하기 위해 클라이언트의 일반적 기능에서의 강점과 역경상황에 대처하는 강점을 찾는다. 다음은 상호교류적인 관점으로 자원능력을 분석하기 위해 가족, 사회집단, 조직, 그리고 지역사회제도와의 연결을 포함하여 클라이언트의 환경과의 상호작용에서의 자원 역량을 탐색하고 사정한다. 다음은 사정을 통해 적절한 정보를 수집하며 이용가능한 자원체계의 능력을 분석하고 목적과 목표를 구체화한다. 그리고 해결방안을 고안하기 위해 클라이언트가 기대하는 목적을 달성하기 위한 환경적인 자원과 클라이언트 활용의 활동계획을 세운다.

③ 발달단계(Development)

발달단계에서는 사회복지사와 클라이언트가 개인, 개인 간 그리고 기관 간의 자원개발을 통해 기회를 확대하고 다른 체계와 결연하도록 하며 대인적 · 제도적 자원을 활성화하도록 중재한다. 우선 자원을 활성화하기 위해 자문, 자원관리, 그리고 교육을 통해 이용할 수 있는 자원을 동원하여 함께 행동계획을 조직화하고 클라이언트 체계 내에서 힘의 경험을 증대시키며, 목적달성을 위한 필요 자원을 발굴하고 활동계획을 실행한다. 다음은 협력과 동맹을 창출하기 위해 클라이언트에게서 그리고 클라이언트의 자연적 지지망과 서비스 전달체계 내에서 권한 부여적 협력을 만들어 낸다. 그리고 선택과 기회를 확장시키기 위해 프로그램 개발, 지역사회 조직, 사회행동을 통한 새로운 기회와 자원을 개발한다. 특히 성공을 인식하기 위해 클라이언트의 결과물을 통한 성취감을 인식하고 성공을 지속시키기 위한 변화 노력을 평가한다. 또한 결과들을 통합하기 위해 클라이언트와의 관계를 종결하고, 성공을 축하하며, 긍정적인 변화를 안정시키는 측면에서 변화과정을 종결한다.

각 단계별 전략과 과정, 그리고 과업달성을 위한 과정은 다음의 표와 같다.

| 표 3-2 | 임파워먼트모델 단계별 전략과 과업

단 계	활동	전 략	과 업 들	과업달성을 위한 과정
1단계➔대화(Dialogue): 권한 부여 관계발전 시키기	공유하기	클라이언트가 기존에 가지고 있는 역량 및 자원 구체화	1. 상호협력적인 관계 확립 2. 기존 지식 명확화 　－클라이언트의 인지(도전과 강점) 　－사회복지사의 인지 3. 클라이언트가 이미 가지고 있는 것 4. 관계를 위한 계약하기 및 사정에 동의하기	1. 함께 작업하기 위한 준비하기 　－권한 부여 분위기 활성화를 위한 생산적인 준거틀을 만드는 과정 2. 파트너십 형성하기 　－사회복지사와 클라이언트가 상호 협력적인 관계 정의 및 개발 3. 도전 탐색하기 　－클라이언트의 상황에 대하여 클라이언트의 시각에서 이야기하는 과정 4. 강점 구체화하기 　－변화 가능한 클라이언트의 능력 강조 5. 방향 정하기 　－클라이언트와 사회복지사는 초기목적 설정 및 다음 단계 준비
2단계➔발견(Discovery): 사정, 분석, 계획하기	찾기	클라이언트가 모르고 있는 자원 탐색	1. 쉽게 드러나지 않지만 클라이언트가 가지고 있는 것 확인하기 2. 부가적인 정보와 사실에 대한 경험과 사고 연결하기 3. 감정을 사정, 확인, 표현하기 4. 대인 상호적인 정보 연결하기 　－클라이언트 체계로부터 　－다른 사람으로부터 5. 자원체계 탐색하기 6. 그밖에 클라이언트체계의 욕구 결정하기(목표설정) 7. 해결로 이끌어 주는 계획 개발하기 8. 변화를 위한 계약하기	1. 자원체계 탐색하기 　－개인, 가족, 집단, 조직, 지역사회, 사회적, 정치적 체계 내에서 잠재적 자원을 사정 2. 자원능력 분석하기 　－수집된 정보 조직화 및 합성 3. 해결점 형성하기 　－사회복지사와 클라이언트는 구체적인 목적에 동의 　－바람직한 결과 달성을 위한 계획개발
3단계➔발달(Development): 실행 및 변화 안정화하기	강화하기	클라이언트체계가 아직 활용하지 않은 부가적인 자원, 역량 사정 및 확립	1. 클라이언트 욕구 구체화하기 2. 클라이언트가 사용하지 않으나 존재하는 자원 사정하기 　－개인적 　－대인 상호 관계적 　－조직적 　－지역사회・사회적 3. 새로운 자원과 기회 만들기 4. 결론을 위한 계약으로 이끌어 가기	1. 자원 활성화하기 　－자원을 활용할 수 있는 방향 모색 2. 기회 확대하기 　－사회복지사와 클라이언트는 환경 내에서 현재는 없으나 꼭 필요한 새로운 자원 형성 3. 성공 인정하기 　－목적 달성 측정, 과정의 효과성 평가, 함께 일한 것 등에 대해 서로 파트너로서 인정하는 작업 4. 달성한 것 통합하기 　－개입을 종결하며 클라이언트 체계에 권한 부여

출처: 이애재 외(2006).

(2) 개입기술

임파워먼트모델의 기술로는 가능한 자원들에 접근하도록 도모하는 자원을 활성화하고, 동맹을 형성하여 힘의 기초를 형성하며, 사회적 구조 안에서 사회개혁, 정책개발, 입법옹호, 지역사회 변화 등을 통해 기회를 확대하는 것을 들 수 있다. 구체적으로 역량강화를 위해서는 힘을 행사하는데 방해가 되는 사회적 혹은 개인적 장애의 영향을 감소시키거나 힘 사용에 대한 역량과 자신감을 증진시키는 것, 환경으로부터 개인에게로 힘을 전환시키는 것 등을 들 수 있다.

역량강화는 개인적, 대인관계적, 구조적 차원 등 사회체계의 모든 수준에 적용 가능하다. 이러한 세 개 차원은 서로 복합적으로 연결되어 있어 한 영역에서 자원을 찾으면 다른 영역의 자원개발에도 기여를 하게 되는 장점이 있다(Miley 외, 2000). 개인적 차원의 역량강화란 개인 스스로에 대한 역량감, 지배감, 강점, 변화능력 등을 의미한다. Rappaport(1985)는 개인적 차원의 역량강화를 인성, 인지, 동기에서의 자신의 삶에 대한 통제감이라고 보며, 그 자체가 자기가치에 대한 생각이나 느낌의 수준, 자신을 둘러싼 외부세계와 차별화할 수 있는 수준, 보다 영적인 것을 추구하게 하는 수준까지도 나타낸다고 한다(정순둘 외, 2007). 대인관계 차원의 역량강화란 한마디로 다른 사람에 대한 영향력이다. 즉 대인관계에서 어느 일방에 의해 주거나 혹은 받기만 하는 것이 아니라 상호 주고받는 평형관계를 형성하는 것을 의미한다. 따라서 대인관계 차원에서 역량강화를 한다는 것은 다른 사람과의 관계에서 효율적인 상호작용을 한다는 것이다.

구조적 차원에서의 역량강화는 사회구조와의 관계를 의미하는데, 사람들은 자기 자신을 변화시킴으로써 힘을 얻기도 하지만, 정치적, 사회적 상황과 같은 사회구조를 바꿈으로써 보다 큰 힘을 얻고, 새로운 기회를 창출할 수 있다. 사회적 수준에서의 자원의 창출은 그 사회의 모든 개인에게 힘을 부여한다.

5 위기개입모델

1) 이론적 배경

위기개입모델의 사회복지실천의 목표는 클라이언트로 하여금 균형 상태를 회복하도록 하는 데 있다. 즉, 위기에 처한 클라이언트에게 과거와 동일하거나 더 나은 기능수준을 다시금 회복할 수 있도록 필요한 원조를 즉각적으로 제공하려는 데 있다는 것이다. 이것은 당면 문제에 초점을 두어 최단 시간 내에 최소의 재정적 전문적 자원으로 최대의 치료효과를 기대하는 단기적인 치료 방법을 의미한다. 이 모델은 완전히 생소한 것이 아니라 긴박한 긴장 속에 있는 개인이나 가족, 집단을 돕기 위한 기존 모델들과의 절충적이며 통합적인 형태를 갖고 있다.

위기개입모델의 이론적 배경은 단기치료 운동과 지역사회 정신건강 운동과 Darwin의 진화론(환경과의 관계에서 필연적인 적응기제), 심리학이론(위기란 자기목표의 실현이 불가능한 시기), Erikson의 생활발달주기 등 재난이나 위험상황에 처한 집단이나 지역사회에 대한 개입과 예방의 필요성이 대두되면서 시작되었다(김혜란 외, 2006).

위기개입모델 발전의 중요한 계기가 된 구체적인 예는 1942년 493명의 목숨을 앗아간 미국 보스턴의 코코넛 그로브 나이트클럽의 대화재 사건이었다. 1944년 정신의학자였던 Lindmann은 이 사건으로 갑자기 가족을 잃은 사람들에 관한 연구를 통하여 사별 후의 슬픔이 일정하고도 뚜렷한 이행단계를 거치며, 슬픔은 사별에 따르는 필수적이며 자연스러운 반응이라고 보았다. 즉, 어떤 사람은 4~6주 정도에 걸쳐 슬픔을 겪고 난 후 다시 적응할 수 있지만, 다른 사람들은 정신질환이나 신체질환을 앓으며 장기간 부적응 반응을 일으켰다고 지적하였다.

이러한 연구는 위기에 관한 이론상의 계통적 설명으로 위기개입모델의 기법들의 발달을 가져왔으며, Caplan과 Lindmann(1946)이 함께 보스턴 지역의 정신건강을 위한 지역사회 프로그램인 'Wellelsey 인간관계봉사기관'을 설립하게 되는 결과를 가져왔다. 여기서는 위기적 상황에 대한 일련의 횡단적 연구를 시도하여 개인과 가족이 이러한 환경에서 어떻게 반응하는가에 대한 중요한 자료를 마련한 점에서 위기이론 및 개입의 발달상 의미가 크다고 하겠다(박영숙 외, 2008).

위기개입모델은 문제해결모델과 기본 가정이나 시각이 비슷해 보이지만 문제해결모델이 일상적인 상황에서 클라이언트의 문제해결능력과 기능을 회복시키려는 것인 반면, 위기개입모델은 평소의 문제해결방법으로는 해결하기 어려운 위기적 상황에서 일시적으로 깨어진 클라이언트의 균형 상태를 적시에 개입하여 단기간 최대의 치료적 효과를 낸다는 점에서 다르다.

단기계획과 관련된 모델로는 인지행동모델, 과제중심모델, 위기개입모델을 들 수 있다. 이 모델들의 공통점은 구조와 표준화, 현재 중심적, 융통성 있는 실천, 긍정적 치료관계, 강점 표출이 핵심 문제에 연결된다는 점이다.

(1) 특징 및 주요 개념

위기개입모델은 위기로 인한 불균형 상태를 회복하기 위하여 일정한 원조수단을 개인, 가족 및 집단 그리고 지역사회 등에 적용하는 단기치료과정이라 할 수 있다.

(2) 위기의 개념

위기는 위협적 혹은 외상적 위험사건의 경험으로 스트레스나 외상의 대처가 불가능한 불균형 상태를 말한다. 즉, 인생의 장애물에 대해 일반적인 선택과 행동 등의 문제해결방법으로 극복할 수 없는 인생 목표의 장애물, 일반적인 선택과 행동으로 극복할 수 없을 때, 대처하는 방식을 모를 때, 곤경에 대처하지 못하거나 자기 삶을 통제하지 못할 때, 붕괴에 대한 공포, 충격, 고통의 감정을 포함한다.

이러한 상황은 갈등을 일으키는 초기 위협과 상징적으로 연관되어 있고, 현재 또는 과거의 본능적 욕구를 위협하여 적절한 대응기제로 대처해 나갈 수 없는 경우에 발생한다. 사건 자체보다는 사건에 대한 개인의 주관적 현실에 기반을 두고 있다. 심리적인 무방비상태가 고조되어 있으며 방어기제가 약해져 있고, 문제해결능력이 극도로 제한되어 있다. 대개 4~6주 이내에 자연스럽게 해결되는 것이 보통이나 정신질환이나 기타 질병으로 이어지는 경우도 있다.

(3) 위기의 특성

위기는 위험과 기회가 공존한다. 위기 상황의 개인은 타살이나 자살에 이르는 심각한 병리상태가 될 수 있지만 반면 고통을 경험하고 이러한 고통 때문에 도움을 구하면서 기회로 작용하기도 한다. 또한 위기는 복잡한 증상을 갖는다. 위기는 이해하기 복잡하고 어렵고, 단순한 원인과 결과로 설명하기 힘들다. 그리고 위기는 성장과 변화의 씨앗이 되기도 하는데, 위기에 나타나는 불안은 긍정적 변화의 추진력이 된다.

특히 위기는 보편성을 가지면서도 고유성을 갖는다. 보편성이란 모든 위기는 혼란이 따르게 되며 위기에 처했던 사람이 다시 위기를 경험할 수도 있다는 것이며, 고유성은 같은 상황에서도 누구는 성공적으로 위기를 극복할 수 있지만 반면 다른 누구는 그렇지 못한 경우도 있다는 의미이다.

(4) 위기의 유형

① 상황적 위기

상황적 위기는 위기상태를 촉발하는 사건으로 심각한 질병, 외상, 자살, 사랑하는 사람과의 사별, 자연재해(지진, 해일, 화산폭발 등)와 인재(홍수, 전쟁, 화재, 건물이나 교량붕괴, 교통사고 등), 폭력범죄(강간, 강도 등), 변천적 위기(이혼, 재혼, 이민 등) 등과 같이 갑작스럽게 발생하는 개인의 환경적인 외적인 요인과 심리적인 내적인 요인에 의하여 초래되는 비정상적인 상황을 말한다.

② 발달적 위기

발달적 위기는 개인의 생애 주기나 가족 생애주기 발달단계의 성숙과정(청소년기의 진입, 청소년의 정체성 위기, 중년의 위기, 노년의 위기, 결혼, 자녀의 출생, 노화 등)에서 요구되는 발달과업이나 생활사건에 대한 새로운 대처 자원이 필요한 경우의 상황을 말한다.

③ 실존적 위기

발달적 위기와 상황적 위기 외에 실존적 위기도 있다. 이것은 목적, 책임, 독립성, 자유, 헌신 등 인간에게 중요한 이슈를 동반하는 내적 갈등이나 불안과 관련된 위기이며, Maslow의 최상위 욕구인 자기실현 욕구와 관련된 갈등과 위기로 이해할 수도 있다. 예를 들어 개인의 특정 전문성이나 조직에서 중요한 영향을 주지 못한다는 불안이나, 60대에 인생이 덧없다고 느끼는 허무감과 위기 등이 있다(신현정 역, 2008).

(5) Golan의 위기발달단계(김혜란 외, 2006)

① 사회적 위험의 발생

특정한 스트레스 사건으로서 외부적 쇼크나 내적인 변화가 개인의 신체 및 심리사회적 안정 상태에 일어난다. 이러한 스트레스 사건은 예견될 수도 있고, 예기치 않을 수도 있다. 예기될 수 있는 사건은 발달단계나 생활주기의 전환단계에서 일어날 수 있는 위기로서 잘 극복해 나감으로써 성장·변화해 나갈 수 있다. 예를 들면, 첫 아기의 탄생, 아내에서 어머니로 역할 이행 등이다.

반면 예기치 않은 위기로는 누구에게나 일어날 수 있지만 뜻하지 않은 시기에 닥쳐올 수 있는 돌연한 변화를 의미한다. 예를 들면 별거, 이혼, 사망, 정신적·신체적 질병이나 사고 등이 속하며, 자연적 재해를 들 수 있다.

② 취약단계

혼란단계라고도 한다. 최초의 쇼크에 대한 개인의 주관적 반응의 단계이다. 개개인마다 사건을 인지하는 정도에 따라 나름대로의 방법으로 대처한다. 대체로 이를 본능적 욕구나 자율성의 위협으로 바라보거나, 또는 인격이나 능력의 상실로 바라볼 수 있다.

③ 위기촉진 요인의 내재

취약단계를 불균형의 상태로 전환시키는 일련의 연쇄적인 스트레스 유발 사건들을 말한다. 최초의 사회적 위험이 위기촉진 요인을 만나면 위기 당사자의 균형 상태는 무너지고 실제 위기단계로 넘어간다. 경우에 따라 최초의 사건만으로 바로 위기상태에 빠지기도 한다.

④ 위기단계

위기단계에서 1단계는 일상적인 대처기제로 처리할 수 있는지 결정해야 할 중요한 상황이 발생하는 단계이며, 2단계는 개인의 대처능력을 넘어서 긴장과 혼란이 증폭되는 단계이다. 그리고 3단계는 사건을 해결하기 위해 특별한 자원이 필요한 단계이며, 4단계는 혼돈을 해결하기 위해 의뢰가 필요한 단계이다.

⑤ 재통합

불균형 상태는 무한정 지속될 수는 없으며 어떠한 새로운 형태의 적응이 모색되어야만 한다.

(6) 위기개입의 기본원리

① 신속 개입

위기에 처한 사람은 혼란상태와 심한 고통상태에 있으며, 위기 그 자체가 실제적인 위험이 될 수도 있다. 위기는 대개 6주 이내에 어떤 형태로든 해결되므로 즉각적으로 개입해야 한다.

② 행동 지향성

위기개입은 클라이언트가 위기에 대처하는 행동을 하게 할 만큼 적극적인 개입이어야 한다. 비활동적이고 간접적인 과정은 위기개입에서 좋지 않으며, 사회복지사는 설정한

계획에 따라 적극적으로 돕고 격려하며 면접을 이끌어 가야 한다.

③ 제한된 목표

위기개입은 클라이언트가 균형상태를 회복하는 것을 개입 목표로 한다. 즉, 클라이언트가 파멸하지 않고 과거 수준의 기능을 회복하고, 나아가 더 나은 기능 수준을 획득할 수 있게 돕는다.

④ 희망과 기대

위기에 처하여 절망감을 가진 사람들에게 그들의 문제해결에 지나친 희망을 갖게 하는 것은 피해야 하지만, 위기해결과 클라이언트의 기능 회복에 대한 사회복지사의 희망적인 태도는 중요하다.

⑤ 지지

지지는 우선 사회복지사에 의하여 제공되어야 한다. 사회복지사는 클라이언트에게 필요한 만큼만 지지를 제공해야 한다. 클라이언트가 사회복지사에게 장기적으로 의존하거나, 비현실적인 기대를 할 경우 이를 조정해 주어야 한다. 다만 필요시에는 도움을 구할 수 있도록 사회복지사나 사회복지기관, 병원 등과 연락 가능한 전화번호를 알려 주는 것이 필요하다.

⑥ 위기에 초점을 둔 문제해결

문제해결이 위기개입접근법의 중심이라고 할 수 있다. 우선 문제를 파악하는 데 초점을 두고, 다음에 그것을 해결하는 데 초점을 유지하도록 노력한다. 종종 면접에서 적개심을 가지고 감정에 치우치는 경우가 있는데 이때 사회복지사는 초점을 문제해결로 바꾸어야 한다.

⑦ 자립

위기에 처한 사람은 그가 아는 지식과 생각을 동원하여 많은 고민과 노력을 해보고, 최종적으로 사회복지사의 도움을 받기 위하여 오는 경우가 많다. 이때 클라이언트는 자기 자신을 실패자로 보는 경향이 있다. 그러므로 클라이언트가 문제해결능력을 가질 수 있도록 문제해결에 클라이언트의 생각을 적극적으로 반영하고, 클라이언트가 할 수 있는 것은 스스로 하게 해서 자립심을 길러 주는 것이 필요하다.

2) 사회복지실천에의 적용

위기개입모델은 위기로 인한 문제증상을 제거하고, 위기 이전의 기능 수준으로 회복하며, 불균형 상태로 만든 촉발 사건에 대해 어느 정도 이해하는 것을 개입목표를 삼는다. 또한 클라이언트나 가족이 사용하거나 지역사회 자원에서 이용할 수 있는 개입기제에 대해 규명하고, 현재의 스트레스를 과거의 생애 경험, 갈등과 연결하며, 새로운 인식, 사고, 정서 양식을 개발하고 위기상황 이후에도 사용할 수 있는 새로운 적응적 대처기제를 개발하는 것을 목표로 한다.

(1) 개입과정

위기개입모델에서 Gililand(1982)는 개입과정을 문제 정의(정보경청, 관심) → 안전확보 → 지지 → 대안탐색 → 계획수립 → 참여유도 → 종결로 설정하였으며, Roberts는 치명성의 사정 → 관계의 형성 → 주요문제의 확인 → 감정 다루기 → 가능한 대안의 탐색 → 행동계획의 수립 → 종결과 사후관리로 설정하였다. Golan(1978)은 단계에 따라 사회복지사가 활용할 수 있는 활동과 지침을 다음과 같이 제시하였다.

표 3-3 위기모델개입 과정

초기단계: • 공식화(1회기의 면접)	중간단계: • 수행(2~6회기의 면접)	종결단계: • 종결(7 혹은 8회기의 면접)
위기상태에 초첨 두기 • 지금 여기에 집중 • 정서가 감소됨에 따라 클라이언트의 정서적 반응을 표현케하고, 위험한 사건 탐색하기 • 취약상태의 유형과 그 영향 발견하기 • 위기상태로 인해 일어나는 장애 사정하기 • 촉발요인에 초점을 둔 탐색(클라이언트 스스로의 인지 중요), • 주관적 반응과 정서적 반응 탐색, 위험사건과 악화된 변화의 탐색	**자료수집** • 빠진 자료 얻기 • 불일치되는 자료 확인하기 • 주요 주제(상실, 불안, 도전) 선택하기 자료의 조직화, 과거에 대한 탐색, 행동변화, 중간 목표설정, 구체적인 과업, 행동 수행방법 결정	**종결 결정** • 의뢰된 이후의 기간을 확인하고 클라이언트에게 기억시키기 • 접촉의 여지를 남겨놓고 끝내기 • 종결에 대한 저항 다루기
사정 • 촉진적 사건의 사정+현재 대처반응의 사정+클라이언트의 위기 이전 기능의 사정 • 사정(문제성격, 지속시간, 문제대처노력) • 실제 위기상황에 대한 사정(진술을 통한 우선순위 결정, 표적문제 설정, 활동 계약) • 클라이언트가 위기반응에 대한 감정을 표현하고 나면, 문제해결 활동을 위해 관련된 사정은 빨리 이뤄져야 함. • 상황에 대한 설명을 하고, 우선적인 문제들을 정하여 진술하기 • 클라이언트의 우선순위 확인하기 • 주요 문제 정하기 사정 ABC = Affection(정서상태가 위기에 적절한지), Behavior(위기에 대처할 활동에 참여할 행동력을 갖고 있는지), Cognition(인지가 현실적이고 일관성 있는지) → 약물사용, 위기의 급성/만성 여부, 자살이나 위해 가능성 여부, 인구학적 특성도 함께 사정	**행동변화** • 문제 영역에서 클라이언트의 대처기제 확인하기 • 현실적인 단기간의 목표 정하기 • 전반적인 과업 정하기 • 실제적인 과업들을 공동으로 성취하기 • 사고하는 과업들을 공동으로 성취하기	**진행상황 검토** • 진행과정 요약하기 • 주요 주제 검토하기 • 실행했던 과업들, 성취된 목표, 변화, 미완성된 직업들 다시 생각해 보기 • 종결의 저항, 진보에 대한 점검, 활동계획
계약 • 클라이언트와 사회복지사를 위해 목표, 과업 정의하기	**개입** 개입 초점은 신속 개입, 행동지향성(적극성), 제한된 목표(균형상태 회복), 희망과 기대, 지지, 위기에 초점을 둔 문제해결, 자아상 확립 및 자립	**미래계획** • 현재 문제 논의하기 • 클라이언트의 계획 논의하기 클라이언트가 과정이 끝났음을 느끼도록 도와주기 • 클라이언트가 다른 문제들을 가지고 돌아가는 것에 대해 괜찮다고 느끼도록 도와주기

출처: 이애재(2006).

(2) 개입기술

위기개입모델에서 일반적 접근방법은 전문가의 지도 감독하에, 사회적 서비스에 종사하는 비전문 분야 종사자들로 하여금 단기의 교육, 훈련을 받게 하여 한정된 대상이나 예방적인 면에서 기능할 수 있도록 하는 것이다. 반면 개별적 접근방법은 개인의 정신세계나 대인관계의 질을 알기 위해 정신병리 현상의 이해, 성격이론 및 정신역할이론 등에 충분히 정통해 있어야 한다. 위기개입에 있어서 사회복지사의 역할은 클라이언트가 문제해결을 위한 도움을 요청하도록 클라이언트의 문제를 명확하게 하는 것이며, 클라이언트 감정의 표현과 조정을 위하여 장애나 불합리한 태도를 가졌거나 부정적인 반응을 보이는 사람을 도움으로써 수용하여 합리적인 내용을 대처하도록 하는 것을 들 수 있다. 또한 대인적 제도적 자원 즉, 개인, 가족 또는 지역사회의 집단을 유용하게 활용하는 것이 사회복지사의 중요한 역할이다.

3) 한계점

위기개입모델은 아직 그 효과성에 대한 연구가 미약하다. 범죄, 자살, 정신과 응급상황, 아동학대와 관련된 위기개입이 초보적 수준에 있기 때문이며, 또한 위기 발생 후 4~6주가 지나면 자체 해결되는 경향으로 정확한 개입효과가 불분명하다. 그리고 클라이언트 대부분이 일회성 상담으로 종결되는 경우가 많기 때문이다.

CHAPTER

04

사회복지실천모델과 기술(3)

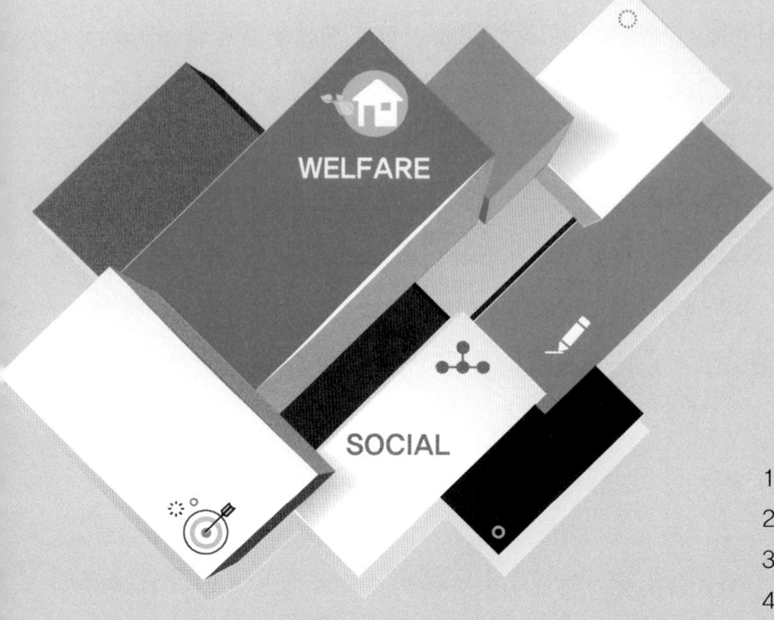

1. 일반체계론적 실천모델
2. 생태체계론적 실천모델
3. 클라이언트 중심모델
4. 사례관리모델

04 사회복지실천모델과 기술(3)
CHAPTER

1 일반체계론적 실천모델

1) 이론적 배경

일반체계론적 실천모델에서 인간은 자신의 욕구에 맞게 자신의 행동을 수정할 수 있는 능력을 지닌 존재이자 통합된 하나의 체계로 간주하는 전체적 인간관을 갖는다. 이때 체계란 상호 의존적이고 상호작용하는 부분으로 구성된 전체를 의미한다. 체계 내 한 부분의 변화는 다른 부분들 간의 상호작용에 영향을 미치므로 체계 전체를 변화시킨다고 본다. 이런 관점에서 인간을 신체적, 심리적, 사회적 부분으로 분리된 존재가 아니라 통합된 전체로 본다는 것이다. 일반체계론적 실천모델은 Bertalanfty의 일반체계이론에서 비롯되었다. 이어 인간의 삶이 상호작용하는 체계로 설명되면서 이 모델을 확장하였다.

2) 개입목적

일반체계론적 실천모델의 개입목적은 클라이언트의 행동과 기능에 영향을 미치는 많은 생물학적 사회적 체계의 역동적인 상호작용에 초점을 유지함으로써 클라이언트의 문제해결을 돕고 사회적 기능을 향상하도록 사회복지사가 원조하는 데 있다.

3) 특징 및 주요 개념(2009, 구혜영)

일반체계론적 실천모델에서 다루고 있는 주요 개념들은 다음과 같다.

(1) 체계(system)

체계는 상호작용하는 단위들, 그 자체의 각 부분들, 그리고 보다 큰 전체의 부분이 되고 있는 각 단위로 구성된다. 즉 부분들의 연합과 통합으로 이루어진 구조, 작용, 개념, 기능에 있어서 유기체와 환경의 전체적인 복합체이다. 즉 상호작용하고 있는 요소들의 총체 또는 구성요소들의 역동적인 상호관계성 또는 체계 부분들의 상호의존성에 의해 기능을 하는 전체로 정의할 수 있다.

(2) 환경(environment)

환경은 유기체에 영향을 미치는 요인들로 형성되며, 그 요인들은 유기체의 행동 변화에 영향을 미친다.

(3) 사회체계(social system)

사회체계는 가족, 소집단, 지역사회를 포함하며, 그리고 학교, 교회, 사회기관과 같은 다양한 사회단체들을 포함한다. 즉, 사회는 하나의 전체이고 그 전체는 여러 가지 부분 또는 요소(parts or elements)로 구성되어 있다고 보는 데서 출발하는 것이다. 그러므로 모든 사람들은 가끔 갈등적인 요구를 가진 여러 가지 큰 체계에 속해 있다. 이러한 체계들은 각 개인의 환경의 일부가 되며, 사회복지사들은 이러한 체계의 요구를 환경적 요구라고 한다. 사회체계이론은 이러한 체계를 이해하고 체계의 욕구를 확인하는 수단을 제공한다.

(4) 상호의존성

체계의 특성 중 하나는 모든 체계들이 에너지와 에너지의 교류로 구성되어 있다는 것이다. 체계의 기본적 개념은 전체와 부분, 한계, 중요한 과정, 그리고 이들 과정을 추진시키는 정보교환의 문제에 대한 관심을 기울이게 되고 서로 관련성을 맺게 된다. 기본적으로 체계이론은 사회체계들의 일부의 변화가 그 체계 내에 있어서와 마찬가지로 다른 체계에까지 파생적 변화의 영향이 미친다는 것을 가정한다. 그래서 사회체계의 일부에서 변화가 일어나면, 그 영향은 그 체계의 다른 부분에 미치게 된다는 특성이 상호의존성이다.

(5) 균형(equilibrium)

한 체계를 이루는 구성요소 간의 상호의존관계 때문에 한 부분에 변화가 일어나며 다른 부분에서도 변화를 일으키게 된다. 그런데 부분 요소의 변화 때문에 전체 즉, 체계 자체의 존속이 위협을 받지 않도록 하기 위해서는 한 부분의 변화가 다른 부분의 변화로 발전됨으로써 평형을 유지하게 된다.

(6) 경계(boundary)

경계는 선택된 구성요소를 둘러싸고 있는 관념적 동그라미 선이다. 반복적으로 일어나는 행동양식으로 체계 내 관계를 특징짓고, 다른 체계나 외부환경으로부터 구별 지으며 독특한 정체성을 제공하는, 선정된 변수들을 둘러싼 폐쇄된 둘레라고 정의내릴 수 있다. 또한 부분적 침투성을 통한 에너지와 정보의 상호교환을 허용한다.

Chess와 Norlin(1997)은 경계란 대상체계를 규정함으로써 체계를 구성하는 하위체계 사이에서 이루어지는 적절한 역할을 규정하며, 피부처럼 기능적으로 외부의 부정적인 영향을 받지 않도록 체계를 보호하는 역할을 한다고 설명하였다. 경계는 명확성, 투과성, 유연성 등의 속성을 가지고 있다. 가족을 예로 든다면 가족의 범위는 사람에 따라 포함시키는 사람을 달리할 수 있는데 같이 살지 않는 조부모를 가족에 넣을 수도 있고 넣지 않을 수도 있다.

(7) 경계면(interface)

경계면은 두 개의 체계가 함께 공존하는 곳으로 체계 간의 상호 교류가 일어나는 곳이다. 모든 체계의 경계는 투과성이 있어 환경과 에너지를 교환할 수 있다. 상호작용이 일어나는 곳이 경계면이라 할 수 있는데, 대화, 긴장, 정서적 지지, 물품의 교환과 같은 에너지가 체계의 경계를 넘어 교환될 때 만나는 접점이다.

(8) 개방체계

개방체계란 어느 정도 투과성이 높은 경계를 갖고 있는 체계를 말한다. 이러한 체계는 외부로부터 성장 및 발달에 필요한 정보나 에너지를 자유롭게 받아들임으로써 체계 자체의 기능을 유지 발전시킬 수 있다. 환경으로부터 투입(input)을 받아들이며, 산출(output)을 생산하여 환경으로 보내게 된다. 인간체계의 성장과 발전은 이러한 개방성으로부터 기인된다.

(9) 폐쇄체계

폐쇄체계는 다른 체계와 상호교류와 상호작용이 없는 체계이다. 체계요소들의 분화가 적어지고 조직과 기능이 상실되는 경향을 보이며, 정보나 에너지의 투입 또는 산출이 거의 없는 상태를 보인다.

(10) 네겐트로피(negentropy)

체계의 조직과 질서를 유지시키는 힘, 조직이 살아 움직이며 발달하게 하는 힘이 작용하고 있는 상태를 말한다. 이는 개방체계에서 나타날 수 있는 현상이다. 체계가 자기가 쓰는 것보다 많은 에너지를 유입할 수 있다. 그후 체계는 정교하고, 세분화되며, 성장하고, 발달하는 방향으로 진행하는 과정이다.

(11) 엔트로피(entropy)

폐쇄체계를 구성하고 있는 부분들은 시간이 지나감에 따라 구성원들 사이의 구별이 없어지게 되며 점차 동일성을 띠게 되어 체계 내의 조직 구성 및 그 기능이 분해 · 해체 · 사멸 · 사퇴되는 체계들의 경향을 말한다. 쇠약해지는 경향성은 에너지의 유입 없이 체계에서는 해체나 죽음으로 향한다는 자연의 보편법칙이라 할 수 있다. 갇힌 공간 내에 위치한 촛불의 경우와 같다고 할 수 있는데, 외부로부터 더이상의 산소 공급이 이루어지지 않으므로 촛불은 곧 꺼지게 된다. 예를 들어 외부와의 접촉이 단절된 가족의 경우에는 외부로부터 충고, 도움 등이 차단되어 있기 때문에, 내부 기능이 쇠퇴하게 된다.

(12) 동등종결(equifinality)

각 체계들의 초기 상황이 서로 다르다 할지라도 그 체계들이 개방되어 있어 주변의 체계들과 목적 지향적인 교류를 하면 결국에 가서는 동일한 상태 또는 목적을 이끌어 낼 수 있다는 것을 의미한다.

(13) 다중종결(multifinality)

유사한 조건하에 놓여 있는 체계라 할지라도 체계 내의 구성요소들 간의 상호작용 양상, 또는 체계 밖의 다른 체계들과의 상호작용 양상과 특성에 따라서 상이한 최종 상태가 초래될 수 있음을 의미한다. 유사한 문제를 갖고 있는 클라이언트라 하더라도 문제의 결과가 항상 동일한 것은 아닐 수 있다.

(14) 홀론(holon)

특정 체계는 그 체계를 구성하고 있는 보다 작은 체계의 입장에서 보면 전체 체계인 동시에 그보다 큰 체계의 입장에서 보면, 그 큰 체계의 부분 또는 구성분자가 되는 현상이다. 학급이라는 체계는 학급을 이루는 학생 개개인의 입장에서 보면 전체 체계인 것처럼 보이나, 학급보다 더 큰 체계인 학교의 입장에서 보면 학교의 부분이 되는 것이다.

(15) 행동규칙

일반체계론적 실천모델에 있어 체계들은 일정한 행동규칙을 갖는데, 이것은 체계의 구성원들이 어떻게 행동하여야 할 것인가에 대한 암묵적인 합의사항을 의미한다. 예를 들어 어느 가족체계의 경우 저녁 10시 이전에는 모든 식구들이 다 들어와 있기 등과 같이 규칙을 정해서 지키게 된다는 것이다.

이에 대응한 규칙으로 메타규칙이 있다. 이것은 행동규칙에 대한 규칙으로, 지금까지 있어 왔던 규칙에 대해 이의를 제기하고 규칙이 다시 만들어지는 과정에 대한 내용이다. 어떤 체계 내에 메타규칙이 존재하고 그 메타규칙이 유연할수록 그 체계는 순기능적이라 할 수 있다. 저녁 10시 이전에는 모든 식구들이 다 들어와 있기라는 규칙이 더이상 지켜지기가 어려울 경우, 가족구성원 중의 한 명이 이의를 제기하여, 10시 귀가 규칙을 12시 귀가 규칙으로 바꾸는 것이 가능하다면, 이는 메타규칙이 존재한다고 볼 수 있다.

(16) 긴장(tension)

일반체계론적 실천모델에서 긴장은 긍정적 의미도 부정적인 의미도 아닌, 복잡한 적응체계에 없어서는 안 될 기본 특성으로 간주된다. 예를 들면 시험에 응할 때, 적절한 긴장이 없으면 시험에 최선을 다할 수 없는 경우가 이에 해당한다.

(17) 위계(hierarchy)

체계 기본 단위들의 활동이나 에너지 기능을 위한 하위체계 및 상위체계들 사이의 관계를 말한다.

(18) 항상성(homeostasis)

항상성은 비교적 안정적이며 지속적인 균형 상태를 유지하기 위한 체계의 경향을 말한다. 즉, 체계들은 끊임없이 변화와 운동의 과정 속에 놓여 있는 동시에 역동적 균형 상태를 유지하고자 한다는 것을 의미하는 개념이다. 균형을 깨려는 것이 있다면, 체계는 적응하기 이전의 안정성을 회복하려고 할 것이다. 그러나 때때로 현상유지는 비효과적이거나 비효율적이며 심각한 문제일 수도 있다. 이것은 정적인 상태를 의미하는 것이 아니라 상당한 정도 변화하지만 안정의 틀 속에서 변화를 원하는 경향이 있다는 것을 말한다.

(19) 안정 상태(steady State)

항상성이 체계가 생존을 위해 환경과 성공적으로 타협할 수 있는 능력이라면, 안정 상태는 부분들의 관계를 유지시키고 쇠퇴해서 붕괴하지 않게 하려고 에너지가 계속적으로 사용되는 상태로 체계의 지속적인 정체 유지이며 체계가 거쳐 온 이전의 연속 상태를 의미한다.

(20) 투입(input)

투입이란 체계가 환경으로부터 필요한 에너지, 정보, 의사소통을 다른 체계에서 유입하는 것을 말한다.

(21) 전환(transference)

전환은 투입을 처리하고 기능유지를 위해 체계가 사용할 수 있는 형태로 활용 · 전환하는 활동을 의미한다.

(22) 산출(output)

산출은 전환 후 배출된 결과물로써 투입한 것들이 체계의 과정을 거친 후 얻게 되는 것들을 의미한다.

(23) 환류(feedback)

환류는 정보의 투입에 반응하는 행동으로 투입의 특수한 형태로 다음 행동을 수정하는 의사소통의 조직망을 의미한다. 자신이 수행한 것에 관한 정보를 다시 투입체계가 받는 것이다. 부정적 환류 결과로 체계는 제 방향을 찾고 실수를 수정하여 항상성 상태로 돌아갈 수 있다. 긍정적 환류는 체계의 존재와 성장에 알맞게 실행한 것에 관한 정보를 얻는 것이다. 이를 정리하면 다음의 그림 4-1로 나타낼 수 있다.

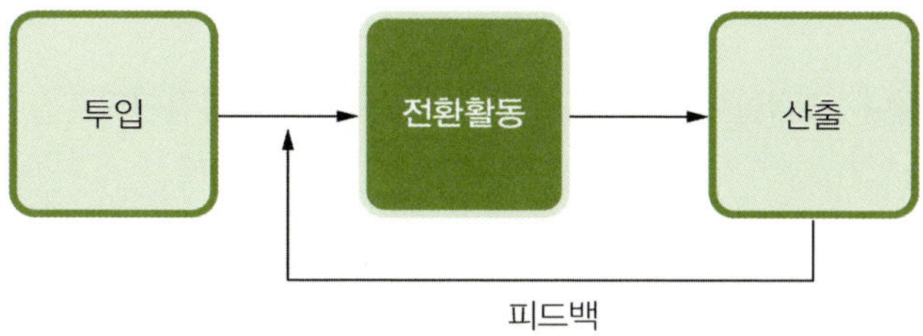

┃그림 4-1┃ 에너지의 흐름

(24) 시너지(synergy)

서로 관련을 갖고 있는 일련의 체계는 많은 하위체계로 구성된다. 전체 체계는 하위체계의 합보다 더 큰 능력과 효과를 나타내는데 이를 시너지라고 한다. 즉, 부분체계가 상호 결합하여 상승적으로 더 큰 효과를 내는 것을 말한다.

(25) 하위체계(subsystem)

하위체계는 2차적 또는 종속적인 체계로, 큰 체계 속에 있는 보다 작은 체계로 이해할 수 있다. 하위체계는 항상 상·하위가 규정되어 있는 것이 아니라 체계를 보는 시각에 따라 달라진다.

(26) 역할(role)

역할이란 특정한 사회관계에 있는 개인에게 기대하는 문화적으로 결정된 행동 유형이다(Chess & Norlin, 1997). 체계 속의 각 개인은 그 체계에서 특정 역할을 맡는다.

(27) 관계(relationship)

관계는 둘 또는 그 이상의 사람이나 체계 사이의 상호 정서적 교류, 역동적 상호작용, 감정·인지·행동의 관련성을 뜻한다(Barler, 1999).

(28) 공유 영역

서로 다른 체계나 조직들이 접촉하거나 의사소통하는 지점이다.

(29) 분화

분화는 단순한 형태에서 보다 복잡한 형태로 변하려는 체계의 경향을 말한다. 관계, 상황, 상호작용 등은 시간이 지나면서 보다 복잡해지는 경향이 있다.

4) 사회복지실천과 관련된 체계들

사회복지학에 있어서 개인이나 집단뿐만 아니라 가족, 지역사회에 이르기까지 통용할 수 있는 접근방법으로 통합적 사회복지방법론이 자리 잡게 되었다. 이 통합적 방법론은 사회를 하나의 체계로 생각하는 사회체계이론을 차용하여 사회복지의 전통적 모형 즉 개인, 가족, 소집단 및 지역사회 등을 크기가 서로 다른 체계로 보아 과거 전통적 방법들의 기초가 되는 지식, 기술 및 가치관의 유사성을 토대로 타당한 일반적 원리와 실천 모형을 제시하려는 것이다. Pincus와 Minahan(1973)은 사회복지사가 실천현장에서 함께 활동하게 되는 이러한 복잡하고 다양한 체계들을 네 종류의 체계로 분류하여 제시하였고, Compton & Gallaway(2000)는 여기에 전문가체계를 추가하였다. 구체적인 체계는 다음과 같다.

(1) 변화매개체계(change agent system)

문제를 가진 클라이언트를 지원하고 문제를 해결하기 위해 계획적 변화에 개입하는 사회복지사나 사회복지사가 속해 있는 사회복지관, 상담실, 각종 쉼터, 개입기관 등이 해당된다.

여기서 강조되어야 할 것은 변화매체계는 클라이언트를 변화시키려고 노력하는 사람이나 기관을 의미하는 것이지, 막연히 지역사회나 조직 또는 제도와 같은 추상적인 것을 다루는 것이 아니다.

(2) 클라이언트체계(client system)

사회복지사에게 도움을 청하거나 어떤 문제해결을 위해 사회복지사와 공동의 노력을 기울이겠다는 묵시적 계약 상태에 있는 사람들이 클라이언트체계이다. 자녀가 비행청소년인 부모가 사회복지사에 도움을 청하는 경우, 부모가 클라이언트체계가 된다. 사회복지사의 서비스를 제공받는 개인 · 가족 · 집단 · 기관 · 지역사회를 포함한다. 클라이언트란 서비스를 받기로 결정하고 계약을 통해 서비스를 요청 · 인정하는 사람으로서 변화노력의 혜택을 받는 사람들이다.

(3) 표적체계(target system)

변화매개체계가 그 활동 목적을 달성하기 위해 영향을 주거나 변화시킬 대상이 표적체계이다. 클라이언트 체계가 변화의 대상인 경우는 클라이언트 체계가 곧 표적체계가 된다. 비행청소년 사례의 경우, 변화시킬 대상은 비행을 함께 하고 있는 친구, 주변 환경요소, 부적절한 부모 등일 수 있는데, 이때 친구와 주변 환경요소, 부모들이 표적체계가 된다.

(4) 행동체계(action system)

사회복지사의 활동 목적을 달성하기 위해 공동으로 노력하는 모든 체계들이 행동체계에 해당된다. 비행청소년 사례의 경우, 이 문제를 해결하기 위해 부모, 학교교사, 도움이 될 만한 친구 등이 동원될 수 있다. 이때 부모, 학교교사, 도움이 될 만한 친구 등이 행동체계가 된다.

(5) 전문가체계

한국사회복지사협회와 같이 사회복지사들로 구성되어 있어 사회복지사의 전문성을 강화하고 사회 내에서 사회복지사의 위상을 높이기 위해 노력하는 체계를 말한다.

여기서 지역사회, 조직, 가족 또는 집단을 클라이언트체계, 표적체계 또는 변화매개체계라고 말할 때, 그것은 그 체계를 구성하는 사람들을 의미한다. 만약 변화매개인의 목표가 체계의 구조, 즉 사람들 사이에 양식화된 관계망을 변화시키는 것이라면, 제도 내의 사람들에게 영향을 주어 서로가 상호관계하는 방법을 변화시킴으로써 그 목표를 달성할 수 있다.

또한 변화매개체계는 클라이언트체계, 표적체계, 행동체계의 상호작용에 있어 영구적이고 필수적인 조건은 아니지만 클라이언트체계, 표적체계, 행동체계, 변화매개체계에 있어서 꼭 필요한 존재이다. 즉 사회복지사는 행동체계를 구성하거나 기존체계와 일하고, 클라이언트체계와 함께 일하며, 표적체계에 영향을 주려고 하지만, 다른 사람들과 같은 근거에서 그 체계의 일부가 되는 것이다.

종합하여 보면, 변화되어야 할 표적은 클라이언트라는 과거의 관념을 깨고 문제해결을 위해서는 환경이나 환경의 일부인 사회복지사 · 기관 · 활용되는 방법이나 제도 등이 변화의 표적이 될 수 있다는 점, 지금까지 서비스 수혜자나 이용자로만 생각되어 온 클라이언트가 변화에 영향을 미치는 행동체계로서 기능할 수 있다는 점 등을 통해, 변화가능성을 하나의 방향이나 대상으로 고정하지 않은 체계이론의 특징을 엿볼 수 있다(이영분 외, 2001).

5) 사회복지실천에의 적용

일반체계론적 실천모델은 상호작용하는 인간과 사회체계들이 자체의 성장을 위하여 다른 체계를 필요로 한다는 관점을 제공한다. 이를 위해 인간은 자신의 욕구를 충족하기 위해 환경을 수정할 수 있을 뿐만 아니라 환경의 요구에 적절하게 자신의 행동을 수정할 수 있는 능력을 가지고 있기 때문에 한 개인의 부적응적 행동은 한 개인에게 원인이 있는 것이 아니라 그를 둘러싸고 있는 사회체계와 역기능적 상호작용에 그 원인이 있다고 할 수 있다.

사회체계가 유지되고 그 기능을 수행하기 위해서 하위체계 또는 부분들은 더 큰 체계의 욕구를 충족시키기 위해 그들 자신의 기능을 조절해야 한다. 사회복지사의 업무는 개인적인 갈등(개인의 욕구)과 사회적인 문제(사회적 욕구) 모두에 초점을 두는 것이다.

일반체계론적 실천모델은 사정의 과정에서부터 그 유용성을 갖는다. 한 개인의 문제와 증상을 개인에 국한된 것이 아닌 체계와의 상호작용에 기인한 것으로 보기 때문에 개인과 환경 사이의 매우 복잡한 상호작용적 현상을 분석하여 증상의 원인을 찾으려고 한다. 자기결정과 변화과정에서의 클라이언트 참가를 강조한 사회복지사의 관심을 지지하며, 사정과 개입계획에 있어 클라이언트의 목표를 이해하고 고려해야 할 필요성을 강조한다.

이러한 개념에 의해 사정된 문제에 대한 개입단계에서는 문제나 증상을 일으키는 원인을 제거하는데 초점을 두기보다는 체계 내부의 부분들 간의 상호작용이나 체계와 환경 사이의 관계를 변화시킴으로써 증상을 제거하는 데 초점을 두게 된다. 따라서 체계의 역기능적인 구조적 속성, 역동 및 진화적 속성, 그리고 과정적 속성의 변화를 통하여 증상이 유발되고 유지되는 기본적인 환경을 제거함으로써 그 결과로 문제나 증상의 해결을 하는데 목적을 두고 진행된다. 변화를 가져오기 위하여 전체 체계를 변화시킬 필요가 없으며 개입의 지점을 주의 깊게 선정해야 한다는 사실을 말해 주고 있다. 체계의 관점은 또한 기관을 사회체계로 보며, 그리고 사회복지사와 클라이언트를 동일한 상호교류의 장내에 둔다. 사회복지사 역시 하나의 사회체계이며 사회체계 조직망의 구성요소로서 관여되고 있다(조휘일 외, 1999).

일반체계론적 실천모델에 의거한 구체적인 개입단계별 사회복지실천기법을 살펴보면, 문제사정단계에서는 문제의 규정과 서술, 사회적 상황의 역학분석, 목표와 표적의 설정, 과업과 전략의 결정, 변화노력의 안정화 기법이 요구된다. 자료수집단계에서는 직접적 구두질문, 직접적 필기질문, 투사적 구두질문, 필기투사기법 등에 관한 질문기법, 관찰, 기존 기록자료의 활용 등을 들 수 있다. 최초 접촉단계에서는 행동체계의 잠재적 구성원, 추가된 잠재적 구성원, 표적체계 구성원들과의 접촉 및 계약기술과 변화노력에 참여할 수 있도록 동기를 부여하고 초기 저항을 다룰 수 있는 기술 등이 요구된다. 계약교섭단계에서는 다른 사람들을 개입시키고 상호 수용 가능한 업무동의를 획득하기 위해 도움이 되는 기법을 사용하게 된다. 구체적으로 계약목적의 확인, 계약조건의 명시, 비밀보장의 한계 설정, 사례제공, 상대체계와의 의견차이 확인 등을 들 수 있다.

다음의 행동체계 구성단계에서는 목적달성을 고려한 행동체계 규모의 구성, 시간이나 장소 등과 관련된 운영절차, 상호작용을 좌우하는 규범이나 절차의 적절한 운영이 필요하다. 이어 행동체계의 유지·조정단계에서는 행동체계에서 일어나는 여러 유형의 문제들을 해결하기 위한 기법이 요구된다. 구체적으로는 다른 역할 맡기기, 운영절차 바꾸기, 프로그램과 활동규제, 행동체계 구성원의 구성 바꾸기, 구성원에 의한 자발적 진단 조장하기 등을 들 수 있다. 영향력 행사단계에서는 표적체계의 행동·태도·신념을 변화시키기 위해 유도·설득·관계의 사용·환경 사용 등을 배합해서 사용하게 된다. 변화노력의 종결단계에서는 계획적 변화노력을 성공적으로 종결짓기 위해 평가, 관계로부터의 이탈, 변화노력의 안정화에 초점을 두게 된다(이명재 외, 2005).

일반체계론적 실천모델에 입각해서 활동하는 사회복지사는 변화노력에 관련된 많은 사람들과 여러 종류의 다른 상황에 적용할 수 있는 기본적 구조 틀을 가져야 하며, 막연하고 추상적인 지역사회나 조직이나 체계가 아닌, 문제를 가진 사람들을 변화시키기 위해 일해야 한다. 그리고 전통적 사회사업은 일반적으로 문제를 제기하는 클라이언트 체계만을 개입의 주요 표적으로 삼았지만, 체계이론을 활용하는 사회복지사는 클라이언트가 제시한 문제를 처리하는데 가장 효과적인 행동체계를 찾아내야 한다. 사회복지사는 과업을 위해 클라이언트만 아니라 다른 사람들과 관계를 맺어야 하며, 사회복지사가 한 체계와 일하면서 얻은 지식과 기술을 다른 체계와 일하는데 적용할 수 있다는 것도 이해해야 한다. 그리고 조직을 사회변화와 관련된 중요한 체계로 보는 관점을 가져야 하며, 표적체계에 영향을 주고 사회복지사와 함께 일하는 행동체계에 대한 중요성을 인식해야 한다(전남련 외, 2007).

6) 한계점

일반체계론적 실천모델은 다른 모델보다는 실천적 개념의 틀을 제공해 주고 있다. 문제를 보는 시각이 단선적 사고에서 벗어나 여러 가지 원인에서 행동이 일어난다는 순환적 원인론으로 전환하게 하여 개인의 증상 또는 행동에 따른 낙인을 줄여주며, 사회문제와 관련된 전반적인 범위의 요소들을 고려하도록 하였다. 또한 수집한 정보를 분석해서 조직화하고 통합함으로써 개인의 행동에 초점을 두는 대신 체계구성원 간의 역동적 상호작용에 초점을 둔 분석이 가능하게 하였다. 이러한 관점은 사회복지실천에서 여러 각도의 개입이 가능하도록 하였는데, 문제나 욕구를 상황적이고 환경적인 맥락에서 이해하려는 경향을 가지고 관련 체계의 영향력을 인식하게 해주었다.

하지만 일반체계론적 실천모델은 설명적이기보다는 해설적이며 추상적이고 모호한 면이 많아 사회복지실천과 같은 인간적인 활동에는 맞지 않으며 실증적으로 증명하기가 어려운 부분이 많다는 점이 한계로 지적되고 있다. 또한 체계 간의 상호 연관성과 상호교류작용을 매우 중요시하면서도 사회복지의 개입의 장이 되는 체계 간의 고유 영역에 대해서는 충분한 설명이 없다는 점도 문제점이다. 즉, 요소 간 관계성을 분석적으로 파악하는데 적합하지만 이를 이용하여 상황에 대한 전체성을 파악하는데 어려움이 있고, 개인마다 상황을 해석하는 방식이 달라 어느 것이 옳고 적합한지의 판단이 어렵다는 것이다(손연숙 외, 2008). 인간과 환경 · 문화 사이의 발달과 기능이 어떠한 영향을 주고받는지를 규명해 줄 유용한 개념의 부족으로 사회복지에서는 일상생활 환경에 더 적합한 이론인 생태학에 더 관심을 기울이게 되었다.

2 생태체계론적 실천모델

1) 이론적 배경

생태체계론적 실천모델은 1960년대 말경 일반체계이론의 한계점을 보완하고 이에 생태학이론을 덧붙여 등장하게 된다. 즉, 생태체계적 실천모델은 인간과 물리적 · 사회적 환경 사이의 상호교환을 개념화하는 체계적 관점과 생태적 관점이 합성된 것으로 환경과 유기체가 역동적인 평형 상태를 유지하면서 성장하는 과정에 관심을 두는 관점이다. 인간과 물리적 · 사회적 · 문화적 환경의 상호작용 과정, 자원의 상호 보충적인 교환과정(Siporin, 1980)을 통해 시간의 경과에 따라 행동이 어떻게 발달되는지를 추적하여, 현재의 행동을 상황 속의 인간의 편안한 적합성으로 기술하는 것이다.

Lutz(1958)와 Hearn(1969)가 논문을 발표하게 되며 학문적 관심 영역으로 소개되었지만 본격적으로 실천상황에서 고려해야 하는 양식을 재구성한 것은 Genmain과 Gordon 및 Bartlett로 사회복지실천 시 사례를 전체로 보는데 필요한 방법론적 기술을 제공하는 것을 강조하였다(최순남, 2002). 개인, 가족, 집단, 조직체, 지역사회 및 그들의 상호관계성의 행동들을 고려하기 때문에 일반 사회복지실천을 지원할 수 있는 이상적인 관점을 제공한다고 할 수 있다. 또한 사람과 환경이 어떻게 적응상태를 이루는가에 초점을 두고 있기 때문에 사회복지사는 클라이언트가 본질적으로 결함이 있다고 가정하거나 책임을 한쪽으로 전가시키지 않고 클라이언트와 함께 클라이언트의 상황 간의 적합성에 관심을 기울이게 된다. 이와 같이 이 이론은 상황적, 환경적 맥락에서 클라이언트체계를 보기 때문에 사정과 계획단계에 매우 유용한 관점이다.

2) 목적

생태체계론적 실천모델에서의 인간관은 한마디로 '환경 속의 인간(person-in-environment)'이라는 전체적 인간관을 가지고 있다. 이 관점은 인간에 대해 낙관론적 시각을 가지고, 인간은 생활환경 속에서 타인과 가치 있는 사회적 관계를 맺고 존경과 관심을 주고받음으로써 자아를 발달시키고, 사회의 역할 기대를 적절히 이행하며, 일생 동안 타인과 상호의존성을 유지할 수 있어야 생존을 보장받고 삶의 적절성을 확보할 수 있게 된다고 본다(김동배 외, 1998).

또한 생태체계론적 실천모델에서 인간은 진화론적 발달과정인 유전적 변화뿐 아니라 성숙 및 선택과정에 의해 인간이 형성된다고 본다. 인간은 환경과의 상호교류를 지지 혹은 방해하는 유전적 잠재력을 가진 것으로 보며, 인간행동은 성장하는 개인과 환경 사이의 상호작용의 산물로서 이해한다. 이것은 개인과 다른 인간체계들이 내외부적 힘들에 반응하여 어떻게 변화하고 안정을 하는가를 설명한다. 인간이 신체적·정서적 및 지적으로 성장함에 따라 그들의 행동은 이러한 내적 변화에 반응해서 나타난다.

3) 특징 및 주요 개념(구혜영, 2009)

(1) 적합성(goodness-of-fit)

생태체계론적 실천모델에서 현재의 행동은 인간과 환경 모두의 상호 이익(mutual benefits)을 찾는 과정에서 나타나는 것으로 본다. 그래서 적합성은 개인의 적응적 욕구와 환경 자원 사이의 상호이익을 달성할 수 있는 균형점 혹은 조화상태를 의미한다. 다시 말해 개인의 욕구나 집단의 욕구, 권리, 목표, 능력과 특정한 문화적, 역사적 맥락 속의 환경 간에 상호작용 및 상호교류가 서로에게 적응적이며 양자에게 더욱 유익한 효과를 발생할 때 적합성이 이루어졌다고 본다는 것이다. 반면 어느 일방의 희생으로 상대방의 생존과 발달이 이루어졌을 때, 양자 간에 힘의 평형상태가 깨지고 갈등이 유발되며, 결국 양자의 생존과 발달을 저해하는 결과를 가져올 때 부적합성이 야기된다. 이것이 호의적일 때 지속적 발전을 도모하고 사회적 기능을 만족시키고 환경을 유지하거나 강화하므로 나름대로 적합성의 상태를 나타낸다고 할 수 있다. 적합성은 인간-환경의 계속적 교류를 반영하며 고정되어 있지 않고 상호교육의 변화에 따라 바뀐다. 따라서 부정적 교류가 거듭되면 인간발달과 건강, 사회적 기능은 손상된다.

(2) 적응(adaptation)과 부적응

생태체계론적 실천모델에서 부적응이란 존재하지 않는다. 생태체계론적 실천모델에서 중요한 것은 적응이라는 개념이다. 이것은 개인적 욕구와 사회적 욕구 사이의 조화와 균형, 적합한 상태를 말하며, 이 적합(fit)은 개인 또는 집단의 욕구, 권리, 목적, 능력 등과 개인이나 집단이 처한 문화, 역사적 맥락 속에 존재하는 물리적, 사회적 환경의 성질 및 그 운영 상황 사이의 맞물림 상태를 뜻한다.

이와 같이 모든 인간행동은 내적인 욕구와 환경적인 욕구 사이의 조화를 찾기 위한 적응과정으로 보고 있기 때문에, 어떤 행동도 부적응 행동으로 규정할 수 없다. 그러므로 부적응적인 결과 혹은 수용되기 어려운 행동이 나타난다고 할지라도, 적어도 그 환경 안에서는 적응적인 것이며, 모든 행동은 그 상황 안에서는 의미가 있는 것이다. 이러한 시각은 부적응자를 일탈자로 낙인화함으로써 개인과 환경의 상호책임성을 간과하고, 개인적 관점에서 클라이언트가 비난의 대상이 되었던 전통적인 부적응적 관점과는 명백히 구분되는 것이다.

그러므로 기존 이론에서 문제를 개인의 병리로 규정했다면 생태체계론적 접근에서는 적응적인 문제로 환경적인 자원의 유무와 관련지어 이해한다. 즉, 문제란 개인적 욕구와 대처능력이 환경자원에 의해 뒷받침되지 못해서 생겨나는 것이므로, 부적응적인 행동은 환경 안에서의 체계와 자원 조정을 통하여 변화될 수 있다고 본다.

(3) 적응성(adaptiveness)

적응성이란 인간이 환경에 대한 적응수준을 유지하거나 높이고자 사용하는, 지속적이고 변화지향적이며, 인지적, 감각적, 지각적, 행동적인 과정으로 설명될 수 있다. 그래서 생태체계론적 관점에서는 적응상의 문제를 병리적으로 보지 않고 개인적 욕구와 대처가 환경적 자원이나 혹은 지지와 일치되지 못한 것으로 간주하는 것이다.

(4) 변화(change)

생태체계론적 실천모델은 변화에 대해 매우 개방적이다. 병리보다는 강점에 초점을 두고 클라이언트와 파트너십을 형성하여 개인과 환경 간의 상호작용에 개입함으로써 변화를 위한 가능성을 확대하고자 하기 때문이다. 따라서 생태체계론적 관점을 가진 사회복지사에게 있어 모든 수준의 사회적 체계가 클라이언트일 수 있고, 이들 체계 수준은 클라이언트체계의 변화라는 목표달성을 위해 모두 선택되어질 수 있다.

예를 들어 중증의 장애아동에 대한 보호부담으로 인하여 소진과 우울증을 호소하는 클라이언트(모)가 있다고 하자. 이 경우 생태체계 관점은 모 자신의 정신건강을 위한 상담서비스 이외에도 모를 둘러싼 환경 안에서 아동에 대한 보호부담을 감소할 수 있는 다양한 자원체계, 탁아서비스, 가정도우미 등과 연결을 시도할 수 있다. 그러나 사회복지사는 모든 체계에 동시에 개입을 시도할 필요는 없으며 인간체계 혹은 환경의 어느 일부분에 대한 개입 혹은 변화의 시작이 다른 부분의 상호교류에 영향을 미침으로써 전체 체계의 변화를 초래할 수 있다. 이 경우, 전체 체계 모두는 변화의 객체 혹은 주체로서 기능할 수 있다. 이는 사회복지사가 클라이언트의 문제를 해결함에 있어 클라이언트 개인의 체계에 국한해서 문제를 바라보지 않고, 더 큰 체계와의 역동적인 상호작용에 대한 충분한 이해를 통하여 더 큰 맥락 안에서 문제를 사정하고 개입 틀을 제시해야 한다(김혜란 외, 2006).

(5) 유능성(competence)

개인이 환경과 효과적으로 상호작용할 수 있는 능력이다. 유능성은 환경과 성공적인 상호작용을 경험하는 데서 형성되는 것으로 일생에 걸쳐 확대될 수 있는 능력이다.

(6) 상호교류(transaction)

상호교류는 개인과 환경이 하나의 단위의 체계로 합쳐져 융합되는 것으로, 개인과 환경 간에 영향을 주고받는 상호관계이자 하나의 반응이 아니라 시간에 따른 사건의 경과 과정 혹은 시간이 지남에 따라 발생하는 관계를 의미한다.

(7) 상호작용(interaction)

상호작용은 개인과 환경이라는 두 요소가 서로 영향을 미치나 분리된 정체성을 보유하면서 체계 간에 공동으로 작용하는 역동적인 호혜적 관계를 말한다.

(8) 스트레스(stress)

스트레스는 사회적 혹은 발달적 변화, 충격적 사건, 다양한 생활문제 등의 요구가 자신이 활용할 수 있는 인적 자원 혹은 환경자원을 초과하는 상황에서 야기된다. 즉 개인과 환경 간의 상호교류에서의 불균형이 야기하는 현상인 것이다. 개인, 환경, 문화적 차이에 따라 어떤 사람들은 자신의 성장을 방해하는 생활문제를 스트레스 요인으로 경험하는 반면 다른 사람은 같은 문제를 도전으로 경험한다. 관련된 감정은 불안, 죄의식, 분노, 두려움, 우울, 무기력감, 혹은 절망이며 일반적으로 사회적 관계, 자신감, 자긍심, 자율성 측면에서 빈약 또는 부족을 수반한다.

스트레스 대처는 욕구를 해결해 나가기 위해 고안된 새롭고 특별한 행동들이다. 성공적 대처는 내적·외적 자원에 달려 있는데, 내적 자원은 자부심과 문제해결 기술 등을 일컬으며 외적 자원은 가족, 사회적 관계망, 조직 차원의 지원 등을 포함한다. 성공적 대처는 인간–환경의 질을 향상시키고 보다 높은 수준의 사회적 관계, 능력, 자긍심, 자율성의 획득으로 적응수준을 향상시킨다.

(9) 거주환경(habitat)

생태체계론적 실천모델에서 집, 건물, 농촌마을, 도회지 같은 물리적 환경은 거주하는 사람의 생활양식, 연령, 성 문화적 양식에 적합한 방식으로 가정생활, 대인관계, 직장생활, 종교생활을 하는 사회적 환경을 지원해야 한다. 빈곤의 만연, 불량주택, 열악한 위생상태가 그 특징인 빈곤지역 거주환경의 물리적 환경은 개인에게 문제를 야기시킨다. 또한 무분별한 철거와 재개발로 지역주민들이 소중하게 여기는 사회적 연결망인 이웃이 파괴된다면 불량주택의 개량이나 다른 사회적 편의시설에도 불구하고 지역주민은 만족하지 않게 된다. 그리고 Cooper가 지적한 것처럼 고층 공공주택의 물리적 설계와 구조가 가치와 존엄성을 가진 독립된 고유한 인간으로서 주민들의 자기 이미지를 해친다고 생각하는 것도 문제로 지적될 수 있다(홍득표, 1999). 더구나 거처할 집이 없다는 것은 인간존엄성에 가장 큰 위협이 된다. 이와 같이 생태체계론적 실천모델에서는 거주환경이 개인에게 미치는 영향을 매우 중요시하고 있다.

(10) 적소(niche)

적소는 특정의 집단이 지역공동체의 사회적 구조에서 차지하는 사회적 지위 혹은 직접적 환경을 일컫는다. 지역공동체는 적소들의 조직체라 할 수 있다. 특정 집단이 한 적소의 수용한계를 초과하면 선택의 압력이 작용한다. 경쟁이 유발될 때 본래의 적소에 적응하지 못하는 구성원은 다른 적소로 이주하게 된다. 체계 내에 수용할 수 있는 능력이 한정되어 있고 또 구성원들은 항상 모든 가용자원 공간, 즉 적소를 채워 나가려는 경향이 있다고 가정해 보면 체계는 경쟁관계에 있는 구성원들 중 각 적소에 가장 적합한 것들을 선택한다.

(11) 생태계(eco-system)

유기체와 그를 둘러싼 환경으로 구성된 체계이며 여기서 환경은 물리적, 생물적, 사회적, 인공적 등 모든 환경을 포함한다.

(12) 구속력(coercive power)

체계 내의 개인이나 문화적 특징을 기초로 하여 취약한 집단의 힘을 발휘하지 못하게 하는 것이다. 취약한 인간에 대한 억압은 인간을 무기력하게 만든다. 예를 들면, 빈곤, 억압적인 성 역할, 불충분한 교육, 만성실업자, 무주택자, 높은 유아사망률 등이 이에 속한다.

(13) 착취력(exploitative power)

지배집단의 착취력은 과학기술에 의해 공기, 음식, 물, 토양 및 대양의 오염을 초래하며, 주거, 학교, 직장 및 지역사회에서 유독성 화학물질과 위험한 폐기물을 증가시킨다. 힘의 남용은 사회질서가 일부 사람들로 하여금 다른 사람에게 고통을 주고 심한 불공평으로 상처를 주게 하는 부정적인 인간-환경관계를 말한다.

(14) 생활과정(life course)

인간의 발달은 다양한 환경, 문화 그리고 역사적 시대 속에서 삶의 전 과정에 걸쳐 일어나며 획일적이지 않고 계속 이루어지는 생리적 · 사회적 · 역사적 과정을 거치게 된다. 생활과정 개념은 가족, 학교, 직장, 지역사회의 변화뿐만 아니라 개인의 생각, 가치, 신념과 같은 사회적 변화를 포함하는 일생을 통한 변화과정을 의미한다.

4) 환경의 수준단계(구혜영, 2009)

생태체계론적 실천모델에서는 체계들 사이에 경계가 있는데 이 경계는 자율성을 가지면서도 다른 체계와의 긴밀한 상호작용을 전제로 하는 위계질서를 갖게 된다고 본다. Compton과 Gallaway의 생태체계를 사회사업 분야로 소개한 Pincus와 Minahan(1973)의 통합적 4체계 접근법을 소개하기로 한다(문인숙 역, 1984). 우선 미시체계(micro system)는 개인과 가족과 같은 직접적인 환경 내에서의 활동, 역할, 그리고 대인관계 유형을 말한다. 중간체계(mezzo system)는 학교 및 가족과 같은 개인을 둘러싸고 있는 두 가지 이상의 환경에서 일어나는 과정과 연결성을 말한다. 외적체계(exo system)는 제도적 조직(학교 등), 지방정부, 지역사회 등 두 가지 이상의 환경 사이에서 일어나는 연결성과 과정으로서, 이중 최소한 한 가지 체계는 부모의 직장과 같이 개인을 둘러싸고 있지 않은 체계이다. 거시체계(macro system)는 국가사회, 사회제도, 민족 집단체계와 같이 특정 문화유형이나 보다 광범위한 사회적 맥락을 의미한다.

생태체계론적 실천모델에서는 클라이언트 개인을 원조할 경우라도 위에서 제시된 4체계 내부 및 체계들 사이의 관계의 질을 고려하지 않고는 클라이언트를 완전히 이해할 수 없다고 본다. 따라서 이 관점에서는 사회적 관계망을 개인의 생활공간에서 중요한 변인으로 보고, 클라이언트 행동은 개인, 가족, 집단, 조직, 지역사회, 문화체계 등의 다차원에서 이해되어야 한다고 설명한다. 그리고 이들은 네 가지 사회사업 기본체계를 구성하고 있는데 사회복지사는 자신이 다루어야 할 개인들이 어느 시점에서 어떤 체계에 속하게 되는가를 분석하고 체계 간 관계의 속성을 이해함으로써 개입해야 한다.

이 체계수준의 단계를 정리하면 다음의 표 4-1로 정리할 수 있다.

표 4-1 체계의 수준 구분의 예

<table>
<tr><th colspan="2">2차원 구분</th><th colspan="2">3차원 구분</th><th colspan="2">4차원 구분</th></tr>
<tr><th>구분</th><th>예</th><th>구분</th><th>예</th><th>구분</th><th>예</th></tr>
<tr><td rowspan="2">미시
체계</td><td rowspan="2">개인, 가족, 소집단</td><td>미시
체계</td><td>개인</td><td>미시
체계</td><td>개인, 가족, 소집단, 직장</td></tr>
<tr><td rowspan="2">중간
체계</td><td rowspan="2">가족, 소집단</td><td>중간
체계</td><td>(미시체계 간 관계)
가정-학교, 가정-직장,
학교-이웃</td></tr>
<tr><td rowspan="2">거시
체계</td><td rowspan="2">조직, 지역사회,
국가 사회</td><td>외부
체계</td><td>학교, 지역사회, 지방정부</td></tr>
<tr><td>거시
체계</td><td>조직, 지역사회, 국가사회, 사회제도, 문화</td><td>거시
체계</td><td>국가사회, 사회제도, 문화</td></tr>
</table>

5) 사회복지실천에의 적용

생태체계론적 실천모델이 사회복지실천에 가장 크게 기여한 것은 클라이언트의 정신내적 생활을 돕는 직접적 사회복지실천과 이들의 환경적 조건을 개선하는 데 목적을 두고 실시되는 서비스를 포함하는 간접적인 사회복지실천의 통합이 가능하게 되었다는 점이다. 그 이유는 이 이론이 개인과 환경 간의 적합성 또는 상호교류에 영향을 미치는 힘에 대한 포괄적인 지식을 제공해 주고 있기 때문이다. 또한 사회복지현장에서 개인, 개인의 사회집단 및 사회적, 물리적 환경 내에서 변화를 위한 여러 대안들의 탐색과 인간을 맥락 속에서 상호작용하는 체계로 이해하는 역동적 시각은 인간생태학적 방법을 통한 인간의 삶의 향상에 기여한다. 그리고 생태체계론적 실천모델은 환경에 적응하고 필요한 자원을 얻기 위해 경쟁하는 다양한 방식을 이해하게 하고 사정과 개입·계획 시에 매우 유용하게 활용되고 있다.

또한 생태체계론적 실천모델은 어느 하나의 개입기법을 가지는 모델이 아니기 때문에 문제를 가진 개인과 그의 환경에 대한 개입에 있어 다양한 기술과 기법을 필요로 하는 사회복지사가 통합적인 접근을 할 수 있는 기반을 마련해 준다. 특히 급변하는 사회에서의 환경 즉 방치되는 아동, 방황하는 청소년, 증가하는 이혼, 소외되는 노인세대 등 현대의 사회문제에 있어 개인이나 개별 가족 차원에서는 해결될 수 없는 문제들이 증가하고 있는 상황에서 사회적 차원에서 개입하고 검토하는데 유용하다(곽형식, 2000).

또한 개인의 성격, 가족생활양식과 역동, 문화적 가치와 신념, 인종차별주의, 여성차별주의, 노인차별주의와 같은 각종 구조적 요인, 클라이언트의 상황에 기여해 온 과거의 경험 등을 이해하는데 많은 도움을 준다. 사례 상황 평가 시 공생관계 개념을 사용하여 자원의 개발 및 연계의 관점을 제공하며, 사회복지사와의 관계설정에도 사용 가능하게 된다. 또한 전문화의 개념은 클라이언트 직업훈련 결정시에 도움을 주게 된다.

뿐만 아니라 이 모델은 사회복지실천 과정에서 사회복지사가 권한 부여적 관계를 형성하고 클라이언트체계의 자원을 발견하며, 클라이언트체계의 역량을 강화하는 개념적 도구로서 활용된다. 사회복지실천의 초점은 사람들과 사회환경에 존재하는 체계들 사이의 상호작용이다. 체계에 대한 분석은 사회복지사들로 하여금 자신의 클라이언트가 어떤 사회체계와 관련되어 문제를 겪고 있고 이를 해결하기 위해 어떤 역할을 수행해야 할 것인지 체계적 지침을 제공해 주고 있는데 대표적인 방법으로 동일한 삶의 공간 내에 존재하는 상호 관련되어 있는 체계들을 찾아내어 그 체계들끼리의 영향을 주고받는 양상들을 그림으로 묘사하는 실천도구인 생태도(eco-map), 가계도, 사회적 관계망 등이 활용될 수 있다.

사회복지사는 클라이언트의 생활로 진입하기 위해 확인 가능하고 객관적인 클라이언트 상황과 이것이 지니는 문화적 의미와 정보, 클라이언트가 느끼고 인지하는 주관적 현실을 파악해야 한다. 이를 위해 감정이입의 기술이 필요한데, 기관서비스 및 사회복지절차 등에 관한 설명, 클라이언트의 생활스트레스 요인의 탐색과 임시적 사정이 이루어지게 된다. 다음에는 우선순위, 서로 해야 할 과업 및 책임 등에 관한 명확한 동의의 과정을 통해 클라이언트의 적극적 참여를 유도하고, 클라이언트의 능력감, 연관성, 자긍심, 그리고 자기방향성 등을 향상시킴으로써 임파워먼트를 가져오도록 해야 한다.

또한 사회복지사는 개인과 환경 간의 관계를 강화하고 지지하는 단계를 거치게 되는

데, 혼란을 초래하는 스트레스가 개인의 욕구와 능력, 다른 한편으로는 환경적인 특성 사이의 불일치에 의해 일어나는 사회심리적인 사건으로 발생한다는 초점을 갖고 다루어야 한다. Germain과 Gitterman은 스트레스는 스트레스가 발달상의 변화, 지위 및 역할의 변화, 위기의 사건들을 포함하는 생활변천(life transition)에 의해 발생하거나 사회적·물리적 환경에 의한 압박(environmental pressures), 가족 및 기타 일차적 집단에서의 부적응적 의사소통과 관계에 의한 대인관계 과정의 문제(interpersonal processes)에 기인한다고 보았다(Rhodes, 1980).

이러한 클라이언트의 스트레스에 도움을 주는 구체적인 기술로는 클라이언트의 강점과 희망을 고취시키고 가능하게 하기(enabling)기법, 문제의 초점과 기저에 깔린 의미를 명확히 하는 탐구(exploring)기법, 동기강화를 위한 동원(mobilizing)기법, 모델링이나 역할극 등의 구체적인 대처정보를 강조하는 안내(guiding)기법, 위축 혹은 지나친 순응에 도전정신을 길러주는 촉진(facilitating)하는 기법 등이 사용된다. 또한 활용 가능한 자원과 클라이언트의 에너지를 끌어내는 조정(coordinating)기법, 왜곡된 개인과 환경 혹은 사회망과의 관계를 중재하여 스트레스를 감소시키는 외부적 중재(external mediating)기법, 항거활동 조직 및 순응의 거부를 강조하는 외부적 옹호(external advocacy)기법, 서비스와 자원 간의 틈새를 채우고 예방적 성장 지향적 조직을 만들어 내는 개혁(innovating)기법, 사회정책과 입법에 영향을 미치는 영향력 행사(influencing)기법 등도 활용될 수 있다. 뿐만 아니라 대인관계에 있어 개방적 직접적 의사소통이 가능하도록 하는 내부적 중재(internal mediating)기법, 갈등적 사안에 대한 검토와 기본 규칙을 확립하게 하는 내부적 옹호(internal advocacy)기법 등도 활용되기도 한다(손광훈, 2008).

생태체계론적 실천모델에서 활동하는 사회복지사는 클라이언트를 둘러싼 다양한 체계와 그에 영향을 미치는 개인, 가족, 집단, 조직 혹은 지역사회 등 다른 사회체계들 간의 구조, 상호작용, 생리 심리학적 차원, 그리고 문화적 특징에 대한 탐색을 통하여 공생적 관계를 가지고 있어야 한다. 또한 하위체계 또는 부분들은 더 큰 체계의 욕구를 충족시키기 위해 그 기능을 조절해 주어야 하기 때문에 사회복지사의 업무는 개인적인 갈등과 사회적인 문제 모두에 초점을 두어야 한다.

그러므로 생태체계론적 실천모델은 특정 개입방법이나 기술을 제시해 주는 실천모델이 아니라, 인간체계 상호작용에 대한 조사 · 사정 · 평가할 수 있는 구조와 준거틀을 제공해 줌으로써 사회복지사들에게 일반적이고 통합적인 관점을 제공한다. 특히 인간과 환경의 상호이익을 유지하는 최적성의 개념과 적응적 혹은 논리적인 반응, 변화를 위한 다양한 가능성과 다양한 체계를 변화표적으로 설정, 개입하기 위한 시각을 제공함으로써 사회복지 실천개입 시 한 모델에 국한하지 않고 다양한 모델들을 절충적으로 활용할 수 있도록 한다.

생태체계론적 실천모델에서 활동하게 되는 사회복지사는 인간이 접하는 환경에 관심을 둔 것으로 인간과 환경은 서로 분리되어 있는 것이 아닌 지속적인 상호교류 안에서 존재하는 하나의 체계로 상호보완성을 설명하는데 초점을 두어야 한다. 그리고 개인과 환경 간의 적합성과 상호교류, 그리고 적응을 지지하거나 방해하는 요소를 민감하게 탐색하여야 한다. 문제를 사정할 때 문제와 관련된 많은 체계들을 접촉하여 객관적 정보를 충실히 얻도록 해야 하며, 클라이언트를 돕기 위해 다양한 체계의 사람들과 일하면서 다양한 실천모델을 적용해야 한다. 개입 후에도 클라이언트 자체가 지지체계로 활용될 수 있도록 해야 한다(문인숙 역, 1984).

이를 위해 사회복지사는 압박감과 스트레스를 가장 많이 주는 생활사들에 대한 클라이언트의 인식을 확인할 필요가 있다. 그리고 클라이언트의 방어나 위축을 피하고 신뢰를 확보해야 한다. 뿐만 아니라 사회복지사와 클라이언트는 성공의 기회들을 제공하는 과업들을 선택해야 하는데 이러한 성공은 동반자로서의 참여, 희망의 고취, 활동에 대한 헌신 등을 이끌어 내는 강력한 동기원천이 된다(Rhodes, 1980).

6) 한계점

인간과 그들 환경과의 적합성과 그로 인해 발생하는 인간의 다양성들을 이해하는 것이 사회복지사의 핵심적인 지식체계가 된다고 할 수 있다. 최근 사회복지사는 인간의 행동, 환경 및 그 다양성을 이해하여 클라이언트에게 도움을 주기 위해 생태체계론적 실천모델을 활용하고 있다.

상황 속에서 인간의 다양한 변화 가능성을 제시하는 점, 클라이언트의 강점을 강조하는 것, 현재 행동을 상황 속의 개인의 편안한 적합성으로 설명하고 있다는 점, 역기능을 상황 속에서 적응적이거나 합리적인 것으로 개념화한 것 등은 생태체계이론이 사회복지실천을 전망하고, 중재의 표적을 설정하기에 적절하도록 해준다.

특히 인간행동에 대한 다양한 이론, 특히 생태학과 일반체계이론으로부터 도출된 개념들의 강점들을 통합하였으며, 사물들이 어떻게 상호적응 상태를 이루고 그들이 어떻게 상호적응해 가는가에 초점을 둔다. 또한 인간과 그들의 물리적, 사회적 환경 사이의 상호교류를 강조하고 클라이언트의 상황이나 하나의 체계, 한 가지 특징에만 관심을 두지 않는다.

생태체계론적 실천모델은 사회복지실천에서 사정을 위한 모델로서 통합된 관점으로 환경이 인간에 영향을 미치는 방식과 인간이 환경에 영향을 미치는 방식들을 보는 준거틀을 제공한다. 생태체계론적 실천모델이 주목받는 이유는 일반체계이론, 사회체계이론 등 여러 이론의 강점이 합쳐진 포괄적인 형태의 모델이기 때문이다. 자세하고 다양한 측면을 본다는 점에서 생태체계론적 실천모델은 바람직하다고 생각하지만 다방면의 측면을 자세하게 살펴보는 이론의 방대함에 가족과 같이 규모가 작은 단위에서는 사회체계이론을 사용하는 것이 실천현장에서의 개입에는 효과적이다.

3 클라이언트 중심모델

1) 이론적 배경

클라이언트 중심모델은 실존주의 이론과 형태치료와 같이 실존주의 철학에 기원을 두고, 1940년대 초 미국의 심리학자 Rogers에 의하여 인간중심적 혹은 인본주의적 접근으로 시작되었다. 이 모델은 비지시적 상담을 통해 클라이언트가 개입을 주도하도록 사회복지사가 돕는 역할을 하는 것이다. 기본 원리는 개입면접의 내용을 클라이언트가 일관성 있게 주도해 나가며, 사회복지사는 자신의 관점을 소개하기보다는 클라이언트의 준거틀에 철저하게 초점을 맞출 수 있도록 원조하는 역할을 담당한다. 치료기법보다는 사회복지사와 클라이언트의 태도 및 감정의 중요성을 강조한다.

2) 특징 및 주요 개념(구혜영, 2009)

(1) 인간관

클라이언트 중심모델에서 인간은 누구나 자신의 자유로운 선택에 따라 행복하고 가치 있는 삶을 살 수 있는 가능성이 있으며, 자유롭고, 선하며, 진실되고 이성적이며 합리적이고 통합적인 존재로 본다. 또한 자신의 행동에 책임을 지며, 유목적적이고, 건설적인 방향으로 지속적으로 성장해 나가는 미래지향적 존재로 인식하고 있다. 그리고 환경조건이 적당하기만 하면 자신의 잠재능력을 실현해 나갈 수 있는 존재라고 보았다. 이것은 모든 사람에게 자신을 유지하거나 향상시키는 방향으로 자신의 능력을 발달시키려는 자아실현의 경향이 있다는 기본 전제에 기인한다. 즉, 인간의 존재를 사랑, 창조성, 선택, 의미, 가치, 자아실현과 같은 긍정적인 측면에 초점을 두고 있다.

(2) 현상학적 장(phenomenal field)

현상학적 장이란 특정한 순간에 개인이 지각하고 경험하는 모든 것을 의미한다. 동일한 현상이라도 개인에 따라 다르게 지각하고 경험하기 때문에 이 세상에는 개인적 현실, 즉 현상학적 장만이 존재하게 되는 것이다. Freud가 과거 경험이 인간의 행동을 결정하는 요인이라고 본 것에 비해, Rogers는 현재의 행동을 결정하는 것은 과거 그 자체가 아니라 과거에 대한 각 개인의 해석이라고 보았다. 이것은 인간을 이해하는 데 있어 문제의 역사보다 '지금 여기에'를 강조하는 것을 의미한다.

(3) 자아(self)

갓난아이는 내적 경험 또는 주관적 세계가 비교적 유사한 감각과 지각을 가진 유기체이지만, 부모와 같은 중요한 타인과의 상호작용과 자아실현 경향으로 유기체적 경험의 일부가 '자기(I)' 또는 '자기개념(self)'으로 분화되어 가게 되는데, 이 자아는 의식적 지각과 가치를 포함하게 된다. 이는 자신이 어떤 존재인가에 대한 개인의 개념으로 현실자아(real self)와 이상적 자아(ideal self)로 구성되어 있고, 현재의 경험이 자아구조와 불일치할 때 개인은 불안을 느끼게 되며, 불안을 완화하기 위해 자아는 방어기제를 사용하기도 한다.

(4) 긍정적 지향

인간은 합목적적이며 건설적이고 현실적인 존재로서 어떤 힘에 의해서 이끌려 가는 피동적인 존재가 아니라 미래의 목적과 자기 지시적인 목적의 방향으로 에너지를 지향시킬 수 있는 활동적인 존재이다.

(5) 주관적 경험과 행동

인간의 행위를 지배하는 것은 자극 상황에 대한 주관적인 해석과 그것에 대한 개인적 의미이다. 현재의 행동에 영향을 끼치는 것은 과거의 경험이 아니라 과거의 경험에 대한 현재의 해석이다.

(6) 긍정적 관심에 대한 욕구

이것은 중요한 사람으로부터 조건 없이 따뜻함, 존경, 사랑, 그리고 수용을 얻고 싶은 기본적인 욕구를 의미한다. 아이에 대한 부모의 양육에 있어서 중요한 것은 부모가 아이에게 모든 것을 용서하고 수용하는 것이 아니라 그 존재 자체로 귀중한 한 인간으로서 평가받고 사랑받고 있다는 분위기를 제공하는 것을 말한다. 긍정적 관심은 개인의 올바른 성장과 발달에 도움이 되는 중요한 과정이다.

(7) 가치부여 과정

자신 이외의 외부에서 주어지는 일련의 가치들을 자기 자신 내부로 통합시키는 과정을 말한다. 이러한 가치부여 과정을 통해 개인은 융통성 있고 변화하는 모습을 보이게 된다. 그러나 나이가 들수록 타인의 투사된 가치들이 내면화되면서, 실제로 자신의 가치부여 과정과 고리가 끊어지게 되어 자신의 가치에 대해 불분명한 태도와 불안을 보인다.

(8) 자아실현 경향

선천적으로 인간이 갖고 태어난 자신의 능력과 잠재력을 최대한 개발하려는 욕구를 의미한다. 이 경향은 일생을 통하여 이루어지는 과정이다. 인간은 외적인 힘에 의존하고 통제되기보다는 독립성, 자기책임성, 자기 규제, 자율성, 높은 수준의 자기 통제로 나아가려는 속성을 지니며, 이를 위해 직면하게 되는 고통이나 방해요인을 극복할 수 있는 성장 지향적 유기체이다.

(9) 완전히 기능하는 인간

이것은 자신의 경험에 대한 개방성을 갖고 실존적인 삶을 살며, 자기 신뢰와 자유로움, 창조적인 삶을 사는 사람을 의미한다. 그리고 자신의 잠재력을 인식하고 능력과 자질을 발휘하여 자신을 완벽히 이해하며, 경험을 풍부하게 하는 방향으로 나아가는 훌륭한 삶을 사는 사람을 의미한다. 즉 창조주의 피조물이 아닌 미래의 목적과 자기 지시적 목적으로 향하는 에너지를 가진 활동적 존재인 것이다.

(10) 의미 있는 타인(significant others)

개인의 목표와 가치, 신념, 삶에 대한 의사결정에 영향을 미치는 중요한 사람, 주로 부모, 가족, 친구, 존경하는 사람을 일컫는다. 인간은 단순히 긍정적 관심을 받는 존재로부터의 인정에서 의미 있는 타인의 기대와 태도에 민감하게 반응하게 된다. 의미 있는 타인으로부터 가치와 규범을 내면화하게 되고, 개인은 자신을 가치 있는 존재로 판단하게 되며 자아구조가 더욱 심화된다.

(11) 가치조건화

진정한 자신의 욕구에 따라 살지 못하고 다른 사람의 관심과 애정을 받기 위해 그들의 기준이나 조건에 맞추어 살아가려는 상태를 말한다. 클라이언트 중심모델에서 인간은 적극적, 목적적, 성장적, 발전적 존재로 규정하고 있다.

3) 사회복지실천에의 적용

클라이언트가 진정한 감정을 경험하고 진정한 자아의 요소를 발견할 수 있는 안정되고 자유로운 분위기를 제공하는 것이 핵심이다. 현재의 문제가 아니라 클라이언트가 그 다음 문제에 보다 잘 대처할 수 있게 해주는 성장과정이라 할 수 있다. 그러므로 클라이언트 중심모델에서는 실천과정이나 문제해결에 있어서 클라이언트의 책임과 주체성을 강조하고, 전문가의 기술보다는 오히려 수용적인 상담의 관계를 중요시한다. 그리고 클라이언트는 수용적인 분위기에서 주체적으로 자신의 문제해결을 통찰하게 되고 충분히 기능하는 인간으로 성장해 가는 것이다.

(1) 개입과정

구체적인 개입과정으로 초기단계에는 관계설정 및 개입방법 결정, 클라이언트의 긴장이나 억압 정도, 변화가능 능력 정도, 도움 필요 정도, 환경으로부터의 독립, 개입가능 여부, 연령, 지능, 안정성 등을 고려한다.

중간단계에서는 표현을 통한 자신의 감정 통찰, 지적인 내용보다는 감정적인 내용에 반응하여 감정을 두려움 없이 표출하도록 지원하고, 인간관계에 대해 이해하고 수용하도록 지원하며, 새로운 목표선택 및 목표달성을 위한 자발적 행위를 지원해야 한다.

종결단계에서는 새로운 선택과 적절한 행동 실천의 결심이 되면 종결하게 되는데, 자신감 회복, 자율성, 통찰력 등이 성장하도록 지원한다.

(2) 개입기술

개입기술로는 첫째, 진실성을 들 수 있다. 사회복지사가 상담관계에서 자신의 권위나 체면에 구속되지 않고 자신을 있는 그대로 인정하고 혹은 표현하면 할수록 그만큼 클라이언트가 건설적인 방향으로 변화하고 성장할 수 있는 가능성이 커진다고 봐야 한다.

둘째, 무조건적인 긍정적 관심이다. 상담관계에서 사회복지사가 클라이언트를 구별하거나 비교하고 선택하는 과정으로 평가 · 판단하지 않고 클라이언트가 나타내는 어떤 감정이나 그 밖의 행동특성들도 그대로 수용하여 그를 소중히 여기고 존중해야 한다.

셋째, 정확한 공감적 이해, 경청, 반복과 명료화, 비심판적 태도, 칭찬과 보호, 경험의 공유, 우정 등과 같은 기법이 필요하다.

그러므로 클라이언트 중심모델에서는 클라이언트에 대해 충고나 해석, 제안을 삼가고, 클라이언트의 걱정을 야기하지 않는 감정이입적 이해와 긍정적 관심이 필요함을 강조하였다. 이를 위하여 클라이언트의 감정을 표현하도록 격려하고, 경청과 감정이입, 깊은 내면에 접근하려고 노력하며, 부정적 감정이 생기는 경우 솔직하게 표현하고, 클라이언트로부터의 조언을 구하기도 한다.

4) 한계점

클라이언트 중심모델은 인간의 잠재력에 대한 신뢰를 근거로 한 실천모델이라 변화동기가 없는 클라이언트의 경우에는 효과성이 떨어지는 모델이다. 초기에는 개인에 대한 접근이었으나, 지역사회 혹은 집단을 근거로 한 교육 등에 활용되었다. 그리고 공동체 생활을 통한 내적 성장을 도모하는 사회변화의 수단으로 활용되고 있다.

4 사례관리모델

1) 이론적 배경

사례관리모델은 복합적인 문제를 가지고 있는 클라이언트를 대상으로 필요한 서비스를 체계적으로 연계하여 제공하는 실천방법이다(박영숙 외, 2008). 1960년대 미국의 휴먼서비스 프로그램의 성장과 연관을 갖는다. 그 당시 서비스에 대한 막대한 정부지원을 하였으나 서비스들이 분파적이고 중복적으로 조정되지 못하여 서로 다른 많은 프로그램들의 문제점이 발생하자 복잡한 문제와 욕구를 가진 개인들이 적절하게 서비스를 받지 못하게 되었다.

1970년대 초 보건, 교육 및 복지부에서는 연방서비스 프로그램을 조정해서 제공하는 일련의 시범 프로젝트를 시행하게 되었는데, 예를 들면 클라이언트 추적시스템, 정보 및 의뢰 체계, one-stop 서비스센터, 상호기관 연계체계 구축 등과 같은 프로젝트를 들 수 있다. 또한 정신보건 분야에서의 탈시설화 운동이 사례관리모델을 활용하는데 기여하였다. 지역사회정신보건센터가 퇴원한 정신장애인들을 위한 서비스의 통합된 네트워크를 갖추지 못하게 되자 적절한 추후 지도에 실패하였고 정신장애인들은 적절한 주거, 수입, 직장, 정서적 지원을 받지 못하게 되었다. 이로 인해 사례관리는 미국 정신보건국립연구소(NIMH)의 지역사회지지프로그램의 핵심이 되었다(이유섭 외, 2009).

1990년 이후에는 더 진보적 개념으로 사용되고 있는데, 복지서비스 전달체계가 공공에서 민간으로 이양되고 클라이언트와 그 가족에게 부과되는 과도한 책임을 환경자원으로 활용하려는 움직임, 클라이언트의 지역사회 적응을 위한 서비스의 조직화 및 욕구 충족 시스템 필요 등에 의해 사례관리모델의 중요성이 크게 늘어나고 있다. 특히 서비스 대상의 중복 및 누락으로 인한 서비스 비용의 억제적 차원에서도 많은 관심이 집중되고 있다.

이러한 사례관리모델이 사회복지방법론으로 자리를 잡은 배경은 사회복지사들이 전형적으로 '환경 속의 인간'에 초점을 두고 있으며, 심리치료 상담의 개인적 변화와 아울러 물리적 또는 서비스 환경의 변화가 필요하다는 것을 인식했기 때문이다. 또한 개인과 가족에 대해 포괄적인 견해를 견지함으로써 자신이 속한 기관을 초월해서 다른 서비스까지 클라이언트를 의뢰하고 서비스를 제공할 수 있는 지원체계를 갖추는 것이 필요했기 때문이다(권육상 외, 2008).

사례관리모델은 전통적인 케이스워크(개별 사회사업방법론)에서 출발하였다. 하지만 다른 점은 개별 사회복지사들이 클라이언트들을 사무실에서 약속을 정하여 만나고 클라이언트의 장애를 심화시키는 요인으로써 사회적 영향력을 별로 강조하지 않았다. 또한 사례관리모델은 지역사회의 조직이나 기관 등 체계에 개입하고, 심리치료에 깊이 관여하지 않는 특성이 있다. 그리고 실제적인 생활문제나 지역사회에서의 생존에 관련한 문제를 잘 다루도록 돕고, 개입보다는 보호에 초점이 모아지고 개별사회사업, 집단사회사업, 가족치료, 지역사회조직을 통합하여 활용한다는 데 있다.

2) 특징 및 주요 개념

(1) 사례관리의 개념

노인, 아동, 장애인 등을 포함한 다양한 클라이언트들에게 효과적 서비스를 제공하고 다차원적 욕구를 가진 개인들의 기능과 안녕을 향상시키기 위하여 개발된 것으로 공식적, 비공식적 지원과 활동을 조직하고 조정하며 유지하는 사회복지적 방법 중의 하나이다. 비용이 많이 드는 입원기관을 탈피하여 가족과 이웃이 있는 지역사회 세팅에서 연약하고 만성적 손상을 입은 클라이언트들에게 광범위하고 지속적인 보호 및 훈련 서비스를 제공하여 자기 충족성을 성취할 수 있도록 돕는 방법이다.

(2) 사례관리의 목적

사례관리모델을 활용하는 이유는 비공식적 지원체계(가족, 친족, 친구 등)와 공식적 지원체계(국가 및 공공기관)가 보유하는 각종 자원을 통합하기 위해서이며, 외부환경에 적응할 수 있는 클라이언트의 잠재력을 최대화하기 위해서이다. 또한 클라이언트와 가족이 여러 서비스와 지원체계에 접근하여 이를 활용할 수 있는 방법을 습득하게 하여 가족, 이웃, 친구 등 비공식적 지원체계가 클라이언트를 보조할 수 있는 능력을 최대화시키기 위해서이다. 특히 클라이언트와 가족의 욕구 충족에 있어 공식적 도움 체계의 능력을 최대화하는 역할을 수행한다.

(3) 사례관리의 기능(김충식 외, 2009)

① 클라이언트와 클라이언트에게 필요한 서비스와의 연결기능

연결기능은 클라이언트의 욕구를 충족시키기 위해서 필요하고 유용한 서비스와 권리를 클라이언트에게 위임하고 양도하는 것을 말한다.

② 비공식보호체계와 클라이언트 간의 상호작용의 촉진기능

촉진기능은 비공식 지원체계를 통하여 클라이언트에게는 경제적 · 사회적 안정, 신체적 · 정신적인 건강, 정서적 지지, 안내, 지역사회 생활의 향상 등을 지원하는 것을 말한다.

③ 사례관리 기관들 간의 조정기능

조정기능은 공식적인 정책이나 비공식적인 기관들 간의 협정을 통하여 기관들 사이의 연계를 촉진하는 것을 말한다.

④ 상담기능

상담기능은 클라이언트에게 유용한 서비스에 대한 정보를 제공하며, 클라이언트 자신의 욕구와 문제에 대한 이해를 증진시키고 가족들에게 클라이언트에 대한 이해를 촉구하며 서비스 제공기관과의 접촉을 향상시키는 기능을 수행하고, 정서적 지지, 동기부여 등을 하는 것을 말한다.

⑤ 문제해결기능

문제해결기능은 문제해결과정에서 클라이언트에게 발생할 수 있는 클라이언트 개인의 성격상의 문제, 위기상황 또는 실직, 부부갈등과 같은 일상생활상의 문제 등을 잘 극복할 수 있도록 하는 기능을 말한다.

⑥ 옹호기능

옹호기능은 클라이언트와 클라이언트 집단의 사회적 기능을 향상시키기 위해, 클라이언트의 무기력과 무능력을 제거하며, 명확한 욕구를 가지고 있는 개인 또는 집단에게 힘과 자원을 적절하게 분배하려는 목적을 둔 활동을 말한다.

(4) 사례관리의 가치

각 클라이언트는 존엄성을 가지고 있고 만족스러운 삶을 누리기 위한 자신의 노력에 대해 지지를 받을 자격이 있다는 것에서 출발한다.

① 기본권리에 대한 존중

모든 사람들은 자신의 삶의 목적을 성취하고 문제를 해결하고, 인간으로서의 잠재력을 실현하기 위해 도움이 될 수 있는 자원이나 서비스에 대한 동등한 접근기회를 가진다는 의미이다.

② 사회적 책임감

가족, 교육, 정부, 사회복지 같은 사회제도를 인본주의적으로 만들고 인간의 욕구에 반응하도록 만들어져야 한다는 의미이다.

③ 자기 결정에 대한 지지

인간의 다양성을 존중하고 개인들이 자신에 대해 내린 결정을 존중해야 한다는 의미이다.

(5) 사례관리가 필요한 경우

사례관리모델은 대체로 도움을 효과적으로 사용하는 데 어려움이 있는 경우, 다양한 문제를 동시에 가지고 있으나 활용 가능한 자원 발굴의 어려움을 겪는 경우, 자원이 존재하고 있으나 자원을 활용할 능력이 부족하여 자원 활용이 용이하지 못한 클라이언트에게 필요하다.

3) 사회복지실천에의 적용

(1) 개입과정

사례관리모델의 사회복지실천 개입과정을 단계별로 보면 다음과 같다.

① 접수 및 사정단계

기관, 가족, 지역사회, 조직, 교회, 경찰, 학교로부터의 의뢰과정이나 스스로의 방문과정을 통해 기관과 초기 접촉이 이루어지는 단계이다. 이때 주로 기관의 클라이언트를 접촉하려는 노력들이 지역사회에까지 확장되어 클라이언트를 직접 찾아나서는 아웃리치(out-reach)가 이루어진다. 그래서 사례를 발견하고, 사전심사, 인테이크 과정이 이루어지는데 이때 긴급성 여부를 파악하여야 한다.

초기단계에서의 접수면접에서는 클라이언트의 문제와 상황을 밝혀내고, 사례관리서비스가 필요한 집단과 개인을 설정해서 대상화할 필요가 있다. 사례관리자는 적합한 기관에 클라이언트의 배치가 이루어졌는지를 결정하고 클라이언트에게는 기관이 제공하는 서비스의 내용과 한계 등에 관한 정보가 제공되어야 한다.

그리고 초기단계에서의 사정에서는 문제상황, 건강상태, 심리사회적 기능, 경제적 상황, 의지, 가치관, 가족정보, 자조능력, 적극성, 서비스 및 원조, 주거상황 등에 대한 파악이 되어야 한다. 철저하게 문제를 확인하기 위해 클라이언트의 사회심리적, 신체적 기능수행 정도를 자세히 파악해야 한다. 이를 위해 클라이언트의 가족, 전에 이용하던 기관과 같은 외부 정보제공자도 활용하고 표준화된 임상 면접기술을 비롯한 여러 가지의 사정도구들을 이용할 필요가 있다.

그리고 클라이언트의 발전과 성장을 가져올 수 있는 상황의 강점 파악과 동시에 제한점을 인식하고, 클라이언트가 현재의 상황에서 가장 우선적으로 해결되기를 바라는 욕구를 파악하기 위한 욕구사정이 되어야 한다. 자료조사나 수집과정을 통하여 클라이언트에게 제공 가능한 혜택과 서비스에 대한 사정뿐만 아니라 가족의 대처능력, 협조, 노력상황 등도 함께 사정해야 한다.

② 실천계획 수립 및 목표설정

사정결과에 기초하여 종합적인 서비스 계획을 수립하는 단계이다. 서비스 연결과정, 서비스 조정과정, 공식적 혹은 비공식적인 서비스 제공 등 개입과정의 시작이라고도 하며, 계약이라고도 불린다. 서비스 내용, 빈도, 지속기간, 목적에 대한 사항을 클라이언트 가족전문가가 협력하여 수립한다. 비용에 대한 부분까지 포함하여 형식화된 문서로 작성되어야 한다. 클라이언트가 개선이 필요하다고 인식하는 영역이 무엇인지를 알아보고 전문적인 목표에 클라이언트의 개인목표를 포함해야 한다.

상담과 치료를 포함한 치료계획과 좀더 실질적인 원조를 위해 외부기관에 클라이언트를 연결시키는 일 등 서비스 실천전략이 필요한데, 활용가능한 자원의 확인과 연결 정도에 따라 수립되는 것이기 때문에 제한적일 수밖에 없다.

자원 확인과 개발을 위하여 유사한 서비스 자원과 정보자원에 대한 접근이 용이하도록 자료를 조직화한다. 이를 위해 기관들과의 전화접촉, 기관 대표자 회의, 비공식적 망, 사무실 보관문서나 주소록 확인 등이 필요하다. 이때 기관정책이나 프로그램 내용의 정보가 정확하지 않을 가능성을 고려하고, 특정 클라이언트를 위한 특별한 자원제공 기회가 결여되었거나 공급이 부족할 때는 새로운 자원을 개발할 필요가 있다.

③ 클라이언트와 서비스 체계와의 연결

클라이언트에게 필요한 서비스의 내용과 서비스 방법을 결정하고 그 다음에 클라이언트가 서비스를 받을 수 있도록 조건과 환경을 조성하며, 필요한 또 다른 서비스에 연결될 수 있도록 하는 등 계속적으로 그 서비스를 이용하는 데 있어 필요한 모든 노력을 다해야 한다. 사례관리자는 서로 다른 유형의 자원들과 지역사회 기관 그리고 클라이언트를 연결함으로써 클라이언트에 대한 서비스와 자원계획을 적용할 수 있는 매개자의 역할을 수행한다. 효과적인 연결은 특정 지역사회의 대인서비스 전달체계에 관한 사례관리자의 지식 수준에 달려 있으며 이러한 지식은 사례관리 사정과정에서 생겨나는 자원목록의 확보를 통해서 발전되고 확대된다.

이때 효과적인 연결에 영향을 미치는 요소로는 구체적이고 정서적인 지지의 필요 수준과 서비스 접촉을 완벽하게 활용할 수 있는 기술 등을 들 수 있다. 이러한 요소들은 다른 기관들과 사례관리자와의 연결, 즉 기관들과 기관에 속한 직원과의 개인적인 접촉을 통하여 전문가 망을 형성하면서 상호관계성을 수립하게 되기 때문이다. 그리고 클라이언트와 자원체계 간의 연결기능이 효율적으로 이루어지려면 연결과 관련하여 클라이언트를 준비시키는 일이 중요하다. 클라이언트에게 자원체계에 관한 상세한 정보를 제공하고 자원체계와의 연결 시 발생할 수 있는 난점을 점검하여 중개자로서의 역할을 수행해야 한다.

④ 점검과 재사정

점검단계에서는 클라이언트 지원망의 구성원들이 목표를 달성하기 위하여, 특정 행동을 수행하고 그들의 책임을 수행하는데 적절한 시간안배가 이루어지고 있는지를 점검하게 된다. 클라이언트에 대한 계획이 수립된 시점에서 욕구를 충족시킬 수 있는 필요한 서비스와 자원을 가지고 있는지를 점검하고, 클라이언트에 대한 서비스와 지원계획이 어느 정도 잘 이행되고 있는지 점검한다. 또한 그 계획이 성공적인지 혹은 역행적 결과를 가져오고 있는지, 즉 서비스와 지지의 산출결과를 검토하는 일 등을 점검하게 된다.

점검을 토대로 클라이언트 변화 상태 및 관리상황에 대한 반복적인 재사정을 통해 계획 수립이 순환되어야 한다. 보통 3개월 단위로 하는 것이 필요하며, 계획을 수정하고 보완하는 데는 점검된 내용이 기초가 된다. 점검 및 재사정 단계에서는 민감성과 융통성이 요구된다.

⑤ 평가

투입에 대한 평가는 개입계획 시 구성된 전문인력, 서비스 그리고 자원들이 목표로 삼은 사례관리 목적을 달성하기에 적정한 것인지의 여부를 평가한다. 과정에 대한 평가는 클라이언트에 대한 서비스와 지지계획에서 정해진 활동과 과업이 적절한 방법으로 수행되고 있는지의 여부를 평가하는 것이고, 연관성 평가는 클라이언트에 대한 서비스와 지원계획이 클라이언트의 욕구에 부응한 것인지, 특히 클라이언트 지지망에 대한 계속적인 사정과 점검을 통해 드러난 욕구와 관련해서 볼 때 이 계획은 여전히 욕구에 부응할 수 있는 것인지의 여부를 평가하는 것이다.

(2) 개입기술

사례관리모델에서 사회복지사의 중요한 개입기술로는 우선 사무실에서 벗어나 실제 환경에서 클라이언트를 위한 광대한 범위의 지지망을 창출해야 한다는 것이다. 그리고 직접적 서비스와 간접적 서비스를 제공해야 한다. 클라이언트의 약점, 역기능, 질병, 결함, 증상 등과 같은 부정적인 요소보다는 강점, 능력, 성장과 발전의 가능성, 건전한 기능, 자원, 잠재력 등의 긍정적인 요소에 중점을 두고 클라이언트의 욕구를 수집하고 분석하며 종합한다. 그리고 클라이언트의 욕구를 충족시키기 위한 사례계획, 치료, 서비스 통합, 기관의 협력 및 서비스망을 설계하고, 클라이언트에 대한 이해를 발전시키고 클라이언트가 스스로 지지망과 같은 자원을 개발하고 유지하는 방법을 알 필요가 있다는 사실을 가르친다. 이러한 과정은 신뢰관계로 발전하여 대등한 관계를 유지시킨다(김은수, 2008).

또한 사례관리 사회복지사는 클라이언트가 필요로 하는 자원을 소정의 사회기관으로부터 제공받지 못하거나, 지식이나 능력이 부족하여 다른 유용한 자원을 활용하지 못할 경우에 다른 유용한 자원과 연결한다. 그리고 클라이언트의 문제와 원조자들로부터 도움이 필요한 욕구를 사정하고, 원조를 수행하는 과정에서 클라이언트의 욕구와 자원과의 관계, 클라이언트와 원조자들 간의 관계에서 필요한 조정과 타협한다. 특히 프로그램의 효과성, 효율성 및 비용-효과성을 검토하기 위하여 사례관리 과정 전반에 관한 정보화 자료를 수집하고 분석한다. 마지막으로 클라이언트를 대변하여 요구사항을 구체화하고 자원이 적절히 공급될 수 있도록 노력한다(원요한, 2007).

4) 제한점

사례관리모델은 전통적인 사회복지실천의 통합적 접근으로서 특정 대상 집단을 위한 직접 서비스 실천과 지역사회실천에서 각각 최상의 아이디어를 통합한 형태이다. 사례관리는 질적인 서비스 확보, 접근성 확보, 비용절감의 문제점을 해결하기 위해 등장한 모델인 만큼 클라이언트의 문제해결과 치료보다는 욕구충족과 보호에 더 중점을 둔다. 클라이언트의 사회적 기능과 독립을 극대화하기 위해서 보호의 연속성과 책임성을 보장한다. 그리고 서비스의 효과성과 효율성을 높이기 위해 포괄적인 서비스를 제공하고 서비스의 조정과 점검을 실시하여 클라이언트와 사회환경과의 상호작용에 관심을 집중시켜 다양한 지원체계의 광범위한 서비스를 활용한다(박영숙 외 2008).

현재 사례관리모델은 재가중심영역, 직업재활, 노인, 아동 및 가정복지에서 적용되고 있으며, 특히 정신장애인의 재활치료에 주로 활용되는 모델이나 아직 이론과 기술적 영역의 체계성이 부족하다는 비판을 받는다. 지속적으로 실무에서의 적용가능성과 효과성의 연구가 필요하다.

CHAPTER

05

개인을 대상으로 한 실천기술

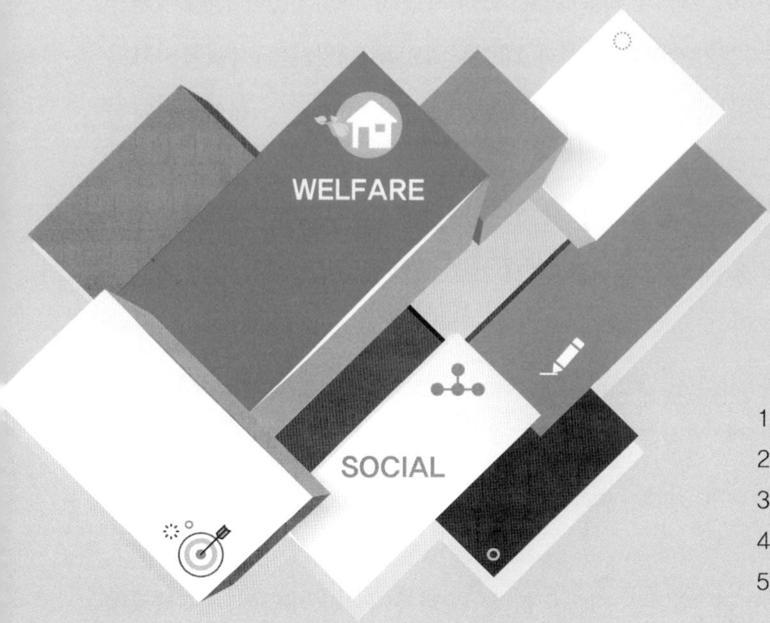

CHAPTER

05 개인을 대상으로 한 실천기술

1 개인 대상 사회복지실천의 개념

개인을 대상으로 한 사회복지실천 개입은 클라이언트의 다양하고 복합적인 문제와 욕구 충족에 초점을 두고 클라이언트와 자원을 연결, 조정하면서 사회기능을 향상시키는 것을 말한다. 다양한 사회복지실천기술의 발전과 대인서비스를 제공하는 사회복지사들의 능력이 향상되면서 효율적인 방법으로 서비스와 자원을 전달하려는 노력에 의해 실천개입의 기술은 변화되고 있다.

사회진단(Social Diagnosis)을 통해 개별사회사업을 체계화한 Richmond는 개인을 대상으로 한 사회복지실천의 개념을 개인과 그 사회환경 간의 개별적, 의식적 조정(합리적 성과)을 통해 그 사람의 인격발달을 도모 혹은 지원하는 제반과정이라고 하면서, 전문적 대인관계와 인간발달에 대한 지식을 강조하였다. Bower는 개인능력과 지역사회 자원동원에 필요한 대인관계 지식과 기술을 활용하는 예술로 설명하였다. 또한 Perlman은 문제를 해결하기 위한 복지기관의 활용 기술, 치료가 아닌 문제해결과정, 클라이언트의 주체성을 강조하였다.

이와 같은 내용을 정리해 보면, 개인을 대상으로 한 사회복지실천 개입은 1인 클라이언트체계를 중심으로 진행하며, 클라이언트와 사회복지사의 전문적 관계를 강조하고, 개인의 문제해결을 위한 다양한 개입모델을 활용하여 개인과 환경과의 상호작용을 변화, 유도하는 것으로 정의할 수 있다. 개인을 대상으로 한 사회복지실천의 개입원칙은 서비스 개별화, 서비스 제공의 포괄성, 클라이언트의 자율성 극대화, 서비스 지속성, 서비스 연계성 등이 있다.

2 역사 및 발달과정

개인을 대상으로 한 사회복지실천개입의 역사(김혜란, 2006)는 영국의 빈민가정 우애방문단인 자선부인회, 자선부인단에 의해 태동기(1610～1879)가 시작된다. 이들은 사례연구방법, 자선조직협회 부인을 대상으로 교육훈련을 실시하였고, 함부르크 구빈제도를 통해 구빈사업 통일기관을 설치함으로써 서비스 대상자 중복 및 부적절성을 감독하였다. 또한 빈곤조사, 노동 강화 및 거주지 정착 강화를 실시하였고, 아동구제 및 교육에도 많은 관심을 기울였다. 특히 럼포드 사업을 통해 경제적 원조 및 직장알선, 자립정신 고취 등의 서비스를 제공하였고, 칼머스 근린운동을 통해 교육과 자조의욕 고취, 원조에서의 과학성과 합리성을 강조함으로써 자선조직협회의 형성과 개별사회사업 발전에 공헌하였다. 그리고 이 시기의 엘버펠드 제도는 거택보호의 원칙으로 자조 및 구호자 대상자 파악에 기여하였고, 구빈행정의 중앙집권화, 개인주의 존중 등의 특성을 보였다.

그 이후 확립기(1870～1920)에서는 런던자선조직협회가 결성되었는데, 우애방문원을 통한 자선단체 간 구제활동의 조정, 전국적인 빈민조사 등 체계적인 사회복지적 접근이 이루어졌다. 미국에서도 미국자선조직협회를 통해 금품 시여가 아닌 인격적 감화에 주력하였고, 유급 전임직원을 고용하여 정보수집과 전문교육 등 사회복지 전문화에 기여하였다. 전문사회사업 교육기관의 설립으로 개인을 대상으로 한 사회복지실천 개입의 기초가 확립되었고, Richmond에 의해 개별사회사업이라는 용어가 등장하였다.

그 이후 발전기(1920～1950)는 사회복지실천에서 진단주의와 기능주의의 양립 시기를 맞게 된다. 진단주의는 정신분석이론에 근거하여 개인의 문제해결에 있어 진단과 치료 개념을 도입하였다. 행동의 결정요인으로서 무의식의 개념과 과거 경험을 중시하였다.

감정과 태도에 있어서 양가감정, 치료의 본질로서 전이와 저항 등을 강조하였다. 이와 같이 클라이언트의 인간관계 및 성격의 적응에 관심을 가짐으로써, 직면한 문제를 언어화하고, 자원의 동원으로 감정의 억압 제거 및 경감, 정상적인 행동으로의 복귀를 도모하였다. Hamilton, Towel 등이 대표적인 학자이다.

반면 기능주의는 개인의 내외적 경험을 스스로 발달시켜 문제해결할 수 있는 창조적인 힘을 가진 자아를 강조한다. 즉, 개인의 성격에 있어서 조직하는 힘으로서 의지와 개인이 자신을 타인과 구별하려는 욕구의 표명으로서 반대의지를 강조한다. 치료적 전개의 근원으로서 현재 경험을 중요시하며, 타인 또는 사회복지사로부터의 분리를 강조하며 클라이언트가 효과적으로 기능을 발휘할 수 있는 여건을 구비하도록 지원하는 것이 사회복지실천 개입의 목표가 되는 것이다. Rank, Taft, Schweinitz 등이 대표적인 학자이다.

이 두 이론의 양립 시기를 거치면서 사회복지실천현장은 통합기(1950년대~)를 맞이하게 된다. 진단주의와 기능주의의 통합 시기로서 Perlman의 문제해결과정모델, Aptekar의 역동주의 개별사회사업모델, Hollis의 사회심리적 치료모델 등이 등장하게 되었다. 또한 과학성과 기술화 연구를 강조하며 효과를 과학적으로 측정하려는 행동주의 모델과 가족사정, 가족중심의 가족집단치료와 합동면접의 가치를 확립한 가족치료모델 등이 나타났다. 1970년대 이후에는 통합방법론이 등장하였다. 이러한 역사를 나타내면 〈그림 5-1〉과 같다.

우리나라에서 개인을 대상으로 한 개별사회복지의 역사를 보면, 세계기독교봉사회, 메노나이트 중앙재단, 캐나다 유니테리안 봉사회 등의 외원단체로부터 도입되었다. 전문교육기관인 이화여대 사회사업학과가 1947년에 설립되었다. 이러한 초기 사회복지적 접근은 종교적 접근, 비전문성, 수용 보호적 접근, 사회복지 관점 미비 등의 문제점이 나타났다.

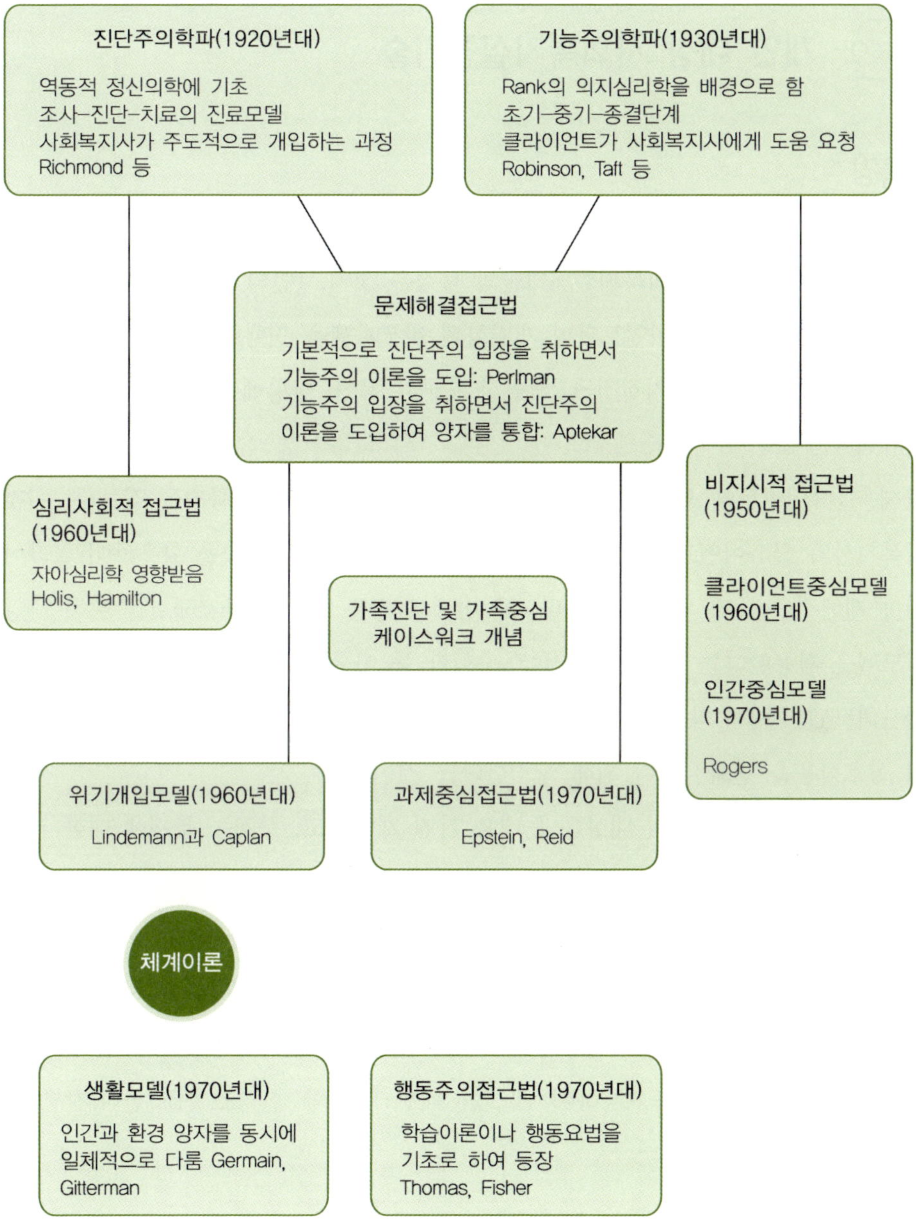

출처: 김경호(2005).

| 그림 5-1 | 사회복지실천모델 발달 과정

3 개인 대상 사회복지실천기술

1) 특징

개인을 대상으로 한 사회복지실천기술의 특징은 첫째, 1인의 클라이언트체계가 갖는 문제에 초점을 두고 클라이언트와의 개별화된 원조과정을 진행한다는 점이다. 이를 위해서는 개인의 존엄성, 자기결정권, 개별적 욕구와 특성, 상황에 맞는 방법과 전략을 선택해야 한다.

둘째, 클라이언트와 사회복지사와의 전문적 관계를 강조하는 특징을 갖는다. 이것은 사회복지사와 클라이언트가 일대일 관계 속에서 대인관계의 기술을 활용하여 클라이언트의 문제해결을 돕게 되기 때문이다. 세 번째 특징은 개인의 문제해결을 위해 다양한 개입모델을 활용한다는 것이다. 심리학, 사회학 등 이론을 적용시킨 다양한 실천모델인 심리사회모델, 행동주의모델, 과제중심모델 등을 활용하여 개인의 변화 또는 개인과 환경의 상호작용을 변화시키기 위해 노력한다는 것이다.

그러므로 개별사회복지의 대상은 문제를 가진 개인이고, 주체는 문제에 대한 과학적 지식과 전문적 기술을 가진 전문가이다. 그리고 그 방법은 대상에 따라 달라지는 개별적인 것이며, 개인 성격의 성장, 발달과 환경에의 적응을 다루는 의식적인 노력을 통해 사회복지사와 클라이언트 간의 인간관계를 중요시하는 협동적인 활동으로 문제해결 및 재조정을 하게 된다. 또한 클라이언트의 주체성을 인정한 측면적 도움으로 개인과 그의 사회환경과의 상호작용을 중요시하여 개인의 내면 강화와 환경조정을 한다(신성자 외, 2007).

2) 과정과 기술

(1) 접수단계

문제를 갖고 있는 클라이언트가 서비스를 받기 위해 만나게 되는 첫 번째 단계이다. 이 단계에서는 서비스 제공 가능 여부를 확인하거나 관계를 형성하게 된다. 만남이 긍정적이며 생산적이라는 확신이 들도록 하는 기술이 필요하다. 소개, 만남의 목적이나 방향이 설정되고, 클라이언트의 기대가 확인되고, 기관의 정책이나 규정, 윤리적 원칙들에 대한 검토가 이루어짐으로써 클라이언트는 서비스가 제공되는 맥락을 이해하고 참여할 수 있다.

그리고 초기 접촉 이전에 기관이나 사회복지사에게 주어진 정보를 검토하고 점검하는 기술이 필요하다. 불완전한 정보로 클라이언트에 대한 선입견을 갖게 할 가능성도 크기 때문에 기초적인 자료로서 제한적으로 활용할 필요가 있다. 그리고 초기 면접자나 의뢰인, 이전에 사례를 담당했던 직원 등으로부터 클라이언트와 문제 상황, 문제의 특성, 심각성, 위급성, 활용 가능한 자원 등에 관해 알아보는 것이 중요하다. 그리고 클라이언트와 첫 만남 이전에 수퍼바이저나 동료로부터 조언을 구하는 기술이 요구된다(이윤로, 2007).

면접 준비를 위해서는 면접에 방해되는 요소가 차단된 면접장소, 시간, 분위기가 준비되어야 하며, 특히 사회복지사의 복장이나 외모 등도 면접상황에 문제가 되지 않도록 해야 한다. 예상되는 클라이언트의 문제와 상황에 대해 공감적 이해가 필요하다. 서비스를 찾게 된 배경이나 클라이언트의 동기, 초기에 느낄 수 있는 클라이언트의 생각이나 감정, 관련된 문제에 대해 클라이언트의 입장에서 생각하는 기술이 요구된다. 그리고 효과적인 면접을 위해 사회복지사는 클라이언트와 만나기 이전부터 면접의 목적이나 동기, 방향성, 예상되는 결과, 전문가의 역할, 질문의 내용, 과정 등에 관한 임시 계획을 세우면 도움이 된다.

(2) 자료수집 및 조사단계

두 번째 단계는 탐색단계(Exploring Phase)라고도 불리는데 이 단계는 필요한 정보를 수집하고 클라이언트-문제-상황에 대한 보다 많은 이해가 가능한 단계이다. 조사의 내용에는 촉진적 요인, 과거의 처리내용, 개인과 환경 간의 상호작용, 사회적 기능의 중요한 과정 등 객관적인 자료나 정보에 부가하여 클라이언트의 주관적인 사실에 관한 인식과 파악이 포함되어야 한다.

이 단계에서는 클라이언트의 사고나 감정, 서비스를 요청하게 된 주요 관심사나 상황 등에 대해 클라이언트가 공유할 수 있도록 격려하는 기술이 필요하다. 탐색단계에서 활용할 수 있는 기술은 탐색, 명확화, 반영, 세분화, 이해와 공감 등이 있다.

(3) 사정단계

세 번째 단계인 사정단계에서는 개인과 문제, 상황과의 연관성에 대한 이해를 만들어 내고 문제해결을 위해 계획을 수립하는 단계이다. 사정의 목적은 사회복지사가 취급하고 있는 상황을 이해하고, 개별화하며, 특수한 상황 속에 관련된 요인들을 확인하고 분석하는데 도움을 받고자 하는 것이다. 구체적인 사정단계의 기술(이옥선, 2009)은 첫째, 기술적 정보를 정리하는 것이다. 이것은 클라이언트의 상황을 이해하고 실천과정에 대한 개입의 초점과 방향을 구체화함으로써 클라이언트에 관해 수집된 자료에 대한 체계적인 이해가 가능하도록 하는 기술을 의미한다.

둘째, 임시적인 사정틀을 구성하는 기술이 요구된다. 이 기술은 문제정의, 클라이언트 체계를 결정하고, 개입과정에 참여하게 되는 체계들을 명확히 하는 기술을 의미한다. 또한 변화목표를 설정, 변화결과를 예측하고 변화과정에 발생할 수 있는 위험요소나 장애요소, 자원이나 강점을 찾아, 문제해결에 활용될 수 있는 전략을 살펴보는 기술을 의미한다. 이러한 기술에는 양식이나 도구를 활용하는 기술도 포함된다.

셋째, 계획과 계약을 구성하는 기술이 요구된다. 이 기술은 클라이언트의 상황과 관련된 문제들에 대한 사정을 기초로 구체적인 목표와 개입 프로그램, 방법 등에 대한 실행과 평가계획을 세우고 합의하는데 필요한 기술을 의미한다. 문제를 구체화하고, 목표를 설정하며, 효과적인 접근방법을 개발하고, 단계적 행동방법을 구상하여, 평가계획을 세우는 실천기술을 필요로 한다.

(4) 개입단계

네 번째 단계인 개입단계는 목표달성을 위해 클라이언트와 클라이언트 주변환경에 변화를 유발하는 단계이다. 이 단계에서는 문제해결을 위한 접근 시 필요한 실천과정의 기술, 문제해결이나 적응, 성장 발달을 위한 클라이언트의 능력을 향상시키고 회복시키는 기술, 사회적 기능을 향상시킬 수 있는 자원, 서비스, 기회 등을 제공할 수 있는 지역사회체계로 사람들을 연결시키는 기술, 사회적 정의에 입각하여 권리를 잃어버리고 소외된 약자들이 기회를 얻고 되찾을 수 있도록 그들과 함께 효과적 개입을 하는 기술, 자원과 서비스, 기회 등을 제공할 수 있는 지역사회체계에의 효과적인 기능을 향상시키는 기술, 클라이언트나 소비자의 욕구에 반응적인 새로운 서비스 개발이나 기존의 지역사회 서비스 및 자원체계의 개선과 향상을 위해 개입하는 기술이 포함된다. 구체적인 기술은 모델링(Modeling), 인지적 재구조화(cognitive restructuring), 연습(rehearsal) 등의 상담기술이나 조언(advising), 교육(educating) 등의 기술이 포함된다.

(5) 평가와 종결단계

마지막 단계인 평가와 종결단계에서는 목적달성을 위해 진행해 온 지금까지의 과정을 다양한 평가방법을 통해 검토하게 된다. 과정에 관한 검토와 최종평가를 통해 함께 진행과정을 돌아보고 앞으로의 방향에 대해 논의하는 단계이다. 평가기술은 실천의 효과성을 평가함으로써 서비스를 제공받는 사람들과 서비스 전달체계, 사회에 대해 책임을 진다는 측면에서 전문가에게 매우 중요한 실천기술이다. 그리고 개입 전반에 대한 최종평가와 함께 원조관계를 끝내는 것에 대한 클라이언트의 종결에 따른 감정 다루기 및 소감을 공유하는 기술이 중요하며, 종결이 된 후 종결기록을 남기는 것이 필요하기 때문에 기록기술이 요구되고 사후관리계획도 필요하다.

| 표 5-1 | 개별 사회복지실천과정 단계

구분	접수단계	조사단계	사정단계	개입단계	종결단계
개념	신청자가 클라이언트가 되는 기간, 인테이크(Hamilton), 초기단계(Perlman), 욕구 혹은 문제와 기관과의 적격성 판단	사정 혹은 진단의 기본 자료 수집, 전체 파악에 용이, 우선순위와 긴급성 이해, 문제의 원인 및 문제해결 자원 수집	수집된 자료를 토대로 치료계획(능력향상 및 보호)을 수립하는 과정	문제해결을 위한 자원활동과 동원, 심리적 도움을 제공하는 치료적 조치	사회복지사와 클라이언트 간의 관계가 목표달성 여부와 상관없이 전문적 관계를 단절하는 과정
내용	문제의 본질, 심각 정도, 원인파악, 문제해결을 위한 클라이언트의 노력과 방법 파악	촉진요인, 과거의 처리내용, 의미 있는 타자, 영향요인, 개인적 정보(히스토리, 건강, 직업, 생활력, 병력)	문제의 확인과 기술, 개인의 성격적 요인분석(리비도, 자아, 초자아, 증상 등), 사회적 상황의 역동분석, 변화표적의 결정 및 목표설정(가능성과 우선순위), 과제와 전략의 결정(교육 및 촉진, 대변)	좌절예방, 능력개발, 기능회복, 성장발달, 만족, 자기통제, 사회공헌의 기회 제공	다른 요인 발생 및 다른 자원의 연계 필요성 종결에 따른 감정처리 지원
기술	불안과 긴장의 해소, 특수성 인지, 문제표현지지, 초점화(질문, 비평, 암시), 부분화(우선순위화 - 긴급성, 대표성, 처리가능성)	면접법, 관찰법, 검사법, 행정자료, 공사기관의 문서 양식형(자격 여부 및 성격조사), 실마리형(단서파악)	역동적 사정 임상적 사정 원인론적 사정	간접치료(환경치료): 유형서비스 제공 및 환경조정, 의뢰 직접치료: 상담과 치료(Hamilton), 심리치료(Austin) - 지지, 관심, 수용, 격려, 직접적 영향력(지시), 환기법, 반성적 고찰(인간과 상황, 역동적 요인, 발생적 요인)	클라이언트를 돕는 방법으로 관계 종결 사후 도움활용 인식

4 실천의 기본원리

| 표 5-2 | 사회복지실천의 기본원리

원리의 명칭	클라이언트 욕구	기술 내용	사회복지사 역할
개별화	개인으로 취급받으려는 욕구	세밀한 배려, 면접의 내밀성, 약속엄수, 클라이언트의 참여, 융통성	편견 및 선입견의 탈피, 통찰, 경청 및 관찰, 감정에의 민감, 관점 유지
의도적 감정표현	감정을 표현하려는 욕구(도움, 관계수립, 문제해결참여)	정서적 요소 파악, 객관적 문제에의 직면, 심리적 지지, 부정적 감정표현 지원	침착, 주의 깊은 경청, 표현 격려, 변화속도 민감하게 인식, 비현실적 보증 금지, 지나친 해석금지
통제된 정서적 관여	문제에 대한 공감적 반응을 얻으려는 욕구	민감성, 클라이언트의 이해	의식적·의도적으로 클라이언트에 공감, 동일시
수용	가치있는 개인 혹은 문제에 대한 인정욕구	사회복지사의 감정을 클라이언트에게 주입하지 않는 것, 승인과 혼돈되지 않도록 과잉 동일시의 금지	복지사보다는 클라이언트 욕구에 충실, 전문적 책임 수행, 기관의 목적 혹은 기능과의 관계 견지
비심판적 태도	심판받지 않으려는 욕구	선입견 금지 결론 도달의 지나친 신속, 유형화 금지, 부정적 감정의 표현	가치와 기준의 필요, 클라이언트 감정에의 민감성, 비심판적 태도의 전달
자기결정	스스로 선택하고 결정하려는 욕구	외부의 영향을 받지 않고 스스로 선택 결정, 능력과 법률, 도덕 범위에서 결정할 자유	적절한 자원파악, 문제해결 환경조성, 종속적 역할 혹은 조정의 금지, 사소한 면만의 지원 금지
비밀보장	자기에 관한 비밀을 간직하려는 욕구(자연적 비밀, 계약적 비밀, 위탁적 비밀, 집단비밀)	권리의 제한 실천에서의 권리와의 갈등	전문적인 이유에서만 비밀정보 유출 가능 비밀보장의 한계와 정보의 활용 정도 설명 공식적 기록에 대한 이해 필요 녹음이나 관찰 시 클라이언트의 승인 필요

5 개인을 대상으로 한 사회복지실천 사례보고서

1) 사례 개요

2) 클라이언트에 대한 일반적 사항

(1) 클라이언트의 개인력

- 성명 / 성별 / 생년월일: / 나이:
- 학력 / 직업 / 종교 / 보호형태
- 현재 상황

(2) 클라이언트의 가족상황

	관계	성명	성별	생년월일	학력	직업	비고
1							
2							
3							
4							
5							

① 가족별 구체적인 상황 서술

② 친척관계

(3) 가계도

(4) 가족생태도

3) 사정(진단계획)

(1) 사정(진단계획)을 위한 체계 분류

① 클라이언트체계

② 표적체계

③ 행동체계

④ 변화매개체계

(2) 주요 문제

① 클라이언트체계, 표적체계, 행동체계가 보는 문제

② 변화매개체계가 보는 문제

(3) 목표

(4) 계획

① 클라이언트체계의 목표에 의한 계획

② 표적체계, 행동체계의 목표에 의한 계획

③ 변화매개체계의 목표에 의한 계획

가. 초기단계에 의한 계획

나. 중간단계에 의한 계획

다. 종결단계에 의한 계획

4) 개입활동에 대한 자료(과정기록)

① 개입과정 요약

단계(일시)		목 표	내 용	결 과
초기 단계				
중간 단계				
종결 단계				

② 상담내용 요약

5) 평가(상담과정의 분석)

(1) 수퍼바이저의 평가

(2) 클라이언트체계, 표적체계, 행동체계의 평가

(3) 변화매개체계의 평가

6) 변화노력의 종결

(1) 종결과정의 평가

① 개입과정

② 목표

③ 결과

(2) 변화매개인 개입 후 변화사항

(3) 사후계획

CHAPTER

06

가족 대상의 사회복지실천

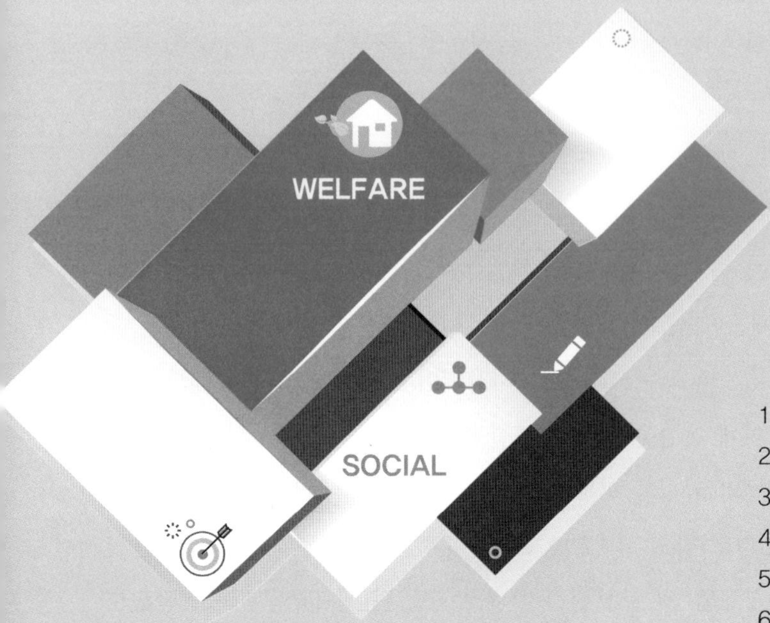

1. 가족의 정의
2. 가족의 주요 개념
3. 가족문제
4. 가족생활주기
5. 가족 대상 사회복지실천 개입단계
6. 가족 사정도구

06 CHAPTER 가족 대상의 사회복지실천

가족복지실천이란 가족을 단위로 한 사회복지실천 활동을 의미한다. 가족 단위의 문제가 주요 실천대상이 되며, 경우에 따라서 개인의 문제를 해결하기 위해 가족 단위의 개입이 이루어지기도 한다.

1 가족의 정의

가족이란 다음과 같이 여러 학자에 의해 정의되고 있다. Murdock은 부부와 그들의 자녀로 구성되고, 주거와 경제적인 협력을 같이 하며 자녀의 출산을 특징으로 하는 집단이라고 정의하였다. 반면, Levi-Strauss는 결혼으로 시작되며 부부와 그들 사이에서 출생한 자녀로 구성되지만 이들 외에 가까운 친척이 포함될 수 있고, 가족구성원은 법적 유대 및 경제적 · 종교적인 것 등의 권리와 의무, 성적 권리와 금기, 애정, 존경 등 다양한 심리적 정감으로 결합되어 있다고 하였다(백은령, 2006). 김두헌(2006)은 가족이란 일반적으로 영속적인 결합에 의한 부부와 거기서 생긴 자녀로 구성된 생활공동체라고 하였으며, 이광규(1997)는 가족구성원이란 동거 · 동재의 생활공동체이며, 가옥 · 가격(家格) · 가풍(家風)을 포함하는 폭넓은 개념으로서의 문화집단을 강조하였다.

즉, 이러한 정의에 의하여 가족을 재정리해 보면 가족은 부부와 그들의 자녀들로 구성된 기본적인 사회집단으로서 이들의 이익관계를 떠난 애정적인 혈연 집단이며, 같은 장소에서 기거하고 취사하는 동거동재(同居同財)집단이고, 그 가족구성원의 자질이나 성격 특성, 가족이 지향하는 목표나 긴장의 속성이 만들어 낸 그들만의 고유한 가풍을 갖는 문화집단이라 할 수 있다.

가족을 바라보는 관점에 따라 공간적 관점과 시간적 관점으로 나눌 수 있다. 공간적 관점은 가족을 하나의 사회체계로 이해하는 것이며, 시간적 관점은 생애주기에 따라 변화하는 것으로 이해하는 관점이자, 세대 간으로 문화와 가치, 관계 유형이 전승된다는 관점을 의미한다. 이와 같이 가족을 하나의 체계로 보는 관점은 가족구성원들 간의 상호작용뿐 아니라 가족과 주변 환경과의 상호작용까지 모두 관찰하고 개입할 수 있다는 점에서 사회복지실천에 있어 매우 유용한 관점을 제시한다. 부분들 간의 상호작용과 교류에 영향을 미치는 요소에는 대상과 속성, 관계, 환경 등이 있다.

2 가족의 주요 개념

1) 가족체계

가족은 주변 사회환경과 끊임없이 상호작용하며, 사회환경과의 상호작용을 통해 가족의 기본 욕구를 충족하기 위한 필수자원과 지지를 확보한다. 체계로서의 가족은 구조와 기능에 균형을 유지하려는 속성을 가지는 것으로, 역동적인 균형상태를 유지하기 위한 체계의 경향성을 가진다(구혜영, 2009).

가족은 가족구성원들이 서로 영향을 주고받으며 하나의 체계로 움직이는 것으로, 가족구성원들의 상호작용과 움직임에는 가족구성원들의 경계, 가족신화, 위장(가면, 신비화), 희생양, 의사소통, 상호작용 방식, 문제해결방법, 역할분담 등의 요소가 포함된다.

2) 가족항상성

가족항상성(Homeostasis)은 가족 내에서 일어나는 내적이고 지속적인 관계를 유지시켜 주는 상호작용적 과정을 뜻하며 내적인 균형을 보장해 준다. 가족 간에 존재하는 균형적 상태가 위협을 받으면, 마치 온도에 따라 자동 조절되는 난방장치처럼 예전의 평온한 상태로 돌아가려고 한다. 가족의 항상성은 그들의 가족규칙을 활성화 함으로써 지속적인 관계를 유지하도록 한다. 즉, 모든 가족구성원들은 칭찬하거나 야단치는 것과 같이 상대방의 행동을 강화하는 피드백을 통하여 가족의 균형을 유지하는 경향이 있다.

3) 가족규칙

모든 가족은 일상생활을 영위하기 위하여 가정 안에서 누가 어떤 일을 할 것인가의 규칙을 갖게 되며 가족구성원은 그것에 따라 행동하게 된다. 가족 내에는 암묵적인 규칙이 존재하며, 가족구성원은 규칙의 지배를 받는다. 가족원의 반복되는 상호작용을 통해 규칙은 조직화되어 은연중에 불문율이 만들어진다. 그러므로 이러한 규칙들을 알게 되면, 가족들이 어떻게 서로 간의 관계를 규정짓고 있는지를 알게 된다. 가족치료에서는 가족의 성장과 성숙을 방해하는 가족의 역기능적인 규칙을 찾아내어 이를 수정시킴으로써 가족구성원의 자유로운 성장을 도울 수 있다.

가족의 항상성 유지를 위해 가족구성원들에게 특정한 방식으로 행동하는 것을 허용 또는 허용하지 않을 수 있으며 가족들 간에 지켜야 할 의무나 태도에 대한 구체화된 지침이다.

4) 가족경계선

가족의 경계는 명확하면서 융통성이 있는 것이 바람직하며 경계가 지나치게 경직되었거나 혼란한 경우는 가족 내 문제가 발생할 가능성이 높다. 체계가 더 복잡해질수록, 체계를 사정할 때 가족이 개방체계로서 기능할 수 있는 능력, 가족원의 계급질서, 역할이 분담되는 방법과 가족 내 행동기준 등이 가족과 외계와의 경계를 규정짓는 규칙 등을 함께 고려하여야 한다.

5) 가족 하위체계

가족은 복잡하게 얽혀있는 가족구성원들 간의 관계망으로 이루어진 하나의 역동적 체계로서 부부체계, 부모체계, 부모자녀체계, 형제자매체계를 내포하고 있다. 가족구성원은 여러 하위체계에 동시에 소속되어 있기 때문에 어떤 하위체계에 소속되느냐에 따라 다른 상호작용을 일으키며 그 상황에 따라 다른 보완적 관계를 맺게 된다. 하위체계들은 위계질서를 가지고 있어서 하위체계와 상위체계로 구성된다. 문제발생은 가족체계의 다른 구성원의 행동에 영향을 주기도 하고 받기도 할 수 있다.

6) 순환적 인과성

가족 내에서 일어나는 문제는 원인과 결과가 순환적인 관계를 형성하고 있다, 가족 내 한 구성원의 변화는 다른 구성원을 반응하게 하는 자극이 되고 이 자극은 다른 가족에게 영향을 미치게 되어 전체에 영향을 주게 된다. 이 영향은 처음 변화를 유발한 구성원에게 다시 순환적으로 영향을 미친다. 그러므로 가족구성원의 행동은 단선적이 아니라 순환반응이기 때문에 가족구성원과 그들 사이에서 발생하는 사건들은 상호영향, 상호작용의 맥락 속에서 존재한다고 볼 수 있다(김은수, 2008).

결국 가족문제는 가족문제를 일으키는 특정 인물의 문제가 아닌 순환 중인 가족관계체계의 맥락 속에서 파악되고 이해될 수 있다. 문제가 있는 가족에는 문제를 일으키는 사람이 존재하기보다는 문제를 일으키는 상호작용 유형이 지속적으로 존재하기 때문이다.

7) 가족 삼각관계

가족구성원이 정서적 관계를 맺을 때 두 사람 사이에 수용하기 어려운 문제가 생기면 2인체계는 긴장을 줄이려는 희망으로 세 번째 요소인 제삼자나 문제를 끌어들여 삼각관계를 형성한다. 삼각관계는 가족의 역기능을 일으킬 수도 있지만 때로는 보다 자유롭게 효과적으로 기능하도록 하는 대안이 될 수도 있다

8) 가족체계의 역동성

가족구성원 모두는 가족 내에서 다른 가족원에게 일어나는 사건이나 행동에 영향을 받는다. 또한 가족을 둘러싼 다른 많은 환경체계의 영향도 받는다. 가족과 외부체계를 구분하는 경계는 엄격함과 침투성 정도에 따라 다양하고, 가족은 시간이 지나면서 반복되는 상호작용 패턴(적응과 균형)을 추구한다.

3 가족문제

산업화, 정보화와 급격한 사회변화 속에서 가족 안의 남성과 여성, 다양한 세대가 충돌하면서 많은 긴장과 갈등을 빚어내고 있다. 전통적으로 가족이 담당해 오던 기능이 상실된 자리에 우애적 가족으로 전환 역시 미미한 수준에서 전개됨으로써 심각한 아노미를 경험하고 있다(김은수, 2008). 또한 가족 내 구성원들은 각자의 역할을 학습하고, 수행하는 역할체계가 있는데, 이 역할을 수행하는 과정에서 구성원 중의 역기능이 존재하게 된다.

특히 지속적인 경제위기와 구조조건 및 경쟁적인 사회 분위기로 인해 각 가족원들의 생활이 긴장되고 불안해짐에 따라 가족 전체가 많은 영향을 받게 되었다. 한국 가족은

2세대 가족이 주류를 이루고 있는 가운데 3세대 이상의 가족이 급감하고 1세대 가족이 증가하는 구조상의 변화를 보이고 있으며 이혼율이나 재혼율도 과거에 비해 많이 증가하였다. 또 양성평등을 추구하며 상대적으로 여성의 지위를 인정하는 방향으로 변화되고 있다.

뿐만 아니라 이혼과정에서 경제적, 사회적, 정서적 위기를 겪는 가정이나 성폭력이나 가정폭력으로 가족원이 희생당하는 가정, 유해환경과 폭력에 노출되어 있는 청소년 자녀양육에 어려움을 겪는 가정, 가족원의 질병이나 사망, 실직 등으로 인하여 고통받는 가정, 제3세계 이민 혹은 취업 입국이 많아지면서 다문화가정 등이 늘어나고 있다. 이와 같이 가족의 문제는 빈곤이나 자원의 결핍으로 인한 문제, 가족 내 인간관계의 문제, 피부양자의 보호문제, 사회경제적인 문제, 구조적인 가족문제 등으로 구분될 수 있다(전남련 외, 2007).

4 가족생활주기

1) 가족생활주기의 개념

가족생활주기란 가족도 개인이 성장하는 것처럼 성장하는데, 이 성장의 과정을 생활주기라고 하며, 이 주기에는 가족이 수행해야 하는 기능이 있다. 그래서 가족은 각 가족의 생활(인생)주기에 따라 각 단계마다 요구되는 과업을 성공적으로 완수해야 한다. 대부분의 문제는 가족의 생활(인생)주기 가운데 어떤 단계의 중단 또는 위치 변화가 있을 때 발생한다. 가족을 사정할 때 가족이 생활주기를 어떻게 경험하였고, 현재 어느 생활주기에 처해 있으며 이에 대해 각 구성원들이 어떻게 반응하는지 등의 적응상태와 평가 등을 사정한다. 가족이 당면한 위기나 문제행동은 그 가족이 어떤 단계인지에 대한 발달적 맥락에서 이해하려고 할 때 보다 잘 사정할 수 있게 되기 때문이다(구혜영, 2009).

2) 가족생활주기 단계

Duvall은 가족생활주기를 다음과 같이 구분하였다. 신혼부부(결혼생활 확립, 부모역할의 적응, 친족망 조화) → 자녀임신가족(유아발달 적응, 격려, 부모와 유아가 만족하는 가정의 확립) → 취학 전 자녀가족(자녀 욕구충족과 관심, 성장증진, 에너지 고갈과 프라이버시 부족에 대처) → 학령기 자녀가 있는 가족(지역사회 조화, 자녀교육 성취에 대한 격려) → 십대자녀 가족(자유와 책임의 조화, 부모역할 마친 후의 관심과 진로 확립) → 성인 초기 자녀를 독립시키는 가족(적절한 의례와 지원으로 초기 성인 독립, 지지적 가정 기반의 유지) → 중년 부모(빈둥지-은퇴) → 노인 가족구성원(사별과 혼자 사는 것에 대한 대처, 노년에 대한 적응, 은퇴에 대한 적응)이다.

한국 가족의 생활주기는 형성기(부부의 결혼) → 자녀출산 및 양육기 → 자녀교육기 → 자녀성인기 → 자녀결혼기 → 노년기로 구분된다.

3) 단계별 발달과업

인간이 태어나 각 시기에 이루어야 할 발달과업이 있듯이 가족도 형성됨과 동시에 원만한 가정생활을 위하여 성취해야 할 단계별 발달과업이 있다. 이러한 과업은 가족생활주기에 따라서 단계적으로 적절히 수행되어야 가족들이 안정되고 충족감을 느끼며 살아갈 수 있다. 발달과업은 특정한 시기에 반드시 이루어져야 할 결정적인 때가 있기 때문에 가정생활의 각 단계에 따른 발달과업은 신중히 계획되어야 한다.

표 6-1 가족생활주기 단계에 따른 가정생활 과제

가족생활주기 단계		특징과 과제
형성기	신혼기	• 새로운 가정과 부부관계의 기초 확립 • 부모가정과의 협력관계 • 가정의 장기 기본계획 수립(교육, 주택, 노후설계) • 가족계획(임신, 출산준비) • 주부의 가사노동 합리화 • 부부와 함께하는 여가생활계획 • 가계부 기록
	유아기	• 유아 중심의 생활설계 • 유치원, 놀이방 활용계획 • 조부모와의 협력관계 • 가사노동 능률화와 시간의 합리화 • 자녀의 성장에 대한 가계설계 • 자녀중심의 교육비와 주택중심의 장기 가계계획 재검토 • 부부역할의 재조정
확대기	학교교육 전기	• 가족여가를 위한 지출계획 • 자녀의 교육비와 부부의 교양비 설계 • 자녀 성장에 따른 용돈계획 • 자녀의 공부방 계획 • 자녀 성장에 따른 부부역할 재검토 • 단체활동 참가
	학교교육 후기	• 자녀의 진학과 교육비 계획 • 자녀의 학습환경 설계 • 수험생 자녀를 위한 의식주 계획 • 주부의 의·식생활 재검토 • 자녀의 역할분담 • 성인교육 참가계획
축소기	자녀 독립기	• 부부관계 재조정 • 부인회 활동 및 단체활동에 적극 참가 • 자녀 부부와의 역할기대 관계 조정 • 노후를 위한 가계소득, 지출(저축, 연금, 퇴직금, 재산소득)의 설계 • 유산분배 계획 • 자녀의 취직, 결혼 지도
	노부부기	• 노후생활 설계 • 건강과 취미를 위한 자주적 생활시간 설계 • 사회적 활동시간 • 성인병 예방, 건강증진 계획 • 취미, 문화그룹에 참가 • 노인학교, 노인그룹 참가

출처: 최경석 외(2003).

5 가족 대상 사회복지실천 개입단계

사회복지실천과정을 시작하는 단계로 사례의 적격 여부를 판별하여 접수를 결정하며, 서비스 제공이 불가능하다고 판단되면 의뢰한다. 접수된 사례에 대해서는 클라이언트와 긍정적인 원조관계를 수립함으로써 클라이언트의 참여를 유도한다.

1) 초기단계

초기단계에서는 문제를 가진 클라이언트에 대해 가족 단위 개입의 필요성과 가능성 여부를 우선적으로 판단해야 한다. 즉, 사회복지사 혹은 자신이 속한 기관에서 다룰 수 없는 문제라면 다른 전문가 혹은 기관으로 의뢰하는 것이 좋기 때문이다. 될 수 있으면 가족구성원 모두의 참여를 유도하는 것이 바람직하며, 문제에 대한 대처상황의 파악이 먼저 되어야 한다. 문제해결을 위해 가족이 지금까지 가족 안에서 어떤 노력을 기울여 왔는가를 개략적으로 파악한다. 다른 기관에서의 상담 경험을 질문하여 기대나 선입견, 긍정적 · 부정적 경험들을 파악한다. 또한 지금 가족상담을 받고자 하는 이유를 질문하여 기존의 문제 상황에 영향을 주는 다른 스트레스 요인들을 확인하며 촉발사건이나 상황의 여부를 확인한다.

문제 상황에 대한 잠정적 가설을 설정하여 후속 질문의 방향 및 내용을 안내하는 역할이 필요하며, 기타 행정적 측면에 대한 언급을 통해 구체적인 기간, 횟수, 방법 등에 대해 협의할 준비를 해야 한다. 이를 요약하면 초기단계에서는 문제목록의 작성 및 문제해결의 우선순위 결정, 초점 문제의 역사와 과거 및 현재의 노력과 개입내용의 검토, 이론적 틀에 입각한 초점 문제의 개념화, 가설설정, 개입목적과 목표의 작성, 개입방법의 선택, 개입기간과 횟수의 결정, 외부자원의 활용 및 의뢰 등이 이루어져야 한다.

초기단계에서 사회복지사는 클라이언트와의 관계형성(라포형성)이 중요한데, 도우려는 의지와 진실성이 바탕이 되어야 하며, 경청과 가족에 합류하기 기법 등이 활용된다. 처음 사회복지사와 만나는 가족들은 두려움과 변화에 대한 저항에 민감하고, 이러한 상황을 회피 혹은 벗어나고자 하는 행동을 보이는데, 저항의 4단계(갈등 → 방어 → 해결 → 통합)를 거치게 된다. 그러므로 가족치료의 동기를 강화하기 위해 저항감 해소와 양가감정을 수용하는 기법이 필요하다.

또한 가족의 조직과 유형이 역기능일지라도 먼저 받아들이고, 가족의 상호교류 양식과 그 장점을 경험하는 것이 중요하다. 배척되거나 속죄양이 된 가족구성원의 고통을 느끼고 공감해 주고 가족구성원들이 가장 중요시하는 문제를 알아야 한다. 그리고 가족구성원들과 함께 문제탐색 과정에 참여해야 하며 가족의 의사소통의 방식(속도, 언어스타일 등)을 알고 따를 필요가 있다. 무엇보다 가족의 욕구에 초점을 두고 클라이언트의 자율성을 존중하며 의존심 조성은 피한다. 계속 클라이언트의 저항을 재사정하며, 전문적인 거리를 유지하고 적당한 기대를 갖도록 한다. 또한 개입결과에 대한 책임은 공유하도록 한다(김충식 외, 2009).

2) 자료수집단계

두 번째 단계인 자료수집 혹은 조사단계는 클라이언트의 문제를 이해하고 분석, 해결하는 데 필요한 자료를 모으는 과정이다. 클라이언트의 진술, 일차적 정보제공자로서 가장 중요한 이야기, 비언어적 행동, 초기 면접지 자료, 가족, 이웃, 친구, 다른 기관 등 관련 인물들의 면접을 통한 부수적 정보, 각종 검사결과(심리/신체검사)와 기록(학교/병원 기록), 관찰과 가정방문, 직접 상호작용하면서 느끼는 사회복지사의 개인적 경험, 신문, 인터넷 뉴스 등 사례와 관련된 자료 등이 가족 관련 자료 및 정보에 포함된다.

3) 사정단계

세 번째 단계인 사정단계에서는 수집된 정보자료를 분석 및 해석하고, 의미를 부여하여 문제를 규정하고, 개입방향을 결정하는 단계이다. 사정과 자료수집은 동시에 일어나며 순환적으로 진행된다. 그러므로 사정을 하는 동안 정보에 근거한 개입을 결정짓기 위해 충분한 정보를 수집해야 한다. 가족에 대한 이해에만 그치는 것이 아니라 그 이해를 바탕으로 개입전략을 수립하고 점검하는 활동도 포함한다. 주의 깊은 사정은 현실적이고 구체적인 목표를 수립할 수 있게 해야 한다. 가족구성원들은 문제에 대해 각자 나름대로의 관점을 가지고 있기 때문에 이러한 관점을 아는 것이 중요하다. 가족의 강점과 자원을 확인하는 것에 관심을 가져야 한다는 것이다(류종훈, 2005).

가족사정에서 고려해야 할 네 가지 차원은 가족의 욕구 및 문제, 생태학적 사정(공간 속의 가족 기본 욕구, 환경과의 관계, 기관 및 사회복지사의 관점, 가족과 환경과의 경계), 세대간 사정(시간 속의 가족—가족 유형, 가족 패러다임, 개별 구성원의 동일시 정도, 문제의 출처, 가족관계), 가족 내부에 대한 사정(가족구조 · 가족조직 · 가족과정—통제력, 적응력, 의사소통 · 메타규칙)이다. 구체적으로는 가족체계(가족구조, 하위체계, 가족응집력, 가족들의 환경), 가족기능(의사소통방식, 의사결정, 역할 수행, 가족발달사), 관심과 욕구, 욕구 충족을 위한 강점과 도전 등을 들 수 있다(김혜란 외, 2006).

4) 계획단계

네 번째 단계인 계획단계는 클라이언트와 사회복지사가 서로의 의무와 과업, 구체적 실천 활동을 상호 약속하는 단계를 의미한다. 이를 위해 목표달성을 위한 전략과 사회복지사와 클라이언트의 역할, 개입방법, 평가방법 등을 기술한 내용에 대해 사회복지사와 클라이언트가 동의하는 과정을 거치게 된다. 상호 계약을 공식화하고, 원조과정을 명확화하며, 클라이언트가 실제로 무엇을 기대하고 기대받을 수 있는지 명확하게 한다.

목표를 명확화하고 세분화하는 것은 클라이언트의 변화에 대한 성취감에 유리하며, 계약에는 면담의 횟수와 간격, 시간, 참석자의 유무, 개입목표, 치료비 등이 포함되어야 한다.

5) 개입단계

가족을 대상으로 한 사회복지실천의 개입은 환경적 개입과 가족 내부의 변화를 위한 개입으로 구분할 수 있다. 환경적 개입은 자원제공과 지지를 위한 옹호자의 역할과 가족을 위한 서비스 개발과 사회환경을 변화하는 가족옹호자의 역할을 의미한다. 세대 간 혹은 가족 내부의 변화를 위한 개입은 원가족과의 관계통찰을 통한 갈등 해결에 노력하는 심리역동모델과 Bowen모델이나 현재-여기의 상호작용 변화를 통해 개인과 가족이 성장하는 경험을 강조하는 경험적 모델, 가족구조의 불균형을 재구조화하는데 초점을 두는 구조적 모델, 가족문제를 유지하는 연쇄적 관계의 변화에 관심을 두는 전략적 모델, 정상 혹은 비정상은 사회적으로 구성되는 것이므로 각 가족의 삶에 새로운 관점 혹은 가능성을 모색하려는 포스트모던 모델, 부적응 행동에 대한 결과 분석을 통해 결과 변화에 따른 바람직한 행동의 보상을 강조한 인지행동모델, 가족에서의 적응, 정보제공, 교육, 지지 등의 사회복지사의 역할을 강조한 심리교육모델 등이 있다.

이러한 모델에 따라 개입기법들이 달라지게 되지만 보통 개입은 다음의 단계를 거친다(이준우, 2009). 첫째는 합류(joining)의 단계이다. 사회복지사가 가족의 일부가 되어 사회복지사 자신을 상호작용의 일부분으로 자연스럽게 포함시키는 활동이 이루어지는 단계이다. 두 번째는 질문의 단계로서 질문의 목적은 정보를 얻기 위한 것뿐만이 아니라 가족으로 하여금 역동성을 현실적으로 생각하고 검토하도록 하기 위한 것이다. 가족의 문제가 어떻게 진행되어 왔고 상호작용에 영향을 주는지 이해하고, 현재의 가족구조와 유형화된 행동을 파악하기 위한 질문들로 구성되며, 이때 질문의 내용과 질문방식 모두가 중요하다.

세 번째 단계는 상호작용의 연속성을 검토하는 단계로서 사회복지사는 가족으로 하여금 자신의 상호작용하는 방식을 볼 수 있도록 도움을 주는 단계이다. 누가 누구에게 말하고 있는지, 누가 누구를 대신하고 있는지, 누가 주로 듣는지, 그리고 누가 리드하고 누가 따르는지 등을 분석함으로써 상호작용의 연속성과 유형은 거의 무의식적으로 가족 내에서 발현되고 있다는 것을 인지시켜야 한다.

네 번째 단계는 재명명의 단계로서 문제를 새롭게 해석하거나 재규정하는 단계이다. 문제에 대한 긍정적인 함의를 개발하여 가족협력을 이끌어 내기 위한 방법으로 문제가 발생하는 데는 고귀한 의도가 있었음을 제시해 준다.

다섯 번째는 방향 제시단계이다. 가족에게 방향을 제시함으로써 가족의 상호작용에 변화를 주게 되는 단계인데, 가족구성원에게 과제물을 주거나 가족 내에 힘의 권한 유지 및 변화, 새로운 가족규범의 제시 등을 통해 이루어진다.

6) 종결단계

종결단계에서는 원조과정의 결과를 평가하며, 개입의 효과성과 효율성을 측정한다. 무엇이 클라이언트에게 도움이 되었고, 어떤 것들이 달리 진행되었어야 했는지를 말해 준다. Brock과 Barnard가 제시한 세 가지 평가지표는 최적의 의사소통 기능을 평가하는 기준, 최적의 가족역할 지표, 최적의 가족하위체계 지표 등을 포함한다(이소희, 2003).

종결단계에서는 우선 종결 시기를 결정해야 한다. 개입목표의 달성 정도, 서비스 시간 내 제공 완료 여부, 클라이언트의 문제 상황의 해결 정도 및 안정화 단계, 사회복지사와 기관의 투자 노력, 이득체감에 대한 합의, 클라이언트의 의존성, 클라이언트에 대한 새로운 서비스 필요성의 여부, 문제해결능력의 향상, 변화에 대한 자각 등을 고려하여 종결을 판단하게 된다.

종결이 결정되면 종결에 대한 클라이언트와 사회복지사의 정서적 반응을 다룰 필요가 있게 된다. 종결 이후의 문제를 다룰 수 있도록 가족을 준비시켜야 하며 분리과정 동안 경험하는 정서적 반응을 서로 해결하고, 변화와 진전을 견고할 수 있도록 상호 피드백 제공이 필요하다. 개입을 통해 획득한 효과를 유지하고 강화하기 위해 계속 발전할 수 있도록 계획한다. 그리고 가족의 항상성 유지를 위한 자원을 규명하고 가족이 성취한 목표를 재점검하기 위해 변화에 대한 토론, 경험에 대한 평가, 중요한 사건을 재토론하는 기법(리사이클)이 사용되기도 한다(김혜란 외, 2006).

그러나 목표가 달성되지 않았거나 혹은 달성되었더라도 클라이언트에 대한 새로운 서비스의 필요성 여부를 확인하여 새로운 서비스가 필요한 경우 다른 사회복지사나 다른 기관에 의뢰한다. 그리고 사후관리(follow-up)단계에서는 종결 후 일정 기간(1～6개월 사이)이 지나서 클라이언트가 잘 적응하고 있는지, 변화의 유지 정도를 확인하는 것이 필요하다.

6 가족 사정도구

가족 사정도구는 크게 가계도, 생태도, 가족범주 도식, 가족조각, 생활력 도표 등으로 구분할 수 있다.

1) 가계도

가계도는 가족 역동성이나 3세대 이상의 세대에 걸쳐 발전시켜 온 가족의 역할, 유형, 관계에 대한 정보를 비위협적이고 상호적인 방법으로 도표에 기록하는 형태를 말한다. 가족체계도(family tree)는 Murray Bowen에 의해 개발되었다. 가계도는 사회복지사와 가족구성원들이 함께 구성하는데, 가계도를 통해 가족구성원의 성별, 나이, 출생 및 사망 시기, 직업, 교육수준, 결혼관계, 동거, 병력, 종교, 인종집단, 사회계층, 종교와 같은 사회적 정보를 한눈에 볼 수 있다. 또한 세대 간 맥락에서 각 가족구성원과의 관계(단절 또는 융합, 밀착), 가족관계(자연적 혈연 또는 인위적 혈연), 가족의 역할 및 유형, 정서적 혹은 행동상의 문제 행동 패턴을 검토하는데 유용하다. 그리고 세대에 걸친 정서적 분화, 각 세대의 중요한 정보획득, 가족구성원들에 대한 상세 정보 및 구성원들의 상호관계, 가족 내에서 반복되는 정서적, 행동적 패턴을 확인하고 이해할 수 있도록 한다.

이와 같이 가계도는 다양한 상징(기본 가족구성과 구조, 상호작용 유형, 가족병력, 기타 정보 등)을 사용하여 가족이 제시하는 문제, 가족맥락, 부모의 가족정보, 다른 세대, 문화요인, 성에 관한 태도, 생애사건과 가족의 적응, 가족관계, 가족역할, 가족강점, 개별구성원의 기능 등을 이해하게 한다. 즉, 가계도 분석 4차원은 가족의 구성과 구조, 생애주기별 적응상황, 세대 간 유형의 반복 여부, 구성원의 역할과 기능에서의 균형 여부로 정리할 수 있다. 가계도 작성방법 시 가족구성원이 가계도 작성에 거부감을 보일 경우 이를 존중해 주어야 한다.

보통 여성은 원으로, 남성은 네모로 표시한다. 네모나 동그라미 밖의 이중 테두리는 개인 클라이언트를 표시한다. 동일 세대의 가족구성원은 수평선으로 그린다. 즉, 수평선은 결혼이나 사실혼 등 관습법적 관계를 표시한다. 결혼하여 생긴 자녀는 부모의 수평선 바로 밑에 수직선으로 연결한다. 아동은 연장자부터 연소자로 나이 순서에 따라 왼쪽에서 오른쪽으로 서열한다. 각 개인은 현재 그 가정에서 살고 있는지, 생존자인지와 무관하게 가계도상에서 명확히 필요한 지점에 표시되어야 한다. 가족구성원의 이름과 연령은 네모나 원 안에 표기하고 그 바깥쪽에 중요한 정보들을 문자로 기록한다. 가족구성원이 사망하였다면 사망 연도, 사망 연령, 사망 원인을 기록한다. 수직선은 결혼과 자녀를 나타내는 다른 원과 사각형까지 연결한다. 사망, 이혼 및 재혼 등과 같은 중대한 사건을 표시하고 재발된 행동양식을 나타내기 위한 다른 기호 또는 문자해설을 포함한다.

2) 생태도

생태도는 개입 초기의 가족 사정도구로 1975년, Hartman에 의해 고안된 가족관계에 대한 도식이다. 가족과 환경체계들 간의 관계를 이해하는 도구로서 가족과 체계들 간의 자원교환, 에너지 흐름, 스트레스와 관련된 자료, 중재해야 할 갈등, 메워야 할 주변관계망, 활성화되어야 할 자원 등을 시각적으로 표현하여 기본적인 사회적 정보를 간편하게 기록하는 방법이다. 생태도는 기본적인 사회적 정보를 간편하게 기록하는 방법이므로 전통적인 사회력과 사례기록을 보완하는 역할을 한다. 클라이언트체계와 그 환경체계 간의 상호작용의 변화 묘사 즉, '환경 속의 인간'에 초점을 두기 때문에 클라이언트를 생태학적 관점에서 이해하는데 도움이 된다.

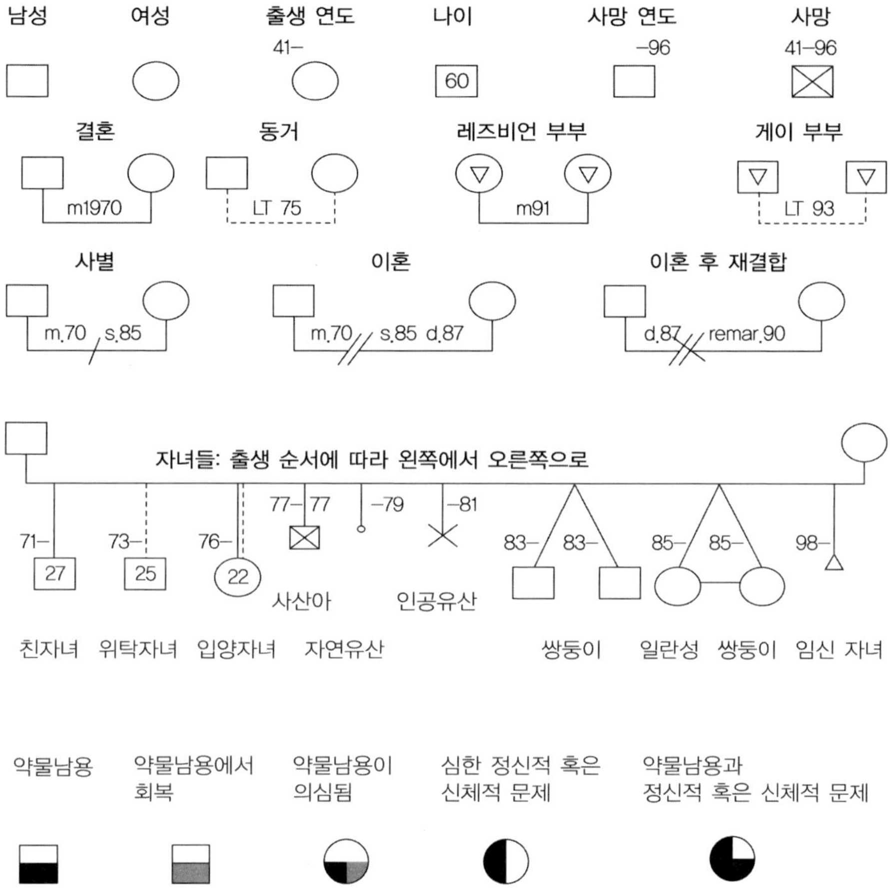

▌그림 6-1▌ 가계도 상징들

출처: McGoldrick 외(1982), 김영애 외 역(2007).

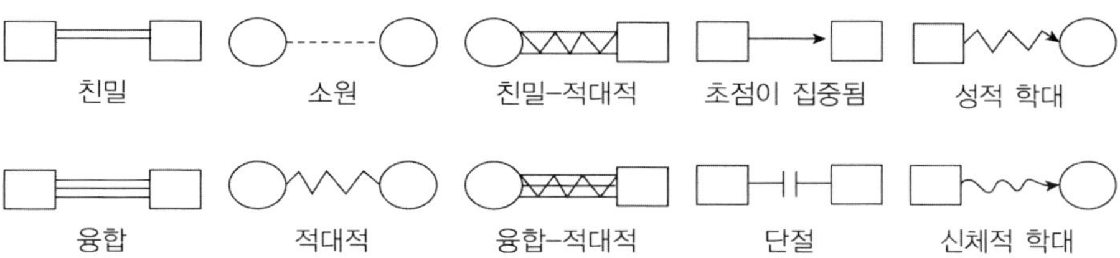

▌그림 6-2▌ 상호작용 유형을 나타내는 상징들

출처: McGoldrick 외(1982), 김영애 외 역(2007).

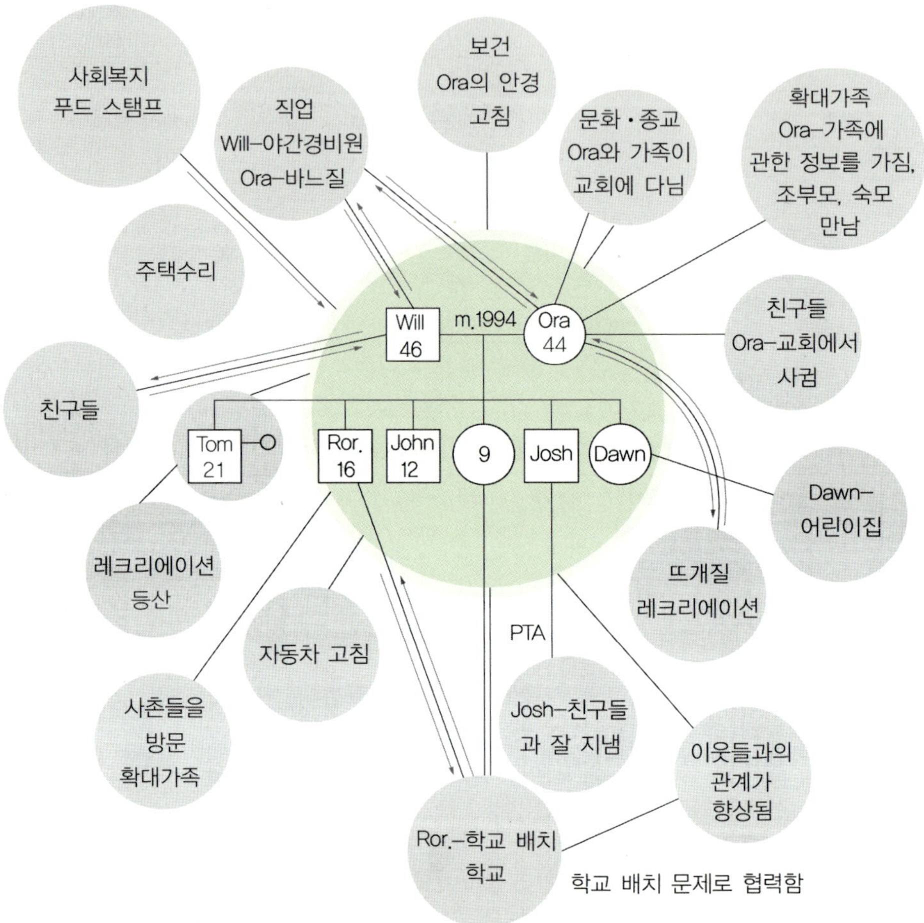

❙ 그림 6-3 ❙ 생태도의 예

출처: 김혜란 외(2006).

가족 전체와 환경체계들과의 관계뿐만 아니라 개별구성원들과 환경체계들과의 관계 표시, 반복적 사용, 가족의 피드백 필요, 문제보다는 강점 위주로, 변화의 대상에 대한 이해(환경체계, 가족과 환경체계 간의 관계, 가족체계), 가족을 전체적으로 이해, 가족과 환경과의 경계 이해, 가족 내부에 대한 이해를 높이는 데도 도움이 된다. 개입 초기에 가족을 사정하는 도구로 활용할 뿐 아니라 변화를 확인하는 도구로 반복해서 사용할 수 있는데, 이를 연속생태지도라고 한다.

구체적으로 생태도의 기능을 살펴보면, 가족생활 및 가족이 집단, 단체, 조직, 다른 가족, 개인들과 맺는 관계의 본질에 대하여 전체적인 시각 또는 생태학적 시각을 가지도록 돕는다. 그리고 결혼 및 가족상담, 입양과 위탁가정 연구 등의 다양한 상황에도 활용된다. 또한 생태도는 기본적인 사회적 정보를 간편하게 기록하는 방법이므로 전통적인 사회력과 사례기록을 보완하는 역할을 한다. 뿐만 아니라 생태도는 클라이언트와 실천가 모두에게 클라이언트 문제에 대한 통찰력을 얻도록 해주며, 건설적인 변화를 더 잘 모색할 수 있도록 해준다. 즉, 생태도는 특정 시간 동안 중요하게 일어난 상호작용에 대한 '스냅사진'의 역할을 한다.

생태도 작성방법은 가족을 표현하는 원을 중앙에 그려 클라이언트와 그 가족을 표시한다. 가족이 일상적으로 상호작용하는 관련된 주변 환경체계(직장, 병원, 학교, 친구, 사회복지, 오락, 확대가족구성원, 보호관찰소 등)는 중심원 주변에 각각의 원으로 표시한다. 이때 주변 환경체계는 주변에 작은 원으로 표시한다. 생태도 사용자는 나름의 약어와 기호를 만들어 낼 수 있다. 가족과 환경체계의 관계를 다양한 선으로 표현한다. 가족 및 관련 체계 사이의 자원 및 의사소통 교환인 에너지의 직접적인 흐름의 방향을 화살표로 나타낸다. 직선(———)은 긍정적인 관계를 나타내는데 실선이 굵을수록 강한 긍정적 관계를, 점선(-----)은 미약한 관계, 그리고 사선(┼┼┼┼)은 긴장이 많거나 갈등적인 관계를 보여준다.

3) 가족범주 도식

Epstein 외의 연구를 기초로 하며 가족사회복지사가 가족들과 첫 만남 이후 가족의 기능 수행을 사정할 수 있도록 고안한 도구이다. 다음의 8개 범주에 대하여 60개 항목의 자기보고 형식의 설문으로 이루어져 있다.

가족범주 도식의 구성은 첫째 문제해결 영역으로 가족이 정서적, 육체적 안녕 또는 기능 수행 단위로서 가족의 생존에 대한 위협에 어떻게 대처하고 있는가와 관련된 내용이다. 두 번째는 정서적 반응 영역으로 가족구성원이 가족 내에서 행복한 정서와 위급한 정서 모두를 다양하게 표출할 수 있는가와 관련된다. 세 번째는 정서적 관여 영역으로 가족구성원이 서로의 활동과 관심에 대해 어느 정도 정서적으로 관여하고 있는지와 관련된다. 네 번째는 의사소통 영역으로 가족의 언어적, 비언어적 의사소통과 관련된 부분이며, 다섯 번째는 역할행동 영역으로 가족이 매일 접하는 여러 종류의 압력, 과제, 의무에 대한 부분이다. 여섯 번째 범주는 자주성 영역으로 가족구성원들이 독립적으로 행동하고, 독자적이고 책임 있는 선택을 할 수 있는 능력과 관련된다. 일곱 번째 범주는 행동통제방식 영역으로 가족이 충격을 이겨내고, 표준 행동을 유지하며, 위협적인 상황에 대처하는 방식과 관련이 있다. 마지막 여덟 번째 범주는 일반적인 역할 영역으로 통합적인 기술방식과 관련이 있다.

4) 가족조각

가족조각은 가족구성원들이 공간적으로 스스로 위치하여 가족관계를 몸으로 표현하면서 하나의 그림(tableau)을 완성하는 것으로 가족동맹을 표현하는 것을 말한다. 가족조각은 역기능적 가족연합을 보여주고 관계를 재조정해야 함을 인식시켜 줄 때 매우 효과적인 기법이다. 사회복지사의 도움으로 가족들은 자신의 가족구조에 대해 논의하게 되는데, 이러한 논의로 가족은 기존의 가족연합을 바꾸고자 한다.

5) 사회적 관계망 그리드

사회적 관계망 그리드(grid)는 개인, 가족의 사회적 지지체계를 사정하는 도구이다. 사회적 관계망을 그림이나 표로 보여줌으로써 가족의 관계망을 전체적으로 볼 수 있게 해준다. 사회적 관계망 그리드에서 알 수 있는 정보로는 가족의 사회적 관계망에서 중요한 인물, 가족이 지지를 받는 생활 영역, 사회적 관계망에서 지지 제공 유형(물질적 지지 및 정서적 지지 등), 제공되는지 정도의 중요도, 지지의 방향 및 방향의 상호성과 일방성, 개인적 친밀감 정도, 접촉 빈도, 관계의 기간 및 알고 지낸 기간, 종교성 등이 포함된다.

6) 생활력 도표

생활력 도표는 가족 사정도구의 하나로 여러 시기에 가족이 경험한 것이나 가족이나 가족구성원에게 발생한 중요한 사건이나 시기를 조사하여 그 자료를 연대기적으로 조직화한 것이다. 이 도표를 보면 현재 문제나 기능수행에 어려움이 특정 시기의 경험과 어떤 관계가 있는지 이해할 수 있다. 생태도나 가계도처럼 원이나 화살표 등 기호를 사용하지 않고 표로 제시한다. 생활도표는 특정 발달단계의 생활 경험을 이해하는 데 도움이 되고, 특히 아동과 청소년 대상의 활동에서 유용하게 사용된다. 생활력 도표 작성방법은 가족의 다양한 시기의 자료를 조직화하여 표현하고, 이 가족구성원의 삶의 중요한 사건을 시계열적으로 나열한다.

7) 그 밖의 가족 사정도구

이 밖에도 가족 사정도구로 원가족 척도가 있다. 이 원가족 척도는 클라이언트가 자기가 출생한 가족, 즉 어린 시절을 함께 보낸 가족원과 가족의 측정, 개인의 원가족에 대한 만족도 및 영향도를 이해하는데 도움을 준다. 또 부부의 개인 및 관계평가척도(PREPARE)도 있는데 이 사정도구는 미혼 남녀나 결혼 초기 부부를 위하여 각자의 이해와 서로의 차이를 이해하는데 도움이 된다. 그리고 FACES III(Olson, 2003) 사정도구는 상담 욕구를 사정하기 위한 것으로 적응력과 응집력을 측정한다. 뿐만 아니라 비버스-팀버론 가족평가척도(Beavers-Timberlawn family evaluation scale)는 가족의 자신감과 구조 및 융통성을 사정하고, 맥마스터 모델의 가족사정척도(FAD: Family Assessment Device)는 가족의 기초 과업, 발달과업, 힘든 과업을 포함하여 현재의 가족기능을 검사하는 기능을 한다.

CHAPTER

07

가족치료모델과 개입기술

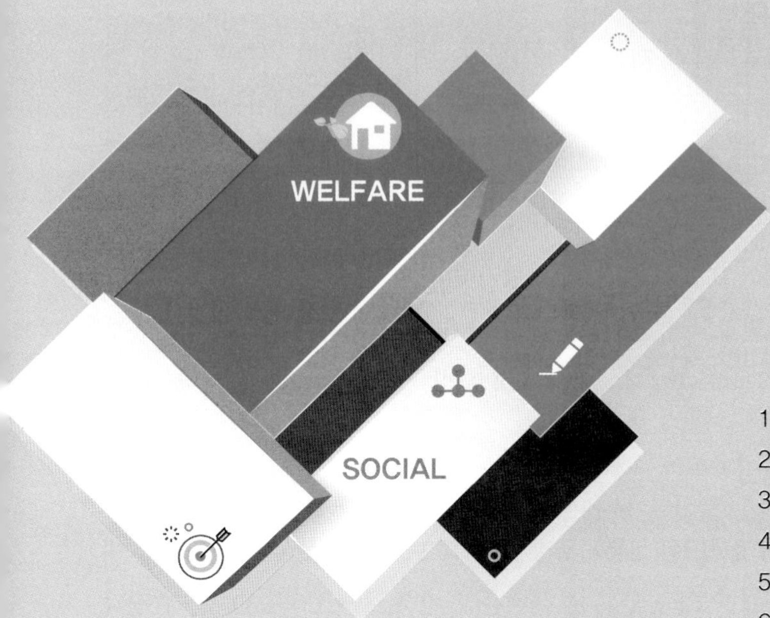

1. 구조적 가족치료모델
2. 다세대적 가족치료모델
3. 경험적 가족치료모델(의사소통이론 모델)
4. 해결중심적 가족치료모델
5. 전략적 가족치료모델
6. 가족 사정보고서의 예

07 가족치료모델과 개입기술

CHAPTER

1 구조적 가족치료모델

1) 특징

구조적 가족치료모델은 가족문제가 개인 내적인 원인 때문이 아니라 가족구성원들 간의 상호작용, 즉 가족구조 내의 문제나 생태적 환경과의 관계에 의한 것이기 때문에 가족구조의 재조직화를 통해 가족의 문제를 해결해야 한다는 입장이다. 그러므로 가정에서 표출되는 문제의 이면에 숨어 있는 가족구조 또는 가족조직의 파악이 강조된다. 표출문제는 부적절한 가족구조에서 비롯된 것으로, 하위가족 간의 경계가 너무 경직되어 있거나 불분명 혹은 지나치게 밀착되어 있는 것, 세대 간의 권위나 책임 위계질서의 불분명, 가족 하위체계 간의 불건전한 동맹과 분절, 우회 등의 상호작용 양상 등을 통해 나타난 것으로 본다.

구조적 가족치료모델에서 주로 다루는 증상은 고부갈등, 부부갈등, 등교 거부, 거식증, 천식, 신경성질환, 소마타이제이션(신체화 증상) 등으로 나타나는 행동의 문제나 장애 표출, 발달적 환경적인 변화에 역기능적 혹은 부적응적 반응, 어머니의 지나친 관심과 염려로 인한 밀착관계, 가족구성원 사고의 경직 등과 같은 증상이다(김혜란 외, 2006).

Minuchin의 이론과 체계론적 관점을 근거로 발전되었으며, Hartman도 가족원의 행동 원인보다는 행동의 의미를 알 수 있는 패턴의 변동 상태의 이해가 중요함을 강조하였다.

이 모델은 결국 가족체계의 전체성, 가족 위계구조의 영향, 가족 하위체계의 상호의존적 기능을 강조하였다. 가족치료 역사상 가장 영향력이 크며 널리 적용된 접근방법으로 평가되고 있다. 하지만 설명적인 이론, 변화에 대한 의문, 하위체계나 항상성의 개념 도움, 가족의 변화설명에는 부적절하다고 평가되고 있다.

2) 주요 개념

(1) 가족기능

가족의 기능이란 가족이 수행하는 역할, 행위를 뜻하는 것으로 가족 간의 애정도모, 역할분담, 안정감 부여와 수용, 만족감과 목적의식 부여, 문제해결, 지속적인 소속감 유지, 사회적 지위 부여와 사회화, 통제력과 정의감의 확립을 위한 가족구성원이나 사회와의 지속적인 작용방식 또는 작용관계를 포함한다. 기능적 가족과 역기능적 가족의 특징은 다음과 같다.

표 7-1 가족의 기능

기능적인 가족 특징	역기능적인 가족 특징
가족의 규칙이나 역할이 융통성 있음	가족의 규칙과 역할이 너무 경직됨
세대 간의 분명한 경계가 있음	세대 간의 경계가 불분명함
열린 의사소통이 있고 협동적임	폐쇄적이고 모호한 의사소통임
분명하지만 융통성 있는 가족역할이 있음	가족구성원 간 과도한 집착 또는 무관심
자율적인 책임강조와 깊은 신뢰감 있음	강한 통제나 강한 의존성
부모의 연합된 권력획득이 있음	한 사람이 희생양
가족체계가 개방적임	가족체계가 폐쇄적임(외부와 폐쇄적임)
상호 간의 협상과 조정이 가능함	상호 간의 협상과 조정이 어려움
가족들이 현실적인 기대나 욕구가 있음	가족들이 비현실적이며 이성적인 기대나 욕구
가족의 자원이 풍부하고 사회관계망적임	가족의 자원이 결핍, 고립

(2) 가족구조

가족구조는 가족 형태와 가족행동 패턴을 포함하는 개념이다. 즉, 한부모가족 또는 별거가족 등 가족구성원의 수와 세대, 혹은 규모와 범위 등에 관한 개념이자, 가족끼리 무의식적으로 이루어지는 상호작용에 의해 나타나는 연속적이고 반복되며 체계화된 예측 가능한 행동 패턴의 개념이다. 그리고 가족행동이나 역할, 양식, 규칙에 대한 내용을 포함한다. 이러한 가족구조는 가족 내 보이지 않는 기능적인 요구를 담고 있어 강제로 구속되는 특성을 갖는다.

(3) 경계

요소들 간의 관계를 한계 짓는 테두리로 외부로부터의 요소들을 보호하고 정보와 에너지 흐름을 조정하는 기능을 말한다. 경계선은 눈에 보이지 않지만 가족원 개인과 하위체계 및 외부환경과의 안팎을 구분하는 선이며 가족원 사이에 허용되는 접촉의 양과 종류를 규정한다. 가족 내 체계들 간의 구분이나 가족체계와 외부체계를 구분해 주는 선 경계가 너무 경직되어 있는 경우 문제가 되며, 동시에 경계가 모호하여 혼돈되어 있는 경우 문제가 된다.

표 7-2 가족체계의 외부경계선: 밀착 및 유리된 가족 비교

혼돈가족 내 하위체계 간의 경계의 특성 경직	
밀착된 가족	유리된 가족
가족원 간 독립심과 자율성 결여	가족원 간 경계가 경직
가족원의 획일적인 감정과 생각 강요	가족원 간 상호작용 적음
과도한 가족 응집력	가족응집력과 결속이 낮음
지나친 간섭과 관여	다른 가족원에 대한 관심 결여

가족체계의 외부환경과의 경계에 대해 Kantor와 Lehr(1975)는 개방형, 폐쇄형, 방임형 가족 등 세 가지 형태로 구분하였다(김유숙, 2007).

| 표 7-3 | 가족 외부와의 경계 성격에 따른 구분

개방형 가족	가족 외부와의 경계가 분명하면서도 정보교환 등이 자유롭게 일어나는 가족, 건강한 가족
폐쇄형 가족	가족 외부와의 경계가 너무 경직되어 있어 에너지와 정보의 교환이 없는 가족, 건강하지 않은 가족
방임형 가족	가족 외부와의 경계가 불분명함. 가족경계선의 방어를 중요치 않게 생각하므로 외부와의 교류에 제한이 없는 가족, 건강하지 않은 가족

(4) 하위체계

가족을 하나의 체계로 볼 때 가족 안에는 다양한 하위체계가 존재하며, 고유한 규칙과 기능 그리고 일정한 위계질서가 존재한다. 개인은 가족의 하위체계이며, 부부하위체계, 부모하위체계, 부모자녀하위체계, 형제하위체계로 구성된다.

(5) 가족권력

권력은 개인이 가지는 개인적인 자질이나 특성이 아니라 한 사람이 다른 사람에게 얼마나 많은 권력을 행사하는가 하는 상호적인 특성을 의미하며, 한 구성원이 다른 구성원의 행동변화를 지시할 수 있는 힘이자 영향력을 말한다. 그리고 위계구조의 근간이 된다. 권력은 정적 과정이 아니고 역동적 과정이며 시간이 흐름에 따라서 변화한다. 그리고 권력은 인지적인 면과 행동적인 면을 모두 가진다. 가족은 체계 내에서 각 구성원이 서로에게 행사하는 상대적 영향력의 크기와 의사결정과정에 누가 어떤 방식으로 참여할 수 있는지를 만들어 간다. 권력구조에 의해 가족체계는 개인의 행동을 허용할 수 있는 범위 내에서 유지하고, 이러한 유지기능에 대한 지도력을 가짐으로써 그 집단의 생존 가능성을 최대화한다.

(6) 가족목표

가족의 가치를 실현하고 목표를 보다 잘 달성하기 위해서 관리적인 방안이 강구되어야 한다. 경제사회에서 기업이 이윤을 극대화하기 위해 합리적인 경영을 모색하는 것과 마찬가지로, 가정도 가족의 목표를 달성하여 가족의 욕구를 최대한 충족시키고 삶의 질을 향상시키기 위해 관리적인 기술이 요구되는 것이다.

목표 단계로 첫 단계에서는 가족이 가족가치를 확립하고, 가족의 요구를 파악하며 목표를 설정하는 일이다. 동시에 그러한 가족의 가치, 욕구목표를 달성하기 위한 자원에 대한 인식이 필요하다. 두 번째 단계에서는 가족들이 문제해결에 필요한 정보를 수집하여 여러 가지 대안을 비교 검토하는 과정에서 원활한 의사소통을 함으로써 의사결정을 신중히 한다. 이러한 과정은 각 가정마다 다르며 지속적이고 규범적인 생활양식은 여러 가지 라이프스타일로 구분된다. 세 번째 단계에서는 유사한 상황에 있는 다른 가정의 살아가는 방법을 연구 · 분석하는 일이다. 이렇게 함으로써 가정생활의 문제, 갈등, 사건 등을 발견할 수 있는 해결방안을 모색할 수 있다(김용민, 200).

(7) 제휴

하위체계 구성원 간에 형성하는 정서적 · 심리적 연결과 가족의 상호작용 과정 방법으로 가족체계의 한 개인이 다른 협력관계 또는 대립관계를 맺는 것을 말한다. 제휴에는 동맹과 연합이 있다.

(8) 순환적 인과성

가족의 행동은 단선적이 아닌 순환적 반응이며, 작용이 아닌 반작용이라는 의미이다. 문제의 원인보다는 문제를 유지하는 가족의 상호작용에 초점을 두어야 한다는 관점이다.

(9) 환류고리

가족규범을 통해 가족은 항상성을 유지하려는 경향을 가짐으로써, 체계 내외의 변화에 적응하려고 한다. 긍정적인 환류고리는 변화의 적응에 기여하지만, 부정적인 환류고리는 가족 내의 역기능을 만들어 낸다.

(10) 삼각관계

대항하고 있는 두 사람이 동시에 제3의 사람과 연합하려 하여 제3의 사람이 갈등을 느끼는 것을 말한다. 배우자나 다른 가족과의 유대가 약할 때, 혹은 한 명이 다른 사람을 조정할 때, 가족 중 두 사람이 다른 사람과 적절히 유대하는 것을 방해할 정도로 너무 밀착하여 연합할 때, 두 사람이 제3자와 동맹해서 불만족이나 갈등에 대처하려고 할 때가 이에 속한다. 예를 들어 부모가 아이를 부부갈등의 볼모로 잡는 경우, 가족이 서로 분리되어 있거나 서로 정서적 지지가 없이 각자 생활할 때, 적절한 가족역할 형성을 방해하는 가족이 아닌 다른 사람(친구나 친척)과 동맹관계를 형성할 때 등이다.

(11) 가족신화

가족구성원들에게 받아들여지고 지지되는 가족믿음으로써 독특한 주제나 암묵의 규칙이 공유된 현상이다. 결혼에 대한 비합리적인 생각들도 이에 해당한다. 모든 가족이 공유하며 가족기능을 규제하는 규칙을 만들어 낸다.

(12) 희생양(혹은 속죄양)

가족구성원 중 한 명을 특이하고 일탈적이라고 완강하게 믿는 것이다. 가족 내에서 갈등이나 비판을 대치시킨 대상으로 보통 가족 중 환자로 지목한 사람이다. 천재, 어린아이, 엄한 부모, 귀염둥이, 쓸모없는 사람, 착한 아이, 멍청이 등의 낙인은 가족구성원의 역할에 고정관념을 부여함으로써 다른 구성원들로 하여금 한 가지 특징만 보게 만든다. 다른 많은 특성을 간과하게 만들며 결과적으로 그 구성원의 성장은 억눌린다. 예를 들어 부부갈등이 심할수록 한 자녀를 부부의 불안한 정서관계에 끌어들여서 속죄양의 역할을 하게 하는 것을 말한다.

(13) 가족사정

구조적 가족치료모델에서 가족사정 시 고려해야 할 사항들은 가족체계의 외부경계선, 내부경계선과 가족의 하위체계, 가족의 권력구조, 가족구성원의 의사소통 양식, 가족목표 및 가족강점, 가족의 의사결정과정, 가족신화와 인식성향, 가족의 정서와 감정 표현 범위, 가족생활주기 및 가족역할, 가족규범, 가족 외부체계와의 상호작용 등이다.

3) 대표적 기법

(1) 경계 만들기

가족 내 하위체계 간 경계선이 모호하거나 너무 경직된 경우 혹은 밀착되어 있는 경우, 가족구성원들 사이를 수정하는 개입이 필요한데, 체계들 사이에 적절한 경계를 만들어 주어 각자가 독립된 존재로서 기능하게 하는 기술이다. 가족이 앉아 있는 위치, 지지 발언하는 사람은 누구인지, 누가 대신 대답하는지 등을 통해 파악할 수 있다. 규칙세우기, 물리적 공간 만들기, 발언권 제한하기 등의 기법이 포함된다.

(2) 합류하기(joining)

가족의 관계형성을 위해 사회복지사가 기존 가족구조에 개입하여 자신을 상호작용의 일부분으로 자연스럽게 포함하거나 개입 장면에서 가족의 분위기를 파악하여 그에 맞추어 행동하거나 감정을 표현하는 기법이다. 의사소통, 행동, 과정 등 기존 가족체계에 순응하면서, 지지적 언급, 내용의 명료화, 가족의 말 반복하기, 경청하는 추적기법과 자신의 행동을 가족의 교류과정의 일부로 기존의 구조에 맞추는 유지기법, 가족의 특성을 흉내 내거나 자신과의 유사점을 강조하고, 특정 단어나 언어의 사용, 감정 표현, 동작, 비유적 표현 등을 사용하는 모방 등의 기법이 포함된다. 합류는 사회복지사의 가족 내 친밀감 생성에 도움을 준다.

(3) 실연(enactment)

치료면담 중에 가족에게 역기능적인 가족구성원 간의 교류를 실제로 재현시키는 것을 말한다. 구체적인 정보와 가족구조를 이해하는데 효과적이다. 관찰 및 실연 부분이 확정되면 가족들이 역기능적 교류를 실연하게 하고 상호작용과 결과를 분명히 이해하도록 한다. 가족이 사용한 방법과 다른 교류의 실연을 통해 기능적 패턴을 형성하도록 한다.

(4) 긴장고조 시키기

가족 내의 긴장을 고조시킴으로써 대안적인 갈등해결 방법을 사용하도록 돕는 기법으로 최악의 상황 연출을 통해 위기의식 조장으로 변화를 가져오도록 하는 기법이다. 일정한 패턴을 반복적으로 요구한다.

(5) 과제 부여

가족 상호교류에서 자연스럽게 발전될 수 없는 행위를 실연해 보도록 한 후, 가족이 해야 할 분야를 개발시키기 위하여 과제를 주는 것으로 일상생활에서의 지속적 변화를 유도해야 한다.

(6) 균형 깨뜨리기

가족 내 하위체계들 간의 역기능적 균형을 깨뜨리기 위한 기법으로 가족의 한 개인이나 한 하위체계의 편을 들어 가족의 평형 상태를 깨는 것을 말한다. 가족 내 역기능적인 삼각관계가 존재할 때 사회복지사의 개입이 필요한데, 동맹 해체하기, 동맹 발전시키기, 동맹 재강화하기, 동맹 느슨하게 하기 등으로 개인의 성장이나 가족의 생존능력을 향상시켜야 한다.

(7) 초점잡기

문제 표출을 통해 우선순위를 정하는 기법이다.

(8) 재구조화

상황이나 사건의 본래의 의미를 변화시키는 기법으로 가족의 병리현상을 깨닫게 하고 규칙변화와 재정립을 통해 바람직한 가족구조로 설정하는 것을 말한다. 과거의 관계상황과 장소에서 새로운 관계상황으로 옮기는 것이다. 이를 위해서는 가족 상호 연관성에 대한 이해 증진이나 한 사람에게 집중되던 관심을 다른 구성원에게 돌려 집착을 경감하거나 가족원 기능을 손상시킬 수 있는 역기능적 가족규칙을 밖으로 드러내 놓게 하는 기법이 필요한데, 예를 들면 자녀의 야뇨증이 부부의 갈등에 기인함을 인식하게 하는 것이다. 문제원인에 대한 새로운 시각을 제공하게 된다.

(9) 가족도 그리기

가족구성원의 결탁, 경계, 권위 유형의 평가를 통해 가족의 기능적 혹은 역기능적 영역을 파악할 수 있으며 가족의 장단점을 평가하는데 도움이 된다.

(10) 장점탐색, 장점도전, 현실도전, 상호보완

장점탐색은 가족이 인식하지 못하는 장점이나 자원을 발견하여 인식하도록 돕는 기법이며, 장점도전은 가족의 장점을 발견하여 도전하는 기법이다. 현실도전은 왜곡된 현실 인식을 바꾸는 방법이다. 상호보완은 가족 내의 상호보완적 관계성을 파악하는 기법이다.

4) 사회복지사의 역할

구조적 가족치료모델에서의 사회복지사는 지지, 교육, 안내하는 역할을 담당한다. 지지적 태도로 개입하고, 적절한 사회화과정을 교육하며, 체계 사이의 통역자이자 중재자, 교육자, 해설자의 역할을 담당해야 한다.

2 다세대적 가족치료모델

1) 특징

다세대적 가족치료모델은 가족을 다세대적 현상으로 보아 다세대적 분석을 기반으로 한다. 현재 가족문제를 파악하고 과거와 세대를 거쳐 내려오는 가족 과정과 세대의 가족 구성, 형제순위, 특히 가족 형태를 통해 가족의 문제 및 가족관계에 대한 개입을 하고자 하는 모델이다. 문제해결을 위해 가족구성원이 원가족과 맺는 관계를 통찰하고, 해결되지 못한 감정적 애착의 해결을 강조한다. 이것은 가족을 체계로 보고한 부분의 변화는 반드시 다른 부분(가족구성원)의 변화를 이끌 수 있다는 개념에 근거한다. 그러므로 세대간 가족치료모델의 목표는 정서적인 것과 지적인 것을 분화하는 것, 미분화된 가족 집합체로부터 벗어나게 하는 것이다.

다세대적 가족치료모델에서 주로 다루게 되는 문제의 증상은 남편과 시어머니 애착으로 인한 고부갈등, 결혼 전 부모로부터 분화되지 못해서 발생하는 부부갈등, 가족 내 한쪽 부모와의 밀착으로 인해 발생하는 부적응, 우울문제, 외도와 제3의 일에 몰두하는 클라이언트, 불안으로 인한 가족폭력, 알코올문제, 약물의존성 등의 클라이언트가 있는 가족이다.

이 다세대적 가족치료모델은 Bowen의 정신분열증 환자의 가족에 대한 연구에서 모자공생을 발견하면서 시작되었다. 이 모델의 이론적 배경은 심리분석, 인류학, 생태학, 체계이론이다. Bowen은 환자가 자기 어머니에 대한 강한 애착을 보이면서, 친근과 소원함을 주기적으로 교대하고, 분리불안과 결합불안이 이성과의 자기통제 의무능력으로 불안한 애착으로 발전되며 여기에 아버지를 포함한 삼각관계 개념을 통해 정서적 유기체로서 세대를 이어 이러한 현상이 반복된다는 것을 강조하였다. 또한 과거에 해결되지 않은 가족갈등 및 가족관계상의 역기능이 현재의 가족으로 이어져 내려와 현재 가족에서 문제로 표출되었다고 본다. 주로 사용되는 사정도구는 가계도를 활용하고, 한국 사회의 가족에 대한 평가 및 개입에 가장 적합한 모델로 분류되고 있다(김경호, 2005).

2) 주요 개념

(1) 자아분화

자아분화란 타인으로부터 사고, 감정과 정서를 적절하게 통제하고 분별하는 능력을 말한다. 원가족 관계에서 미분화된 가족의 자아가 혼합된 감정으로 있게 되면 객관적 판단 및 다른 사람과의 융합에서 어려울 수 있다. 이 자아분화는 다세대적 가족치료모델의 기본 개념으로 정서적 기능과 지적 기능 사이의 융합과 분화 정도에 따라 개인을 규정하는 것이다.

Bowen은 자아분화를 척도화하여 가장 낮은 0에서부터 가장 높은 100까지로 수치 단계별로 조사하였는데 자아분화 수준이 낮을수록 감정에 의해 지배당하고 융통성, 적응력이 부족하며, 관계 지향적이고 사랑과 인정을 받는 데 연연한다고 본다. 자아분화 수준이 높을수록 정서적 지배를 덜 받고 높은 자율성과 적응력을 나타낸다고 본다.

(2) 정서적 삼각관계

자아분화의 수준과 경험하는 긴장 혹은 불안 정도에 영향을 받아 두 사람이 또 다른 한 사람을 자신의 정서적 문제에 끌어들이는 형태를 말한다. 자아분화 수준이 낮을수록 삼각관계의 형태가 심각해진다. 즉, 가족 내의 긴장, 불안, 갈등이 증가하면 자아분화 수준이 낮은 두 사람이 연합관계를 형성하여 다른 가족구성원을 견제하는 삼각관계를 형성한다. 그러므로 정서적 삼각관계란 가족 내 불안과 긴장을 해소하는 정서적 역동방식이자 삼인체계의 역동적인 균형을 말하는 것으로 삼각관계는 불안이나 긴장, 스트레스를 일시적으로 감소시킬 수는 있으나 가족의 정서체계를 더욱 혼란스럽게 만들어 증상을 약화시키게 된다.

예를 들어, 부부간에 긴장이 클수록 부부 중 한 사람이 자녀에 대한 애착이 더 강해지는데 그 결과 자녀에게 어떤 증상을 일으키게 할 수 있다. 삼각관계 발생 시 가족 중한 사람이 높은 수준의 개인적 자아분화를 이루면 개인적 변화를 통해 다른 가족구성원들도 분화가 가능하다고 본다. 즉, 가족사회복지사가 가족구성원들에게 삼각관계에 대해 가르친 후 삼각관계에서 벗어나도록 교육하면 가족의 전체 구조에 치료적 영향을 미칠 수 있다.

(3) 핵가족 정서 과정

미분화된 가족 자아군에서 주로 발생하는데, 한 세대 가족 내에서 보이는 불안과 긴장이 정서적 거리를 두는 경우이다. 예를 들면 불편한 관계를 줄이기 위해 다른 사람이나 사물에 몰두하거나 관계를 단절하게 되는 경우이다. 또한 부부갈등에서도 나타나는데 서로의 잘못에만 초점을 두거나 지배하려는 의지가 강해 상대방 주도권을 거부하는 경우, 불평불만과 고집불통, 상대의 말에 귀를 기울이지 않는 양상을 보인다.

또한 정서적 관계에 자녀를 끌어들여 자녀에게 문제를 전가하는 경우나 배우자에게 지나친 압력과 희생을 강요하고 자포자기 혹은 저기능 상태에 있는 배우자의 역기능 상황에 놓이게 하는 경우도 있다.

(4) 가족 투사과정

역기능적 부모의 미성숙과 분화결핍은 자녀를 끌어들여 밀착관계를 형성하고, 분화수준이 낮은 부모는 삼각관계를 통해 자녀에게 불안을 투사하게 되는 것을 말한다. 부모의 갈등을 자녀나 배우자에게 투사하는 기제로 미성숙한 부모는 가족체계나 부부체계를 안정시키기 위해 무의식적으로 자녀 중 가장 유아적이고 취약한 자녀를 투사 대상으로 선택한다.

(5) 다세대 전수과정

개인이 원가족으로부터 학습된 방식으로 타인과 관계를 맺게 되며 결혼선택을 통해 가족의 정서적인 장이 다세대에 걸쳐 반복함을 의미한다. 가족들의 분화수준과 기능이 세대로 전수되는 행동양식으로 가족정서과정(분화수준, 삼각관계, 융합, 배우자의 역기능,

부부갈등, 자녀의 역기능 등)이 그 세대에서 그치는 것이 아니라 대를 이어 전개되는 것을 말한다.

(6) 정서적 단절

자신을 보호하기 위해 혹은 세대 간의 불안을 처리하기 위해 해결되지 못한 정서적 애착으로부터 도피하거나 가족구성원과의 감정적인 연계를 단절하려는 현상으로 세대 간에 정서적 융합이 클수록 단절 가능성이 높다. 융합이 심한 사람은 부모와의 대화 거부, 부모가 중요시 여기는 것에 대한 거부행동 등이 발생한다.

이러한 정서적 단절은 투사과정에 많이 개입된 자녀에게 주로 일어나는 현상으로, 원가족을 접촉함으로써 생기는 불안을 줄이기 위해 부모의 집에서 먼 지역으로 이주하거나 부모와 말을 하지 않는 등 부모와의 접촉을 끊는 행위를 의미한다.

(7) 사회적 정서과정

Bowen은 개인과 가족에 대한 정서과정 개념을 사회적 정서과정으로 확장하였다. 사회도 가족과 마찬가지로 연합성과 개별성의 반대적 힘의 균형에 영향을 받는데, 사회가 전쟁이나 인구증가, 성차별 등과 같은 반성적 스트레스 상황에 처할수록 사회의 불안은 커지고 그 결과로 결속에 대한 압력이 강해지며 분화 수준은 감소된다. 분화 수준이 감소되고 역기능적 삼각관계가 계속적으로 서로 맞물려 사회 전체로 확장된다.

(8) 출생순위(형제자매 순위)

동일한 사건에 대해서 형제들마다 경험하는 것이 다르기 때문에 가족원의 특징적인 성격은 출생순위에 의해 결정된다. 그리고 생애주기를 통한 가족발달 및 발달과업에 따라 가족문제와 욕구가 발생한다.

3) 대표적인 기법들

특정 기법이나 방법에 몰입하는 것보다 가족의 정서적 체계를 변화시키는데 초점을 두고 있다.

(1) 탈삼각화

가족 내 두 사람 사이에서 스트레스나 긴장관계가 발생했을 때 제3자를 두 사람의 상호작용 체계로 끌어들이는 것이 삼각화 혹은 삼각관계인데 삼각관계는 문제를 해결하는데 도움이 되지 못하고 오히려 문제를 은폐하거나 분산하게 한다. 따라서 제3자를 두 사람의 관계에서 분리시켜 삼각관계를 벗어나게 함으로써 가족원들이 자아분화하도록 하는 것이다.

(2) 가계도 작성

다세대에 걸쳐 내려오는 가족체계의 문제, 가족역할, 유형, 갈등, 단절, 삼각관계 등을 알아볼 수 있다. 3세대 이상에 걸친 가족 수와 가족구성원들 간의 관계나 가족의 생활사가 현재 역동에 미치는 영향과 문제의 재현을 알게 한다.

(3) 코칭

사회복지사는 운동선수를 돌보는 감독과 같은 역할을 담당하게 되는데, 개방적이고 직접적으로 접근하여 클라이언트가 직접 본인의 가족문제를 해결해 나가도록 조언한다. 그리고 문제에 대처하고 문제가족들이 스스로 자율성과 독립성을 발휘할 수 있도록 한다. 이를 통해 가족구성원의 분화수준이 향상되게 된다.

(4) 과정질문

내담자의 감정을 가라앉히고 정서적 반응에 의해 유발된 불안을 낮추며 사고를 촉진하는 질문기법이다.

(5) 치료 삼각관계

두 사람이 불안정한 관계라면 다른 사람이 그 관계에 개입하므로 안정된 관계를 가지려고 하는 기존의 삼각관계와 다른 상호작용을 보여준다. 즉, 부부관계에서 자녀 대신 사회복지사가 개입하는 방식으로 이때 사회복지사는 삼각관계에 휘말려들지 말고 의미있는 관계를 맺는 기술이 필요하다. 중립적, 객관적 자세를 유지하면서, 부부 상호작용의 부정적 혹은 긍정적인 면을 다 볼 수 있어야 한다.

(6) 치환이야기

비슷한 가족의 예화나 클라이언트에게 치료과정을 녹화한 비디오를 보여줌으로써, 클라이언트가 논쟁이나 방어 없이 가족 속에서 자신의 역할과 기능을 인식하고 학습하도록 돕는 기법이다.

(7) 가족생활 연대기

일정한 연령에 이를 때까지의 중요한 사건에 대하여 3세대의 생활연대기 기록, 적는 과정에서 가족들이 경험한 개인적, 사회적, 역사적 상황을 이해하도록 돕는다.

4) 사회복지사의 역할

세대 간의 가족관계에서 나타나는 발달적 전이와 관련한 이슈를 다루는 것을 말한다. 중립적 입장을 견지하고 가족들이 자유롭게 표현할 수 있는 기회를 제공한다.

3 경험적 가족치료모델(의사소통이론모델)

1) 특징

경험적 가족치료모델은 가족 내에서 가족구성원들이 자신들의 감정과 생각을 솔직하고 자유롭게 표현할 수 없을 때 가족문제가 발생한다고 보는 데서 출발한다. 즉 정신분석의 과거보다는 현재의 의사소통과정과 형태에 초점을 두는 것이다. 그 이유는 의사소통이란 한 개인이 다른 사람과 의미를 부여하고 해석하는 과정이며 메시지를 전달하는 수단으로 행동적으로 실질적인 영향을 주기 때문이다. 그러므로 경험적 가족치료모델은 현재의 경험(지금-여기)에 초점을 두어 가족과 사회복지사 사이의 상호작용이나 경험의 변화를 통해 성장할 수 있는 경험을 갖게 하거나 충분한 감정 표현의 기회제공이 성장의 계기를 제공할 수 있다고 보는 입장이다.

다른 사람의 말을 무시 혹은 부정하는 가족, 일방적인 부부대화 및 대화가 차단된 부부, 이중 메시지를 사용하는 가족, 의사소통 역기능에 의한 알코올 중독가족, 청소년기 자녀와의 의사소통으로 인한 갈등 등의 주된 양상을 가진 가족에게 적합한 모델이다. 이 경험적 가족치료모델은 인간의 성장 가능성을 신뢰한 Satir의 성장모델과 Whitekar에 의해 발전되었는데, 성장모델은 정서적 표현을 증진시키기 위해 역할놀이, 가족조각, 공동가족화 등의 고도로 구조화된 기법을 사용하고, 가족구성원 간에 깊이 있고 의미 있는 교류를 통한 경험의 증가와 가족성장을 위한 개입방법을 시도한다. 이후 Jackson, Ruskin 등이 관여한 Mental Research Institute(MRI)에서 발달되었다.

2) 주요 개념

(1) 성숙

자신의 감정에 직면할 수 있고 타인과 분명한 의사소통을 할 수 있는 능력이 있는 상태로 자신과 타인을 구분할 수 있게 된다.

(2) 자아존중감

자신이 자신을 보는 애정, 사랑, 신뢰, 존중과 같은 감정을 말한다. 자아존중감이 낮으면 자신에 대한 불안, 타인 무시, 비현실적 태도, 어려움에의 미숙한 대처 등의 문제를 야기하게 된다. 이 자아존중감은 에너지의 자원이 되는데, 인간이 자신을 사랑하고 감사를 느낄 때 에너지가 만들어지며, 에너지가 조화롭고 긍정적으로 사용될 때 현재 주어진 상황을 더욱 창조적이며 현실에 맞게 잘 극복할 수 있게 된다.

(3) 이중구속 메시지(double-bind message)

상호 모순된 두 가지 메시지를 동시에 전달하거나 언어적 의사소통과 비언어적 의사소통이 동시에 부과되는 상황으로, 즉 말과 행동이 서로 다른 상황을 말한다. 이렇게 되면 메시지를 받은 대상자는 어떤 메시지가 진실한 것인지 결정하기가 어렵게 되며, 어떤 행동을 해야 할지 난감해지고 그 상황을 모면할 수 없다고 느낀다. 이중구속은 부모와 아동 사이에서 많이 나타나게 되는데, 예를 들면 엄마가 평소에 '말'로는 아동에게 학교 성적에 연연하지 말라면서도 결과가 좋지 않은 성적표를 보면서 한숨을 내쉬는 '행동'을 보이는 경우다. '이중구속'의 메시지를 받은 아동은 이러지도 저러지도 못하고 혼란을 느낀다. 심하면 병적인 상태로 연결되기도 한다. 엄마는 자기도 모르는 사이에 자신의 욕망이 아동에게 전달되고 있다는 사실 자체를 인식하지 못한다.

(4) 위장(거짓꾸밈 혹은 신비화, mystification)

의사소통의 명확성이 낮은 역기능적 의사소통으로써 가족 내에서의 갈등이나 어려움을 드러내지 못하고 오히려 모호하게 하거나 가면을 쓰고 거짓반응을 하는 것을 말한다. 자신의 행동이 상대방에게 영향을 미쳐서 상대방이 어떤 생각을 하여 상대방이 그 생각을 표현했을 때 자신의 행동을 부인하는 것이다. 말하는 사람의 인식을 흐리게 하는 데 효과적인, 판독하기 어려운 모호한 반응을 한다든가 비꼬는 반응을 하여 의미를 다중적으로 만드는 것이다.

(5) 가족규칙(family rule)

가족규칙은 한 가족이 생활 경험을 통해 가족들 간에 지켜야 할 의무나 태도에 대한 지침이나 권리 등이 가족 제도로 발전된 것으로, 합리적이고 정당한 것으로 받아들이는 것을 말한다. 가족 내 의사소통방법, 감정 표현 방법, 나쁜 것, 금기사항 등이 포함된다. 가족의 항상성 유지를 위해 가족구성원들에게 특정한 방식으로 행동하는 것을 허용하거나 허용하지 않을 수 있는데, 가족규칙은 가족집단 내에서 적절한 행동이라고 간주되는 것을 구체화한 것이다. 가족 내에서의 관계나 역할 수행과 행위 지침에 대한 지도 원리로서, 모든 가족들이 대부분 동의하지만 말로 표현되지 않는 경우가 많다. 전체 가족과 개별 가족구성원들이 효과적이고 생산적으로 기능하도록 하는 규칙을 수립하는 것이 중요하다.

역기능적 가족규칙은 가족에게 부정적인 영향을 미치게 되므로 가족체계 사정 시 가족규범을 주의 깊게 보아야 한다. 가족 내에 역기능적 가족규범이 존재하고 가족원들이 충실히 따른다면 문제가 되는 행동들은 지속되고 강화된다. 가족규칙이 항상 명시적인 것은 아니므로 가족들이 상호작용과 의사소통을 관찰함으로써 가족규칙을 추론해야 한다.

그러므로 역기능적인 가족규칙의 존재와 그 내용, 가족규칙을 만드는 사람, 가족규칙 형성의 과정과 역동 등을 사정한다. 가족규칙이 가족구성원이나 상황에 따라 변화가 가능한지 아니면 규칙이 엄격하여 가족구성원들이 변화하는 시대와 환경의 스트레스로부터 행동을 수정해 나가는 것이 금지되는지를 확인한다. 규칙을 어겼을 때 가족들이 반응은 어떠한지도 사정한다.

(6) 메타규칙

메타규칙은 가족원들이 그들의 규칙을 어떻게 유지하고 변화시킬 것인가에 관한 규칙을 말한다. 가족규칙에 관한 규칙이라고 할 수 있다.

(7) 가족역할

가족역할은 허용되거나 금지된 특정한 행동으로 나타난다. 가족의 역할규정과 수행에 대한 정확한 사정을 위해서는 성역할 변화의 요인을 포함하여 많은 원인들을 고려해야 한다. 가족역할을 배분할 때 구성원의 능력, 관심, 수행기능 시간 등을 고려하는지, 아니면 성에 기초해서 결정하는지에 대한 고려가 필요하다. 또한 가족역할이 얼마나 명확하게 규정되어 있고 적절히 수행하고 있는지, 역할에의 만족 및 불만족에 대한 수정 의지 등이 고려되어야 한다. 그리고 부부의 역할규정에 있어서 가까운 외부(부모, 친척, 친구)의 의견이 얼마나 영향을 미치는지, 부부의 시간과 에너지를 집안일 또는 직장, 어느 한 쪽에 너무 치우쳐 사용하는지 역할의 과부하로 인한 압력과 스트레스는 어느 정도인지 등에 대한 고려가 필요하다.

(8) 의사소통

타인과의 의견 및 감정을 교환하는 패턴을 말한다. Satir(1972)는 가족체계를 이해하는데 도움이 되는 기능적 의사소통을 일차형 의사소통이라고 하였고 역기능적 의사소통 유형을 네 가지 유형으로 분류하였다(홍성화, 1991).

① 일치형 의사소통: 기능적 의사소통

언어적 메시지와 비언어적 메시지가 일치하는 의사소통 유형으로 의사소통 내용과 내적 감정이 일치한다. 생동적, 창조적, 독특하고 유능한 행동 양식을 보인다. 친근하고 원만하며 책임감 있고 현실적인 문제해결능력이 있는 사람이 많이 사용한다. 메시지가 분명하고 직접적이며, 사람을 비난하지 않으면서 행위를 평가하고 방향 제시를 할 수 있다. 심리적으로 높은 자기가치감과 자아존중감을 소유하고 있어 심리적 · 신체적으로 건강한 상태이다.

② 비난형 의사소통(Blaming): 역기능적 의사소통

의사소통에서 비난적인 반응을 하는 사람은 외면적으로는 타인을 무시하며 자기주장이 강하고 독선적이며 명령적이고 지시적이지만 내면적으로는 외롭고 비성공적인 감정이 있다. 비난행위는 다른 사람과 가까워지고 싶은 자신의 욕구를 숨기는 것이다. 잘못을 남의 탓으로 돌리고, 참을성이 없으며 자신이 제일이라고 생각한다. 다른 사람의 충성과 복종을 요구하며, 강자같이 생각하고, 다른 사람을 무시하거나 남의 말을 무시하며, 자신이 상관이라고 생각한다. 고혈압과 같은 혈액순환 장애를 가진 경우가 많으며, 심리적 증상으로 분노, 짜증, 반항, 적대적임, 편집증, 폭력, 반사회적 특성 등을 보인다.

③ 회유형 의사소통(Placating): 역기능적 의사소통

회유형 의사소통 유형은 자신의 내적 감정이나 생각을 무시하고 타인의 비위를 맞추려는 성향을 보인다. 다른 사람의 의견에 무조건 동조하거나 비굴한 자세를 보이며, 사죄와 변명, 아부 등 지나치게 착하게 보이고자 한다. 그리고 다른 사람의 찬성을 받으려고 하고, 모든 것을 자기 책임으로 돌리며, 상대방이 원하는 대로 행동하고, 희생적이며, 다른 사람을 화나지 않게 하려고 노력한다.

의사소통을 하는데 있어 회유 유형을 많이 사용하는 사람은 내면적으로는 자신은 무가치하다고 여기며 곁에 누가 없다면 죽은 목숨과 같다고 느낀다. 또한 상대방에게 죄책감을 갖게 하며 죄책감을 갖는 것이 자신을 아끼는 것이라고 생각한다. 즉 자신을 위하여 자신의 욕구를 숨기는 것이다. 신체적으로 소화기관의 장애나 편두통의 질병을 호소하는 경우가 많으며 심리적 증상으로는 감정억제, 짜증, 걱정, 공황 습격, 자살생각 등의 양상을 보인다.

④ 초이성형(평가형) 의사소통(Computing): 역기능적 의사소통

초이성형 의사소통을 하는 유형은 자신과 타인을 모두 무시하고 상황만을 중시하며, 규칙과 옳은 것만을 절대시하는 극단적인 객관성을 보인다. 이 유형은 내면적으로 약해서 감정적으로 상처받기 쉬운 사람이 사용하는 역기능적인 의사소통 유형이다. 평가하는 행위는 상대방에게 시기심을 갖게 하고 상대방이 시기할 경우 평가하는 사람과 한편이 되리라고 생각하는 것이다. 평가하는 사람은 자기 자신과 다른 사람을 위하여 필요한

자신의 정서적 감정을 숨긴다. 모든 일을 비판하고 분석하며 평가하는 반응을 하는 사람은 지나치게 이성적이고 잘 따지며, 비판적이며 비난적이고, 주로 부정적인 측면을 말하며, 모든 일을 완벽하게 처리하려고 한다. 합리적이며, 지나치게 이치에 맞게 평가하고, 조용하고 냉정하고 침착하다. 평가적인 의사소통 유형을 사용하는 사람은 자신과 다른 사람을 멀리하면서 주제에 대해 완전히 중립을 유지하고 자신의 감정을 부정한다.

⑤ 주의산만(혼란형) 의사소통(Distracting): 역기능적 의사소통

주의산만형 의사소통 유형은 내면적으로는 아무도 상관하지 않고, 현재 있는 곳이 자기가 있기에 적절하지 않다고 생각한다. 그리고 말과 행동이 다른 사람과 일치하지 않는다. 주의가 산만한 반응은 상대방이 농담을 하도록 하는 것이며, 상대방이 농담하면 자신에게 관심이 있는 것이라고 생각한다. 또한 주의산만한 반응을 하는 사람은 자신과 주위사람들의 욕구를 무시한다. 그래서 상황에 맞지 않는 말을 하고 비합리적이며, 잘 모르면서 말한다. 주제를 자주 바꾸고 책임 없는 말을 하며 산만하다. 못 듣고 못 본 척 딴전을 피운다. 다른 사람의 질문을 무시하고, 입, 신체, 팔, 다리를 계속 움직인다. 질문의 핵심에 대한 적절한 반응을 하지 못하는 행위를 의미한다. 신체적으로는 신경성 장애, 위장관 장애, 편두통 등의 질병을 호소하며 심리적으로는 혼란스러움, 부적절함, 낮은 충동 통제, 우울증, 공감력 결핍, 타인의 권리침해, 학습불능의 증상을 보인다.

(9) 기능적 의사소통

기능적인 의사소통이란 가족원들이 서로 억압받지 않고 자유롭게 사실이나 감정을 표현하는 긍정적인 의사소통 유형이다. 개방적이고 직접적이며 분명하고 정확한 표현을 주고받으며, 상대방의 메시지를 경청하며, 명확하게 질문한다. 상대방의 되돌림(Feedback)에 대하여 반응할 때 잘 받아들이며, 언어적 수준, 비언어적 수준, 상황적 수준 간 일치성이 높다.

(10) 나-전달법(I-Message)

Gordon이 부모효율성프로그램(PET)을 통해 소개한 대화 방법이다(김혜숙 외, 2006). 상대방과 갈등이 발생했을 때, 자신의 마음을 효과적으로 알리는 대화 기술을 의미한다. 상대방의 행동을 비난하거나 지적하기보다 자신의 감정에 초점을 맞추어 표현하도록 하는 방법이다. 상대방의 특정 행동으로 인해 생겨난 자신이 느끼는 감정을 표현하는 것이며, 그 행동으로 인해 발생한 결과 혹은 영향을 표현하는 것이다. 이것은 책임추궁이 아니라 현재의 감정 상태를 표현하게 함으로써, 악순환적 대화에서 벗어나게 해준다. 나-전달법은 '나'를 주어로 하여 자신의 감정을 표현하기 때문에 상대방을 존중하면서도 자신의 주장을 전달할 수 있다. 그리고 솔직하고 개방적이어서 상대로 하여금 친밀성과 진지함을 가지게 하여 원만한 관계를 유지할 수 있다.

(11) 너-전달법(You-Message)

나-전달법인 'I-Message'와는 반대로 '너(you)'가 주어가 되는 대화 형식이다. 일반화시키거나 지시나 명령 혹은 비난을 섞어서 표현하고 상대방에 대한 평가를 담은 표현을 많이 한다. 다른 사람의 필요한 행동변화를 요구하는 것을 목적으로 하지만 대개는 변화에 대한 부가적인 저항으로 끝나곤 한다. 예를 들어 "그 생각을 버리고 내 충고를 받아들이는 것이 좋겠다", "네가 이것을 하지 않는다면 그때 너를 가만두지 않겠다.", "네가 이번에 한 번만 더 결석하면, 이제 더이상 너를 도와주지 않을 것이다." 등이다.

표 7-4 자기표현적인 방법인 나-전달법(I-Message)과 너-전달법(You-Message) 비교

구 분	I-message	You-message
정 의	'나'를 주어로 하여 상대방의 행동에 대한 자신의 생각이나 감정을 표현하는 대화방식	'너'를 주어로 하여 상대방의 행동을 표현하는 대화방식
특 징	• 문제가 되는 상대방의 행동과 상황을 구체적으로 말한다. 이때 어떤 평가, 판단, 비난의 의미를 담지 말고, 객관적인 사실만을 말하는 것이 좋다. • 상대방의 행동이 자신에게 미친 영향을 구체적으로 말한다. • 그러한 영향 때문에 생겨난 감정을 솔직하게 말한다.	• 해결책을 제시하는 말투 - 강요하고 지시하고 명령하는 말 - 경고 위협하는 말 - 당부, 설교하고 도덕적 행동을 요구하는 말 - 충고하거나 이론적으로 설득하는 말투 • 정신적 좌절감을 일으키는 말투 - 평가, 비판, 우롱하는 말투 - 탐색 질문 및 심리분석의 말 - 둘러대거나 관심을 전환시키는 말투 및 비교하기

출처: 신용주 외(2006).

(12) 역기능적 의사소통

역기능적 의사소통은 자신이 일반화하거나 확실한 증거 없이 짐작하여 의사를 전달하거나 사실을 모르고 서로 눈치를 보면서 주제를 선택하거나 표현을 주저하고 회피적인 태도를 보이는 의사소통 유형이다. 그리고 사용하고 있는 단어나 의사소통하는 내용을 확인하지 않고 구체화하지도 않는다. 애정적 표현보다는 비난적인 표현을 더 많이 사용하여, 의사소통이 원만하게 잘 이루어지지 않는다. 미완성의 메시지를 전달하며, 완성된 문장은 사용하지 않고 발음도 명확하지 않다. 그리고 애매모호하고 간접적인 방식으로 의사소통한다. 이와 같이 역기능적인 의사소통 양식은 심각한 문제를 유발하고 가족구성원에게 고통을 안겨줄 수 있다.

(13) 효과적인 의사소통을 방해하는 요인

효과적인 의사소통을 방해하는 요인은 성급히 주제 바꾸기, 과잉일반화, 지나친 질문, 동정하거나 무례하거나 거짓으로 안심시키기, 상대방의 마음을 읽고 있는 듯 진단하고 해석하기, 부정적인 과거사건 떠올리기, 불충분한 대답, 의견표현의 실패, 단언적 발언,

흑백논리 및 과도한 동의 또는 반대, 빈번한 조언, 부정적 평가, 문책, 비판, 지시, 명령, 위협, 훈계 및 비꼬는 유머, 지나친 농담, 조르기 등이다.

의사소통을 방해하거나 왜곡하는 말로는 과거의 경험, 선입견, 고정관념, 잠재적 의도, 물리적 환경을 탓하는 말들이다. 주로 경직되고 융통성 없는 경계선과 모호한 구조를 지녀 다양성이 부족한 사람들에게 나타나는데 실망, 절망, 우울증, 근심, 적개심, 죄책감, 냉소, 무관심 등으로 표출된다.

(14) 원가족 삼인군

역기능적 대처방법에 집착하며 죄의식을 느끼기보다는 내외적 자원과 장점 인식을 통한 기능적인 의사소통과 자존감 향상을 통해 어머니, 아버지, 자녀관계에서 구성, 관계, 역할, 조화, 협동을 추진한다.

3) 대표적인 기법들

가족체계 내의 상호작용을 계속 진단하고 의사소통을 기초로 삼는 기술을 통해 가족 내의 의사소통과 상호체계를 변화하는 기법들이 필요하다.

(1) 효과적인 의사소통 방법

가족 내에서 효과적인 의사소통을 위해서는 감정이입, 장애물의 의식, 피드백, 경청, 권력과 조작에 의한 전달 피함, 일대일 의사소통, 수용, 신뢰감 등이 필요하다.

그리고 가족구성원들이 자신의 생각과 감정을 가족 내의 다른 사람들과 공유하는 것이 중요한데, 이것은 좋고 나쁨을 개방적이고 솔직하게 표현함으로써 가능하다. 또한 타인의 내적 생각과 감정을 수용하는 자세가 필요한데, 이것은 다른 사람의 생각과 감정에 대한 상냥함과 지지를 통해 가능하다. 비웃음과 부정적 평가, 개성의 무시, 처벌과 비판적인 언급은 가족의 역기능을 강화하게 된다. 그러므로 건강한 가족에서 구성원들은 서로의 관점과 시각을 환영하고 인정하며, 낙관주의, 공감, 포근함, 애정, 친절, 긍정적 감정의 어조 등이 전제되어야 한다.

(2) 가족조각(family sculpting)

가족조각기법은 가족구성원이나 물체를 배치시키는 방법으로 어느 특정한 시점의 가족 간의 정서적 관계를 신체적으로 상징화하는 기법이다. 어느 시점을 선택하여 그 시점에서의 인간관계, 타인에 대한 느낌과 감정을 동작과 공간을 사용하여 표현하는 비언어적 기법(말이 아닌 행동과 관찰을 통한 경험)인 것이다. 적어도 서너 명이 참석하는 것이 좋으며, 참석하지 않은 사람들을 위치시킬 때 사용하도록 쉽게 움직일 수 있는 가구나 물건을 준비한다. 가족구성원 각자가 가족 내에서 경험한 그 자체를 눈으로 볼 수 있도록 압축하여 표현하게 하는 것이다(김경호, 2005).

언어적 표현 부족, 소극적 참여 가족들이 자연스럽게 참여하면서 치료에 관여하게 하며, 주어진 공간에서 구체적 관계 유형을 볼 수 있고, 경험할 수 있게 하는 진단적이고, 치료적인 기법이다. 가족구성원 중에 한 사람이 조각자가 되어 자신이 지각하고 있는 상황을 각 구성원에게 표현하도록 각자의 위치와 신체적 표현을 정해준다. 나머지 구성원들은 조각자가 표현하고 싶은 것이 모두 표현될 때까지 그 자세를 유지한다. 가족구성원들은 다른 구성원들의 조각을 보는 관점에서 통찰력, 이해, 공감, 동정, 후회, 사고 등의 감정을 경험한다. 말없이도 다른 사람의 관점을 이해하게 하는 수단을 제공하기 때문에 말이 서투른 가족에게 용이하다.

언어를 사용하지 않기 때문에 과도한 말이나 방어적 태도와 비난을 통한 투사 등을 차단할 수 있는 장점이 있는 개입기술이며, 그래서 가족에게 주는 응집력 효과를 볼 수 있다. 그리고 가족구성원 각자가 자신이 가족의 중요한 구성원임을 깨닫게 해준다. 또한 가족들이 이상적인 자신들의 관계를 표현하게 함으로써 그 가족에 대한 이해를 높일 수 있는 방법이 되는 것이다(손광훈, 2009).

(3) 역할극, 역할연습

역할연습은 클라이언트의 문제 장면을 가능한 한 실제에 가깝게 연출하여 클라이언트가 그 장면에서 실제로 할 수 있는 말과 행동을 하도록 하는 기법이다. 즉, 역할연습을 통해, 클라이언트의 생각, 감정 및 행동 등을 전체적(전인적)으로 표현하게 함으로써 실제 생활 장면에서 어떻게 움직이는가를 사회복지사나 다른 관찰자들에게 정확히 보여주고, 클라이언트의 문제를 구체적으로 부각시키는데 사용된다.

그러므로 실제 생활에서 겪을 수 있는 위험부담 없이 새로운 행동을 연습하게 하는 기법이라고 할 수 있다. 사회복지사가 한 가족구성원에게 다른 구성원의 역할을 수행해 보도록 요청하며, 다른 구성원의 역할수행을 통해 그 구성원의 내면에 대한 이해를 높일 수 있다. 또한 클라이언트는 가족의 다른 구성원의 역할연습 행동을 보면서 여러 생활 장면에서의 타인들의 행동 및 감정 경향, 신념의 차이를 이해하게 되며, 역할연습에 참여하는 과정에서, 자기 자신에 대한 통찰을 통해, 자신의 무관심과 자기의 감정을 어떻게 자제해야 하는가를 배우기도 하고 새로운 행동 양식을 개발할 수 있게 되는 것이다. 결국, 역할연습은 복잡한 생활 장면 문제들에 대한 대응방식을 자연스럽고도 전체적으로 학습시키고 또 교정하는 방법이라고 말할 수 있다(전남련, 2007).

(4) 가족그림

가족이 어떻게 조직화되어 있는지 가족 각자의 생각을 그리게 하고, 예전에 미처 생각하거나 대화하지 못했던 상황을 경험하도록 돕는 기법이다.

(5) 비유

주제나 생각이 유사한 다른 상황과 연결시켜 표현하는 기법으로 가족이 자신의 문제를 밝히기를 부끄러워하거나 언급하기를 원하지 않을 때 사용된다.

(6) 모의가족(simulated family)

가족 내의 바람직한 의사소통 방법과 입장을 배우기 위해 모의 형태의 가족이 되어

연기하고 연습해 보는 기법이다.

(7) 원가족 도표 작성

가족구성원의 성격, 자존감, 의사소통 유형, 가족규칙, 가족의 역동성, 세대 간의 유사성과 차이점, 사회와의 연계성 수준 파악, 가족의 역동성과 대인관계를 평가해 볼 수 있는 도구이다.

(8) 재정의(재명명)

가족을 위하여 문제를 재구성하는 것으로 가족문제 원인의 대상을 변화시키거나 대화의 숨은 진의를 파악하게 하는 것이다. 클라이언트를 돕기 위해 역기능 대처체계를 개방적이고 건강한 기능체계로 바꾸기 위한 개입을 하면서, 재현을 통한 자신에 대한 감정과 시각을 가질 수 있도록 구조화해야 한다. 이를 통해 문제를 다른 시각에서 보고 다른 방법으로 이해하도록 돕는 것을 재명명기법이라 한다.

(9) 유머

사회복지사는 가족 내의 긴장완화 및 친밀감 유도를 위해 유머가 필요하다.

(10) 가족중재

사회복지사가 가족에게 깊이 관여하기보다 중립자적 입장에서 단순히 구조화된 과정을 안내하는 것이다. 부모와 자녀 간 갈등이 심한 경우, 사회복지사는 부모의 권위를 존중하는 한편, 자녀의 주장도 존중되고 수용되도록 지원한다.

(11) 역기능적 가족규칙 수정

가족구성원의 기능을 손상시킬 수 있는 역기능적 가족규칙을 밖으로 드러나게 하는 것이다. 사회복지사는 가족원들의 상호작용에 미치는 규칙의 영향을 인지하도록 메타커뮤니케이션을 통하여 가족을 돕는다. 사회복지사는 가족이 잘 아는 분명한 규칙목록을 만들고 가족이 분명하면서 인지하기 쉬운 규칙들을 말하고 나면, 드러나지 않은 다른 규칙에 대하여 논의하도록 유도한다.

(12) 직면(confrontation)

클라이언트가 가족 내에서 역기능을 일으키는 기본적인 이슈에 대해서 회피하려고 할 때 사회복지사는 가족원들의 자기 파괴적이거나 자기 패배적인 행동을 인식하도록 직면을 사용한다.

4 해결중심적 가족치료모델

1) 특징

해결중심적 가족치료모델에서 클라이언트는 문제를 해결할 수 있는 힘과 자원을 이미 가지고 있는 존재라고 보며, 문제의 원인 혹은 문제내용의 규명이 아니라 해결책의 구축에 초점을 둔다. 클라이언트의 장점과 자원을 활용하여 작은 변화부터 시도하는 손쉬운 해결책과 성공적 경험을 중심으로 가족 사정을 하고 개입한다. 과거보다는 현재와 미래에 관심을 갖고 저항의 개념을 사용하지 않으며 클라이언트가 진심으로 변화를 원한다는 가정하에 이루어진다(전재일 외, 2002).

'반복적으로 잘못 다룬 것'을 문제로 보며, 개인과 가족의 역기능에 초점을 두지 않는다. 사회복지사는 직접적으로 무엇을 하라고 지시하고 가르치기보다는 가족들 스스로 문제해결의 방안을 찾아내고 사용할 수 있도록 원조한다. 즉 사회복지사와 클라이언트와의 관계가 중시된다.

해결중심적 가족치료모델에 적합한 클라이언트의 특징으로는 항상 자신이 실패한 사람이라고 생각하거나, 잠재된 능력을 몰라서 불평이 많은 사람들이다. 또한 비현실적 신념으로 잦은 이직을 하거나 잘못된 습관(자살시도, 만성적 알코올, 약물남용 등)을 가진 사람들, 그리고 낙인, 중독자의 문제로부터 분리가 안되는 배우자, 혹은 가족구성원이 이에 속한다.

DeShazer와 Berg, Milwaky 등에 의해 발전되었다. 단기가족치료, 위기단기치료에 주로 활용되며, 최소한도의 개입, 인간에 대한 강점관점, 인지의 강조, 쉽게 가르칠 수 있는 공식화된 기법 등으로 특징지어진다(류종훈, 2005).

2) 대표적인 기법들

(1) 치료면담 전의 변화에 대한 질문

질문하기를 통해 해결의 실마리를 제공하고자 한다. 클라이언트에게 계속적으로 변화가 일어난다는 것을 전제로 클라이언트가 면담을 예약한 후 현재 이곳에 오기까지 달라진 것이 무엇인지 혹은 문제가 어느 정도 완화되었는지를 질문한다. 클라이언트의 잠재능력을 발견하고 클라이언트 자신이 의식하지 못하는 해결방안을 찾는 데 도움이 된다. 새로운 변화에 대한 기대를 위한 격려가 이루어지게 된다.

(2) 예외질문

문제해결을 위해 우연적이며 성공적으로 실시한 방법을 발견하는 것이다. 문제시되는 실패 경험보다는 성공했던 경험을 찾아내어 그것을 의도적으로 계속 실시하여 성공의 경험을 확장하고 강화하도록 한다. 성공적으로 잘 하고 있으면서도 의식하지 못하는 것을 발견할 수 있도록 '가족에게 이런 문제가 일어나지 않은 경우도 있었는가'라는 질문을 던진다(김혜란 외, 2006).

(3) 기적질문

기적이 일어나서 문제가 해결되었다고 상상하게 함으로써 문제 자체보다는 문제와 별개로 해결책을 생각해 보게 하여 기적이 일어났을 때 달라질 수 있는 일들을 실제 행동으로 해보게 하는 것을 말한다. 그러면 클라이언트가 정말 원하는 것을 확인할 수 있는 기회가 된다. 치료 목표를 설정하면서 문제가 완전히 해결되었을 때를 상상하게 하는 것이다.

(4) 척도질문

구체적인 숫자를 이용하여 가족구성원에게 자신의 문제의 심각성 정도, 치료목적, 변화정도, 성취정도, 변화에 대한 의지 등을 계량적으로 표현해 보게 하는 질문기법이다.

(5) 대처/극복질문

문제 상황에 있는 클라이언트에게 경험을 활용하도록 하고 새로운 힘을 갖게 하며, 자신의 자원과 강점을 발견하도록 하는 데 도움이 되는 질문을 하는 기법이다. 문제해결을 위한 클라이언트의 노력에 대한 질문을 통해 더 나빠지지 않고 위기를 견디어 낼 수 있는 것을 강조하고 격려함으로써 힘을 주는 기법이다. "무척 견디기 힘든 상황이었을 텐데 어떻게 더 나빠지지 않고 현재 상태를 유지할 수 있었나요?" 등과 같은 질문을 하는 경우이다(김혜란, 2006).

5 전략적 가족치료모델

1) 특징

전략적 가족치료모델에서는 가족문제를 '정상'이나 '비정상', '병리'로 구분하는 것에 대해 거부하며, 가족 내 문제 행동이 가족의 역기능적 상호작용에 적응하는 방법으로서 가족 유지의 기능을 하는 측면이 있음을 부각시킨다. 그러므로 개입목표는 현재의 가족 문제를 제거하거나 감소시키는 도구적 전략에 관심을 갖고, 통찰이나 인지의 변화보다는 증상과 증상의 해결에 초점을 둔 행동중심적 개입의 성향을 보인다. 이론보다 문제해결 방법에 초점을 둠으로써 다양한 실용적 개입기법들을 제안하였다. Haley 등에 의해 발전되었다(김용민, 2009).

2) 주요 개념

(1) 역설적인 의사소통

메시지 내용보다 메시지의 질(메타커뮤니케이션)에 의해 역기능적 관계를 형성한다.

(2) 가족관계의 유형

가족구성원들이 형성하는 관계의 유형에는 대칭적 관계, 보완적 관계, 초보완적 관계 등이 있다.

(3) 관계의 통제

공개적 싸움, 고의적 방해, 수동적인 저항 등으로 관계 유형에 상호 합의하지 못할 때 투쟁하는 상황을 말한다.

(4) 위계질서의 혼돈

세대에 근거하나 세대 간 위계에 대항하기 위해 다른 세대 구성원과 결탁하는 상황이다.

3) 대표적인 기법들

(1) 역설적 개입

사회복지사는 문제를 유지하는 행동을 변화시키기 위해 가족이 역설적이라고 생각하는 방법을 지시하거나 혹은 증상을 처방한다. 사회복지사는 흔히 가족원에게 상식에 반하는 일을 행하거나 믿게 하려고 노력하는데, 그러한 방법은 역설적인 점이 있으므로

'역설적 개입'이라 불린다. 역설적인 개입기술의 대표적인 것은 증상처방과 제지기법, 시련기법 등이 있다.

① 증상처방

가족이 불평하는 행동을 계속하거나 더 많이 하도록 하는 방법으로 고된 체험을 통한 방법이다. 문제가 되는 증상을 없애기 위해 그 증상을 계속하도록 하는 것이다. 예를 들어 부부싸움을 하는 시간, 장소, 방법 등을 구체적으로 제시하여 심한 체험을 하도록 하는 것이다.

② 제지기법

문제의 완화를 위해 변화의 속도가 지나치게 빠르다고 지적하고 가족원에게 천천히 진행하라고 경고하거나 변화속도를 늦추도록 주문하거나 또는 개선이 생길 때 퇴보에 대해 걱정하는 방법이다.

③ 시련기법

클라이언트가 가진 증상보다 더 많은 힘든 일을 시키는 기법으로 더 힘든 시련을 체험하도록 과제를 주어 증상을 포기하게 한다.

(2) 지시

문제행동을 유지하는 행동을 오히려 수행하라고 직접적, 간접적으로 내리는 주문을 말한다. 지시할 때에는 지시의 목적을 분명히 설명해야 하고, 이행 여부를 확인해야 한다. 이행하지 않는 경우 지시에 문제가 없었는지 확인하고 문제가 있었다면 다른 지시를 시도할 필요가 있다.

(3) 재명명

문제나 상황을 판단하는 관점의 변화로 문제나 상황을 전혀 다르게 해석하여 새로운 의미를 발견하도록 하는 기법이다. 예를 들어 남편에게 잔소리를 하는 아내의 말과 행동을 애정과 돌봄의 표현이라고 설명하는 경우이다.

(4) 순환적 질문

문제의 순환성을 깨닫도록 하기 위한 질문을 연속적으로 하는 기법으로 클라이언트가 자신을 관계의 맥락에서 보게 하고 또 다른 가족원들의 관점에서 바라볼 수 있도록 하는 것으로 가족의 문제에 대해 원인과 결과를 구분하는 단선적 관점에서 벗어나 문제의 순환적 성격을 분명하게 인식함으로써 가족구성원들은 자신들의 제한되고 일방적인 시각에서 빠져나올 수 있다.

(5) 긍정적 의미부여

가족의 응집력을 향상시키고 치료에 대한 저항을 줄이기 위해 가족의 문제나 행동을 긍정적으로 재해석하는 것으로 가족의 응집력을 향상할 수 있다.

(6) 문제의 외현화

이야기치료에서 사용하는 기법으로 표출대화(externalizing conversation)라고 하기도 하는데, 가족문제를 가족을 괴롭히는 하나의 문제 자체로 이야기함으로써 개별 구성원 혹은 가족을 가족문제로 보지 않고 문제만을 문제로 보는 것이다. 이것은 자신을 병리적이라고 생각하는 것으로부터 자유롭게 하기 때문에 인간이 지닌 잠재력과 가능성을 인식하고 인정하게 하며 그의 강점을 개발할 수 있도록 촉진한다.

(7) 행동시연(rehearsal)

행동주의 혹은 인지행동가족치료에서 사용하는 기법으로, 클라이언트가 습득한 행동기술을 현실세계에서 직접 실행해 보기 전에 면담 중에 혹은 사회복지사 앞에서 반복하여 연습하도록 하는 것이다. 가족의 갈등을 외부에서가 아니라 지금-여기(here and now)로 가져오는 것으로 치료 장면 이외에서 일어났던 사건을 치료 장면에서 해보도록 하는 것이다.

(8) 재연(enactment)

가족이 경험하고 있는 문제를 사회복지사가 보다 정확하게 이해하기 위해 가족들로 하여금 문제 상황을 사회복지사 앞에서 실제로 행동을 통해 연기해 보도록 하는 기법이다. 문제 상황을 둘러싼 가족의 역기능적 상호작용이 분명히 드러나도록 하기 위한 것이 목적이다. 개입의 방향에 대한 정보를 확인하는 도구이자 그 자체로서 가족의 변화를 위한 도구가 된다.

6 가족 사정보고서의 예

가족 사정보고서

- 클라이언트 성명: ○○○ (남/여)
- 나이:
- 주소:
- 정보 제공자:
- 면담 일시 / 장소:
- 면담 목적: 가족 사정
- 면담 시 태도 및 정보의 신뢰도:

1. 기본 정보
   ① 주거 상황
   ② 직업 상황
   ③ 사회경제적 지위

④ 종교

2. 가족정보

(1) 부계 확대가족

(2) 모계 확대가족

(3) 클라이언트 가족

3. 가족관계

(1) 확대가족과의 관계

(2) 부부관계

(3) 부모자녀관계

(4) 형제자매관계

4. 가계도와 생태도

5. 종합적 가족 사정

TEST

중간고사

CHAPTER 01-07

TEST 1-7 CHAPTER

중간고사

사회복지실천을 예술이라고 할 때의 내용으로 볼 수 있는 것은?

① 추상성을 강조한다.
② 종합적인 학문이다.
③ 이론적인 학문이다.
④ 자연과학보다 떨어진다.
⑤ 비합리성을 포함한다.

정답 ②

해설 사회복지는 과학성과 예술성을 포함하는 종합적인 실천학문이다.

기능주의적 실천모델에 대한 설명으로 올바르지 않은 것은?

① 병리적 모델이 아닌 건강모델
② 1930년대 Pennsylvania대학 사회복지학 교수들에 의해 처음 시작
③ 문제해결에 클라이언트의 적극적 참여와 자기결정권이 강조
④ 인간을 과거의 경험에 의해서 결정되는 존재로 인식
⑤ '치료'라는 용어보다는 '도움' 혹은 '개입'이라는 용어를 사용

정답 ④

해설 기능주의적 실천모델은 인간을 과거의 경험에 의해서 결정되는 존재가 아닌 자아의 창의적이고 적극적인 의지에 의해 지속 성장 발전하는 존재로 인식하였다.

추적기법에 대한 설명으로 옳지 않은 것은?

① 추적기법에서 주의해야 할 것은 가족의 대화를 확대시키거나 도전하지 않고 있는 그대로 받아들여야 한다는 점이다.
② 사회복지사는 가족의 의사소통, 행동의 내용을 따라가며 그것을 계속하도록 격려한다.
③ 사회복지사는 추적기법을 활용할 때 의문점을 분명히 하기 위하여 질문하고, 인정하는 코멘트를 한다.
④ 가족의 대화 가운데 나온 가치, 주제, 역사적 사건 등을 치료에 사용함으로써 가족의 가치를 중요시하고 그에 대한 변화도 가능하도록 하는 기법이다.
⑤ 이 기법의 목표는 행동, 사고, 감정의 구체적인 형태를 체계적 맥락에서 분명하고 자세하게 발견하는 것이다.

정답 ①

해설 미누친의 추적기법에 대한 설명에 따르면 추적이란 의문점을 분명히 하기 위하여 질문하고 인정하는 코멘트를 하고 어떤 면은 확대시키는 것을 의미한다.

미시, 중범위, 거시체계 사이의 논쟁이나 갈등을 해결하는 역할을 담당하는 것은 무엇인가?

① 분석가/평가자
② 통합자/조정자
③ 교육자
④ 관리자
⑤ 중재자

정답 ⑤

해설 중재자에 대한 설명이다.

클라이언트에게 가치를 강요할 경우 나타나는 중요한 결과가 아닌 것은?

① 클라이언트로 하여금 자기결정권을 발휘하도록 돕게 한다.
② 클라이언트가 새로운 가치를 내면화할 때까지 자기의 고유한 가치와 상반되는 행동을 하게

될 경우에는 죄의식을 불러일으킬 수 있다.

③ 클라이언트는 강요된 가치에 대해 분노하고 반대할 수 있다.

④ 사회복지사는 클라이언트의 다양한 가치선호를 이해하기보다는 무의식적으로 자신의 가치를 부여하려 할지도 모른다.

⑤ 사회복지사는 클라이언트 문화와 갈등관계에 있는 조직적 혹은 문화적인 가치를 대표할 수도 있다

정답 ①

해설 특정 가치를 강요하게 되면 클라이언트는 자기결정권을 발휘하지 못하고, 강요된 선택을 하게 될 확률이 높아진다.

정신역동모델은 정신세계를 다양한 관점에서 설명하고 있다. 인간의 신체적 성감대에 따른 5단계의 발달단계 즉, 구강기, 항문기, 남근기, 잠재기, 생식기의 발달단계를 거쳐 성격이 형성된다고 보는 관점이 아닌 것은?

① 정신분석학적 관점
② 지형학적 관점
③ 구조적 관점
④ 심리성적 발달단계 관점
⑤ 제도적 관점

정답 ⑤

해설 프로이드는 정신분석이론에서 심리성적인 발달단계를 5단계로 구분하고, 이 단계에서 잘못된 경험이 현재의 문제를 만들어 내고 있다고 본다.

다음 중 행동수정 실천모델에 관한 설명이 아닌 것은?

① 기계론적인 환경결정론을 가정하고, 무의식의 중요성을 인정하지 않으며, 인간의 자율성과 행동에 대한 책임을 부정한다.

② 과학적 심리학을 추구하는 움직임 속에서 인간의 내면세계가 아니라 관찰 가능한 행동을 탐구의 대상으로 한다.

③ 인간은 법칙적으로 결정되어 있기 때문에 예측 가능하고 통제될 수 있는 것이라고 보았다.

④ 가족이나 집단에서는 잘 적용되지만, 사회문화의 분석에는 취약하다.

⑤ 인간은 자신의 잠재력을 발달, 성장시키고 완성시킬 수 있는 본능적 욕구를 가졌다.

정답 ⑤

해설 ⑤는 클라이언트 중심모델에 대한 설명이다.

체계이론과 다세대적 관점의 공통점은?

① 바람직하지 않은 가족 유형이 반복되는 경향을 분석한다.

② 현재-여기에서의 행동의 변화를 목표로 하는 접근방법이다.

③ 원인과 결과의 단선적인 관계 규명보다는 가족의 세대 간 환경과 가족관계의 맥락을 중요시한다.

④ 가족체계 내의 상호작용 패턴과 그 변화에 초점을 둔다.

⑤ 가족을 구성원들 사이에 교환이 끊임없이 일어나는 하나의 상호적인 환경으로 본다.

정답 ③

해설 체계이론과 다세대적 관점은 가족의 체계, 즉 한 부분의 변화는 다른 부분의 변화를 가져온다는 점에서 공통점을 갖는다.

클라이언트의 의사결정과 문제해결을 돕는 원조과정의 첫 단계는 무엇인가?

① 사정 ② 수행
③ 계획 ④ 개입
⑤ 종결

정답 ①

해설 클라이언트에 대한 정보수집 및 자료수집을 토대로 문제를 진단하고 원조 자원을 분석하며, 검토하는 단계가 사정단계이다.

다음 중 경험적 가족치료모델에 대한 설명으로 올바르지 않은 것은?

① 인간의 성장가능성을 신뢰한 사티어(Satir)의 성장모델과 위테커(Whitaker)에 의해 발전
② 작은 변화부터 시도하는 손쉬운 해결책과 성공적 경험을 중심으로 가족사정을 하고 개입
③ 현재의 의사소통과정과 형태에 초점
④ 역할놀이, 가족조각, 공동가족화 등의 고도로 구조화된 기법 사용
⑤ 충분한 감정표현의 기회 제공이 성장의 계기를 제공할 수 있다고 보는 입장

정답 ②

해설 해결중심적 가족치료모델에 대한 설명이다.

가족대상 사회복지실천의 개입단계 중 저항의 4단계의 순서가 올바른 것은?

① 갈등 → 방어 → 해결 → 통합
② 갈등 → 방어 → 통합 → 해결
③ 갈등 → 통합 → 방어 → 해결
④ 방어 → 갈등 → 해결 → 통합
⑤ 방어 → 통합 → 갈등 → 해결

정답 ①

해설 가족대상 사회복지실천의 초기 개입단계에는 갈등 → 방어 → 해결 → 통합으로 이루어지는 저항의 4단계에 대한 이해가 필요하다.

가족의 적절한 기능을 위해 하위체계들도 자신의 경계를 유지해야 한다. 다음 중 하위체계의 경계가 불분명하여 어려움을 겪는 경우로 적합하지 않은 것은?

① 가족성원의 자아의식과 가족 간의 공동자아가 동시에 존재하는 경우
② 가족체계와 외부와의 경계가 지나치게 유동적일 경우
③ 부모와 자녀 간에 서로 일어나는 일들을 전혀 모르고 간섭하지 않을 때
④ 가족체계와 외부와의 경계가 지나치게 경직되어 있을 때
⑤ 가족 내의 각 하위체계 간의 경계가 잘못되어 있을 때

정답 ①

해설 가족성원의 자아의식과 가족 간의 공동자아가 동시에 존재하는 경우는 분명한 경계를 가진 가족에게서 나타나는 현상이다.

다음 중 사회복지학에 대한 설명으로 올바르지 않은 것은?

① 사회복지학의 지식은 인간과 사회체계에 관한 것이다.
② 사회복지학의 실천은 문제해결과 복지발전을 목적으로 한다.
③ 사회복지학의 사회문제에 대한 연구방법은 사회과학적이어야 한다.
④ 사회복지학은 사회적 시책의 체계이고 사회복지학의 지식은 실천이론이다.
⑤ 사회복지학은 독립적 성격이 강한 학문이다.

정답 ⑤

해설 사회복지학은 응용학문의 성격이 강하기 때문에 다양한 학문들과 밀접한 관계가 있으며, 어떤 학문의 어떤 이론이라도 인간의 사회적 기능을 높이는 목적에 직접 적용될 수 있는 것이면 사회복지학의 지식기반으로 적용 가능하다.

1917년 사회복지실천의 최초 전문서적인 《사회진단》을 출판한 학자는?

① 홀리스
② 해밀턴
③ 리치몬드
④ 프로이드
⑤ 펄만

정답 ③

해설 개별사회사업을 처음으로 과학적으로 체계화하였으며, 이후에 《개별사회사업이란 무엇인가》라는 저서를 출간하였다.

사회복지사의 직접적 역할이 아닌 것은?

① 중개인의 역할
② 교사의 역할
③ 행정가의 역할
④ 사회변화대행자의 역할
⑤ 사례관리자의 역할

정답 ③

해설 행정가의 역할은 사회복지서비스조직에서 정책, 서비스, 프로그램을 계획하고 개발하는 간접적인 역할이다.

직접서비스를 제공하는 사회복지사의 역할과 관계가 없는 것은?

① 정보제공자 ② 옹호자
③ 촉진자 ④ 교육자
⑤ 중재자

정답 ②

해설 옹호자는 클라이언트의 개인이나 집단의 권익보호를 위해 새로운 자원이나 서비스를 제공하도록 클라이언트를 대신해서 촉구하는 간접적 서비스를 제공하는 역할이다.

다음 중 클라이언트 중심모델이 사회복지실천현장에 적용되어 사용되는 주요 기법은?

① 규칙제정
② 부정적 자기진술
③ 무조건적 긍정적 배려
④ 자유연상
⑤ 제안과 설득

정답 ③

해설 로저스 이론이 사회복지실천현장에 적용되어 사용되는 주요 기법들로는 공감, 무조건적 긍정적 배려, 진실성이 있다. 무조건적 긍정적 배려란, 속으로든 겉으로든 판단적인 행동을 보이지 않는 것을 의미한다.

전문가 윤리강령의 주요 기능으로 올바르지 않은 것은?

① 소송으로부터 전문가를 보호
② 정직하지 않고 무능력한 실천가들로부터 많은 사람들을 보호
③ 정부의 통제로부터 전문직을 보호
④ 좋은 것과 나쁜 것 중 어떤 하나의 결정을 하고자 할 때 효과적
⑤ 윤리적 딜레마에 대한 지침을 제공

정답 ④

해설 전문가 윤리강령의 문제점에 해당하는 것으로 좋은 것과 나쁜 것 중 어떤 하나의 결정을 하고자 할 때 효과적으로 도와주지 못한다.

일반체계론적 실천모델에 대한 설명으로 올바르지 않은 것은?

① 자기결정과 변화과정에서의 클라이언트 참가에 관한 사회복지사의 관심을 지지한다.
② 인간을 신체적 · 심리적 · 사회적 부분으로 분리된 존재로 인식한다.
③ 사정과 개입계획에 있어 클라이언트의 목표를 이해하고 고려해야 할 필요성을 강조한다.
④ 인간을 자신의 욕구에 맞게 자신의 행동을 수정할 수 있는 능력을 지닌 존재로 본다.
⑤ 클라이언트의 행동과 기능에 영향을 미치는 많은 생물학적 사회적 체계의 역동적인 상호작용에 초점을 둔다.

정답 ②

해설 일반체계론적 실천모델에서는 인간을 신체적 · 심리적 · 사회적 부분으로 분리된 존재가 아니라 통합된 전체로 본다.

다음 중 사회복지실천과정을 순서대로 나열한 것은?

① 계획 → 개입 → 사정 → 평가 → 종결
② 계획 → 사정 → 개입 → 종결 → 평가
③ 사정 → 개입 → 계획 → 평가 → 종결
④ 사정 → 계획 → 개입 → 평가 → 종결
⑤ 개입 → 사정 → 계획 → 평가 → 종결

정답 ④

해설 접수 → 자료수집 → 사정 → 계획 → 계약 → 개입 → 평가 → 종결의 단계를 거친다.

친부모와 그 자녀만으로 구성된 가족은?

① 핵가족 ② 편부모가족
③ 확대가족 ④ 혼합가족
⑤ 무자녀가족

정답 ①

해설 핵가족이란 부부와 미혼인 직계자녀로 구성된 2세대 가족으로 현대산업사회의 사회경제적 구조에 가장 적합한 가족형태이다.

다음의 내용은 사회복지사의 어떤 역할을 의미하는가?

> 클라이언트가 자원과 서비스를 받을 권리를 유지하도록 돕거나 클라이언트나 클라이언트 집단에게 부정적 효과를 주는 프로그램과 정책을 변화시키도록 적극적으로 지지한다.

① 교육자 ② 중개자
③ 옹호자 ④ 상담가
⑤ 사례관리자

정답 ③

해설 옹호자는 클라이언트의 입장과 처지, 상황의 역기능적인 부분을 다른 사람에게 알리는 역할을 담당한다.

프로이드의 정신분석이론을 바탕으로 하여 클라이언트의 문제를 사정-진단-치료라는 의료적 모델을 강조한 이론은 무엇인가?

① 과제중심모델 ② 기능주의
③ 심리사회적 모델 ④ 행동주의
⑤ 진단주의

정답 ⑤

해설 진단주의모델에 대한 설명이다.

전략적 가족치료모델의 주요 개념에 대한 설명으로 올바르지 않은 것은?

① 관계의 통제는 공개적 싸움, 고의적 방해, 수동적인 저항 등으로 관계 유형에 상호합의하지 못할 때 투쟁하는 상황을 말한다.
② 가족구성원들이 형성하는 관계의 유형에는 대칭적 관계, 보완적 관계, 초보완적 관계 등이 있다.
③ 위계질서의 혼돈은 세대에 근거하나 세대 간 위계에 대항하기 위해 다른 세대 구성원과 결탁하는 상황을 말한다.
④ 역설적인 의사소통은 메시지 내용보다 메시지의 질(메타커뮤니케이션)에 의해 역기능적 관계를 형성한다.
⑤ 사회복지사는 흔히 가족원에게 상식에 반하는 일을 행하거나 믿게 하려고 노력하는데, 그러한 방법을 시련기법이라고 한다.

정답 ⑤

해설 역설적 기법에 대한 설명이다. 시련기법은 클라이언트가 가진 증상보다 더 많은 힘든 일을 시키는 기법으로 더 힘든 시련을 체험하도록 과제를 주어 증상을 포기하게 하는 것이다.

정신역동모델에서 사회복지사와 클라이언트 간의 교감이라고 생각되는 역동적 에너지를 묘사하기 위해 사용된 용어로 후에 '전이'로 불리어진 것은?

① 진단 ② 사정
③ 라포 ④ 초자아
⑤ 동일시

정답 ③

해설 사회복지사와 클라이언트가 첫 면담을 통해 얻어지는 심리 내적인 상호작용으로, 신뢰를 기반으로 하는 감정이 발전되며 개입의 성공 여부를 결정하게 된다.

가족생활주기에서 일반적으로 가족의 생활을 나누는 기준이 아닌 것은?

① 출산 ② 결혼
③ 자녀의 진학 ④ 부부권태기
⑤ 자녀의 출가

정답 ④

해설 부부권태기는 결혼생활에서 나타나는 현상이므로 가족생활주기의 기준은 아니다.

사회복지사의 역할 중 조력자의 역할을 맞게 설명한 것은?

① 옹호나 조정 가능성을 파악하는 일부터 기술적 지원 서비스를 연계하고 수행하며 직접 개입하는 역할
② 이혼이나 실직과 같은 위기상황에서부터 주거, 탁아와 같은 지역사회 문제에 이르는 다양한 문제를 대처하도록 돕는 역할
③ 미시, 중범위, 거시체계 사이의 논쟁이나 갈등을 해결하는 역할
④ 다른 복지사의 개입 혹은 기관의 프로그램과 기능을 분석하여 그 효과성을 평가하는 역할
⑤ 개선해야 할 문제에 관심을 불러일으키는 일 수행

정답 ②

해설 ①은 통합/조정자, ③은 중재자, ④는 분석/평가자, ⑤는 주창자이다.

다음 중 위기개입의 기본원리와 관련이 없는 것은?

① 자유연상법 ② 신속 개입
③ 행동 지향성 ④ 제한된 목표
⑤ 희망과 기대

정답 ①

해설 위기개입의 기본원리로는 신속 개입, 행동 지향성, 제한된 목표, 희망과 기대, 지지, 위기에 초점을 둔 문제해결, 자립이 있다.

행동수정 실천모델에서 사회복지사의 실무원칙 중 바르지 못한 것은?

① 클라이언트는 개입과정의 주체가 된다.
② 현재의 문제행동을 감소 및 제거하고, 바람직한 행동을 양성한다.
③ 사회복지사가 활용하는 개입 절차는 정확하게 기술되어야 하며 그 기법은 실험이나 조사에 의해 효과가 검증된 것이어야 한다.
④ 문제행동의 선행조건과 강화요인을 먼저 사정해야 한다.
⑤ 문제행동의 강도와 빈도를 양적으로 측정해야 한다.

정답 ①

해설 사회복지사는 개입과정의 주체이며, 평가자의 역할을 동시에 수행한다.

가족개입의 진행기에 주로 적용되는 실천기술 중 세대 간, 가족 내부의 개입에 해당되지 않는 것은 어느 것인가?

① 가족옹호(family advocacy)
② 경계 만들기(boundary making)
③ 가족조각(family sculpture)
④ 순환적 질문하기(circular questioning)
⑤ 탈삼각화(detriangulation)

정답 ①

해설 가족옹호는 가족의 문제를 외부에 알려 문제를 해결하는 방법이다.

어려운 사람, 혹은 문제를 가진 사람들이 그 문제를 해결할 수 있도록 도와주는 사회복지사의 역할은?

① 중재자의 역할 ② 조력자의 역할
③ 조정자의 역할 ④ 관리자의 역할
⑤ 교육자의 역할

정답 ②

해설 예를 들어 이혼이나 실직 같은 위기상황에서 긴급

하게 도움을 줄 수 있는 주거서비스나 보육서비스, 기타 상담서비스 등을 통해 각자가 갖고 있는 문제를 대처하고 또 해결할 수 있도록 돕는 역할이 바로 조력자의 역할이라 할 수 있다.

다음 질문기법은 어떤 기법인가?

> 이 질문기법은 가족구성원에게 돌아가면서 상호작용의 유형이나 가족관계에 필요한 가족구성원의 지각 차이를 밝혀 내는 데 목적이 있다.

① 예외질문
② 해결중심 질문기법
③ 순환적 질문기법
④ 기적질문
⑤ 척도질문

정답 ③

해설 가족의 관계나 가족의 서열, 시간에 따른 변화, 무응답 가족에 초점을 둔 질문기법이다.

다음 중 역기능적인 가족 특징으로 올바르지 않은 것은?

① 상호 간의 협상과 조종이 어려움
② 폐쇄적이고 모호한 의사소통임
③ 세대 간의 분명한 경계가 있음
④ 강한 통제나 강한 의존성
⑤ 가족의 규칙과 역할이 너무 경직됨

정답 ③

해설 역기능적인 가족은 세대 간의 경계가 불분명하다.

다음은 사회복지실천과정에 관한 설명이다. 설명이 바르지 않은 것은?

① 계획 및 수행단계는 문제 또는 상황을 자세히 이해하는 것이다.
② 사람은 그가 속하지 않은 다른 사람 집단 조직으로부터 역동적인 영향을 받는다.
③ 사회복지실천과정의 이해를 위해서는 인간행동에 관한 기본지식이 필요하다.
④ 인간행동은 그의 생물학적 특징을 바탕으로 한다.
⑤ 평가단계는 목적달성 수행을 알아보기 위해 문제해결과정을 평가하는 것이다.

정답 ①

해설 ①은 사정단계에 대한 설명이다.

다음의 내용은 무엇과 관련된 설명인가?

> 가족 내 한 성원의 변화는 다른 성원들과 가족 전체에 영향을 미치며, 이런 영향은 다시 변화를 가져온 성원에게 순환적으로 영향을 미친다. 따라서 가족성원의 행동을 단선적이 아닌 순환적 반응으로 이해해야 하며, 작용이 아닌 반작용으로 이해해야 한다.

① 환류고리　② 가족구조
③ 가족의사소통　④ 순환적 인과성
⑤ 직선적 인과성

정답 ④

해설 순환적 인과성은 가족 내에서 일어나는 문제의 원인과 결과가 순환적인 관계를 형성하는 것을 말한다.

정신역동모델에서 남근기의 아동은 자신의 육체에 대한 호기심과 이성과의 차이점을 발견하면서 자아정체감을 얻게 된다. 또한 이성 부모에 대한 성적인 유대감정을 느끼고 동성의 부모를 경쟁상대로 인식한다. 이때 발생할 수 있는 형상은?

① 전이
② 이상적 자아(ego ideal)
③ 히스테리
④ 나르시즘
⑤ 오이디푸스 콤플렉스

정답 ⑤

해설 남아의 경우에는 오이디푸스 콤플렉스, 여아의 경

우에는 엘렉트라 콤플렉스를 경험한다.

진단주의와 기능주의 학파의 갈등을 종식시키게 된 사회복지실천모델은?

① 행동주의모델 ② 위기개입모델
③ 문제해결모델 ④ 4체계모델
⑤ 심리사회적 모델

정답 ③

해설 1957년 펄만에 의해 제시되었으며, 진단주의와 기능주의 학파의 이론을 통합하여 사회복지실천을 문제의 해결과정으로 규정하였다.

다음의 설명 중 옳지 않은 것은?

① 부정적 피드백은 교정적이고 체계가 항상성 있게 환경에 적응하고 안정된 상태로 돌아가도록 투입을 조절한다.
② 가족의 기능성은 적응력, 응집력 또는 친밀감, 자율성 등으로 평가할 수 있다.
③ 폐쇄체계는 네겐트로피의 특성을 갖는다.
④ 역기능적 가족은 역기능적 규칙을 따르므로 기능을 향상시키기 위해서 부적절한 규칙을 수정 또는 제거하여야 한다.
⑤ 의사소통 스타일의 변화는 가족관계의 변화를 초래하고 이는 의사소통의 변화를 초래한다.

정답 ③

해설 폐쇄체계는 엔트로피의 특성을 갖는다.

견해가 서로 다른 개인이나 집단 사이의 의사소통을 향상시키고 타협하도록 돕는 것은 사회복지사의 어떠한 역할인가?

① 조력자 ② 중개자
③ 통합/조정자 ④ 중재자
⑤ 협상가

정답 ④

해설 중재자에 대한 설명이다.

스스로 선택하고 결정하려는 클라이언트의 욕구에 대한 사회복지사의 역할로 적합한 것은?

① 종속적 역할 ② 주관적 책임 수행
③ 주의 깊은 경청 ④ 공식적 기록
⑤ 적절한 자원 파악

정답 ⑤

해설 스스로 선택하고 결정하려는 클라이언트의 욕구에 대해 사회복지사는 적절한 자원을 파악하고, 문제해결 환경을 조성해야 한다. 종속적 역할 혹은 조정, 사소한 면만의 지원은 하지 않아야 한다.

사회복지실천과정에서 목적달성 여부를 알아보기 위한 과정은 어디에 해당하는가?

① 사정 ② 계획
③ 개입 ④ 평가
⑤ 종결

정답 ④

해설 평가단계에 대한 설명이다.

다음 중 밀착된 가족에 대한 설명으로 올바른 것은?

① 과도한 가족응집력
② 가족원 간 상호작용 적음
③ 가족원 간 경계가 경직
④ 가족응집력과 결속이 낮음
⑤ 다른 가족원에 대한 관심 결여

정답 ①

해설 밀착된 가족은 가족원 간 독립심과 자율성 결여, 가족원의 획일적인 감정과 생각 강요, 과도한 가족응집력, 지나친 간섭과 관여의 경향을 보인다.

가족체계에 대한 설명으로 옳지 않은 것은?

① 가족은 상호관계를 가지고 있는 개인들로 구성되어 있다.
② 가족은 상호 간에 정서적 애정을 가지고 있는 일차적 집단이다.

③ 부부체계, 부모자녀체계, 형제체계 등은 가족 체계의 하위체계이다.
④ 아동의 사회적 발달에 주는 영향은 부모와 자녀의 관계이며 질적보다 양적으로가 더 중요하다.
⑤ 독재적 부모는 자녀에게 절대적이며 자녀의 행동을 통제한다.

정답 ④

해설 부모의 경제적인 양적 부유보다는 정서적으로 얼마나 잘 대해 주느냐 하는 질적 관계가 더 중요하다.

정신역동모델의 치료기법이 아닌 것은?

① 자유연상법
② 해석
③ 저항의 분석과 해석
④ 버텨주기와 간직하기
⑤ 자기결정

정답 ⑤

해설 심리사회 실천모델의 치료기법에 관한 설명이다.

가족에게 응집력을 주는 효과가 있고, 과도한 말이나 방어적 태도, 비난을 통한 투사를 차단할 수 있는 가족치료기법은?

① 재명명기법
② 탈삼각화기법
③ 가족조각기법
④ 질문기법
⑤ 추적기법

정답 ③

해설 사람이나 물체를 배치시키는 방법으로 어느 특정한 시점의 가족 간의 정서적 관계를 상징화하는 기법이다.

다음 가족 중 구조적 문제를 가진 가족은?

① 편부모가족
② 장애가족
③ 질병으로 인한 빈곤가족
④ 다문화가족
⑤ 가장실업가족

정답 ①

해설 부모 중 한 명이 없는 가족은 구조적 결함을 가지고 있는 가족 유형이다.

정신역동모델에 의하면 인간의 문제행동의 원인은 어디에 기인하고 있는가?

① 사회환경과의 잘못된 상호작용
② 문제해결방법의 잘못된 학습
③ 인간의 본능적 충동과 과거의 경험
④ 부적절한 행동의 학습
⑤ 욕구충족을 위한 서비스의 부재

정답 ③

해설 정신분석이론은 인간의 행동은 본능과 과거의 경험에 의해 이루어진다고 본다.

개인을 대상으로 한 사례분석의 주요 내용 연결이 가장 올바른 것은?

① 클라이언트에 대한 일반적 사항: 목표, 계획
② 사례 개요: 클라이언트의 개인력, 가족상황
③ 사정(진단계획): 가족생태도, 계획
④ 개입활동에 대한 자료(과정기록): 주요 문제, 목표
⑤ 평가(상담과정의 분석): 수퍼바이저의 평가, 클라이언트체계 · 표적체계 · 행동체계의 평가

정답 ⑤

해설 ① 클라이언트에 대한 일반적 사항: 클라이언트의 개인력, 가족상황, 가계도, 가족생태도
② 사례 개요: 사례의 개괄적 내용
③ 사정(진단계획): 사정을 위한 체계 분류, 주요 문제, 목표, 계획
④ 개입활동에 대한 자료(과정기록): 개입과정 요약, 상담내용 요약

개인대상 사회복지실천과정의 개입단계에 필요한 기술로 적절하지 않은 것은?

① 문제해결이나 적응, 성장 발달을 위한 클라이언트의 능력을 향상시키고 회복시키는 기술
② 사회적 기능을 향상시킬 수 있는 자원, 서비스, 기회 등을 제공할 수 있는 지역사회체계로 사람들을 연결시키는 기술
③ 사회적 정의에 입각하여 권리를 잃어버리고 소외된 약자들이 기회를 얻고 되찾을 수 있도록 그들과 함께 효과적 개입을 하는 기술
④ 자원과 서비스, 기회 등을 제공할 수 있는 지역사회체계에의 효과적인 기능을 향상시키는 기술
⑤ 클라이언트나 소비자의 욕구를 지역사회서비스 및 자원체계에 적절하게 조정하는 기술

정답 ⑤

해설 개인대상 사회복지실천 과정의 개입단계에 필요한 기술은 다음과 같다.

- 문제해결을 위한 접근 시 필요한 실천과정의 기술
- 문제해결이나 적응, 성장 발달을 위한 클라이언트의 능력을 향상시키고 회복시키는 기술
- 사회적 기능을 향상시킬 수 있는 자원, 서비스, 기회 등을 제공할 수 있는 지역사회체계로 사람들을 연결시키는 기술
- 사회적 정의에 입각하여 권리를 잃어버리고 소외된 약자들이 기회를 얻고 되찾을 수 있도록 그들과 함께 효과적 개입을 하는 기술
- 자원과 서비스, 기회 등을 제공할 수 있는 지역사회체계에의 효과적인 기능을 향상시키는 기술
- 클라이언트나 소비자의 욕구에 반응적인 새로운 서비스의 개발이나 기존의 지역사회서비스 및 자원체계의 개선과 향상을 위해 개입하는 기술

다음 중 폐쇄체계에서 볼 수 있는 개념인 것은?

① 네겐트로피 ② 엔트로피
③ 동등종결 ④ 긍정적 피드백
⑤ 다중종결

정답 ②

해설 폐쇄체계의 구성 부분들은 시간이 경과함에 따라 점차 동일성을 띠게 된다.

사회복지실천과 관련된 체계들 중에서 "사회복지사가 활동 목적을 달성하기 위해 공동으로 노력하는 모든 체계들"을 무엇이라 하는가?

① 전문가체계 ② 클라이언트체계
③ 행동체계 ④ 표적체계
⑤ 변화매개체계

정답 ③

해설 행동체계는 문제를 해결하기 위해 동원되는 부모, 학교교사, 도움이 될 만한 친구 등이 해당된다.

문제해결모델에 대한 설명으로 옳은 것은?

① 문제는 문제해결에 필요한 자원결핍으로 나타난다.
② 인간은 본능에 따라 항상 변화하고 발전하는 개방된 체계이다.
③ 기능주의와 진단주의의 절충적 이론이다.
④ 펄만의 4P에서 기관은 문제해결에 필요한 공식적인 조직을 의미한다.
⑤ 사회복지실천의 정체성을 강조하였다.

정답 ③

해설 문제해결모델은 기능주의와 진단주의를 종합한 사회복지실천모델이다.

다음 중 경계를 설명한 것 중 틀린 것은?

① 사회체계의 경계는 사회적, 물리적 구조가 아니므로 경계를 유지하는 행동을 통해서만 드러난다.
② 경계란 체계를 외부환경으로부터 구분하는 일종의 테두리를 의미한다.
③ 주위환경과 내적·외적 교환을 통제하기 때문에 부분적인 침투가 불가능하다.
④ 주위환경과의 내적·외적 교환을 통제한다.
⑤ 에너지와 정보의 전달이 가능하다.

정답 ③

해설 경계는 주위환경과 내적·외적 교환을 통제하는

한편, 부분적인 침투가 가능하게 한다.

다음 중 클라이언트 중심모델에 대한 설명으로 옳은 것은?

① 개인이 체험하고 지각하는 것은 '상황 속의 나'에 근거한다.
② 원조보다 개입방법을 중시한다.
③ 개인은 자아 실천경향성을 가지고 있다.
④ 개인의 과거경험을 강조한다.
⑤ 환경이 변화하면 개인행동도 변화할 수 있다.

정답 ③

해설 ①은 생태체계 실천모델, ②⑤는 행동수정 실천모델, ④는 심리역동 모델에 대한 내용이다.

행동수정모델에서 소개하는 주요 개념인 강화, 벌, 소거에 대한 설명이다. 옳지 않은 것은?

① 강화는 행동의 재현 가능성을 높이는 것이다.
② 벌은 용납할 수 없는 행동을 억제하는 데 그 목적이 있으므로 부정적 강화와 같다.
③ 부정적 강화는 특정행동의 빈도를 증가시키기 위해 부정적인 사건이나 결과를 제거하는 것을 말한다.
④ 긍정적 강화는 특정행동을 강화하는 결과를 제시함으로써 행동의 빈도를 증가시키는 것이다.
⑤ 소거는 반응 뒤 어떤 결과도 따르지 않는다는 점에서 벌과 차이가 있다.

정답 ②

해설 부정적 강화는 혐오적 강화물을 제거하여 특정행동의 빈도를 증가시키는 것이고, 벌은 특정행동의 빈도를 감소시키는 것이다.

인지행동모델에서 사회복지사의 역할에 대한 설명으로 옳지 않은 것은?

① 클라이언트에게 그의 사고가 비합리적인 본질을 지녔음을 보여 준다.
② 클라이언트가 그런 자신의 신념들을 확인하도록 도전하게 한다.
③ 클라이언트의 비합리적 사고를 공격하기 위해 논리적인 분석을 한다.
④ 클라이언트에 대한 충고나 해석, 제안을 삼간다.
⑤ 이런 신념들이 얼마나 비효율적이며 그의 미래에 어떻게 정서적·행동적인 장애를 가져다주는지를 설명한다.

정답 ④

해설 클라이언트 중심모델에 대한 설명이다.

미시, 중범위, 거시체계의 상호작용에 대한 설명이다. 맞지 않는 것은?

① 개별 미시체계는 다양한 중범위 체계와 역동적으로 상호작용하지만 거시체계의 영향은 거의 받지 않는다.
② 인간행동을 이해하기 위해서는 사회환경 내의 다중적인 상호작용을 이해해야 한다.
③ 사회복지사는 개인의 정상적인 주요 사건과 체계들이 어떻게 영향을 주고받는지를 동시에 두 가지 상호작용 측면으로 이해해야 한다.
④ 사회환경에 미치는 사회환경의 힘, 즉 정치, 경제, 환경, 사상의 힘 등의 영향력도 포함해야 한다.
⑤ 하나의 미시체계는 역동적으로 상호작용하는 생리, 심리, 사회체계들로 구성되어 있다.

정답 ①

해설 미시체계에 영향을 주는 네 가지 주요 거시체계는 문화, 지역사회, 제도, 조직이다. 따라서 사회복지실천에서 거시적 접근은 사회 전반을 개선하고 바꾸는 일에 참여하는 것이다. 이와 관련된 주요한 이론적 관점으로 조직이론과 지역사회이론이 있다.

가족치료에서 탈삼각화기법이 필요한 가족은?

① 가치 기준의 갈등을 초래하는 가족

② 어려움이 없다고 주장하는 가족
③ 가족원의 미분화된 자아가 증가한 가족
④ 미래에 대해 매우 절망적인 가족
⑤ 가족의 위계적 경계가 흐려져 있는 경우

정답 ③

해설 가족원이 미분화된 자아를 갖고 있는 경우 상호 경계가 모호하여 구성원들 간에 적절하지 않은 관계로 정서적으로 과도히 밀착되어 있는 경우가 많다.

사회복지실천의 기초기술에 대한 설명으로 올바르지 않은 것은?

① 개입기술은 문제의 어려움을 해결하는 기술이다.
② 사정기술은 개인과 환경의 상호작용 맥락에서 문제나 어려움을 발견하는 것이다.
③ 지지망 구축기술은 개입효과의 지속성을 유지함으로써 클라이언트의 자립을 유도하는 것이다.
④ 협상기술은 문제해결을 위해 다른 전문직과 합동으로 노력하는 기술이다.
⑤ 면담기술은 의사소통 및 관여기술이다.

정답 ④

해설 협상기술은 클라이언트의 복지와 관련된 주변 체계와의 협상기술을 말한다.

가족을 대상으로 하는 사회복지 분야의 경향에 대한 설명으로 옳지 않은 것은?

① 가족치료사 또는 가족자문가로 바꾸어 부르기도 한다.
② 가족구조의 변화에 따라 제공되는 서비스 또한 변화하고 있다.
③ 가족대상 사회복지는 비정상적인 가족만을 대상으로 한다.
④ 가족개입은 가족치료의 다양한 모델과 생태학적 관점을 적용하였다.
⑤ 가족의 변화로 인하여 아동과 관련된 가족에 대한 서비스가 급격히 증가하고 있다.

정답 ③

해설 비정상적인 가족만이 아니라 정상적인 가족도 그 대상이 될 수 있다.

감정을 표현하려는 클라이언트의 욕구에 대한 사회복지사의 역할로 거리가 먼 것은?

① 침착
② 통찰
③ 표현 격려
④ 주의 깊은 경청
⑤ 지나친 해석 금지

정답 ②

해설 감정을 표현하려는 욕구에 대한 사회복지사의 역할로는 침착, 주의 깊은 경청, 표현 격려, 변화속도 민감하게 인식, 비현실적 보증 금지, 지나친 해석 금지가 있다.

일반체계모델에 의거한 구체적인 개입단계별 사회복지실천기법으로 올바르지 않은 것은?

① 사회적 상황의 역학분석은 문제사정단계에서 요구된다.
② 직접적 구두질문, 직접적 필기질문, 투사적 구두질문 등은 최초 접촉단계에서 요구되는 기법이다.
③ 계약교섭단계에서는 다른 사람들을 개입시키고 상호 수용 가능한 업무동의를 획득하기 위해 도움이 되는 기법을 사용하게 된다.
④ 영향력 행사단계에서는 유도·설득 관계의 사용, 환경 사용 등을 배합해서 사용하게 된다.
⑤ 행동체계의 유지·조정단계에서는 행동체계에서 일어나는 여러 유형의 문제들을 해결하기 위한 기법이 요구된다.

정답 ②

해설 구두질문, 직접적 필기질문, 투사적 구두질문, 필기투사기법 등에 관한 질문기법, 관찰, 기존 기록자료의 활용 등은 자료수집단계에서 활용된다. 최초 접촉단계에서는 행동체계의 잠재적 성원, 추가된 잠재적 성원, 표적체계 성원들과의 접촉 및 계약기술과 변화 노력에 참여할 수 있도록 동기를 부여하고 초기 저항을 다룰 수 있는 기술 등이 요구된다.

과제중심모델의 과제의 유형에 대한 설명으로 올바른 것은?

① 반복과제: 새로운 친구를 사귀는 일과 같이 자연적인 종료시점이 없는 과제
② 단회성 과제: 여름방학 기간에 2학기 등록금 내기 등과 같이 설정된 종결점이 있는 과제
③ 공유과제: 두 사람 이상이 교환으로 수행하는 과제로서 분리되었지만 서로 관련된 과제
④ 조작적 과제: 일반적 과제에 기반을 두고, 상위과제에 도달하기 위한 하위과제
⑤ 상호과제: 두 사람 이상이 같은 목표를 성취하기 위해서 함께 수행하는 과제

정답 ④

해설 ① 반복과제: 매일매일 자녀들과 이야기하기와 같이 되풀이 과제로 반복적인 행동을 위해 계획된 과제
② 단회성 과제: 화요일에 위탁가정 사례관리자 만나기와 같이 한 번의 수행을 위해 계획된 과제
③ 공유과제: 두 사람 이상이 같은 목표를 성취하기 위해서 함께 수행하는 과제
⑤ 상호과제: 두 사람 이상이 교환으로 수행하는 과제로서 분리되었지만 서로 관련된 과제

다음 중 위기개입모델에 대한 설명으로 거리가 먼 것은?

① 클라이언트로 하여금 균형상태를 회복하도록 하는 것에 초점
② 일상적인 상황에서 클라이언트의 문제해결능력과 기능을 회복
③ 기존 모델들과의 절충적이며 통합적인 형태
④ 단기적인 치료방법
⑤ 일회성 상담으로 종결되는 경우가 많음

정답 ②

해설 위기개입모델은 문제해결모델과 기본 가정이나 시각이 비슷해 보이지만 문제해결모델이 일상적인 상황에서 클라이언트의 문제해결능력과 기능을 회복시키려는 것인 반면, 위기개입모델은 평소의 문제해결방법으로는 해결하기 어려운 위기적 상황에서 일시적으로 깨어진 클라이언트의 균형상태를 적시에 개입하여 단기간 최대의 치료적 효과를 낸다는 점에서 다르다.

가족 내 역동을 이해하거나 가족이 여러 세대에 걸쳐 발전시켜 온 가족역할, 유형, 관계 등을 가족과 함께 위협적이지 않고 상호적인 방법으로 살펴볼 수 있으며, 가족에 관한 정보가 도식화되므로 복잡한 가족 유형의 형태를 한눈에 볼 수 있어서 유용한 도표는 무엇인가?

① 가계도(genogram)
② 가족도형(family diagram)
③ 생태도(eco-map)
④ 가족생애주기(family life cycle)
⑤ 환류고리(feedback loops)

정답 ①

해설 가계도에 대한 설명이다.

가족사정에 도구를 활용하면 여러 가지 장점이 있는데, 사회복지사들이 가장 많이 사용하고 있는 자기보고식 도구를 활용할 때의 장점에 대한 설명으로 틀린 것은?

① 가족의 어려움을 해결하고자 하는 목적지향의 분위기를 형성해 가는 동안 치료적 노력을 객관화하고 조직화하도록 도움을 준다.
② 가족원들로 하여금 자신 이외의 가족원들의 관심사가 무엇인지를 체계적으로 이해할 수 있는 기회를 제공한다.
③ 자기보고식 도구를 통한 정보수집이 치료종결기에 이루어진다면 치료결과에 대한 평가를 촉진할 수 있고 치료초기의 종결 후 변화를 측정할 수 있어 개입에 대한 좋은 피드백을 얻을 수 있다.
④ 면접자료를 조직화하고 제시된 문제의 유형과 성격을 기술하는 가치 있는 인식도를 구상할 수 있다.
⑤ 가족이 실패해 온 경험에 대해서 일상적이지 않은 자기보고 방법을 통해서 자기개방의 기회를 제공한다.

정답 ③

해설 자기보고식 도구는 치료초기에 이루어져야 가족에 대한 더 많은 정보수집을 토대로 분석을 할 수 있다.

현재 우리나라 사회복지실천의 문제점은?

① 수용시설보다는 지역사회복지관을 중심으로 한 서비스 제공시설 중심으로 변화하였다.
② 공공기관과 민간기관과의 역할이 명확히 이루어지고 있다.
③ 사회복지서비스 전달체계가 미흡하여 서비스 전달에 있어 제한을 갖는다.
④ 대부분의 사회복지서비스 수혜조건은 보편적 개념하에서 제공된다.
⑤ 사회복지 종사자의 근무여건이 매우 좋으며 전문성이 보장된 상태이다.

정답 ③

해설 공적 혹은 민간복지서비스 전달체계의 미흡으로 서비스 대상자의 중복 혹은 누락의 경우가 많다.

다음 중 사회복지 직접실천의 철학 원칙으로 틀린 것은?

① 클라이언트가 경험한 문제들은 하나 혹은 두 가지 이상의 요인이 결합하여 발생하는 경우가 많다.
② 비자발적인 클라이언트는 보통 원조관계를 찾지 않고 피하므로 자발적이게 될 때까지 개입을 미룬다.
③ 사회복지사는 클라이언트가 각자의 삶에 영향을 주는 것을 결정할 수 있도록 능력을 키울 수 있게 도와주면서 각자의 역량을 강화하도록 한다.
④ 사회복지사는 클라이언트가 자신의 강점을 발견할 수 있도록 돕고, 자신의 능력이 성장하고 변할 수 있다는 확신을 갖도록 할 책임이 있다.
⑤ 현재의 선택에 초점을 맞추고 강점과 대처 유형을 조직함으로써 문제를 완화할 수 있다.

정답 ②

해설 비자발적 클라이언트에게는 자발적으로 참여할 수 있도록 더 적극적인 안내와 설득이 필요하다.

로빈슨(Virginia Robinson)과 타프트(Jessic Taft) 등에 의해서 시작되었으며, 사회복지기관의 기능을 활용하는 것이 사회복지실천임을 강조한 학파는?

① 진단주의 ② 기능주의
③ 심리사회주의 ④ 행동주의
⑤ 체계이론

정답 ②

해설 기능주의모델에 대한 설명이다.

생태도에 대한 설명으로 잘못된 것은?

① 가족에 대한 기본적인 사회적 정보를 기록하는 간편한 방법으로 이 기법의 선구자는 앤 하트만이다.
② 가족과 환경체계들과의 관계를 이해하기 위한 도구로서 가족과 체계들 간의 자원교환, 에너지의 흐름 등을 시각적으로 나타내는 도구이다.
③ 가족과 환경체계들과의 관계를 이해하기 위한 도구로서 스트레스와 관련된 자료, 중재되어야 할 갈등, 메워야 할 간극, 활성화되어야 할 자원 등을 시각적으로 나타내는 도구이다.
④ 생태도를 작성할 때는 사회복지사가 일방적으로 작성하지만, 분석할 때에는 가족의 피드백을 계속 구해야 한다.
⑤ 전형적인 생태도는 환경적인 맥락에서 가족을 기술하기 위해 사용된 일련의 원과 선들로 둘러싸인 가족 도식으로 구성되는데, 작성자가 자신만의 약식과 기호들을 만들어 낼 수도 있다.

정답 ④

해설 생태도는 사회복지사가 가족의 도움을 받아 작성한다.

개인을 대상으로 한 사회복지실천의 개입원칙과 관련이 없는 것은?

① 서비스 개별화
② 서비스 제공의 포괄성
③ 클라이언트의 자율성 최소화
④ 서비스 지속성
⑤ 서비스 연계성

정답 ③

해설 개인을 대상으로 한 사회복지실천의 개입원칙은 서비스 개별화, 서비스 제공의 포괄성, 클라이언트의 자율성 극대화, 서비스 지속성, 서비스 연계성 등이 있다.

생태체계 실천모델의 관점을 바르게 설명한 것은?

① 생활경험을 통해 유능감을 증진시킨다.
② 스트레스는 부정적으로 작용한다.
③ 관계는 초기의 양육과정에 의해 결정된다.
④ 환경은 사회적 환경을 말한다.
⑤ 대처능력은 외적 자원을 중요시한다.

정답 ①

해설 환경은 개인의 내외적 모든 화경을 의미하며, 스트레스는 부정적뿐만 아니라 긍정적으로도 작용하며, 대처능력은 내외적 자원 모두를 중시하고, 관계는 초기의 양육과정에 의한 것이 아니라 현재 지금의 환경 속에 있는 자신의 상황에 의해 이루어진다고 본다.

체계이론의 주요 개념에 대한 설명으로 틀린 것은?

① 항상성은 체계가 균형을 회복하려는 경향이다.
② 침투성이 있는 경계는 체계가 다른 체계와 쉽게 상호작용하도록 한다.
③ 침투성이 없는 경계는 통합성과 정체성을 상실하게 된다.
④ 체계는 예측할 수 있고 조직된 형태로 상호작용한다.
⑤ 네겐트로피는 개방체계의 특성으로 변화에의 적응력과 개방성을 나타낸다.

정답 ③

해설 침투성이 지나치게 많은 경우 통합성과 정체성을 상실하게 된다.

문제해결모델의 개입기술에 대한 설명으로 올바르지 않은 것은?

① 전문가의 행동을 모방하도록 하는 모델링 기법과 강의나 세미나 참가와 같은 교육적인 지도방법을 사용한다.
② 지지와 안정감을 제공한다.
③ 클라이언트로 하여금 변화를 위한 동기를 가지게 하며 에너지를 부여하는 방향을 제시한다.
④ 클라이언트의 불안이나 공포를 최소화시키고 성장에 대한 기대치는 높여야 한다.
⑤ 클라이언트가 문제해결과 관련해서 자기 자신을 다루는 지적・정서적・행동적 능력을 발휘시키며 반복・실천한다.

정답 ①

해설 인지행동모델의 개입기술에 관련된 설명이다.

기능주의 실천모델에 대한 설명으로 옳지 않은 것은?

① 프로이드의 제자인 오토 랭크(Otto Rank)의 자아심리학에 영향을 받아서 시작되었다.
② 사회복지실천에 있어서 복지기관의 기능을 강조하였다.
③ 사회복지사를 복지기관의 목적과 서비스를 대변하는 대변자의 역할로 제한하였다.
④ 사회복지실천은 사회복지사가 전문가로서의 판단과 능력에 따라 클라이언트를 원조하는 과정이다.
⑤ 진단주의의 병리적 모델과 반대되는 건강모델의 근원이다.

정답 ④

해설 기능주의모델에서 사회복지사는 전문가로서의 접근이 아닌 클라이언트의 자기결정권을 강조한 협력자로서의 역할이 강조된다.

핀커스와 미나한이 말한 실천현장에서 활동하는 네 종류의 체계가 아닌 것은 무엇인가?

① 표적체계 ② 클라이언트체계
③ 변화매개체계 ④ 행동체계
⑤ 전문가체계

정답 ⑤

해설 전문가체계는 콤프튼과 갤러웨이가 추가한 것이다.

정신역동모델에서 클라이언트가 특정한 사람에게 느꼈던 과거의 감정을 무의식적으로 사회복지사에게 옮겨 가도록 하는 것은?

① 자유연상법 ② 꿈의 해석
③ 전이 ④ 강화
⑤ 모방

정답 ③

해설 전이에 대한 설명이다.

다음 중 구조적 가족치료모델의 대표적 기법으로 적절하지 않은 것은?

① 실연 ② 세대 간의 관계분석
③ 경계 만들기 ④ 합류하기
⑤ 과제부여

정답 ②

해설 구조적 가족치료모델의 대표적 기법으로는 경계 만들기, 합류하기, 실연, 긴장 고조시키기, 과제부여, 균형 깨뜨리기, 초점잡기, 재구조화, 가족도 그리기, 장점탐색, 장점도전, 현실도전이 있다.

가족체계 역동성에 대한 설명이다. 가장 거리가 먼 것은?

① 가족은 개인의 성격 형성의 생물학적 측면과 문화적 측면을 연결하는 사회제도이다.
② 가족구조가 변해도 가족구성원의 고유한 위치와 역할은 변하지 않는다.
③ 가족은 아동이 적응하고 성숙하는 데 필요한 수단, 제도, 역할 등을 배우는 사회제도이다.
④ 가족체계 경계선의 침투성 정도가 가족구성원의 성격과 행동에 영향을 미친다.
⑤ 가족의 중요한 과업은 가족구성원의 사회화와 사회통제이다.

정답 ②

해설 가족구조가 변하면 가족구성원의 위치, 역할, 기능이 변하므로 결과적으로 가족구성원 각자의 행동도 변한다.

일반체계 실천모델의 주요 개념 중 성격이 다른 것은?

① 정보의 투입에 대한 반응으로 작용하며 연속적인 행동을 수정하도록 그 행동의 결과를 새로운 정보로 포함시키는 것이다.
② 체계가 목표를 성취하기 어려운 방식으로 행동하고 있다는 정보를 주어서 목표와 조화를 이루도록 행동을 수정하여야 한다.
③ 체계가 목표와 관련하여 적절하게 행동하고 있으며 그러한 행동이 더욱 요청된다는 의미를 전달한다.
④ 인간은 사회환경으로부터 반응을 전해 받고 환경으로부터의 신호에 적응한다.
⑤ 외부환경으로부터 새로운 에너지의 투입 없이 현상을 유지하려는 체계의 속성이다.

정답 ⑤

해설 ①~④는 피드백에 관한 것이고, ⑤는 균형에 대한 것이다.

사회복지사에게 도움이나 서비스를 요청하여 문제를 해결하고자 하는 체계는?

① 변화매개체계 ② 표적체계
③ 클라이언트체계 ④ 행동체계
⑤ 전문가체계

정답 ③

해설 변화매개체계는 사회복지사가 속해 있는 기관, 표적체계는 변화매개체계가 그 활동목적을 달성하기 위해 변화시킬 대상, 행동체계는 사회복지사가 활동목적을 달성하기 위해 공동으로 노력하는 모든 체계, 전문가체계는 사회복지사들로 구성된 전문성을 강화하기 위한 체계를 말한다.

클라이언트에게 필요한 사회적 자원을 연계시켜 주거나 이러한 자원을 충분히 활용할 수 있도록 도와주는 사회복지사의 역할은?

① 정보제공자의 역할 ② 사례관리자의 역할
③ 조정자의 역할 ④ 대변자의 역할
⑤ 중개자의 역할

정답 ①

해설 정보제공자의 역할에 대한 설명이다.

사회복지실천이론들 간의 관계가 다르게 짝지어진 것은?

① 문제해결이론 – 4체계 모델
② 행동주의이론 – 인지행동이론
③ 진단주의 – 생태체계이론
④ 기능주의이론 – 문제해결모델
⑤ 체계이론 – 가족치료이론

정답 ③

해설 진단주의는 정신역동이론에 기반을 두고 있다.

과업중심모델의 대표적인 학자는?

① 스키너(Skinner)
② 미나한(Minahan)
③ 엡스타인(Laura Epstein)
④ 밴두라(Bandura)
⑤ 해밀턴(Gordon Hamilton)

정답 ③

해설 과업중심모델의 대표적인 학자는 리드와 엡스타인이다.

심리사회적 실천모델의 기본가치와 거리가 먼 것은?

① 긍정적 존중
② 온정
③ 긍정적 변화의 낙관론
④ 심판적 수용
⑤ 정확한 공감

정답 ④

해설 심리사회적 실천모델의 기본가치는 클라이언트의 존엄성을 존중하고 현재 상황에서 있는 그대로 받아들이는 것을 중요시한다. 때문에 심리사회적 실천모델에서의 수용은 비심판적 수용이다.

개방체계에 대한 설명으로 옳지 않은 것은?

① 개방체계는 엔트로피의 성향이 높다.
② 환경과의 상호작용이 있는 체계이다.
③ 적응력이 있는 체계이다.
④ 네겐트로피가 있다.
⑤ 경계는 요소들 간의 통합이나 전체성을 잃지 않는 한에서 외계와 상호작용을 한다.

정답 ①

해설 개방체계는 네겐트로피의 성향이 높다. 엔트로피의 성향이 높은 것은 폐쇄체계이다.

가족을 사정하는 방법으로 적합하지 않은 것은?

① 가족의 생활주기를 통한 사정
② 생태도를 통한 사정
③ MBTI를 통한 사정
④ 가계도를 통한 사정
⑤ 생활력 도표를 통한 사정

정답 ③

해설 MBTI는 개인의 성격 유형을 검사하는 도구이다.

체계 내에 질서, 형태, 분화가 있는 상태를 무엇이라고 하는가?

① 법칙 ② 시너지

③ 혼란 ④ 네겐트로피
⑤ 엔트로피

정답 ④

해설 네겐트로피란 체계 내에 질서, 형태, 분화 있는 상태를 말하며, 부정적 의미가 아닌 체계 외부로부터 에너지를 유입함으로써 체계 내부에 유용하지 않은 에너지가 감소되는 것을 말한다. 네겐트로피가 증가하면 체계 내에 질서와 법칙이 유지되며, 정보와 필요성이 높아진다.

행동수정 실천모델에 대한 설명으로 옳은 것은?

① 기능주의이론에 반대되는 이론이다.
② 인간은 자신의 심리적 역동성에 의해서 지배를 받는다.
③ 사회복지실천의 객관적 효과성을 보여 주는 이론이다.
④ 진단주의와 기능주의의 통합적 실천모델이다.
⑤ 상황 속의 인간을 강조한다.

정답 ③

해설 행동주의이론의 접목으로 사회복지의 과학성의 토대를 마련하였다.

건강한 가족의 특징에 해당되지 않는 내용은?

① 분명하고 일방적이며, 예측 가능한 상호작용 유형을 특징으로 하는 조직의 안정성
② 개인적인 차이, 자율성, 서로 다른 욕구에 대한 존중, 각 세대 구성원의 성장발전과 안녕을 조장하고 돌봄
③ 상호존중하며 지지적이고, 권력과 책임을 공평하게 나누는 부부관계
④ 아동의 건강, 보호, 사회화와 상처받기 쉬운 가족성원의 보호, 효과적인 부모의 리더십과 권위
⑤ 보호하고 상호지지적인 관계의 한 단위로서 구성원들의 관계의식과 헌신

정답 ①

해설 건강한 가족은 일방적인 것이 아니라 쌍방적이며 상호작용적이다.

일반체계 실천모델을 설명한 것이다. 틀린 것은?

① 체계는 상호의존적이고 상호작용하는 부분으로 구성된 전체로 정의한다.
② 개인과 환경 모두 서로 상호적 원인관계로 형성된 전체로 파악된다.
③ 인간을 분리된 존재가 아닌 통합된 전체로 본다.
④ 체계 내 한 부분의 변화는 체계 전체를 변화시키지 못한다.
⑤ 개인의 부적응행동의 원인은 사회체계와의 역기능적 상호작용이다.

정답 ④

해설 체계 내 한 부분의 변화는 다른 부분들 간의 상호작용에 영향을 미치므로 체계 전체를 변화시킨다.

다음 일반체계 실천모델의 주요 개념이 아닌 것은?

① 적응 ② 항상성
③ 투입 ④ 경계
⑤ 피드백

정답 ①

해설 적응은 생태체계 실천모델의 주요 개념이다.

심리성적 발달단계 가운데 입을 통해 성적인 만족을 얻는 시기로, 이 시기에 욕구가 충족되지 못하였을 경우 성인기에 무계획적인 생활이나 충동적인 구매를 하는 등의 정서적 장애를 가지고 오는 단계는?

① 구강기 ② 항문기
③ 남근기 ④ 잠재기
⑤ 생식기

정답 ①

해설 출생에서 18개월까지의 시기로 생리적 쾌감을 주는 주 기관 즉, 리비도가 집중된 구강(입, 입술, 혀, 잇몸)을 자극하면서 만족을 느끼기 때문에 빨고, 삼키고, 깨무는 반사작용을 한다. 이 단계에서 구강적 욕구를 적절히 충족시킨 사람은 다른 사람과 쉽게 친밀한 관계를 형성할 수 있으나 적절한 경험을 하지 못한 경우에는 극도의 의존성을 보인다.

펄만의 문제해결모델 4P에 해당되지 않는 것은?

① Problem ② Person
③ Place ④ Provision
⑤ Process

정답 ④

해설 Provision과 Profession은 6P에 속하는 내용이다.

우리나라의 사회복지사 관련 자격제도가 법적으로 처음 명시된 연도와 제도명은?

① 1965년: 사회사업가제도
② 1980년: 사회복지사제도
③ 1970년: 사회복지사업종사자 자격제도
④ 1983년: 전문사회복지사제도
⑤ 1987년: 임상사회복지사제도

정답 ③

해설 1970년 사회복지사업법에 의해 사회복지사업종사자 자격제도가 처음 시작되었다.

가족개입 종결기(평가와 종결)에 주로 사용되는 실천기술로 적절하지 않은 것은?

① 사회복지사는 개입과정에서 가족성원들이 각각 어떤 역할을 수행했는지, 유사한 문제가 다시 생긴다면 가족은 이를 어떻게 다룰 것인지를 확인한다.
② 사회복지사는 가족성원들에게 현재 문제상태가 어떤지, 가족개입 이후 어떤 변화가 있었는지를 확인한다.
③ 가족 또는 성원들의 변화를 확인하고, 가족이 변화를 유지할 수 있도록 지원하며, 필요한 경우 추후면접을 계획한다.
④ 종결면접에서는 가족의 항상성을 유지하기 위한 자원을 규명하고, 가족이 성취한 목표를 점검하는 데에 초점을 맞춘다.
⑤ 가족문제에 대한 가족의 생각이 어떻게 달라졌는지, 개입과정의 종결에 대해 성원들은 어떻게 느끼는지, 다시 가족개입이 필요하다고 느끼는 요인들은 무엇인지를 확인한다.

정답 ④

해설 가족의 항상성을 유지하기 위한 자원을 규명하는 단계는 개입 중간단계에 속한다.

인간의 성격이나 문제를 본능적인 충동과 과거의 경험으로 보는 정신분석이론과는 달리, 다양한 요인에 의해서 형성된다고 생각하는 심리사회적 모델의 특성은?

① 개별성 ② 다원성
③ 다양성 ④ 수용
⑤ 자기결정권

정답 ②

해설 다양한 원인에 의해 인간의 행동이 결정된다고 보는 특성이다.

가족의 하위체계가 아닌 것은?

① 형제체계 ② 부부체계
③ 취미체계 ④ 지역사회체계
⑤ 부모-자녀 간 체계

정답 ④

해설 지역사회체계는 가족의 상위체계이다.

정신역동모델에 대한 설명으로 옳지 않은 것은?

① 지그문트 프로이드에 의해서 만들어졌다.
② 다윈의 종의 기원과 물리학, 생리학 등의 영향을 받아 개발되었다.
③ 사회복지실천의 진단주의 학파를 태동시켰다.
④ 결정론과 환원주의적 관점을 갖고 있다.
⑤ 인간 정신세계의 구조적 관점을 의식, 무의식, 전의식으로 구분하였다.

정답 ⑤

해설 프로이드는 구조적 관점에서 인간의 성격이 원초아(id), 자아(ego), 초자아(superego)로 구성하였으며,

지형학적인 관점에서 인간의 정신을 일종의 지도로 제시하여 의식, 전의식, 무의식으로 나누어 설명하였다.

가족의 규칙이 도전을 받아 가족 내의 불균형을 가져올 때 가족 규칙을 활성화함으로써 지속적인 관계를 유지하도록 하는 것은 가족체계의 어떤 특성인가?

① 피드백 ② 통제
③ 항상성 ④ 전체성
⑤ 경계

정답 ③

해설 가족의 항상성은 가족 내에서 일어나는 내적이고 지속적인 관계를 유지시켜 주는 상호작용적 과정을 의미한다.

생태체계 실천모델의 관점으로 옳지 않은 것은?

① 정확하고 깊이 있는 사정과 평가
② 환경 속의 인간
③ 단순한 인과관계
④ 개인과 환경 사이의 상호작용적 산물로서의 인간
⑤ 인간과 환경의 상호작용

정답 ③

해설 단순한 인과관계를 설명하는 것이 아니라 인간과 환경 간의 복잡한 상호관계를 규명한다.

심리사회적 실천모델을 사회복지실천에 적용할 때 기본지침에 대한 설명으로 거리가 먼 것은?

① 클라이언트와 타인 간의 상호작용을 배제
② 클라이언트의 욕구에 우선권을 두는 타인중심의 관계
③ 개인적인 선입관을 배제
④ 과학적인 객관성을 갖고 클라이언트를 이해
⑤ 클라이언트의 복지에 관심을 갖고 보살피며, 그를 존경하면서 동시에 수용

정답 ①

해설 심리사회적 실천모델을 사회복지실천에 적용할 때 사회복지사는 클라이언트와 타인 간의 상호작용을 인정한다.

과업중심모델은 펄만의 문제해결이론에 어떤 이론을 접목한 이론인가?

① 아들러의 사회적 이론
② 인지치료모델
③ 위기개입모델
④ 행동주의이론
⑤ 생태체계적 모델

정답 ④

해설 행동주의이론을 접목하여 과업을 통한 문제행동변화에 초점을 두었다.

심리사회적 실천모델의 주요 개념에 대한 설명으로 옳은 것은 ?

① 자아정체감은 개인의 환경에 성공적으로 적응하는 데에 필수적인 기본적 기능을 수행하는 성격의 일부분으로 성숙과 신체, 심리, 사회적 요인 간의 상호작용을 통해 발달함
② 자아란 자신이 누구이며 어느 위치에 있는가를 알고자 하는 노력의 결과로 형성됨
③ 성장하는 모든 것은 기초안을 가지고 있으며 모든 부분이 전체적으로 기능할 수 있게 될 때까지 각 부분으로 분화되며 이러한 분화과정에서 각 부분이 우세하게 나타나는 특정한 시기가 있다고 보는 관점을 점성원칙이라고 함
④ 점성원칙은 기본적 욕구충족, 타인과의 동일시, 학습발달의 성취 등의 과정에서 지속적으로 발달함
⑤ 자아정체감은 자기동일성과 자기연속성이라는 외적 측면과 자기가 속한 문화의 이상을 받아들여 동일시하는 내적 측면으로 이루어짐

정답 ③

해설 ①은 자아에 대한 설명, ②는 자아정체감에 대한

설명, ④는 자아에 대한 설명, ⑤는 외적, 내적 측면의 위치가 바뀌어야 한다.

가족생활주기의 단계와 발달과업의 연결이 바른 것은?

① 유아기: 자녀의 교육비와 부부의 교양비 설계
② 학교교육 전기: 자녀의 진학과 교육비 계획
③ 학교교육 후기: 자녀 성장에 따른 부부역할 재검토
④ 자녀독립기: 부부관계 재조정
⑤ 노부부기: 유산분배 계획

정답 ④

해설 자녀독립기의 발달과업으로는 부부관계 재조정, 부인회 활동 및 단체활동에의 적극 참가, 자녀부부와의 역할기대 관계 조정, 노후를 위한 가계소득 지출(저축, 연금, 퇴직금, 재산소득)의 설계, 유산분배 계획, 자녀의 취직, 결혼 지도 등이 있다.

심리사회적 실천모델의 실천기술에 대한 설명으로 틀린 것은?

① 수용의 목적은 해방감과 자유로움을 느끼게 하는 치료적인 것에 있다.
② 자기결정은 클라이언트 스스로 선택과 결정을 할 수 있는 자유와 권리 그리고 이에 대한 욕구를 실제로 인식하는 것을 말한다.
③ 자기성찰은 현재의 상황과 타인과의 상호작용에 관한 클라이언트의 인지, 사고, 감정, 행동을 명확히 인식하도록 돕는 기술이다.
④ 자아의 기능을 보존, 지지, 회복시키기 위해 필수적인 방어, 자아의 통제력과 기능, 지적과정, 현실판단력, 충동조절능력 등을 향상시키는 것을 자아지지기술이라고 한다.
⑤ 직접적 개입기술은 클라이언트를 지지하고 영향을 미칠 수 있는 가용한 자원을 연계하고 배치시키는 것을 의미한다.

정답 ⑤

해설 이것은 간접적 개입기술에 대한 설명이다. 직접적 개입기술은 클라이언트에게 언어적 혹은 비언어적 의사소통을 통해 경청, 수용, 격려, 불안이나 죄책감에 대한 재보증, 신뢰감의 표현지지, 관심, 수용, 감정 이입적 이해, 재확신, 격려 제안과 설득을 제공하는 것을 의미한다.

인지행동모델에 대한 설명으로 올바르지 않은 것은?

① 바람직한 행동변화는 인지변화를 통해 이루어질 수 있다.
② 왜곡된 사고를 하거나 인지적 오류가 문제의 핵심이자 원인이다.
③ 사람들의 감정이나 행동을 결정하는 것은 상황을 해석하는 방식에 달려 있다.
④ 교육적 환경에서 클라이언트의 비합리적 신념을 합리적인 신념으로 바꾸도록 원조한다.
⑤ 심리적 개입보다 환경적 개입에 치중한다.

정답 ⑤

해설 인지행동모델은 환경적 개입보다 심리적 개입에 치중하기 때문에 지금 여기에만 집중하면 과거의 상처와 억압된 분노, 적개심을 과소평가하는 제한점이 있다.

다음 중 다세대적 가족치료의 특징으로 올바르지 않은 것은?

① 목표는 정서적인 것과 지적인 것을 분화하는 것, 미분화된 가족집합체로부터 벗어나게 하는 것
② 가족구성원이 원가족과 맺는 관계를 통찰하고, 해결되지 못한 감정적 애착의 해결을 강조
③ 보웬(Bowen)이 정신분열증 환자의 가족에 대한 연구에서 모자공생을 발견하면서 시작
④ 한국사회의 가족에 대한 평가 및 개입에 가장 적합한 모델로 분류
⑤ 주로 사용되는 사정도구는 생태도를 활용

정답 ⑤

해설 주로 사용되는 사정도구는 가계도이다.

개방체계에 대한 설명으로 맞는 것은?

① 네겐트로피가 있다.
② 환경과의 상호작용을 하지 않는 체계이다.
③ 적응력을 갖지 못한 체계이다.
④ 개방체계는 엔트로피의 성향이 높다
⑤ 경계는 요소들 간의 통합이나 전체성을 잃는 과정을 거친다.

정답 ①

해설 엔트로피는 비조직성, 자기파괴성의 성향을 갖고, 네겐트로피는 조직성, 성장적 성향을 갖는다.

누군가가 부정적 사건을 일으켰을 때, 이러한 일이 앞으로도 계속 일어날 것이라고 결론을 내리는 것으로 자신의 부정적 편견을 방어하기 위해 사용하는 왜곡 유형은 무엇인가?

① 정신적 여과
② 긍정적 자격의 박탈
③ 결론으로의 비약
④ 확대
⑤ 과잉일반화

정답 ⑤

해설 '자라 보고 놀란 가슴 솥뚜껑 보고 놀란다.'와 같이 한 가지 사건으로 유사한 사건에 동일하게 반응하는 왜곡된 인식구조를 말한다.

다음 중 항상성에 대한 설명으로 올바르지 않은 것은?

① 비교적 안정적이며 지속적인 균형상태를 유지하기 위한 체계의 경향
② 체계들이 역동적 균형상태를 유지하고자 한다는 것을 의미
③ 정적인 상태를 의미
④ 때때로 비효과적이거나 비효율적
⑤ 안정성을 회복하려는 체계의 경향

정답 ③

해설 정적인 상태를 의미하는 것이 아니라 상당한 정도 변화하지만 안정의 틀 속에서 변화를 원하는 경향이 있다는 것을 말한다.

가족의 다세대적 관점에 대한 설명으로 옳은 것은?

① 세대를 거쳐 반복되는 가족 유형은 자살, 알코올중독과 같은 기능 유형과 친밀감과 같은 관계 유형이 있다.
② 다세대적 관점은 가족 내의 밀착된 관계만을 통해 다세대의 영향을 이해한다.
③ 세대 간의 가족패턴은 생태도를 활용하여 파악한다.
④ 세대 간 가족치료를 창시한 미누친은 원가족과의 관계를 변화의 초점으로 둔 가족체계치료를 개발하였다.
⑤ 원가족 접근방법은 단시간이 소요되어 단기상담에 활용될 수 있다.

정답 ①

해설 보웬에 의해 발전되었으며, 장기간 소요되는 접근방법이고, 가족의 밀착과 의존적 가족 유형의 파악으로 진행된다.

심리사회적 실천모델에서 사회복지사의 실무원칙에 관한 설명 중 틀린 것은?

① 현실을 왜곡하고 자아기능을 축소시킨 발달영역을 결정하라.
② 클라이언트가 자기분석에 참여하도록 하여 발달적 역사를 파악하라.
③ 클라이언트의 일생에 걸친 성격발달의 과정을 이해하라.
④ 클라이언트가 심리사회적 위기를 해결하는 과정에서 성공만을 파악하라.
⑤ 클라이언트가 환경에서의 자신의 위치에 관해 새로운 인식을 가지도록 하라.

정답 ④

해설 클라이언트의 성공과 실패를 파악해야 한다.

다세대적 가족치료에서 자아분화에 대한 설명으로 거리가 먼 것은?

① 타인으로부터 자기분리와 사고에 대해 감정과 정서를 적절하게 통제하고 분별하는 능력
② 정서적 기능과 지적 기능 사이의 융합과 분화 정도에 따라 개인을 규정
③ 원가족 관계에서 미분화된 가족 자아가 혼합된 감정으로 있게 되면 객관적 판단 및 다른 사람과의 융합에 어려움
④ 자아분화 수준이 높을수록 정서적 지배를 덜 받고 높은 자율성과 적응력
⑤ 자아분화 수준이 높을수록 관계지향적

정답 ⑤

해설 자아분화 수준이 낮을수록 감정에 의해 지배당하고 융통성 · 적응력이 부족하며, 관계지향적이고 사랑과 인정을 받는 데 연연한다.

가족치료에 대한 설명으로 옳지 않은 것은?

① 가족치료에서 가족의 스트레스와 역기능에 영향을 미치는 외적인 요소는 배제된다.
② 가족치료의 모델들은 가족 내에서 일어나는 활동에 초점이 맞춰진다.
③ 가족치료모델은 대부분 가족에게 낯선 장소에서 이루어진다.
④ 가족치료의 통찰력-인식접근방법은 관찰과 명료화, 그리고 해석으로 이해와 변화를 촉진시킨다.
⑤ 가족치료는 가족체계 내의 상호작용 패턴과 그 변화에 초점을 둔다.

정답 ①

해설 가족의 외적인 요소를 완전히 배제하지 못한다.

인지행동모델의 개입과정 중 초기단계에 해당하지 않는 것은?

① 문제 우선순위의 설정
② 순기능적 인지 · 사고체계로 전환
③ 부정적 인지 · 사고체계 탐색
④ 자료수집
⑤ 접수

정답 ②

해설 개입단계에 해당하는 내용이다. 인지행동모델의 개입 초기단계는 접수, 문제청취, 문제 우선순위의 설정, 부정적 인지 · 사고체계 탐색, 자료수집으로 이루어진다.

체계의 공통된 특성이 아닌 것은?

① 환경과의 상호교환
② 위계성
③ 전체성과 상호의존성
④ 불변성
⑤ 균형

정답 ④

해설 체계가 환경에 구조적으로 적응하기 위해서는 변화가 필요하다.

다음 중 사례관리모델의 기능이 아닌 것은?

① 사회복지사의 개입이나 기관의 프로그램의 효과성 평가기능
② 클라이언트와 클라이언트에게 필요한 서비스와의 연결기능
③ 비공식보호체계와 클라이언트 간의 상호작용의 촉진기능
④ 문제해결기능
⑤ 상담기능

정답 ①

해설 사례관리의 기능으로는 클라이언트와 클라이언트에게 필요한 서비스와의 연결기능, 비공식 보호체계와 클라이언트 간의 상호작용의 촉진기능, 사례관리기관들 간의 조정기능, 상담기능, 문제해결기능, 옹호기능이 있다.

행동수정모델의 기본 가정으로서 거리가 먼 것은?

① 인간의 행동은 외부환경에 의해 결정된다.
② 인간은 자유의지에 의해 행동한다.
③ 인간의 행동은 그 행동 뒤에 보상이 뒤따를 때 학습된다.
④ 인간의 부적절한 행동은 부적절한 보상을 받았거나 바람직한 새로운 행동을 학습받지 못한 결과이다.
⑤ 마음이나 무의식적 동기는 과학적인 연구대상이 아니다.

정답 ②

해설 인간의 자유의지 혹은 자아의 개념을 강조한 모델은 심리사회적 실천모델이다.

펄만의 문제해결이론은 다양한 이론을 바탕으로 하여 성립되었다. 문제해결이론이 도입한 이론이 아닌 것은?

① 진단주의이론 ② 행동주의이론
③ 기능주의이론 ④ 사회심리이론
⑤ 생애발달과업이론

정답 ②

해설 문제해결이론은 행동주의이론을 기반으로 하지 않았고, 과업중심모델이 행동주의이론을 기반으로 하였다.

다음의 치료기법 중 성격이 다른 것은?

① 소멸 ② 강화
③ 모델링 ④ 시연
⑤ 꿈의 해석

정답 ⑤

해설 ①~④는 행동수정모델의 치료기법, ⑤는 정신역동모델의 치료기법이다.

사회복지사의 역할에 대한 설명 중 바르지 않은 것은?

① 실무에서 사용하는 역할을 이해하는 것은 기술을 습득하는 단계에 도움을 준다.
② 교육자는 다양한 부분들을 단일화하여 전체를 구성하도록 합하는 과정이다.
③ 조력자는 이혼이나 실직과 같은 위기상황에서 부적절한 주거나 탁아와 같은 지역사회문제에 이르는 다양한 스트레스에 대처하도록 돕는 역할을 한다.
④ 역할이란 사회복지사가 중요하다고 여기는 전문적인 기능과 기대되는 행동이다.
⑤ 중개자는 클라이언트와 지역사회의 자원이나 서비스를 연결하는 것을 돕는다.

정답 ②

해설 교육자는 클라이언트나 클라이언트를 둘러싸고 있는 다양한 형태의 체계에 대해 정보를 주거나 그 정보를 활용할 수 있는 기술들을 가르치는 역할을 의미한다.

가족치료에서 주로 사용되는 기법이 아닌 것은?

① 가족조각기법 ② 재명명기법
③ 인지재구조화기법 ④ 탈삼각화기법
⑤ 질문기법

정답 ③

해설 인지재구조화기법은 인지수정모델에서 주로 사용된다.

행동수정 실천모델의 특성으로 바른 것은?

① 결정주의 ② 경험주의
③ 선험주의 ④ 순환론적 사고
⑤ 본능주의

정답 ②

해설 의사결정에 있어 객관적 자료에 의존해야 하고, 되도록 실험조사연구를 통해 얻어진 자료를 사용해야 한다.

과업중심모델에 대한 설명이 맞는 것은?

① 사회복지실천은 문제를 해결하거나 치료하는 것이 아니라 문제해결능력과 대처능력을 향상시키는 것이다.

② 문제해결을 위한 직접적이고 행동적인 과업의 수행을 강조한다.
③ 문제의 원인을 상황변화에 따른 방어기제의 활용에 둔다.
④ 장기치료의 우수성을 입증한 모델이다.
⑤ 대표적인 학자는 펄만이다.

정답 ②

해설 과업중심모델은 문제원인을 상황변화에 따른 대처기능의 일시적인 결함으로 해석하고, 단기치료로 활용되며, 대표적인 학자는 리드이다.

콤프튼과 갤러웨이(Compton & Gallaway)의 생태체계를 사회복지 분야로 소개한 Pincus와 Minahan의 통합적 4체계 접근법과 거리가 먼 것은?

① 미시체계 ② 거시체계
③ 내적체계 ④ 외적체계
⑤ 중간체계

정답 ③

해설 Pincus와 Minahan의 통합적 4체계 접근법 체계의 수준을 미시체계(micro system), 중간체계(mezzo system), 외적체계(exo system), 거시체계(macro system)로 구분하고 있다.

사회복지사가 가족을 수용하고 가족에게 적응함으로써 가족의 신뢰를 얻는 것을 무엇이라고 하는가?

① 라포 ② 합류
③ 가족수용 ④ 가족신뢰
⑤ 일치

정답 ②

해설 사회복지사가 가족의 일부가 되어 사회복지사 자신을 상호작용의 일부분으로 자연스럽게 포함시킨다.

다음 설명에 해당하는 기법은 무엇인가?

구조적 가족치료기법으로 사용되고 있으며, 가족 내 하위체계들 간의 경계가 지나치게 경직(유리)되거나 애매한(밀착된) 경우, 유리된 경계는 보다 가깝게 하며, 밀착된 경계는 어느 정도 거리를 두도록 도와서 보다 적절한 경계를 만들어 가는 것이다. 특히 가족 내 세대 간 경계를 분명히 유지하도록 돕는 데 유용하다.

① 가족조각(family sculpture)
② 탈삼각화(detriangulation)
③ 가족옹호(family advocacy)
④ 경계 만들기(boundary making)
⑤ 순환적 질문하기(circular questioning)

정답 ④

해설 경계 만들기에 대한 설명이다.

인지행동모델에서 사회복지사의 실무원칙으로 볼 수 없는 것은 ?

① 역량강화 ② 인지적 자기지시
③ 역설적 의도기법 ④ 인지적 심상기법
⑤ 인지적 재구조화

정답 ①

해설 역량강화는 임파워먼트모델에서 사용된다.

다음 중 생태체계모델 관점에 대한 설명으로 올바르지 않은 것은?

① 현재의 행동은 인간과 환경 모두의 상호이익을 찾는 과정에서 나타나는 것으로 본다.
② 생태체계 관점에서 중요한 것은 과거라는 개념이다.
③ 생태체계 관점은 변화에 대해 매우 개방적이다.
④ 모든 인간행동을 내적인 욕구와 환경적인 욕구 사이의 조화를 찾기 위한 적응과정으로 본다.
⑤ 문제란 개인적 욕구와 대처능력이 환경자원에 의해 뒷받침되지 못해서 생겨나는 것이다.

정답 ②

해설 생태체계 관점에서 부적응이란 존재하지 않으며,

중요한 것은 적응이라는 개념이고, 현재가 강조된다.

다음 중 가족에 대한 설명으로 올바르지 않은 것은?

① 부부와 부부 사이에서 생긴 자녀로 구성된 생활공동체
② 가옥·가격(家格)·가풍(家風)을 포함하는 폭넓은 개념으로서의 문화집단
③ 동거·동재의 생활공동체
④ 결혼으로 시작되며 부부와 그들 사이에서 출생한 자녀만을 포함
⑤ 주거와 경제적인 협력을 같이하며 자녀의 출산을 특징으로 하는 집단

정답 ④

해설 레비스트로스의 정의에 따르면 가족은 결혼으로 시작되며 부부와 그들 사이에서 출생한 자녀로 구성되지만 이들 외에 가까운 친척이 포함될 수 있고, 가족구성원은 법적 유대 및 경제적·종교적인 것 등의 권리와 의무, 성적 권리와 금기, 애정, 존경 등의 다양한 심리적 정감으로 결합되어 있는 것이다.

사회복지실천이 이루어질 수 있는 장소 또는 기관에 대한 설명으로 틀린 것은?

① 사회복지실천은 사회복지관, 병원, 학교 같은 직접서비스기관뿐만 아니라 주민센터나 시군구 등과 같은 공적서비스기관에서도 이루어진다.
② 사회복지실천은 종합사회복지관, 노인복지관과 같은 사회복지서비스를 제공하는 시설만이 아니라 행정기관에서도 이루어진다.
③ 병원에서의 의료사회사업이나 학교에서의 학교사회사업은 사회복지실천의 부수적인 실천 장소이다.
④ 사회복지실천 분야는 기존의 사회복지시설뿐만 아니라 사회환경의 변화에 따라 매우 다양하게 생길 수 있으므로 그 장소 또한 다양할 수 있다.
⑤ 교도소에서 이루어지는 사회복지실천은 교화, 선도, 적응 등과 같은 전문적 실천영역이다.

정답 ③

해설 병원이나 학교는 사회복지의 직접적인 실천의 장이 된다.

생태체계 실천모델의 주요 관점에 대한 설명 중 틀린 것은?

① 환경과 유기체가 역동적인 평형상태를 유지하면서 성장하는 과정에 관심을 두고 있다.
② 인간의 모든 행동을 상황 속에서 적응적인 것으로 개념화하였다.
③ 인간에 대해 낙관론적 시각을 갖는다.
④ 부적응자를 일탈자로 낙인화함으로써 개인과 환경의 상호책임성을 간과한다.
⑤ 변화를 위한 다양한 가능성이 존재하는 것으로 본다.

정답 ④

해설 부적응자는 환경의 자원 부족 및 적소 부재로 인한 것으로, 개인과 환경의 상호 책임성 속에서 이루어지는 것이기 때문에 환경과의 조정과 조절을 통해 해결될 수 있는 존재로 파악한다.

과제중심모델에 기반한 사회복지사의 자세로 올바르지 않은 것은?

① 클라이언트가 과제를 달성할 수 없는 경우에 과제가 달성될 때까지 꾸준히 반복하는 일관성이 필요
② 문제를 해결할 수 있다는 희망을 주는 등 높은 동기화를 유지
③ 동기화되어 있지만 현실적으로 과제를 수행할 가능성이 분명치 않은 경우, 실행 가능한 과제를 선택할 수 있도록 원조
④ 클라이언트가 자신감이 없는 경우 낙관적인 관점에서 클라이언트의 잠재력을 강조해 주어 자신감을 부여
⑤ 클라이언트가 문제해결에 어느 정도 동기화되어 있으며 과제를 수행할 힘과 에너지를 가지

고 있는지 고려

정답 ①

해설 클라이언트가 여러 번(세 번 정도) 반복했지만 달성할 수 없는 경우에는 과제를 바꾸는 융통성이 필요하다.

밴두라(Bandura)의 사회학습이론에서의 치료기법이 아닌 것은?

① 시연　　② 인지재구조화
③ 강화계획　　③ 자기주장법
⑤ 모델링

정답 ③

해설 ③은 스키너의 조작적 행동수정모델에서 사용되는 치료기법이다.

클라이언트 중심모델의 설명으로 거리가 먼 것은?

① 사회복지사와와 클라이언트 사이에 인간적 관계(rapport)의 수립이 중요하다.
② 사회복지사는 클라이언트가 해야 할 일을 자세하게 지시해 준다.
③ 사회복지사는 클라이언트를 무조건적으로 존중하고 수용해야 한다.
④ 사회복지사는 자신의 감정을 솔직하게 드러내고 정직한 대화를 나눠야 한다.
⑤ 인간의 자유의지와 자아실현 욕구를 강조한다.

정답 ②

해설 클라이언트 중심모델은 지시가 없고, 경청과 수용이 주된 기법이다.

다음 행동수정 실천모델의 이론적 배경에 대한 설명 중 올바르지 않은 것은?

① 조건적 조건이론과 조작적 조건이론 등의 행동주의이론과 사회학습이론에 기반
② 인간의 내적인 동기와 욕구, 지각에 초점
③ 정신역동모델처럼 인간을 병리적으로 보지 않고 매우 중립적인 입장
④ 구체적이고 정확한 문제규정, 변화목표, 개입과정을 강조
⑤ 사회복지사의 책무성 강조

정답 ②

해설 행동수정 실천모델은 인간의 내적인 동기와 욕구, 지각에 초점을 두기보다는 환경의 자극의 동기화 혹은 강화에 의해 결정되는 구체적으로 관찰할 수 있는 행동에 초점을 두고 있다.

일반체계 실천모델의 주요 개념에 관한 설명으로 틀린 것은?

① 경계: 명확성, 투과성, 유연성 등의 속성을 가지고 있다.
② 엔트로피: 폐쇄체계 내의 분해 혹은 쇠퇴, 무질서와 혼란상태 소멸
③ 다중종결: 유사한 조건하에 놓여 있는 체계는 항상 동일하다.
④ 개방체계: 체계 자체의 기능을 유지 및 발전시킬 수 있다.
⑤ 네겐트로피: 조직보존, 체계발달 촉진, 체계를 살게 하는 힘이다.

정답 ③

해설 유사한 문제를 갖고 있는 클라이언트라 하더라도 문제의 종결상태가 항상 동일한 것은 아니다.

사회복지사는 사회에서 맡은바 역할을 수행한다. 다음에 제시되는 사회복지사의 역할과 그 기능이 올바르게 짝지어진 것은 무엇인가?

① 조력자: 위기상황에서부터 지역사회 문제에 이르는 다양한 문제에 대처하도록 돕는 역할
② 관리자: 다른 복지사의 개입 혹은 기관의 프로그램과 기능을 분석하여 그 효과를 평가하는 역할
③ 협상가: 미시, 중범위, 거시체계 사이의 논쟁이나 갈등을 해결하는 역할
④ 통합/조정자: 클라이언트와 지역사회의 자원이

나 서비스를 연결하는 역할

⑤ 사회변화대행자: 개선해야 할 문제에 관심을 불러일으키는 일 수행

정답 ①

해설 사회복지사의 역할 중 ②는 분석/평가자의 역할, ③은 중재자의 역할, ④는 중개자의 역할, ⑤는 주창자의 역할이다.

다음 중에서 가족을 대상으로 한 실천에서 생태체계적 관점이 아닌 것은?

① 가족에 대한 공간적 이해이다.
② 가족 내에 존재하는 상호작용 패턴에 초점을 둔다.
③ 가족을 하나의 사회체계로 본다.
④ 가족과 환경의 상호작용과 서로의 조화와 적응에 초점을 두고 있다.
⑤ 가족은 개별성원들로 이루어진 상위체계임과 동시에 확대가족, 지역사회, 문화 등과 지속적으로 상호작용하는 하위체계이다.

정답 ②

해설 ②는 세대를 거치면서 나타나는 특징을 분석하는 다세대적 관점에 대한 설명이다.

다음 행동수정 실천모델의 개입기술 중 반응적 행동에 관련된 기술은?

① 리허설　② 수용
③ 체계적 둔감화　④ 반응형성화
⑤ 긍정적 강화

정답 ③

해설 반응적 행동에 관련된 기술로는 고전적 강화, 체계적 둔감화, 홍수법이 있다.

부부 중 한쪽이 사망하거나 별거, 유기, 이혼 등의 원인에 의해 발생되는 가족은?

① 장애가족　② 결손가족
③ 빈곤가족　④ 소년가정
⑤ 다문화가족

정답 ②

해설 결손가족에 대한 설명이다.

일반체계 실천모델에 내재된 가치가 아닌 것은?

① 사회문제와 관련된 전반적인 요소들을 적용하는 데 필요한 준거틀을 제공한다.
② 개인이나 환경이 지닌 특성에서부터 체계들 간의 상호교류에 관심을 돌리게 한다.
③ 사회복지사는 사회체계가 아니며, 조직망의 구성요소로 관여되지 않고 있다.
④ 목적성을 지닌 체계의 개념은 원인과 변화의 가능성에 대한 견해를 근복적으로 변화시킨다.
⑤ 다른 분석적인 모델보다는 훨씬 더 많은 자료들을 다룰 수 있게 한다.

정답 ③

해설 사회복지사는 사회체계에 속하며 조직망의 구성요소로 관여되고 있다.

행동수정 실천모델에서 인간행동을 결정하는 요인으로서 바람직한 행동의 증가를 목적으로 칭찬하거나, 고통과 같은 불쾌한 자극을 감소시키는 것은 무엇인가?

① 소멸　② 행동형성
③ 모델링　④ 강화
⑤ 인지재구조화

정답 ④

해설 긍정적 강화는 결과를 제시함으로써 행동의 가능성을 높이는 것이며, 부정적 강화는 결과를 철회함으로써 행동의 가능성을 높이는 것이다.

긴장 혹은 불안으로 두 사람이 또 다른 한 사람을 자신의 정서적 문제에 끌어들이는 형태는?

① 정서적 단절　② 정서적 삼각관계
③ 자아분화　④ 다세대 전수과정

⑤ 치료 삼각관계

정답 ②

해설 가족 내의 긴장, 불안, 갈등이 증가하면 자아분화 수준이 낮은 두 사람이 연합관계를 형성하여 다른 가족구성원을 견제하는 삼각관계를 형성한다.

생태체계 실천모델의 관점이 아닌 것은?

① 인간과 환경은 지속적인 상호교류 안에서 존재하는 하나의 체계
② 변화에 대해 비관적
③ 인간행동은 성장하는 개인과 환경 사이의 상호작용의 산물
④ 다양한 체계 수준에서 이루어지는 개인들과의 관련성 강조
⑤ 역동적 교류와 적응에 초점이 주어짐

정답 ②

해설 변화를 위한 다양한 가능성이 존재하는 것으로 보고 있다.

다음 원리 중 문제에 대한 공감적 반응을 얻으려는 클라이언트의 욕구에 적합한 것은?

① 통제된 정서적 관여
② 의도적 감정표현
③ 개별화
④ 수용
⑤ 비심판적 태도

정답 ①

해설 이때 사회복지사의 역할은 의식적 · 의도적으로 클라이언트에 공감하고 동일시하는 것이다.

과제중심모델 사회복지실천에 적용할 때 개입과정에 대한 설명으로 올바르지 않은 것은?

① 초기단계에는 표적이 되는 클라이언트의 문제를 확인하고, 계약하는 과정이 포함된다.
② 중간단계는 문제의 감소, 문제를 해결하는 과제수행 과정으로 이루어진다.
③ 종결단계에는 사회복지사와 클라이언트가 이전의 표적문제를 설명하고 변화를 확인한다.
④ 사회복지사는 클라이언트가 과제를 완수할 수 있도록 돕기 위해 다른 사람들과도 함께 일한다.
⑤ 계약단계에서 클라이언트가 쉽게 상처를 받거나 스스로 계약을 체결할 수 없는 경우에는 클라이언트 스스로 계약이 가능할 때까지 계약을 유보한다.

정답 ⑤

해설 사회복지사는 클라이언트가 쉽게 상처를 받거나 스스로 계약을 체결할 수 없는 경우 그 보호자와 계약을 체결해야 한다.

다음 중 행동수정 실천모델에 대한 내용이 아닌 것은?

① 인간의 행동을 불러일으키는 것은 환경적 자극이며 외적 강화를 통해 변화가 가능하다.
② 인간의 자율성과 행동의 책임성을 부정하였다.
③ 인간의 인지적 내적과정을 인정하였다.
④ 무의식적 동기에 대한 부정으로 유기체를 우리가 알 수 없는 검은 상자로 취급하였다.
⑤ 인간의 자율성과 행동의 책임성을 부정하였다.

정답 ③

해설 인지수정모델에 대한 설명이다.

부부가 심각한 갈등을 반복하면서 지내 오다가 자녀가 아프게 되어 자녀를 치료하는 동안에는 잠시 덮어두었다가 자녀가 퇴원하면 예전과 같이 갈등상태에 돌입하는 경우는 체계의 어떤 특성인가?

① 안전상태
② 동등결과성
③ 평형상태
④ 환류
⑤ 항상성

정답 ⑤

해설 체계는 지속적으로 변화의 상태에 놓여 있는 동시에 역동적인 균형상태를 유지한다.

일반체계 실천모델을 설명한 것으로 틀린 것은?

① 콤프튼과 갤러웨이는 사회복지사가 실천현장에서 활동하게 되는 체계를 4단계로 분류하였다.
② 변화매개체계는 사회복지사가 속해 있는 사회복지관, 쉼터 등이 해당된다.
③ 클라이언트체계는 도움을 필요로 하는 사람이나 집단을 의미한다.
④ 표적체계는 문제의 원인이 되는 집단을 의미한다.
⑤ 행동체계는 변화매개체계가 클라이언트체계를 지원하는 데 도움을 주는 체계이다.

정답 ①

해설 생태체계 실천모델에 대한 설명이다.

사회복지실천에서 직접적인 서비스가 주어지는 분야로 보기 어려운 것은?

① 아동복지 ② 자원봉사관리
③ 노인복지 ④ 의료사회사업
⑤ 공공부조

정답 ②

해설 자원봉사관리는 자원봉사자의 직접서비스를 위해 연계하고 관리하는 간접적인 지원 역할이다.

임파워먼트 실천모델의 개입과정 중 발견단계에 해당하는 설명은?

① 동반자 관계 혹은 파트너십을 형성하기 위해 클라이언트의 권리와 독특성, 역할을 존중하여 권한부여 관계를 구축
② 클라이언트의 경험, 상호작용 특성, 목적달성을 위한 반응을 확인하고 도전상황을 사정
③ 가족, 사회집단, 조직, 그리고 지역사회제도와의 연결을 포함하여 클라이언트의 환경과의 상호작용에서의 자원 역량을 탐색하고 사정
④ 프로그램 개발, 지역사회조직, 사회행동을 통한 새로운 기회와 자원을 개발
⑤ 적절한 자원을 탐색하고 클라이언트의 변화동기를 부여하기 위한 방향 설정 및 일차적인 목표를 설정

정답 ③

해설 발견단계는 사회복지사와 클라이언트가 계속 사정하면서, 변화를 위한 체계적인 해결계획을 구성하는 자원을 찾아내는 과정에 참여하는 단계이다.

개인대상 사회복지실천기술의 특징으로 올바르지 않은 것은?

① 1인의 클라이언트체계가 갖는 문제에 초점을 둔다.
② 클라이언트와의 개별화된 원조과정을 진행한다.
③ 클라이언트와 사회복지사와의 비공식적 관계를 강조한다.
④ 개인의 문제해결을 위해 다양한 개입모델을 활용한다.
⑤ 개인의 존엄성, 자기결정권, 개별적 욕구와 특성, 상황에 맞는 방법과 전략을 선택한다.

정답 ③

해설 클라이언트와 사회복지사와의 전문적 관계를 강조한다. 이것은 사회복지사와 클라이언트가 일대일 관계 속에서 대인관계의 기술을 활용하여 클라이언트의 문제해결을 돕게 되기 때문이다.

다음 중 클라이언트 중심모델의 관점으로 거리가 먼 것은?

① 과거경험이 인간의 행동을 결정하는 요인
② 모든 사람에게 자아실현의 경향이 있다는 기본전제에 기인
③ 인간은 잠재능력을 실현해 나갈 수 있는 존재
④ 동일한 현상이라도 개인에 따라 다르게 지각하고 경험
⑤ 인간중심적 혹은 인본주의적 접근으로 시작

정답 ①

해설 클라이언트 중심모델의 관점은 현재의 행동을 결정하는 것이 과거 그 자체가 아니라 과거에 대한 각 개인의 해석이라고 본다.

사회의 가장 기본적인 단위이며 대표적인 일차적 집단으로서 사회통제의 가장 효과적인 매개체는?

① 학교
② 가족
③ 혈연집단
④ 지역공동체
⑤ 지역사회

정답 ②

해설 가족에 대한 설명이다.

클라이언트 중심모델의 실무원칙으로 맞지 않는 것은?

① 사회복지사는 클라이언트와의 관계에서 일어나는 감정을 솔직하게 표현하지 말아야 한다.
② 원조관계에서 온화함과 신뢰의 분위기를 증진시킬 능력이 있는지 생각해야 한다.
③ 긍정적 자기평가를 방해하는 클라이언트의 생활경험을 수용하고 해석해야 한다.
④ 클라이언트의 관심사에 정확하게 반응함으로써 클라이언트의 주관적 경험을 존중해야 한다.
⑤ 자신의 신념체계를 검토해야 한다.

정답 ①

해설 사회복지사는 클라이언트와의 관계에서 감정을 솔직하게 표현해야 한다.

행동수정모델에 대한 설명으로 옳은 것은?

① 개인이 처한 현실은 매우 주관적이다.
② 인간의 인지적 능력을 중시한다.
③ 인간을 전체적인 관점에서 본다.
④ 성격발달의 심리사회적 측면을 강조한다.
⑤ 기계론적 인간관을 가진다.

정답 ⑤

해설 인간은 보상과 처벌에 따라 유지되는 기계적 존재로, 모든 인간행동은 법칙적으로 결적되고 예측이 가능하므로 통제할 수 있다고 본다.

가족치료의 개념이 바르게 된 것은?

① 가족을 한 단위로 보고 가족 내에 존재하는 역기능적인 요소들을 수정 또는 변화시킴으로써 가족의 원기능을 회복시켜 주는 것이다.
② 개인의 행동변화를 촉진시키는 데 그 목적을 둔다.
③ 사회복지의 한 방법으로서 집단에 속하는 개인이 프로그램 활동을 통해 상호작용을 지도하는 전문가의 도움으로 그들의 필요와 능력에 따라 타인과의 관계나 성장의 기회를 경험하게 한다.
④ 가족치료 과정에서 획득한 클라이언트에 대한 비밀사항은 다른 가족구성원들에게 절대로 누설해서는 안 된다.
⑤ 가족 전체보다는 그 구성원을 가족의 측면에서 더 중요시하여 개개인이 변화하도록 도모한다.

정답 ①

해설 가족치료는 가족이 하나의 단위이며, 가족의 기능 강화를 통해 개개인의 변화를 도모한다.

피아제의 인지이론에서 도입된 인지행동모델에서 인지도식(스키마)의 두 가지 특징으로 짝지어진 것은?

① 균형 – 환류
② 조직화 – 형태 유지
③ 형태 유지 – 안정상태
④ 조직화 – 적응
⑤ 조직화 – 균형

정답 ④

해설 조직화와 적응으로, 적응은 동화와 조절의 과정을 거친다.

CHAPTER 08

집단사회복지실천의 실천기술

08 집단사회복지실천의 실천기술

CHAPTER

1 집단사회복지실천의 개념

집단사회복지실천(group work)은 전문가에 의한 의도적인 집단과정과 경험을 통해서 개인과 집단, 지역사회의 욕구를 충족시키고 당면문제들에 대해 보다 효과적으로 대처해 나갈 수 있도록 도움으로써 심리적·사회적 기능 수행의 향상을 지원하는 사회복지실천 방법 중의 하나이다. 즉, 특정한 문제와 욕구가 있는 사람들이거나 건강한 개인들로 구성된 집단을 대상으로, 상호작용을 지도하는 집단지도 전문가가 개인, 집단, 환경의 수준의 프로그램 활동 경험을 통하여, 개인, 집단, 사회의 성장과 발전을 도모하고자 하는 개입을 의미하는 것이다.

집단의 역동에 대한 적절한 활용은 집단 전체와 집단에 속한 구성원에게 모두 긍정적 영향을 미치지만 집단발전에 역기능적인 영향을 미치기도 한다. 즉, 긍정적이고 결속력 있는 집단은 구성원들에게 좋은 영향력을 행사하며 목표달성을 촉진, 만족스러운 관계를 만들기도 하지만 집단 영향력이 무시될 경우 성급한 개인 공개 및 평가 압력과 같은 부정적인 영향이 생길 수도 있기 때문이다(박세정 외, 2008).

집단사회복지실천과 유사한 개념으로는 집단상담, 집단치료, 집단지도 등이 있다. 집단상담은 집단구성원들이 일상적 문제를 공유하면서 개인이 갖는 특별한 문제를 해결하는데 초점을 두고 특정상황을 수정, 변경하는 형태이다. 집단치료는 전문가의 도움을 받는 특수하고 통제된 집단 상호작용을 통하여 집단구성원의 개인적, 사회적 기능을 향상시키고 구성원들의 증상과 고통을 완화하는데 초점을 두고 기본적인 성격을 변화시키는데 목적을 둔다. 집단지도는 고통받고 있는 개인뿐만 아니라 건강한 개인들로 구성된 집단에 대한 지도까지 포함한다.

2 목적

집단사회복지실천은 다음과 같은 여덟 가지의 특별한 목적을 제시한다. 첫 번째 목적은 재활이다. 재활이란 사람이나 일이 이전의 능력으로 회복하는 것을 말한다. 두 번째 목적은 교육훈련으로 치료보다는 성장과 발달에 초점을 둔다는 것이다. 세 번째 목적은 교정으로 사회법 혹은 사회적 관습에 대해 어려움을 가진 사람과 범법자를 돕는 것을 말하며, 넷째, 사회화의 목적은 사람들이 사회적으로 기대되어지는 것을 행하는 방법을 습득하는 것을 의미한다. 다섯째, 예방의 목적은 어려움이 일어나기 전에 미리 처리하고 필요로 하는 환경적 영양물을 제공하는 것을 뜻하며, 여섯 번째 목적인 사회행동은 사람들이 대처하고 적응하는 것 이외에 그들의 환경을 변화시키도록 돕는 것을 의미한다. 일곱째, 문제해결하기의 목적은 사람들이 과업을 달성, 결성하고 사회문제를 해결하도록 집단을 이용하는데 도움을 준다는 것이며, 마지막으로 사회적 가치의 목적은 개인이 생활과 관련된 실천 가능한 사회적 가치를 발달시키는 것을 돕는다는 것을 의미한다(조학래, 2006).

이와 같이 집단사회복지실천은 실제적 고립, 혹은 상상의 고립을 완화시킬 수 있고, 학습과 토론을 위한 자연 실험실인 집단과정을 통해 희망의 고취, 정보전달, 사회기술발달, 모방 행동, 이타심, 보편성, 대인관계학습, 집단응집력 강화를 가져옴으로써 개인을 집단 속에서 성장시키고 발전시키기 위한 사회복지적 차원에서의 시도라고 할 수 있다.

3 역사 및 발달과정

19세기 말 집단사회복지실천은 처음 청소년들의 정신적 · 사회적 · 심리적 조건을 향상하기 위한 청소년단체(YMCA, YWCA, 소녀우애협회, 소년클럽) 중심으로 발전되었다. 또한 사회적 조건변화와 주민 간의 자조를 강조한 인보관 운동(근린조합)을 중심으로도 집단사회복지실천이 간헐적으로 이루어져 왔다. 그러나 아직 집단프로그램의 가치와 중요성은 인식하지 못한 상황이었다. 이후 1923년 최초로 집단사회사업 전문교육이 미국에서 설립되면서 집단사회복지실천 영역에 대한 관심이 증가하기 시작하였다. 사회적으로 요청되는 집단의 육성과 개인의 성장에 대한 실무이론의 체계화 시도가 시작된 것이다(전재일, 2002).

1936년 미국집단사회사업 연구회가 발족되었고, 1946년 코일 보고서를 통해 사회복지방법론으로 공식적으로 인정받았다. 이후 미국집단사회복지사 협회가 설립되었으며, 정신분석적 개념이 도입되고, 자아심리학의 영향이 추가되면서, 정신과 실무에서 많이 사용하게 되었다. 또한 집단지도의 개념 및 목적이 교정, 예방, 정상적 · 사회적 성장, 시민으로서의 책임성과 참여 등으로 확대되었으며, 사회적 기능향상 및 오락교육, 지역개발 및 사회행동 목적으로도 사용되게 되었다. 뿐만 아니라 소집단에 대한 활발한 연구가 진행되고, 1960~1970년대 사회복지방법론이 통합되면서 집단사회사업실천 용어는 일반화되었으며, 1970년대 감수성훈련, 마찰집단, 교류분석, 행동수정, 게슈탈트 등 다양한 형태의 집단프로그램이 시도되었다. 복합가족집단, 폭력배집단, 에이즈감염자집단 등 소수 및 사회적 일탈집단을 대상으로 한 집단프로그램들이 1980년대 이후 이루어졌다(이미선 외, 2008).

4 실천 기본 원칙

집단을 대상으로 한 사회복지실천의 기본 원칙은 다음과 같다(조학래, 2006).

첫째, 개별화의 원칙이다. 집단구성원들 각각의 특성이나 욕구, 개성, 적응능력 등을 고려하여 접근해야 한다는 것이다. 둘째, 수용의 원칙으로 집단구성원들의 감정, 태도, 행동을 있는 그대로 이해하고 인정하는 것을 말한다. 셋째, 참가의 원칙은 구성원들의 모두가 문제해결과정에 스스로 적극적으로 참여할 수 있도록 흥미와 욕구를 반영하여 동기부여를 해야 한다는 것과 동시에, 집단 활동 참가를 저해하는 요소를 제거하는 노력을 해야 한다는 것이다. 넷째, 체험의 원칙은 구성원의 심리적, 행동적인 집단 체험을 통해 성취감과 자신감을 확보할 수 있도록 지원해야 한다는 것을 의미한다. 다섯째, 갈등해결의 원칙은 집단 내 갈등을 구성원 스스로 직면하여 해결토록 지원함으로써 집단 이외의 상황에서도 갈등을 해결하는 능력을 기를 수 있도록 해야 한다는 것이다. 여섯째, 규범의 원칙은 구성원이 집단활동 중에 지켜야 할 규범이나 규칙에 대해 동의하며 이를 준수할 수 있는 기본적 태도를 지원해야 한다. 일곱째는 계속평가의 원칙으로 구성원과 집단의 계속적인 성장발달을 위해 지속적으로 집단활동을 분석하고 피드백하여 계획 수립 및 수정을 이행해야 한다는 것이다. 여덟째, 집단의 독립성 원칙으로 집단은 집단 자체로 다른 집단과 구별되는 독특성을 인정해야 한다는 것이며, 마지막 원칙은 집단구성원 간의 상호관계 촉진원칙으로 집단구성원들이 집단활동을 통해 끊임없이 상호작용할 수 있도록 지원함으로써 관계를 통해 개인의 변화와 문제해결을 도모해야 한다는 것이다. 이러한 원칙을 제대로 수행하기 위해 구성원들은 신뢰, 경청, 공감, 솔직성, 용기, 자기자각과 직면, 안정감 등의 자질이 필요하다.

5 집단사회복지실천 관련 이론

1) 장이론

Lewin에 의해 개발된 이론으로 정신현상이나 사회현상은 전체가 하나의 장을 이루고 각 부분은 상호의존 상태에 있다는 전제에서 출발한다. 그러므로 집단을 하나의 전체로 이해하기 때문에 집단은 구성원을 잡아두는 힘과 목적성취를 위한 힘이 모여 만든 실체라고 할 수 있다. 그리고 집단의 행동은 전체적인 상황을 위해 기능하기 때문에 집단의 속성이 집단의 구성원에게 미치는 영향을 파악하는 것이 매우 중요하다는 입장이다. 이러한 장이론에 의해 개발된 집단 프로그램으로 역할극이나 모의실험을 강조한 훈련집단(T집단) 등이 있다.

2) 사회교환이론

Tibout, Kelly, Blau, Homans에 의해 개발된 이론으로 집단의 존재는 집단 내의 개인의 참여와 만족에 기반을 두고 있고 행동을 강조한다. 집단 내 구성원 간의 보상을 추구하는 방법과 영향력 행사 방법으로 분석한다.

3) 정신분석이론

Redle, Byon, Whitekar, Yalom 등이 정신분석학적인 이론을 집단에 적용시켰다. 개인에 초점을 두고, 개인의 해결되지 않는 갈등을 집단 내에서 표출하도록 한다. 구성원들의 전이반응, 방어기제 등을 집단 내에서 해석하고 치료과정으로서 집단을 활용한다. Bern의 의사거래분석, Perls의 게슈탈트치료, Moreno의 사이코드라마 등으로 발전되었다.

4) 체계이론

Parsons가 주장한 이 이론에서 집단은 단일체로 기능하며 평형 상태를 유지하려는 상호의존적인 여러 구성원들로 구성된 사회체계로 보았다. 그러므로 집단의 평형 상태를 유지하기 위한 요소로 통합–조화, 적응–변화, 형태유지–목적 및 절차, 목적성취–과제 추구 및 성과를 지적하였다.

Valles는 집단활동을 통해 각각의 문제를 해결하게 되는데, 수단적 문제는 목적성취와 관련하여 집단외부에서 부과하는 요구에서 비롯되며, 사회정서적 문제는 인간관계의 어려움, 조화 및 만족 등의 요구에서 비롯된다고 보았다. 또한 상호작용과정을 분석하여 역동적 평형 상태를 유지하기 위해 외부와 내부와의 통합을 위한 동요를 해결하고, 상호작용의 문제로는 의사소통, 평가, 통제, 의사결정, 긴장 감소, 통합의 문제를 들고 있다.

Homans는 집단의 체계로 외부환경과의 적응을 강조한 외적체계와 규범, 상호 유형을 강조한 내부체계로 구분되며, 평형 상태 유지를 위해 변화하는 과정과 개별 구성원의 상호작용이 전체 집단의 특성이 된다고 보았다. 집단의 힘이 개인행동에 영향을 주고, 갈등 시 집단 유지를 위한 노력을 통해 문제해결이 이루어진다고 보았다.

5) 집단성격이론

Carttel에 의해 개발된 이론으로, 레인의 장이론과 관련이 있으며 집단 내에서 상호관계의 측면을 강조한다. 경험 통계학적인 요인 분석적 접근으로 개인의 자료로 집단행동의 기본적 측면 도출을 기본으로 한다(박세정 외, 2008).

6) 의사거래분석(교류분석)

Eric Berne에 의해 창시된 것으로 대인관계 및 의사소통에 문제가 있는 상황에의 적용을 위한 이론이다. 두 사람의 자아상태 간에 일어나는 자극과 그에 대한 반응을 통한 상호작용으로 정의된다. 생존에 필요한 생리적 욕구와 평안함을 추구하는 심리적 욕구, 자극갈망, 구조갈망(조직화), 위치갈망(확고한 위치의 점유)을 충족하기 위해 상호작용과 관계형성이 필요하다. 인간의 대인교류 유형은 상보적 교류가 가장 바람직하나 다른 자아 상태를 갖는 교차적 교류나 다메시지를 갖는 이면적 교류 등은 집단활동을 통해 변화시켜야 한다(김혜란 외, 2006).

7) 형태주의이론(게슈탈트이론)

Perls에 의해 시도되었다. 정신분석학 및 유럽의 현상과 실존주의에 근거하기 때문에 현재의 행동이나 문제를 원인(왜)보다는 어떻게 혹은 무엇에 더 큰 비중을 둔다. 행태주의에서의 인간관은 인간을 신체, 정서, 사고, 감각, 지각들의 통합적인 기능을 수행하고 환경과의 분리가 되지 않는 존재이자 능동적인 행위자로 보는 데서 출발한다. 또한 자신의 지각과정을 통해 행동을 선택하고 그 행동에 대해 책임지는 존재로 보며, 스스로 통제할 수 있는 능력이 있다고 본다. 그리고 인간은 일차적으로 현재 상황에서 자신을 경험하며, 인간의 본성은 선하지도 악하지도 않다고 본다(손광훈, 2009).

그래서 지금-여기에서 과거와 미래까지 경험이 가능하도록 한다. 뜨거운 자리, 공포대상에 대한 지속적 체험으로 공포감정을 극복하도록 돕는 그 자리에 머무르기, 신체언어 집중하기, 정서적 정화를 위한 빈의자 기법 등이 이에 속한다.

8) 현실치료

현실치료의 기초자인 Glasser는 인간은 자기정체성에 대한 욕구라는 단일하고 심리적인 욕구에 직면해 있다는 것을 전제로 하고 있다. 모든 사람은 사랑과 가치의 경로를 통해 자신이 다른 사람과 구분되는 정체성을 확립하게 되기 때문이다. 그러나 이러한 정체성을 제대로 확립하지 못한 것이 문제가 되는데 그 이유는 재정 및 낙인보다도 자신의 지각에 따라 정체성 확립에 문제를 초래한다는 것에 초점을 둔다(김현종, 2008).

6 집단사회복지 실천모델

1) 사회적 목표모델(social goals model)

집단사회복지실천의 초기 모델로서 인보관운동과 청년단체의 집단사회복지실천으로부터 성장했다.

2) 치료모델(remedial model)

사회적 기능수행에 문제가 있거나 문제가 발생할 확률이 높은 개인에게 원조하는 것을 강조하는 임상모델집단이다.

3) 상호작용모델(reciprocal model)

집단 내 사회복지사와 구성원 간의 상호관계 또는 공생적 관계에 중점을 둔 모델로 중간모델 또는 인본주의모델로 불리며 현실주의적 접근을 시도한다. Trope 등에 의해 발전되었다.

| 표 8-1 | 집단사회복지 실천모델 비교

특징	사회적 목표모델	6치료모델	상호작용모델
이론	발달적 접근	조직적 환경적 접근	상호작용주의
목적	사회적 의식, 사회적 책임, 책임있는 시민 및 사회정치적 행동, 사회에 대한 개인의 적응, 집단선 추구	역기능적 행동을 하는 구성원의 치료와 재활, 개인의 목적 성취를 지원하기 위한 수단으로서의 집단 강조, 개인선 추구	적정 수준의 적응과 사회화를 성취하기 위해 구성원 간 상호지지체계 형성, 대인관계 향상, 집단 및 개인 양자의 선을 위한 집단과 개인 상호관계 강조, Here & Now, 상황과 집단이 관여하는 체계 자체에 관심
기관	인보관, 지역사회복지관	임상기관, 사회복지기관, 시설	임상기관, 지역사회복지관
초점	대규모 사회환경에 속한 개인	개인적 역기능 변화	구성원 간의 자조, 상호 지지체계 개발
집단사회복지사의 역할	역할모델, 조력자, 교사, 영향자	변화대리인, 전문가, 조력자, 중개자, 주요한 인물, 지시적, 상당한 권위를 가짐	중개자, 조력자
대상	시민, 이웃, 지역주민	역기능이나 문제해결을 위해 도움을 필요로 하는 자	공동 관심사의 성취를 위해 협력하는 구성원
집단활동	토론, 참여, 합의, 집단과제의 개발 및 실행, 지역사회 조직화, 구성원의 사회적 행동기술 습득과 사회변화에 필요한 프로그램	구성원의 행동 유형을 변화시키기 위해 구조화된 운동을 하거나 직접, 간접적인 영향을 발휘	구성원들의 관심사를 토론, 상호지지 형성, 상호 이익이 되는 결속되는 사회체계의 형성
집단크기	3~30명	7~10명	상황에 따라 유동적이나 15명을 넘지 않음
회원가입	개방적	전문가의 통제	전문가와 회원의 동의에 의한 자유로운 가입
회합기간	지도력 유형에 따라 유동적	정기적이며 시간 사용 계획을 사전에 설정	유동적, 집단사회복지사와 구성원이 합의
대표학자	리랜드, 윌슨, 코일, 베너, 클라인	빈터, 새리, 글래서, 레들	슈바츠, 비옹, 레윈

4) 사회학습모델

사회학습이론이나 행동수정이론을 사회복지실천에 적용한 것으로, 인간 조종기술, 의사과학이라는 비난이 있다고 한다. Rhodes와 Galvin에 의해 발전되었다.

5) 목표형성모델

집단구성원 개인이 집단과 사회의 관계 속에서 적절한 균형을 계속 유지해 나가는 과정과 관련이 된 모델이다. 사회복지사는 구성원들이 체계 간의 관계를 명확히 개념화하도록 지원하는 역할을 수행하게 된다. Lang에 의해 발전되었다.

CHAPTER

09

집단사회복지실천의 구성요소

1. 집단
2. 집단구성원
3. 집단 사회복지사
4. 집단 프로그램

09 집단사회복지실천의 구성요소

CHAPTER

집단사회복지실천의 구성요소로는 집단, 집단구성원, 집단 사회복지사, 집단 프로그램이 있다.

1 집단

1) 집단의 개념

집단이란 2인 이상의 회원이 공동목적과 소속감을 가지고 상호작용하는 집합체이자 공통의 관심사를 지닌 사람들이 정서적 결속과 함께 상호 의존성 및 공통성을 공유하며, 공동의 목표를 달성하고 공통의 문제를 해결하기 위해 지속적으로 직접적인 상호작용을 하고, 구성원의 기능과 역할을 규제하는 규범을 갖고 있는 인간 집합체를 말한다. 그러므로 집단은 확인할 수 있는 실체이자 체계이며, 부분들의 총합 그 이상이다. 즉, 2인 이상의 집합체, 소속감, 공통의 목적과 관심사, 정서적 결속, 상호의존적, 상호작용, 기능과 역할, 구성원의 규범, 서비스의 수단과 환경 그리고 상호 원조체계 등 집단 개념의 공통요소라 할 수 있다.

집단사회복지실천에서의 집단은 지속적이고 정기적인 모임을 갖고, 회원 간의 상호작용, 특정한 목적 등을 전제로 하기 때문에 집단활동을 통해 희망의 고취, 보편성의 공유, 정보전달, 이타심의 향상, 교정적인 행동의 반복성 가능, 사회적인 기술의 발달, 올바른 모방행동의 확대, 대인관계의 학습, 집단 응집력 경험을 통한 협동심 배양, 심리적 정화, 자신의 책임성 강조 등이 가능하게 된다.

2) 집단의 유형

집단은 구성원과 비구성원을 명확히 구분한다. 구성원과 비구성원의 구분선은 집단의 경계선인데 경계선의 굿기는 집단에 따라 다르다.

(1) 상호작용과 정서적 결속 정도에 따른 구분

일차집단과 이차집단으로 구분될 수 있다. 일차집단은 비공식적이고 자발적인 집단으로 상호 지속적으로 광범위한 영역에 걸쳐 영향을 미치는 사람들로 구성되어 있다. 공통의 규범을 갖고 있고, 아주 친밀하면서 긴밀하게 자주 개인적인 대면적 상호작용과 접촉을 통해 결합관계를 맺는 가족, 친구, 소규모 집단 등을 말한다(조학래, 2006).

이차집단은 목적달성을 위해 인위적 계약에 의해 형성된 집단으로 공식적으로 연관되어 있고 약간의 관심만 공유하고 있다. 구성원 간 직접 접촉하는 경우는 드물거나 전혀 접촉하지 않는 경우도 있고 간접적인 접촉과 상호작용을 특징으로 한다. 그리고 개인의 의도적이고 기능적인 역할 등을 중시한다. 학교, 학급, 종교모임 등이 그 예이다.

(2) 구성방법에 따른 구분

구성방법에 따라서는 자연발생적 집단과 인위적 형성집단으로 나눌 수 있다. 자연발생적 집단은 자연적으로 발생한 사건, 인간관계상의 매력, 구성원의 욕구 등을 기초하여 구성된 집단으로 가족, 또래집단, 친구들, 갱 집단 등을 들 수 있다. 반면 인위적 형성집단은 외부의 영향이나 개입을 통해 의도적으로 만들어진 집단으로 치료집단, 위원회 등이 이에 속한다.

(3) 구성원의 수에 따른 구분

구성원 수에 따라 큰 집단과 작은 집단으로 구분된다. 구성원의 수는 만족도에 영향을 주게 되는데, 대부분 집단에서는 5~15명을 선호한다. 이보다 많은 구성원은 큰 집단, 이보다 수가 작으면 작은 집단이라고 할 수 있다. Reid는 최소한 8명이 사회복지실천에서 가장 적합한 집단의 구성원 수로 제안하고 있다. 과업집단은 5명 이내, 의사결정 집단은 7명, 치료집단은 5~7명에서 15명 정도로 설명하고 있다(김혜란 외, 2006).

큰 집단의 장단점은 다음과 같다.

표 9-1 큰 집단의 장단점

장점	단점
복잡한 과제 수행 가능	관심 분산의 어려움
역할모델의 학습기회 다양	밀접하고도 대면적인 상호작용 기회 감소
집단참여에 대한 압력 적음	역기능적 하위집단의 위험
결석 시 집단 기능에 장애 없음	침묵하는 구성원의 무관심과 탈퇴 조장
의미 있는 상호작용의 유지	규칙, 절차 등 공식적인 구조가 필요
	결속력 감소 및 의사결정 합의 도출의 어려움

(4) 구성원 자율성에 따른 구분

구성원의 자율성에 따라 개방집단과 폐쇄집단으로 구분할 수 있다. 개방집단은 경계선이 유연해서 일정한 요건만 갖추면 구성원이 될 수 있으므로 언제든지 새로운 구성원을 받아들일 수 있다. 그러므로 새로운 구성원을 통해 새로운 자원과 생각, 신념, 가치관이 유입되게 된다.

그러나 입회, 탈퇴 빈도가 많으면 많을수록 사회복지사와 집단사회복지사는 새로운 구성원에 대한 오리엔테이션을 반복하지 않으면 안 된다. 그렇게 될 때 발생되는 문제는 지금까지 일정한 목표를 향해 노력해 온 구성원들의 성장을 정체시키거나 초조감을 불러일으키게 된다(이옥선, 2008).

반면 폐쇄집단의 경계선은 매우 딱딱해서 가입자격이 특수한 사람들에만 한정되어 시작부터 끝까지 같은 구성원으로 유지가 된다. 개방형 집단에 비해 동일한 구성원끼리 활동하므로 응집력이 높을 가능성이 크며, 집단의 사기도 높아 구성원들이 협력적이다. 그러나 질병으로 결석하거나 다른 이유로 집단을 그만두는 구성원이 생길 경우 집단이 소수화되어 생각이나 의견이 한정될 위험성이 있다.

개방집단과 폐쇄집단의 차이를 살펴보면 다음과 같다.

표 9-2 개방집단과 폐쇄집단

개방집단	폐쇄집단
• 클라이언트가 원할 때 집단에 참여할 수 있어 당장 도움이 필요한 사람에게 유용 • 새로운 구성원의 아이디어나 자원을 활용해 시너지 효과 창출 • 집단 전체의 기능상의 변화 없이 새로운 구성원의 가입이 가능 • 새로운 구성원의 추가로 집단과정을 되풀이 하는 등 집단의 발달을 저해	• 제한된 구성원 자격과 집단의 연속성으로 응집력과 안정감이 강함 • 역할행동의 예측가능 • 구성이 안정적이어서 사기가 높고 화합을 계획하기 쉬움 • 결성, 탈락으로 의미 있는 상호작용 감소 우려 • 집단에의 순응 요구, 효율성 저하

(5) 구성원집단과 준거집단

자기와 동일시하거나 개인이 행동이나 태도 또는 가치관 등의 판단 기준으로 삼고 있는 집단을 준거집단이라 한다. 이것에 대해 실제로 개인이 구성원으로서 소속하고 있는 집단을 구성원집단이라 한다. 구성원집단이 반드시 준거집단이 되는 것은 아니며, 현실적으로 소속되어 있지 않은 집단이 강력한 준거집단이 되어서 인간의 생활에 큰 영향력을 미칠 수 있다.

(6) 집단목적에 따른 구분

① 지지집단

일상생활 속에서 발생하는 문제들을 효과적으로 대응하고 삶에서 장차 일어날 사건에 좀더 효과적으로 적응해 나가도록 원조하며 구성원들이 삶의 위기에 대처기술을 학습할 수 있도록 돕기 위한 집단이다. 집단구성원은 대개 유사한 문제를 경험한 사람들로서 집단 내에 자기표출 정도가 높은 편이며, 집단 응집력을 형성하는 것이 상대적으로 빠른 편이다.

지지집단의 예로는 이혼한 부부의 자녀집단, 이혼 가정의 취학아동모임, 암환자 모임, 혹은 암환자나 그 가족으로 구성되어 질병의 영향과 대처방법을 논하는 집단, 또는 장애아동 양육의 어려움을 함께 나누는 부모집단, 편부모집단, 정신병원에서 퇴원하여 지역사회에서의 적응을 다루는 집단 등을 들 수 있다.

② 교육집단

교육집단은 구성원들이 그들 자신과 사회에 대해 배우는 것이 주요 목적인 집단이다. 그러므로 직접적인 교습활동을 통해 기술을 가르쳐 주고 정보를 제공하며 지식과 경험을 습득할 수 있도록 돕는 데 그 목적이 있다. 또한 변화에 의해 발생하는 감정들을 배우고 위치나 지위를 변화시키는데 중점을 둔다. 주로 강의 형태로 이루어지며 참여 학습을 통해서 교육적 효과를 높이기도 한다.

교육집단으로는 성교육을 받는 청소년집단, 예비부모교육을 받는 미혼 성인집단, 위탁가정의 부모가 되려는 집단, 특정 약물이나 질환에 대해 정보를 획득하는 집단, 말기암 환자 가족에게 환자의 임종을 가르치는 집단 등을 들 수 있다.

③ 성장집단

성장집단은 병리적 현상을 치료한다기보다는 자아향상을 강조하고 심리사회적 건강을 증진시켜 사회적 기능을 향상시킬 예방적 목적으로 형성된 집단이다. 집단을 통해 인간의 성장발달 단계에서 무한한 가능성과 성장 잠재능력을 향상시키고 충분히 발휘할 수 있도록 도와 자극과 통찰력을 얻고 모델링을 찾으며 새로운 행동을 시험해 봄으로써 능력과 자의식을 넓히며 개인적인 변화를 이끌어 낼 수 있는 기회를 구성원들에게 제공하게 된다.

성장집단의 예로는 부부의 결혼생활 향상 집단, 부부를 위한 참만남집단, 청소년을 위한 가치명료화집단, 여성을 위한 의식고양집단, 은퇴 후의 삶에 대해 초점을 맞추는 노인집단, 아이출산 이후 부모역할에 대비하는 예비부모모임 등을 들 수 있다. YMCA,

YWCA에서의 집단 프로그램이 대표적이다. 이때 사회복지사는 집단 결속력 강화를 돕는 촉진자의 역할을 담당한다.

④ 치료집단

치료집단은 일대일 상담 비슷하게 구성원들이 그들의 문제를 깊이 있게 탐색함으로써 여러 해결 전략들을 개발하는 집단이다. 치료집단의 구성원들은 공통의 문제를 겪고 있기 때문에 집단 내에서 자기표출 정도가 높다. 집단을 통해 구성원들의 욕구를 충족시키며, 각 구성원들이 집단 내에서 서로 역할을 바꾸는 과정을 통해 행동변화를 가져오게 하고 서로의 문제를 해결하도록 도와주는 것이다. 집단의 역할은 상호작용을 통해 형성되며, 재활 원조자적 역할을 하게 된다.

치료집단의 예로는 지역정신건강센터에서 심리치료를 받는 외래환자 집단, 건강협회에서 지원하는 금연을 원하는 사람들의 집단, 알코올중독 재활집단, 초범자로 보호관찰처분을 받은 청소년집단, 약물중독으로 치료를 받는 집단 등이다.

⑤ 사회화집단

사회화집단은 사회적 관계에 어려움을 가지고 있는 클라이언트를 중심으로 사회생활에서 효과적으로 기능하기 위해 필요한 사회기술을 학습하거나 사회적으로 받아들여지는 행동 형태를 배우는 데 목적을 가진 집단이다. 사회화집단은 행동함으로써 학습하는 접근방식을 사용하기 때문에 집단구성원의 행동과 태도를 좀더 사회적으로 용납할 수 있는 태도로 변화시키고 사회생활에 요구되는 사회적 기술을 익히거나 학습시키는 것, 자기 확신의 증대, 미래에 대한 계획들에 중점을 둔다.

사회화집단의 예로는 학교에서 공격적인 아동들의 집단, 만성정신장애자집단, 치료센터에 입소되어 있는 아동들의 주별 모임 집단, 소풍이나 춤과 같은 여가활동을 포함하는 편부모집단, 비행성향을 완화하기 위한 비행소지가 있는 청소년집단, 각 민족의 문화적 긴장을 완화하기 위한 다문화가족 집단, 임신여성들의 집단, 사회복귀집단 등이 있다.

이 사회화집단에는 레크리에이션집단(여가집단), 기술훈련집단, 자조집단(자치집단) 등이 있다. 레크리에이션집단의 목적은 즐거움과 훈련 활동을 제공하는데 있다. 대표기관으로는 YMCA, YWCA, 인보관 등을 들 수 있다. 기술훈련집단의 목적은 즐거움을 제공하는 기술을 개량하는 데 있다. 레크리에이션집단과는 대조적으로 이 집단의 대상은 집단사회복지사 · 교육자 등이 포함되며 좀더 과제지향적인 성향이 강하다. 골프 · 농구 · 수공예 같은 활동이 포함된다. 걸스카웃, 보이스카웃, 학교 등에서 이루어진다.

표 9-3 집단의 유형별 특징 비교

구분	지지집단	교육집단	성장집단	치료집단	사회화집단
목적	스트레스 사건 대처능력 회복	강의, 토론, 경험을 통한 교육	잠재력 개발, 인식, 통찰력의 증진	행동변화 개입을 통한 교정, 재활, 대처, 문제해결	의사소통과 사회기술, 대인관계 향상(프로그램, 구조화된 연습, 역할연습 등)
지도력	감정이입적 이해와 상호원조의 촉진자	교사, 집단토의를 위한 구조제공자	촉진자, 역할모델	전문가, 권위적 인물, 촉진자	집단활동이나 프로그램의 디렉터
초점	스트레스 대체능력 의사소통과 상호원조	학습을 위한 집단의 구조화	접근법에 따라 구성원이나 집단에 초점 집단 경험을 통한 성장	개별구성원의 문제, 관심, 목표에 초점	활동과 참여를 위한 도구로서의 집단
결속력	스트레스 사건 경험에 대한 공유	학습, 기술발전에 대한 공통된 관심	공통목적에서 발생 성장하기 위해 집단을 이용하려는 계약	공동된 목적과 목표 구성원과 집단 사회복지사, 집단, 타구성원과의 관계	공통활동, 계획, 상황
구성	경험에 따른 다양한 구성	교육수준, 기술수준이 유사한 구성원	성장과 발달을 향한 개인구성원의 능력에 따라 다양함	유사한 문제나 관심을 가진 사람으로 구성	집단의 위치, 목적에 따라 다양 혹은 동질
의사소통	정보, 경험, 대처전략에 대한 공유 감정의 빈번한 자기표출	주로 집단 사회복지사가 구성원에게 강의 가끔 구성원 간의 토의 낮은 자기표출	고도의 상호작용 구성원이 집단 내 의사소통에 책임을 진다. 중간에서 높은 정도의 자기표출	집단 사회복지사가 구성원에게 또는 집단구성원 간 중간에서 높은 정도의 자기표출	활동이나 비언어적 행동으로 나타남. 낮은 정도에서 중간 정도의 자기표출

자조집단은 유사한 어려움이나 관심사를 가진 구성원들이 자발적으로 집단을 만들어 동료끼리 경험을 나누어 집단구성원 상호 간 문제상황에 대처할 수 있는 능력을 고양하고 개인적으로 바람직한 변화를 가져오도록 노력하는 상호원조집단이다. 즉, 특정목적을 성취하고 구성원 상호 간의 원조를 목적으로 형성되는 자발적 소집단이라고 할 수 있다. 특정장애나 생활상의 분열 · 혼란문제와 사회적 · 개인적 변화를 가져오고자 하는 동료들로 구성된다. 대면적 · 사회적 상호작용을 강조하며 원인 지향적이어서 구성원들에 의한 개인적 책임과정을 중시한다.

사회복지사의 도움보다는 집단구성원의 경험에 기초하여 도움을 주고받으며, 대인 간의 상호지지, 자신의 삶을 책임질 수 있는 능력 개발과 향상에 초점을 두기 때문에 사회복지사는 집단에 대한 통제와 운영보다는 물질적 지지의 제공이나 다른 체계와의 연결기능, 정보와 지식, 자원 등을 알려주는 자문기능 등을 한다. 자조집단의 예로는 단주친목모임을 들 수 있다.

⑥ 과업집단

과업집단은 과업달성과 성과물 산출을 위해, 또는 명령을 수행하기 위해 만들어진 집단으로 집단과 함께 일하고 노력할 주제에 대해 관심이 많은 사람이나 특별한 재능을 가진 사람들로 구성된다. 그리고 집단구성원의 개인적인 성장보다는 방침을 만들어 나가면서 의사를 결정하고 산출물을 만들어 내는 것에 초점이 주어진다. 이 집단에서는 조직이나 기관의 문제에 대한 해결책을 모색하고, 새로운 아이디어를 개발하며, 효과적 원조전략 수립과 결정 등의 과업을 수행한다. 사회복지사는 클라이언트의 강점과 자원을 강조하면서 클라이언트의 관심사에 대한 처리에 초점을 맞추고 클라이언트에 대한 서비스의 질을 높이기 위해 행동한다.

과업집단의 예로는 치료회의, 팀, 처리위원회, 직원발전집단 등이 있으며 위원회나 자문위원회, 사회행동집단, 연합체, 대표위원회 등이 있다.

⑦ 감수성훈련집단

감수성훈련집단은 대인관계에 대한 인식 강화를 목표로 하는 집단이다. 집단구성원들은 대인관계 기술 및 자기개방이 요구되는 집단경험을 통해 신뢰, 친밀감, 진실성을 토대로 한 대인적 인식이 증대되면 다른 모든 태도와 행동도 변화하게 된다.

⑧ 자기지향집단

집단 사회복지사보다 집단구성원들에 의해 집단의 방향과 목적이 결정되는 집단이다. 구성원들이 가지고 있는 문제에 초점을 두는 문제 중심적일 수도 있고, 스스로가 함께 일하면서 해결책을 모색하는 자조집단과 같이 집단 내외에서 구성원들의 변화를 시도하기도 한다. 핵심적인 목표는 구성원들의 자존감과 주기주장 능력을 키우면서 외적 변화도 함께 모색하는 데 있다.

3) 집단의 역동성

집단은 전개되는 집단의 분위기와 과정에 따라 집단의 성취도가 결정된다. 이러한 성취도에 영향을 주는 것으로 집단의 역동성(Group Dynamics)을 들 수 있는데, 집단 역학 또는 집단 역동이라고 한다. 이 집단 역동성은 집단구성원의 상호작용에 의한 효과와 힘을 의미하며, 역동적인 힘을 통해 개별 구성원에게 영향을 주어 변화를 유도하거나 문제의 해결을 제공하는 것을 말한다. 집단의 역동을 적절히 활용하게 되면 집단과 집단구성원 모두에게 긍정적인 영향을 미치지만 집단 역동이 집단 발전에 역기능적인 영향을 미치기도 한다. 이러한 집단의 역동성에 대한 이해는 집단사회복지실천가를 위한 기본적 이론 바탕이 된다.

그러므로 사회복지사는 집단에 영향을 주는 집단 역동을 잘 이해하고 있으면서, 집단 역동의 하위요소들이 집단과 개별 구성원 그리고 집단발달 및 과정에 주는 영향을 분석하고 적절한 개입을 할 필요가 있다. 집단의 구성원들이 자신들의 다양한 목적을 파악하고, 이를 명백히 규정하며, 개개인의 특정한 목적 안에서 공통의 목적과 참여 동기를 찾을 수 있도록 도와야 한다(김혜란 외, 2006).

집단의 역동성에 영향을 주는 하위요인들로 집단구조, 집단 내 의사소통과 상호작용, 집단에 대한 매력과 응집력, 집단의 사회적 통제, 집단 문화, 집단발달단계, 집단행동양식, 집단 내 하위집단, 집단의 규범이나 가치, 긴장과 갈등, 지위와 역할, 집단의 크기와 물리적 환경, 피드백, 대인관계, 집단의 목적과 목표 및 의도, 집단구성원의 선별과 평가기준 등을 들 수 있다. Yalom은 집단사회복지실천의 개입요소로 희망부여, 보편성, 정보공유, 사회적 지지, 가족집단으로 재현, 사회화 기술의 개발, 집단응집력, 카타르시스, 모방행동, 대인관계 학습, 실존적 요인을 들었다.

(1) 집단구조

집단구조의 세 가지 주요 차원은 경계, 관계, 유대이다. 우선 경계는 집단구성원은 어떤 사람들인가, 구성원 각각의 개인사, 욕구, 소속 체계에 대한 책임감은 어떠한가, 집단의 역사, 집단이 형성된 방법, 이유, 초점, 기능 방식의 변화 등에 관련된 사항이다.

둘째, 관계는 집단구성원 간 혹은 구성원과 사회복지사의 관계를 말한다. Maier는 사회복지사와 구성원 사이의 관계를 세 가지로 구분하였는데, 사회복지사가 집단활동과 분명한 경계가 있어 전문가로서, 집단에 대한 통제력을 행사하는 경우와, 집단의 한 부분으로 기능하여 집단 기능을 용이하게 하는 경우와, 역할 면에서 다른 구성원과 차이가 없는 집단의 한 구성원으로 관계하는 경우이다. 구성원들 간의 관계에 있어 서열을 매기는 경우에 있어 어떤 구성원이 다른 구성원보다 높은 지위를 갖게 된다. 또한 구성원들의 역할에 따라서도 관계가 달라지게 된다(노충래 역, 2006).

셋째, 유대는 각자의 느낌이 아닌 공통의 느낌으로 표현되는 공동목표, 집단 행동규범, 집단의 공동가치로서 표현되는 것으로 체계에서의 '안정상태'와 같은 개념이다.

(2) 집단 내 의사소통과 상호작용

집단 내의 자유로운 의사소통과 상호작용은 집단과정을 촉진시킬 수 있다. 상호작용 유형을 이해하고, 개입하는데 있어서 첫 단계는 집단구성원들이 모여서 의사소통하는 것을 인식하는 것이다. 의사소통을 통한 집단구성원들의 상호작용은 집단 내 상호작용 유형을 결정하는 중요한 요인이 된다. 집단 내 의사소통에는 언어에 의한 의사 전달과 몸짓 등에 의한 비언어적 전달이 있지만 시작되면 어떤 형태로든 바로 의사소통이 시작된다. 의사소통 유형에 영향을 미치는 것으로는 정서적 유대, 하위집단, 집단의 크기와 물리적 환경 등을 들 수 있다.

집단은 다양한 구성원들의 상호작용과 이들의 욕구, 그리고 과업달성과 집단유지라는 집단의 욕구가 복합적으로 기능한다. 이러한 집단 기능의 주요 측면은 다음과 같다.

① 에너지의 이용

집단은 에너지 문제를 다루는 방식으로 기능한다. 제한된 에너지를 가지고 있는 집단은 에너지의 이용방법에 관련하여 항상 긴장 상태에 있다. 이러한 긴장은 집단과업 혹은 집단수립에 할당되는 에너지이다. 이는 안정성 대 변화의 문제, 혹은 적응의 문제로 표현되기도 한다.

② 의사결정과 의사소통 과정

구성원에게 역할과 과업 부여, 의사소통 방식이나 결정방식, 에너지 이용에 관하여 결정을 내리는 방식으로 기능한다.

③ 과업수행 과정

집단의 기능은 과업을 달성하는 방법에 따라 기술될 수 있다. 과업수행이란 누가 무엇을 하고, 위임받은 과업을 구성원이 잘 수행하는지 여부를 말한다.

(3) 집단에 대한 매력과 응집력

응집력은 함께한다는 견지에서 유착(bond)이라고도 한다. 이것은 집단구성원들이 우리, 우리들 것이라는 말을 사용하게 될 때, 구성원들 서로가 서로를 잘 알고 인식하며 서로를 위해 중요하다고 생각할 때 인식된다. 응집력은 집단 내에서 각자의 개성을 표현할 수 있고, 충분한 친밀감을 허용하는 서로 간의 유대인 것이다. 그러므로 집단의 매력 혹은 응집력은 구성원들이 서로에게 끌리는 정도로 규정할 수 있다. 집단구성원들로 하여금 집단에 머물도록 하는 데 영향을 미치는 요인들의 합 이상이다. 집단구성원들이 결속력이 있으면 집단에 대한 소속감이 생기고 자신을 더 잘 표현하며 타인과의 관계를 활발하게 할 수 있어 집단을 통한 효과가 더 커질 수 있다(조학래, 2006).

구성원들이 집단에 대해 매력을 느끼고 집단 내 응집력이 높아지면 집단구성원들 사이의 상호작용은 활발해지며, 경쟁적이지 않고 협력적이며 구성원의 집단에 대한 만족도가 높고 구성원들 사이에 상호 원조가 잘 이루어진다. 응집력은 집단의 목표 성취와 집단 내 변화를 가져오게 하는 사회적 영향력으로서 매우 중요한 기능을 하게 된다.

집단에 매력을 느끼는 이유로는 다음과 같은 것들이 있다. 관련 있는 사람과 자발적으로 관계를 맺거나 사회적 접촉을 형성하려는 제휴나 인정, 안정에 대한 욕구 등이 전제될 때 이루어진다. 그리고 특정 조건 내에서의 생산성과 집단 내 외부의 참여, 자기노출, 각오하고 뛰어들기, 출석률, 중요한 관심사, 긍정적인 정서적 유대 등과 관련이 있다.

가족과의 관계, 친구, 어떤 문제가 발생했을 때 이야기를 들어주고 정신적으로 의지할 수 있는 인간관계의 유무 등에 관해 구성원들과의 상호작용에서 흥미를 느낄 수 있으며, 서로 관심을 가지게 된다. 대인관계에 어려움을 겪는 구성원들은 다른 구성원을 인격적으로 대하거나 타인의 관심사에 적절하게 반응하는 능력이 부족할 수 있고, 이타적이지 못하면서 자기애적인 성향을 가질 수 있는데, 사회복지사는 집단이 활성화되거나 생존하기 위해서는 개별 구성원들이 개별적이면서 자기중심적이기보다는 집단중심적이고 집단에 통합된 행동과 생각을 보일 수 있도록 도울 필요가 있다.

(4) 집단의 사회적 통제

사회적인 통제에는 규범과 역할, 지위가 있는데, 규범은 집단 내에서 적절한 행동에 대한 구성원들 간의 합의이며, 역할은 집단 내에서 각 구성원들이 수행하기를 기대하는 기능에 대한 합의이다. 지위는 집단 내의 다른 구성원들에 비해 상대적으로 평가되는 각 구성원들의 위치이다.

(5) 집단문화

집단문화는 집단구성원의 규범에 일치하는 행동으로부터 형성되며, 서로가 의사소통을 통해 이해하고 거기서 공통성을 찾아내는 과정에서 형성된다. 그러므로 집단문화란 집단구성원들이 공통적으로 가지고 있는 가치관 · 규범 · 신념, 관습, 전통 그리고 활동 등으로, 그 집단이 다른 집단과 구별되는 그 집단만의 독특성을 말한다(Hartford, 1972). 우리 집단이라는 그 집단만의 독특성은 제복의 통일 · 특정 언어의 사용 · 특이한 행동방식 등을 통해 표현되기도 하며, 그들만의 스타일은 그들을 독특하게 유지하게 한다. 집단문화는 또한 응집력과 연계되며 응집력의 척도로도 간주된다.

(6) 집단 내 하위집단

집단구성원들이 상호 간에 공통된 관심이나 태도를 발견하거나 매력이 생기거나 집단구성원 간에 공통된 관심사나 태도, 반응에 따라서 둘씩 혹은 서너 명으로 이루어진 하위집단을 형성하게 된다. 사회복지사는 하위집단을 확인하고 전체 집단에 미치는 영향을 사정하는 역할을 담당한다. 하위집단을 파악하는 방법은 의사소통의 질, 집단구성원 간의 어울림 등을 관찰함으로써 가능하며, 소시오그램(sociogram)을 통해 하위집단의 형성 확인 및 집단구성원 간의 수용과 거부에 대한 분석이 가능하다.

(7) 집단의 규범이나 가치 등

집단규범은 특정상황에서 구성원들이 어떻게 행동해야 하는가에 대한 구성원들의 공유된 신념이나 무언의 기대를 의미한다. 그러므로 규범은 집단구성원의 상황에 대한 반응이나 치료적 경험의 정도에 영향을 미치기 때문에 사회복지사는 집단규범의 변화를 위한 긍정적 분위기를 만들어야 한다.

질서 있는 안정된 집단을 유지하기 위해서는 집단구성원이 협력적으로 집단의 규약에 따르도록 집단 통제를 필요로 하게 된다. 집단이 만들어지면 이를 통제할 규범이 만들어지고 집단구성원의 역할이나 집단의 지위가 명확해진다. 집단의 규범은 구성원으로서 용인된 행위나 승인되지 않은 행위에 대해 정의하고 집단을 통제하는데 있어 중요한 역할을 하게 된다.

(8) 피드백

피드백이란 환류 혹은 대인관계 학습이라고 한다. 클라이언트는 적합한 상황에서 적절한 피드백을 받음으로써 스스로의 변화를 위한 이익을 얻게 되며, 집단사회복지사는 구성원들 서로 간에 피드백을 주도록 격려함으로써 집단구성원들의 역동성을 통한 자기 문제의 해결 및 집단의 문제를 해결하도록 해야 한다.

(9) 긴장과 갈등

집단구성원들 간에는 다양한 형태의 긴장 및 갈등관계가 형성될 수 있다. 특히 과제를 추진하거나 상호작용을 통해 구성원들 간의 대인관계가 형성되고, 자신들의 욕구충족을 위해 다른 구성원들과 상호작용을 할 때 그리고 다른 구성원에 대해 오해가 발생하거나 집단구성원들 간에 상이한 목표, 가치, 규범을 가지고 있을 때, 긴장과 갈등은 어떻게 보면 필요적으로 발생하게 된다. 하지만 긴장과 갈등이 집단에 항상 부정적인 영향을 미치는 것은 아니다. 오히려 집단은 긴장과 갈등을 건설적으로 해결할 때 더욱 성장할 수 있다. 또한 갈등은 상호작용의 부정적 성분으로 보이기도 하지만 잘 다루면 집단의 창조성과 문제해결을 증대시키는 힘이 될 수 있다. 그러나 갈등이 오랫동안 지속되거나 심각해지면 집단구성원들의 심리적인 분열과 심리사회적 기능의 와해를 야기할 수 있다.

(10) 집단의 크기와 물리적 환경

집단의 크기는 구성원의 만족도, 구성원 간의 상호작용, 집단개입 결과에 영향을 미친다. 집단이 크면 아이디어, 기술, 자원 등을 상대적으로 더 많이 확보할 수 있고, 구성원 간 상호학습 기회가 커지고 서로 간에 지지, 피드백, 우정 등을 위한 기회가 커진다. 하지만 집단이 너무 크면 각각의 구성원들이 주목받을 수 있는 확률이 떨어지고 가까운 상호작용이 어렵게 된다는 단점이 있다.

(11) 지위와 역할

지위와 역할은 복잡하고 밀접한 관계가 있다. 지위란 한 개인이 속한 집단 내의 위계체계 안에서 다른 사람과 관련하여 한 개인이 차지하고 있는 위치를 뜻한다. 집단에서는 개별 구성원의 의지와 상관없이 집단구성원들 간에 서로 등급 혹은 위계질서가 매겨진다. 한 구성원이 자신에게 주어진 역할을 집단 내에서 충실히 수행하지 못할 때 집단에 따라서는 그 구성원에게 제재를 가할 경우도 발생할 수 있으며, 이런 제재는 대체로 처벌이 많다.

2 집단구성원

1) 개념

집단 구성원은 성장, 학습, 치료되기를 원하는 개인들로서 다양한 목적을 가지고 집단에 속하게 되며, 대부분 자발적으로 집단에 참가하지만 부모, 의사, 판사 또는 교사의 의뢰나 강요에 의해 비자발적으로 참가하는 경우도 있다. 그러므로 집단구성원은 정서적, 사회적 문제를 가진 사람이며, 이들은 재활, 교정, 사회화의 목적을 가지고 집단구성원이 된다. 또한 집단구성원은 특정한 문제는 없지만 건전한 발전과 성장, 민주적 생활방식의 교육 및 훈련, 문제발생의 예방 등을 목적으로 집단에 참가하기도 한다. 가정폭력, 약물의존, 성폭력, 비행, 청소년 폭력 등의 사회문제가 증가함에 따라 앞으로 비자발적인 집단구성원에 대한 개입이 증가할 것으로 보인다.

2) 역할

집단구성원들은 집단 경험을 통하여 다양한 역할을 수행하는데 모든 역할행동은 집단과업과 역할, 집단형성 및 유지 역할, 그리고 자기중심적 역할이라는 세 범주 중에 포함된다(노충래 역, 2006).

(1) 집단과업역할

집단과업역할은 집단이 소기의 목표를 성취하는 것을 돕는 일정한 역할을 말한다, 집단의 효율성에 필수적인 전형적인 집단과업역할 행동에는 다음의 열세 가지 역할 행동이 포함된다.

- 발기자: 집단 내에서 창조적인 사고를 하는 사람으로 새로운 아이디어와 토론 제안
- 정보탐구자: 문제이해에 관계가 있는 사실, 정보필요성 감지/능동적인 정보탐구
- 정보제공자: 정확, 간결한 자료제공의 지식과 분석능력의 소유, 집단과업에 사실 제공
- 여론탐구자: 집단에서 처리되고 있는 일에 대해 구성원의 생각과 느낌에 대해 알아봄
- 여론제공자: 제시된 정보 분석의 제공과 만들어지는 제안에 대한 의견제시
- 명료자: 발언된 아이디어나 제안에 대한 면밀한 검토와 질문을 통해 충분히 이야기 함
- 조정자: 구성원들이 말한 정보, 의견, 아이디어를 함께 끌어내거나 그들 각각의 관계를 검토
- 진단자: 과업과 관련된 문제에 대한 확인과 분석
- 방향지시자: 집단이 과업에서 너무 벗어났음을 인식하게 하며 집단 방향성이 유지되게 함
- 활력제공자: 집단에 대해 낙관적인 희망을 가지고 집단작업에 대한 열의 수준을 향상시킴
- 진행보조자: 좌석배치, 장비입수, 문서배포 등 집단사회복지사를 보조하고 집단이 필요로 하는 것을 구비하고 모임을 원만히 진행함
- 기록자: 집단의 과업수행과정에서 어떤 일이 일어나고 있는지 기록함

- 평가자: 비판적 사고의 사람에게 집단성취에 대한 분석/구성원이 분석하도록 함

(2) 집단형성 및 유지역할

응집력과 정체성에 바탕을 둔 심리적 혹은 의사소통 및 관계적 차원의 역할을 담당한다. 집단형성 및 유지역할에는 다음의 여덟 가지 역할 행동이 포함된다.

- 지지자: 구성원들에게 지지, 인정, 격려 제공함
- 조화자: 집단갈등 조정에 도움을 주는 사람으로 의견 불일치 조정/긴장 감소에 노력함
- 긴장감소자: 구성원들이 웃을 수 있는 상황을 유도하여 구성원의 긴장완화에 기여함
- 타협자: 집단의 진행이나 의사결정을 위하여 타협 제공함
- 인도자: 개별 발언자에게 주어지는 시간을 적절하게 조절하여 의사소통수단을 개방하는 역할을 함
- 감정표현자: 적절하다고 판단 될 때 집단 내의 감정과 분위기/자신의 감정을 잘 표현함
- 기준설정자: 집단이 성취해야 할 기준이나 규범을 제안하는 역할
- 추종자: 구성원들의 말을 주의 깊게 경청하며 다른 이들의 아이디어를 받아들임

(3) 자기중심적 역할

집단의 기여보다 개인의 욕구 충족에 관심을 갖는 역할이다. 다음의 여덟 가지 역할은 항상 그런 것은 아니나 때때로 집단의 성공을 방해할 수 있다.

- 방해자: 다른 구성원의 아이디어에 반대하거나 논점에 부정적인 입장을 취하고 반대의견을 제시함으로써 집단의 목표를 향한 진전을 방해함.
- 공격자: 타 구성원을 비난하거나 굴복시킴으로써 지위를 얻으려고 함.
- 무관심자: 집단의 문제해결 노력으로부터 어떤 식으로든 물러서 있음.

- 지배자: 집단 시간의 공정한 몫보다 더 많은 시간을 계속적으로 차지하려고 함.
- 인정추구자: 떠벌리는 과장된 방식을 써서 자신에게 관심을 집중시키려고 함.
- 고백자: 집단의 과업과는 무관한 개인적인 어려움이나 감정을 말하도록 함.
- 광대: 유머로 집단이완과 과업집중을 돕거나 부적절한 유머, 냉소, 야단법석으로 집단의 생산성을 떨어뜨림.
- 특별관심사 탄원자: 자신이 속한 집단보다는 자신의 특별이익을 생각하여 집단 외부를 위해 발언함.

3) 부적절한 구성원

집단구성원으로서 부적절한 구성원의 특성은 독점적이거나 침묵하고, 자기애적인 성향이 짙다. 그리고 '왜'라는 질문으로 집단 진행을 방해하거나 지나친 충고형적 표현과 감정 표출을 방해하는 경우도 있다. 또한 공격적이거나 의존적이고 도움 요청형 성격도 있다. 지나치게 이성적이거나 남의 비위를 맞추는 표현이 많은 경우, 집단과 관계없는 이야기를 지속적으로 하는 구성원이 이에 속한다(김혜란 외, 2006).

3 집단사회복지사

1) 개념

집단사회복지사란 집단에 속한 개별 구성원과 집단 전체의 목적달성을 위해 집단 내부에서 집단 전체의 역동성에 영향을 주고, 집단구성원이 변화할 수 있도록 원조하는 전문가를 말한다. 집단 외부에서는 기관의 정책이나 집단활동에 필요한 자원 확보에 노력하고, 집단이 기능하고 있는 환경에 영향을 미치기 위한 활동을 한다. 그러므로 집단사회복지사는 집단과 개인이 바라는 목적을 달성할 수 있도록 집단 안팎에서 리더로서의 영향력을 행사하게 되며, 집단 내부에서는 전체로서의 집단 역동성을 변화시키기 위해서 또는 개별 구성원들의 변화를 위해 개입한다.

사회복지사에게 부여되는 힘은 집단구성원 또는 집단 외부의 다른 사람에 의해 사회복지사에게 지도력이 있다고 지각되는 데서 생기는 힘이자 집단 안팎에서 조건을 변화시킬 수 있는 사회복지사의 자원에 관계되는 힘이다. 이 힘의 원천은 전문적 위상, 조직 내에서의 위치, 경험, 사회복지사와 구성원 간의 역할 경계규정, 정보와 자원에의 접근성 및 합법성, 보상, 강제성 등이다.

2) 역할

사회복지사는 집단활동 속에서 세 가지 역할을 담당하는데, 첫째, 범위 설정의 역할로, 집단과 관련 환경 간의 관계를 다루면서 집단과 구성원, 집단 외부의 개인과 조직과의 관계를 발전하고 유지활동을 위한 역할을 의미한다. 둘째 집단유지의 역할로 구성원의 관계에서 배려를 표현하고 신입회원을 환영, 유머를 통한 긴장감 해소 등을 담당해야 한다. 셋째, 직무기능의 역할로 목표달성을 촉진시키는 활동과 관련되는 것으로 집단구성원의 개인 및 공동 목표를 정확히 설정하고 우선순위를 결정하며 목표지향 활동에 집중하도록 지원해야 한다. 이를 위해서는 문제해결 및 역할극과 관련한 새로운 기법 등을 제시할 수 있어야 한다.

이와 같이 집단사회복지사는 집단과 개인의 목표달성을 원조하기 위해 지도, 역동변화, 개입, 구성원 변화를 유도하는 전문가로 다음과 같은 역할을 수행해야 한다(조학래, 2006).

- 조력자: 구성원들이 자신의 장점과 자원을 발견하고 이를 활성화시킬 수 있도록 원조

- 중개자: 집단구성원들이 목표를 달성하는 데 이용할 수 있는 지역사회의 자원을 파악하여 집단구성원에게 알려주며, 서비스 이용자격이나 조건 등에 대해 정보 연계 및 의뢰
- 중재자: 집단 내 구성원들 간에 갈등이 일어났거나 조직 간에 분쟁이 발생했을 경우 원조하며, 대립하는 두 체계가 합의나 타협점을 찾을 수 있도록 의사소통이 이루어지게 함
- 옹호자: 특정 서비스에 클라이언트가 거부당하게 될 때 서비스를 확보하고 서비스를 확대할 수 있도록 원조하고 서비스나 자원을 획득하려는 구성원들을 대변
- 교육자: 클라이언트의 사회적 기능이나 문제해결능력이 향상될 수 있도록 교육적인 프로그램이나 정보를 제공하고 새로운 행동을 보여주어 행동모델이 되며, 문제 상황에서 어떻게 해야 하는지 배울 수 있도록 역할연습을 해보게 함.
- 조성자: 감정 표현 및 관심사 표현을 유도하고, 구성원의 반작용 탐색 및 장점을 활성화함.

3) 지도력(리더십)

(1) 집단 지도력(Group leadership)의 개념

집단 지도력이란 한 집단에서 타인의 행동에 영향을 미치는 것으로 집단활동에 관계하는 모든 구성원이 가능한 한 최대의 만족감을 가지고 효과적인 목표달성을 위해 그 집단이 추구해야 할 목표와 그 목표의 달성방법을 최종적으로 결정하고, 나아가 그 집단의 규범인 특정한 사회적 규범을 창출해 내는 행동을 하도록 하게 하는 힘을 말한다.

계획된 리더(designed leadership)로서의 사회복지사와 집단이 발달하면서 집단구성원들 사이에서 출현하게 되는 토착적 리더십(indigenous leadership)은 구분되어야 한다.

(2) 집단 지도력에 영향을 주는 요인들

① 효과적인 상황 요인들

집단구성원들이 가지는 기대, 집단 지도력을 획득하는 방법, 계획된 집단사회복지사와 집단이 발달하면서 출현하게 되는 집단사회복지사 사이의 경쟁 여부, 전체로서의 집단이 가지는 목표, 욕구, 과업, 집단구성원의 사회 정서적 기술 및 과업, 집단 내·외부에 있는 권위의 속성, 집단과 집단 지도력이 놓인 환경적 요구 등을 들 수 있다.

② 집단 지도력 유형에 영향을 주는 문제

결정의 질이 가지는 중요성, 집단사회복지사가 질 높은 결정을 내릴 수 있을 만한 정보와 전문성의 여부, 집단구성원들은 질 높은 결정을 조성하기 위해 필요한 정보의 가·여부, 문제가 구성되는 정도, 선례에 따라 집단구성원들이 리더에 의한 독재적인 결정을 인정할 가능성의 여부, 집단구성원들이 조직적 목표를 획득하려고 동기화하는 정도, 집단구성원들이 선호되는 해결책에 반대할 가능성 정도, 결정행동의 인정 정도 등이 속한다(류종훈, 2005).

(3) 공동 지도력(co-leadership)

공동 지도력의 장점은 집단 집단사회복지사들이 지지적 자원을 얻고 환류를 얻을 수 있다는 점이다. 그리고 초보 사회복지사에게는 불안을 줄이고 보다 침착하게 참여할 수 있게 해주며, 자신의 활동에 대한 피드백을 받을 수 있다. 집단구성원들은 논쟁 해결, 상호작용, 의사소통 등의 적절한 모델을 배울 수 있으며, 프로그램 활동, 상황 재현, 역할극 등의 수행 시 원조를 받을 수 있다. 또한 적합한 계획과 정확한 사정이 기능하도록 도우며, 문제해결 시 두 전문가가 활동함으로써 한 집단사회복지사의 탈진을 예방하여 능력이 배가된다는 점이다.

반면, 공동 지도력의 단점으로는 집단 구성 시 서로의 역할을 잘 조정해야 하는데 역할에 대한 토론이 부족하면 의사소통에서 문제가 발생한다. 그리고 집단사회복지사들이 제대로 기능하지 않으면 치료적 역할모델로서의 기능을 할 수 없다. 또한 훈련된 집단사회복지사와 새 집단사회복지사가 함께 배치될 경우 갈등과 긴장이 야기될 가능성이 있으며, 집단사회복지사를 중심으로 하위집단이 형성될 가능성이 높다. 특히 비용이 부담될 수도 있다(이준우, 2009).

이러한 공동지도력의 문제점을 해결하기 위해서는 두 명의 집단사회복지사가 집단을 지도할 때에는 집단 과정과 계획에 대해 정기적으로 만나 토론하고 사후 모임을 갖는 등 공동의 시간을 갖는 것이 바람직하다. 그리고 Yalom이 지적한 것처럼 서로의 강점을 침해하지 않아야 하며, 되도록이면 동일한 전문용어를 사용할 것을 권하고 있다. 서로에 대해 편안하고 개방적이어야 하며, 경쟁적이지 않고 상호 지지적일 것, 토의시간을 확보할 것 등을 지적하고 있다(노충래 역, 2006).

(4) 집단사회복지사와 피집단사회복지사 간의 관계에 따른 리더십의 유형

① 자유방종적 리더십

리더십의 부재현상이라고도 할 수 있다. 집단사회복지사는 집단이 필요로 하는 정보 또는 자원을 얻기 위한 섭외 담당자의 역할 밖에는 하지 않고, 리더십의 핵심이라고 할 수 있는 집단사회복지사에 의한 동기부여가 없다.

② 전제적 또는 권위주의적 리더십

만족의 감소를 위협하고 공포와 불안을 통해 집단구성원에게 일정한 행동을 강요한다.

③ 민주적 리더십

만족의 증대를 행동의 중요한 동기로 하여 기회와 유인의 부여를 통해 자발적인 행동의 발휘를 가능하게 한다.

4) 집단사회복지사의 기술

집단사회복지사의 기술로는 집단과정 촉진기술, 자료수집 및 사정 기술, 행동기술 등을 들 수 있다. 구체적으로 그 내용을 살펴보면 다음과 같다.

(1) 집단과정 촉진기술

① 집단구성원 참여촉진

소외되거나 침묵하고 있는 구성원을 토론에 참여시켜 자신의 생활 경험을 나누고 문제해결방법을 찾도록 원조해야 한다. 집단구성원으로 하여금 집단과정과 회합내용을 정하는데 적극적으로 참가하고 기여하도록 해야 한다. 구성원의 참여를 통해 집단은 의사결정을 공유하고 결속력을 증가시킬 수 있다.

② 주의집중

사회복지사가 각 구성원의 말이나 행동을 듣고 이를 이해하고 있다는 것을 나타내는 기술이다. 이런 기술에는 구성원의 말을 반복하거나 다른 말로 표현하는 것, 구성원이 말한 바의 이면에 숨어 있는 의미에 감정이입으로 반응하는 것, 집단구성원과 눈맞춤을 함으로써 구성원들에게 관심을 가지고 있다는 점을 전달하는 것 등이 포함된다.

③ 표현기술

구성원들이 주요 문제나 과업 등에 대해 느끼고 생각하는 바를 자유롭게 표현하도록 원조해야 한다. 어려운 주제에 대해 사회복지사가 먼저 자기표출을 함으로써 개방적인 의사소통이 이루어질 수 있는 계기를 마련할 수 있다.

④ 반응기술

특정한 집단과정에 선별적으로 반응하여 다음에 이루어질 과정에 영향을 미칠 수 있다.

⑤ 집단 의사소통의 초점 유지

집단과정의 특정 영역에 초점을 둠으로써 관련 없는 부분에 대한 의사소통을 감소시키고 문제에 대해 심도 있는 탐색을 할 수 있게 한다. 초점유지기술로는 명확화, 특정 의사소통의 반복, 토론 범위의 제한 등이 포함된다.

⑥ 집단과정의 명료화

집단구성원으로 하여금 그들이 어떻게 상호작용하고 있는가를 인식하도록 도와주는 기술이다. 사회복지사는 집단에 내재하는 규범이나 특정 구성원의 역할 또는 특정한 상호작용의 형태를 지적하거나 구성원들에게 특정한 상호작용 형태가 만족스러운지 질문할 수 있다.

⑦ 내용의 명료화

집단구성원의 상호작용 내용을 명료화하는 것을 말하는데, 구성원의 의사소통을 원활히 하기 위해서 구성원이 자신을 분명히 표현하도록 원조한다. 특정 메시지를 집단구성원이 잘 이해했는지 검토한다.

⑧ 집단 상호작용의 지도

집단의 상호작용을 특정 방향으로 인도할 수 있다. 특정 구성원의 의사소통을 제한하거나 격려하며, 구성원 간의 의사소통을 연결하여 집단의 상호작용 형태를 이끌어 갈 수 있다. 집단 상호작용을 지도함으로써 하위집단의 역기능적 측면을 수정하고, 과업성취를 위해 노력할 수 있는 상호작용을 촉진하며, 의사소통의 방향을 재조정함으로써 개방적인 의사소통을 격려할 수 있다.

(2) 자료수집 및 사정기술

① 확인 및 묘사기술

구성원들이 특정상황을 파악하고 묘사할 수 있도록 원조하는 기술을 말한다. 사회복지사는 구성원이 문제의 속성을 가능한 정확하고 구체적으로 표현하도록 원조해야 한다. 또한 구성원이 상황을 여러 각도에서 볼 수 있도록 다양한 준거 틀을 제시하거나 대안적인 해석을 제시할 수 있다.

② 정보요청, 질문 및 탐색기술

상황을 확인하고 묘사하기 위해서는 정보제공을 요청하고 질문하고, 탐색하는 기술이 필요하다. 이 기술을 통해 사회복지사는 문제와 관심사를 명확히 하고, 모든 구성원에게 유익한 추가정보를 파악할 수 있다. 질문을 할 때 사회복지사는 명확하고 답변이 가능한 질문을 해야 한다. 사회복지사의 가치가 내재되어 있거나 매우 민감한 주제에 관한 질문은 구성원들이 오해하거나 도전으로 받아들일 수 있으므로 주의해야 한다.

③ 요약 및 세분화기술

집단이 직면하고 있는 문제나 관심사에 대해 토론할 때 요약과 세분화기술을 사용할 수 있다. 구성원들은 문제를 다시 고려하고, 서로의 인식을 비교해 볼 수 있으며, 문제해결에 필요한 후속조치를 발견할 수 있다. 세분화기술은 복잡한 문제나 이슈를 다룰 수 있는 작은 부분으로 나누는 기술이다. 이것은 구성원의 문제해결 동기를 증진시킬 수 있게 한다.

④ 통합기술

언어적, 비언어적 의사소통을 통합하는 기술로 구성원들의 행동이나 말의 의미들을 연결하며, 숨겨진 의제를 표출하고, 명확하지 않은 생각과 느낌을 분명히 하며, 구성원의 말이나 행동 속에 나타나는 주제나 경향을 지적하는 것 등이 포함된다. 통합기술은 구성원들이 타 구성원에게 어떻게 인식되고 있는지에 관한 피드백을 제공하는데 유용하다.

⑤ 정보분석기술

자료의 유형을 파악하고, 자료 간의 차이를 발견하며, 평가에 필요한 자료를 획득할 수 있는 방법이나 기제를 설정하는 것이 포함된다.

(3) 행동기술

집단의 목적과 과업을 성취하도록 원조할 때 사용된다.

① 지지하기

심리사회적 기술 가운데 가장 핵심적인 기술로 새롭고 어려운 상황에 대처하려는 자아를 지원해 주는 것을 목적으로 한다.

② 재구성 및 재명명

집단구성원들이 문제나 상황을 사실에 맞게 다른 관점에서 볼 수 있도록 원조하는 기술로서, 대안적인 행동범위 향상과 적합한 문제해결방법을 찾게 된다.

③ 집단구성원의 의사소통 연결하기

집단구성원들이 사회복지사를 통해 이야기하는 경우가 많이 있는데, 이 기술은 집단구성원들이 사회복지사와의 의사소통을 주로 하도록 하는 것이 아니라 구성원들 간의 의사소통을 활발히 할 수 있도록 원조하는 기술이다. 초기에 사회복지사와 구성원 간의 일방적 대화 패턴을 방지하고, 구성원 간의 상호작용에 도움을 준다.

④ 지시하기

집단구성원들이 프로그램 활동에 참가하도록 원조하거나 토론을 이끌어 가고 정보를 공유할 때 집단의 활동을 지시하는 기술을 말한다.

⑤ 조언, 제안, 교육

새로운 행동이 요구되거나 문제를 이해할 때, 문제 상황을 바꾸려할 때 사용하며 집단 구성원들이 받아들일 수 있을 때가 적절한 시기이다. 조언이나 제안을 한 뒤 집단구성원들의 환류를 구하는 것이 사회복지사나 집단구성원들에게 도움이 된다.

⑥ 직면

말과 행위 사이의 불일치, 표현한 가치와 실행 사이의 모순을 클라이언트 자신이 주목하도록 하는 기술로서 집단구성원의 행동과 진술 내용이 일치하지 않거나 차이가 있을 때 사용한다.

⑦ 갈등해결

집단규칙, 협상, 중재 등을 통해 갈등을 해결하는 기술로서 집단 내 갈등이 생겼을 경우 조정, 협상, 중재기술을 사용하며, 집단구성원이 집단 외부환경과 갈등을 일으켰을 경우에는 사회복지사가 갈등 상황에 직접 개입하거나 구성원들이 갈등을 해결할 수 있는 기술을 개발하도록 원조한다.

⑧ 기타

모델링, 역할극, 실연, 코치는 과제집단이나 치료집단 모두에 유용하게 사용할 수 있는 기술이며, 자원 제공하기는 집단 내부나 외부에 존재하는 자원에 대해 정보를 제공하고 자원을 연결하는 것을 의미한다.

앞의 세 가지 기술을 구분하여 정리해 보면 다음과 같다.

표 9-4 집단사회복지사의 기술

집단과정 촉진기술	자료수집 및 평가기술	행동기술
집단구성원 참여촉진 주의집중/표현기술 반응기술 집단의사소통의 초점 유지 집단과정의 명료화 내용의 명료화 집단상호작용의 지도	사고, 감정, 행동의 확인 및 묘사 정보의 요청, 질문의 탐색 정보의 요약과 세분화 사고, 감정, 행동의 통합정보의 분석	지지, 재구조화, 재정의 구성원 간의 의사소통 연계지시 조언, 제안 또는 교육자원 제공 모델링, 역할학습, 예행연습, 지도 직면, 갈등해결

이러한 기술을 사용하는 사회복지사는 적극적으로 참여하기, 목표를 지향하기, 자기 행동에 집중하기, 새로운 행동을 시도하기, 시간 제한성을 자각하기, 신뢰를 형성하기, 저항을 자각하기, 노력과 시간을 투입하기, 지금-여기를 지향하기, 솔직하기, 느낌에 집중하기, 비언어적인 메시지에 집중하기, 판단과 충고를 자제하기, 불만을 공개하기, 자기를 직면하기, 대변인 역할을 자제하기, 하위집단 형성을 자제하기, 정확한 표현을 사용하기, 상대를 보며 이야기하기, 쉽게 말하기, 질문보다는 진술하기, 타 집단사회복지사에게 도움 요청하기, 권리를 인식하기, 책임을 인식하기 등에 초점을 두어야 한다.

4 집단 프로그램

1) 개념

집단 프로그램은 집단의 상호작용 촉진과 목적 달성을 위해 활용되는 활동을 말한다. 이때 집단사회복지사는 프로그램 자체에 대한 지나친 강조로 집단구성원에게 스트레스를 주지 않도록 유의해야 하며, 프로그램 활용의 시기적절성, 프로그램의 적합성, 집단구성원의 참여 동의, 프로그램의 안전성 등을 고려해서 선택해야 한다. 게임, 미술작업, 역할극, 무용, 스포츠, 팀활동 등 다양한 프로그램 활동이 활용된다.

2) 활용 이유와 절차

집단 프로그램을 활용하는 이유는 상호작용 욕구 충족, 비언어적 의사소통의 학습, 경험기회, 과업기술 발전, 관심표출 기회, 집단응집력, 정보 수집 등을 위해서이다. 프로그램을 실행하는 절차로는 프로그램의 목적과 목표설정, 활동내용(환경, 자원, 시간 등)의 구체화, 활동 나열(관심과 동기, 연령, 기술수준, 신체적 및 정신적 상태, 주의집중력 정도), 활동 구분, 활동 선택 및 실행으로 이어진다.

3) 프로그램의 예

(1) 참만남(encounter) · 감수성훈련 프로그램

감수성훈련은 개인의 특정문제를 규명하고 해결하기보다 스스로 인식해서 문제를 더 잘 다룰 수 있게 하는 프로그램으로 개인에 대해, 대인관계에 대해 인식하고 효과적으로 상호작용할 수 있도록 한다. 그렇기 때문에 스스로 잘 인식하고 효과적으로 자신의 위치를 확보하려는 전문가, 사업가뿐만 아니라 자신에 대해 더 잘 인식하고 효과적으로 상호작용하도록 인화 단결된 집단훈련이 필요하다. 실전단계와 기술-얼음 깨기 단계(의도적으로 상호작용하면서 지금까지와는 다른 방식으로 상호작용), 변화단계(자발적으로 피드백을 주고받고 반응할 때 더 원활하게 태도와 행동 변화), 재동결단계(새로운 반응 유형을 습득하는 단계)의 과정을 거친다.

(2) 자조집단 프로그램

특정목적을 성취하고 상호원조를 위한 자발적 소집단을 구성하는 프로그램으로, 비경쟁적이고 협동적인 성향을 가지며, 변화능력에 관한 강력한 낙관론을 갖는다. 원조 자체가 자신뿐만 아니라 서로 도움을 주고받는 방법이라는 것에 대한 인식에 집중하여 능력강화에 대한 강조가 특징이다. 문제나 욕구를 가지고 있는 집단구성원들은 우선 자신의 문제를 서로 인정하고 고백하며 장래문제를 다루기 위한 계획이나 과거문제를 가진 상태에서의 경험 등을 집단구성원들 앞에서 증언해야 한다. 그런 다음 구성원들이 이를 극복할 수 있도록 지지하고 다른 사람들을 돕는 것이 개인을 기분 좋게 하고 가치 있게 느끼게 하여 스스로 심리적 보상을 얻게 한다. 그러므로 자조집단 프로그램은 서로를 도우면서 그들의 삶에 주요한 면을 통제하게 되고 힘을 키울 수 있는 장점이 있다.

(3) 사회기술 향상 프로그램

사회기술은 사회생활을 하는데 필요한 과제를 완수할 수 있는 특수한 능력으로 특히 대인관계 상황에서 자신의 목적을 달성하는데 필요한 상대방의 반응을 얻을 수 있는 능력이다. 따라서 사회적응 기술훈련은 대인관계에서 필요한 행동기술과 자신의 감정과 생각을 이해하고 조작하는 기술, 그리고 상대방의 감정과 생각을 이해하고 그에 따라 자신의 행동을 결정하는 인지기술을 훈련한다.

학습한 기술을 자연스럽게 즉각 시도할 수 있는 기회를 가짐으로써 역할 연습을 하고 피드백을 받으면서 자신에 대한 객관적 이해를 도모하는 프로그램이다. 사회기술훈련 필요성의 이해, 실제 상황 확인, 기술요소 확인, 역할 연습, 긍정적인 강화, 모델링, 반복학습 등의 과정을 거친다.

CHAPTER 10

집단발달단계와 집단사회복지실천의 개입과정

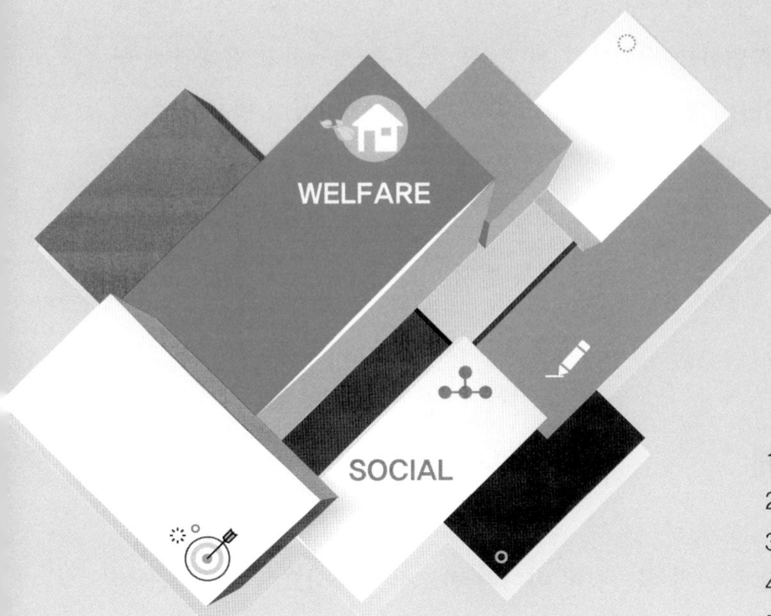

1. 집단발달의 개념
2. 집단발달단계
3. 집단의 발달단계모델
4. 집단의 발달단계과정
5. 집단사회복지사의 자세

10 CHAPTER 집단발달단계와 집단사회복지실천의 개입과정

1 집단발달의 개념

집단은 단순히 개인들의 집합체로 보일 수 있지만 시간의 결과에 따라 집단 내부구조가 확립되고 의사소통과 상호작용의 형태, 응집력, 사회적 통제, 집단문화 등이 형성되며 조직과 집단의 진행과정에 변화를 경험하게 된다. 즉, 목표를 설정하고 유대관계 형성을 시작하는 단계에서 출발하여 목적, 활동, 그리고 관계에 대한 마찰이 발생할 수 있는 시점으로 이동한 후, 목표를 달성하기 위해 자발적으로 방향을 정하고 행동을 취하게 되는 성숙기를 거쳐 구성원들이 집단의 활동과 자신의 공동 경험을 평가해 보는 단계로 이동하게 되는 것이다. 이러한 집단의 변화를 '집단발달'이라 한다(신성자, 2007).

2 집단발달단계

모든 집단은 동일한 발단단계를 거치는 것이 아니며 반드시 순차적으로 진행되는 것도 아니고 일반적인 발단단계를 따르지만 전단계로 돌아가거나 측정단계를 뛰어넘기도 하며 어느 한 단계에 정체할 수도 있다. 또한 폐쇄집단은 비교적 집단발달단계를 구분하고 예측할 수 있으나 개방집단은 구성원들의 교체로 발단단계를 예측하는 것이 어렵다. 사회복지사는 집단이 어느 발달단계에 있는지 파악해야 하며 단계를 알게 되면 개인과 집단의 기능을 평가하고 집단의 내용과 적절한 개입방법을 선택하는데 도움이 된다. 또한 집단발달을 저해하는 장애물을 제거할 수 있고 특정 시점에 필요한, 집단사회복지사 활동 수준이 고려된 적합한 선택을 할 수 있다. 집단의 발달단계는 다음의 표와 같다.

| 표 10-1 | 학자별 집단발달단계

발달단계	초기	중기	종결
개념	집단을 계획, 조직, 소집, 집단감정의 출현	과업과 목표를 달성하기 위한 노력, 상호작용과 응집력 발생	집단감정과 응집력 감소, 성취한 것 요약 및 축하
Bales	오리엔테이션	평가	의사결정
Tuckman	집단형성	갈등단계 규범설정단계 수행단계	
Northen	준비단계(계획, 크기, 배경, 환경적 위치 고려) 오리엔테이션(소집단구성, 의사소통 형성, 유대관계 형성)	탐색과 시험의 단계(상호작용 유형, 하위집단생성, 통제기제 발달, 목적지향적 활동) 문제해결단계(응집력과 의존성, 협동과 해결능력 고도화)	종결단계(목적달성, 예정기한 종료, 다른 이유로 집단을 해산)
Harlford	전집단 계획단계 소집단계 집단형성단계	와해 및 갈등단계 집단기능 및 유지단계	전종결단계 종결단계
Klein	오리엔테이션 저항단계	협상단계 친밀단계	종결단계
Trecker	초기단계 집단감정의 출현단계	유대, 목적, 응집력의 발달단계, 강한 집단의식의 단계, 집단의식 감소단계	종결단계
Sarri & Galinsky	기초단계 형성단계	중간 1단계 중간 2단계 성숙단계	종결단계
Garland, Janes & Kolpdny	친밀 전단계 권력과 통제단계	친밀단계 차별화단계	이별단계
Henny	착수단계 소집단계	갈등단계 유지단계	이별단계
Toseland & Rivas	착수단계 소집단계	갈등단계 유지단계	종결단계
Reid	임신 출생	아동기 청소년기 성인기	사망

3 집단의 발달단계모델

집단발달단계는 집단구성원들의 행동양식에 초점을 둔 구분과 집단에 개입하는 사회복지사를 중심으로 한 구분이 있다. 이 두 가지 접근은 본질적으로 같은 내용을 담고 있으나, 여기에서는 두 가지 발달단계를 제시하고자 한다.

1) 집단구성원의 행동양식을 초점으로 한 발달단계모델

갈랜드 등(Garland, Jones, Kolodny, 1965)의 집단발달 5단계(엄명용 외, 2006)

(1) 가입 전 단계 – 집단의 형성 및 탐색 – 접근과 회피행동

구성원들의 집단 가입에 대한 양립 감정, 가입에 대한 손익 계산, 거리감과 기대감을 공유하고, 집단사회복지사는 구성원들의 집단에 대한 신뢰감, 안전감, 매력을 갖도록 도와주는 단계이다.

(2) 힘과 통제의 단계 – 저항다루기 – 변화의 시간

집단발달 과정에서 의사소통 유형, 동맹과 하위집단이 나타나는 단계이다. 각 구성원의 역할과 책임 수행, 집단과제를 수행하기 위한 규범과 방법의 개발 등이 나타난다. 이 단계의 준거틀은 자율, 권력, 통제와 변화(transition)이다. 구성원들은 상황을 이해하고 예상할 수 있게 되면서 관계의 틀을 구성하려고 노력한다.

집단사회복지사는 집단운영 방침에 영향을 주고 구성원에 대한 정서적, 물질적 보상을 활용하여 집단사회복지사의 권위, 규범, 신뢰감을 수립해야 하며, 이에 대한 구성원들의 도전도 나타나지만 집단이 그들에게 중요한 존재임을 인식하게 도와주어야 한다. 구성원들은 집단 경험을 안정적인 것으로 생각하며, 초기 감정의 투입을 보상받았다고 느끼며 가치 있었다고 생각한다.

(3) 친숙단계 – 응집력과 생산력 – 친밀한 관계 발전

구성원 간에 개인적인 자율성, 동기, 권력의 문제들을 정리하고 해결하면서 '친밀전단계'인 권력과 통제단계에서 '친밀단계'가 나타난다. 갈등은 사라지고 개인적 소속감은 강해지며, 집단 경험을 중요하게 인식한다. 또한 구성원 각자의 독특성을 인지하기 시작하면서 상호 신뢰하기 시작한다. 마치 가족의 형제자매처럼 선의의 경쟁, 즉 권력과 투쟁의식도 생기고 의사소통도 개방적이 되며, 집단은 성장과 변화가 일어나는 곳으로 인식되고, 집단과제를 열심히 수행하여 집단 내 응집력, 일체감도 높아지게 된다. 집단사회복지사는 집안의 부모처럼 구성원들의 삶의 변화와 성장을 위해 지도하고, 격려하는 등의 역할을 담당해야 한다.

(4) 분화단계 – 통합과 종결 – 집단정체성 발달과 내적 준거틀 형성

이 단계에서는 집단 중심의 기능이 이뤄지며, 개인과 집단의 욕구는 조화를 이루기 때문에 집단응집력이 강화된다. 자유와 친밀감을 경험하면서 구성원들은 집단 경험을 독특한 것으로 인지하기 시작한다. 어린이가 성장 후 건강하고 자립적인 어른이 되는 것처럼 분화단계에서는 집단구성원들이 권력과 투쟁을 최소화하고 상호지지적인 관계에서 의사결정을 이루며 객관적 기준에서 일을 수행하게 된다. 집단사회복지사는 이러한 집단 경험이 다른 집단생활에서나 넓은 지역사회에서도 적용, 활용될 수 있도록 격려하고 원조해야 한다.

(5) 종결단계: 이별단계

종결단계는 집단목적이 달성되고 구성원들의 집단 활동 체험이 다른 사회적 경험으로 활용되도록 도와주는 단계이다. 즉, 다른 구성원이나 집단사회복지사와 맺었던 관계를 풀고, 욕구를 충족할 새로운 자원을 찾는 단계인 것이다. 반면 구성원들은 집단을 떠나는 것에 대해 다양한 감정을 경험한다. 이별에 대한 아쉬움과 집단 내에서의 안정감을 연기하기 위한 노력으로 퇴행적 행동을 하거나 심리적 불안이나 분노 등이 나타날 수 있으므로 사회복지사는 집단체험과 개인의 변화 등을 평가하고 종결을 수용하도록 지도해야 한다. 그리고 집단에서 배운 것을 다른 상황에 어떻게 적용할 것인지, 집단을 재조직하거나 추후 모임을 어떻게 할 것인지에 대해 논의해야 한다.

2) 사회복지사의 개입과정을 중심으로 하는 집단발달단계 모델

사회복지사는 집단발달을 위한 안내자의 역할을 수행하며, 주요 개입과정은 구성, 평가, 목표설정 및 역할 담당, 계획, 그리고 평가 및 종결로 구성된다.

(1) 집단의 형성

집단의 구성원 자격기준을 결정하거나 수정하는 과정이다. 구성원 선택에 있어서, 집단의 구성 상태에 영향을 줄 수 있느냐의 문제와는 상관없이 집단의 규모, 구성원의 특성(인종이나 성별), 그리고 역할 유지 및 수행능력에 관한 부분을 조사하여야 한다.

(2) 사정

사정작업을 하기 위해서는 집단의 전개 방식, 개인 및 집단 목표를 향한 진보 상태, 구성원의 직무수행 능력 및 집단 외 지원 부분에 대한 지속적인 관심이 요구된다. 전문화된 실천분야뿐만 아니라 개인, 가족, 조직, 지역사회 대상 실천의 작업 구조 역시 사정작업 기준을 세우는데 도움이 된다.

(3) 목표설정 및 계약(세부사항 결정)

개입의 역할은 목표설정과 계약에 따라 결정된다. 목표란 집단구성원들이 개인 및 집단으로서 추구하는 것으로, 구성원과 기관, 그리고 사회복지사들의 다양한 기대의 공통점을 찾는 과정을 통해 체계적으로 설정된다. 집단이 추구할 목표, 집단사업 통합에 필요한 절차, 각자의 역할, 그리고 사업계획(시간, 장소, 비용 등)에 관해 논의한다.

(4) 계획의 실행

집단활동이나 프로그램은 토론방식 외에도 게임, 놀이, 규칙적인 운동, 역할극, 예술활동, 드라마, 요리, 취미, 그 밖의 창조적 자기표현 등의 방법이 집단 결속력을 강화시키며, 집단과업의 성취와 개인의 참여를 통한 과업달성의 경험은 사회적 변화를 성취하는 데 커다란 도움을 준다.

(5) 평가 및 종결

집단사회복지사는 집단기능의 작용과 결과를 평가할 수 있도록 집단을 이끌며, 집단구성원들도 공동의 평가 책임을 맡는다. 집단이 해산될 시기에 이르면 집단사회복지사는 집단구성원이 자신의 성과와 경험을 검토하고, 미래를 준비할 수 있도록 도와주는 역할을 맡는다.

4 집단의 발달단계과정

1) 준비단계

(1) 집단계획

집단을 계획하는데 있어 집단의 일차적 초점은 사회복지사가 달성하고자 하는 희망을 위해 교육, 성장, 상호 공유, 행동상의 변화를 유도하는 것에 있다. 집단 대상은 대상의 욕구 정도에 따라 집단구성원 수의 적절성(집단 목표달성), 구성원들의 집단준비정도를 고려하여 집단 참여자 및 구성원들을 선발하는 것이 좋다. 집단사회복지사는 몇 명으로 할 것인지(1명 혹은 2명)에 대한 논의와 집단에서 다루어야 할 문제 및 논제, 집단장소, 최초 모임에서의 점검 대상자, 집단 초기의 기본적 규칙, 사회복지사의 역할에 대한 명확한 이해가 전제되어야 한다.

(2) 집단구성원의 모집

집단 준비단계에서는 집단구성원을 모집하기 위한 계획을 세운 후 구성원을 모집하게 된다. 구성원 모집은 기관 내부(동료직원의 사례, 기관기록 등), 기관 외부(타 기관에 의뢰요청), 지역사회(인구조사자료 검토, 지역인사로부터 정보수집과 평가)를 통해서 확보할 수 있다. 구성원 모집 방법으로는 기존 구성원과의 직접적 접촉, 안내문 게시, 홍보, 인쇄물 배포 등이 있고 동시에 게시판이나 기관지에 광고를 내거나 지역사회 사람들이 많이 모이는 장소에 팜플릿 등을 만들어 배포하고 홍보하는 방법도 있다. 광고 내용에는 집단의 목적과 구성원의 선택기준을 기술하게 된다.

집단구성원이 모집되면 모집된 구성원이 너무 동질적이거나 이질적이 되지 않도록 이를 고려한 심사와 선발이 필요하다. 또한 극도의 위기상태에 있는 사람, 자살가능성이 있는 사람, 아주 의심이 많은 사람, 타인을 지배하려는 욕구를 가진 사람, 적대적이고 공격적인 사람, 매우 자기중심적인 사람, 자아가 약한 사람 등이 집단구성원으로 적합하지 않기 때문에 이러한 구성원이 포함되지 않도록 잘 살펴보아야 한다.

(3) 집단구성원들 특성 규명

집단사회복지사는 첫 모임 전 집단구성원의 특성, 욕구, 기대를 규명하는 것이 필수적 요건이다. 구성원들이 집단에서 무엇을 얻고자 하는지, 집단에 대한 기대, 구성원들의 나이 · 사회 · 경제적 지위 · 성별 · 민족적 · 교육적 · 전문가적 배경, 집단에서 다루게 될 주제에 대한 구성원들의 인지 정도를 위해 질문하고 탐색하는 과정을 거치는 것이 필요하다. 이러한 잠재적 구성원의 사회 정서적 인지적 능력을 분석하기 위해서는 비자발적인 잠재적 구성원에 대해 집단의 가치를 확신시켜야 하는데, 효과적인 방법은 그들의 이야기를 기꺼이 들어주고, 그들의 고통에 진솔한 관심을 보여주며, 그들의 생각과 감정을 이해해 주는 것이다(전남련, 2007).

(4) 집단 목표설정

집단의 목표는 기관이나 조직 자체의 승인, 목적, 임무의 틀 안에서 클라이언트 개인의 욕구를 고려하여 집단사회복지사 또는 기관 직원에 의하여 결정된다. 즉, 집단의 목표에는 기관이나 조직의 목표, 사회복지사의 목표, 집단구성원들의 목표 등이 포함되기 때문에 집단이 클라이언트에게 도움이 될지를 잠재적 구성원들이 결정할 수 있도록 집단 모임의 이유, 집단 활동의 내용, 참여자들에게 요구되는 기대 등에 대한 설명이 필요하다(김혜란 외, 2006).

목표설정에 있어 개인적 목표와 집단목표 사이의 일치도가 크면 클수록 집단에 대한 매력은 증대되고, 집단목표를 성취하기 위해 그들이 가지고 있는 자원이나 에너지를 기꺼이 제공하게 된다. 또한 집단 목표달성을 위해 함께 일하려 하며 집단목표에 찬성하기 쉽고, 집단에서 더욱 행복감을 느끼게 된다.

집단구성원들이 복합적이고 개별적인 개인적 목표를 가지게 되면, 집단 내에 숨겨진 의제가 발달하게 된다. 숨겨진 의제는 집단에 심각한 해를 줄 수 있기 때문에 사회복지사는 이를 최소화하기 위해 집단구성원들의 개인적 목표와 집단목표를 조화 · 수립할 수 있는 방안을 모색하는 것이 중요하다. 초기 목표는 항상 일정한 형태로 고정된 것이 아니라 변화하는 성향을 보인다(이미선 외, 2008).

(5) 오리엔테이션

오리엔테이션은 집단의 목적을 설명하고, 집단 절차에 대해 익히며, 적절한 집단구성원을 선별하기 위한 것이다. 사전모임을 통해 구성원들의 집단 가입에 대한 양립 감정과 가입에 대한 손익 계산, 거리감과 기대감을 공유할 필요가 있다. 이때 사회복지사는 구성원들의 집단에 대한 신뢰감, 안전감, 매력을 갖도록 도와준다.

(6) 계약

일반적으로 계약은 초기단계에서 사회복지사와 집단구성원의 상호작용을 통해 이루어지지만 실제 집단이 시작되기 전인 준비단계에서 이루어지기도 한다. 계약에는 절차에 대한 계약으로 모임의 빈도와 기간, 참여 규정, 비밀보장, 장소, 서비스 내용에 대한 내용이 포함되며 목적에 대한 계약이 이루어진다. 그러므로 계약을 통해 집단에 대한 기대감, 책임감, 의무사항 등이 구체화될 수 있도록 해야 한다.

(7) 집단환경 준비

집단구성원의 행동과 활동에 필요한 물리적 환경을 구성하고, 집단 활동에 필요한 재정적인 지원이 이루어질 수 있도록 예산을 확보하며, 활동 내용과 구성원들의 특성에 적합한 특별한 준비를 한다.

2) 초기단계: 집단의 형성 및 탐색

(1) 집단 소개 및 구성원 소개

이 단계는 집단구성원의 소개를 통해 구성원 서로에 대한 초기적 이해가 진행되면서 집단의 목적에 대한 설명과 아울러 피드백이 이루어지는 단계이다. 집단의 기능과 유지에 초점을 둔 집단 중심적 목적과 전 구성원들의 공동문제에 초점을 둔 집단공동 목적, 개인의 구체적인 관심 목적 등으로 구분하여 설명한다. 그리고 과업에 대한 설명과 개별 구성원이 달성해야 할 목표, 집단의 지도력(속성적인 힘, 실제적인 힘), 집단 활동에 대한 동기와 능력의 고취, 집단의 토대(신뢰), 집단사회복지사의 역할(본보기, 목표확인, 책임의 분배, 구조화)에 대한 설명이 있어야 한다(김경호, 2005).

구성원들은 다른 집단의 경험, 이전의 관계, 역할 기대와 상호작용에 기초한 기대 등을 가지고 있다. 사회복지사는 구성원들이 협동적이고 생산적인 방식으로 함께 활동할 수 있도록 도와주어야 하며 비밀보장의 한계 정하기, 구성원들이 집단에 소속감을 느낄 수 있도록 원조하기, 장애물 예측하기 등과 같은 역할을 담당해야 한다.

(2) 접근 · 회피의 공존

보통 처음 집회에 참석하게 되면 여러 가지 의문과 알지 못하는 것에 대한 감정 등으로 머리가 복잡하다. 모임은 집단구성원들의 새로운 집단에 대한 희망 · 기대 · 미지의 세계에 대한 불안감, 거기서 벗어나고 싶은 기분 등이 혼합되어 있다. 구성원들의 새로운 경험에 대한 반응 또한 여러 가지로 이전의 풍부한 집단 경험 때문에 첫 집회 때 이야기를 잘 하고 사람들의 주의를 끌려고 하는 구성원이 있는가 하면 다른 구성원들이나 주변에 신경을 지나치게 쓰고 신중한 태도를 유지하며 다른 사람이 말을 걸지 않는 한 솔선해서 이야기를 하지 않는 구성원들이 많다. 구성원들의 흥미의 중심은 사회복지사에게 집중되기 쉽고 사회복지사를 평가하고 시험하려 한다. 이러한 구성원들의 신중한 행동은 초기단계에 나타나는 독특한 행동이다(전남련, 2007).

(3) 구성원들끼리의 평가 · 서열화 · 투쟁

집단 개시 후 얼마 되지 않아 집단구성원들은 자신이 이야기하기 쉬운 사람을 발견하게 된다. 다른 구성원의 집단 참여 이유, 개별적인 사정이나 입장 등을 알게 되고 공통점을 발견하게 되면 집단에 대한 경계심도 약화되고 서로에 대한 관심이 높아져서 집단 내에서 구성원 자신의 역할을 찾으려 하게 된다. 이때 힘 있는 구성원들에 의한 구성원들 사이의 서열화가 시작된다. 이로 인해 몇 개의 하위집단이 형성되고 힘에 의한 집단 구성도 볼 수 있게 된다(신성자 외, 2007).

(4) 저항다루기

집단 초기에는 구성원들 사이에 저항과 불안과 방어가 증가하기 때문에 개방성을 강조해야 한다. 그리고 권력과 통제력의 욕구에 의해 갈등이 발생하게 되는데 이때 갈등 자체를 무시하지 말고 갈등에 의한 부정적인 감정을 표현하게 함으로써 신뢰가 형성되도록 해야 한다. 한편 사회복지사에 대한 도전과 저항이 이루어지기도 하기 때문에 사회복지사는 이에 대한 준비가 있어야 한다.

(5) 집단 사정하기

사회복지사는 효과적인 개입과정을 계획하고 실천 상황을 이해하기 위해 사정을 한다. 일반적으로 개별 구성원에 대한 사정과 집단에 대한 사정, 집단 환경에 대한 사정이 이루어진다. 사정이란 정보를 수집하고, 조직화하여 판단하는 것이다. 집단 사정에는 개별 구성원에 대한 사정으로 구성원들의 기능적 행동과 비기능적 행동을 판단하게 된다. 치료집단에서는 개별 구성원이 경험하는 문제가 사정의 초점이 되며 과업집단에서는 집단의 생산성이 그 초점이 된다. 구성원에 대한 사정을 위해서는 개별 구성원 및 의미있는 타자에 대한 관심 표명, 지도력 발휘, 분명한 의사표현, 건설적 피드백 및 긍정적 반응, 자신의 장점과 성장 인정, 유머의 적절한 사용 등이 있어야 한다.

그리고 기능수행 능력에 대한 체계적인 사정이 필요하며, 중기에는 초기의 사정 내용에 대한 타당성을 검토하여 그 성공 여부에 따라 개입계획을 수정해야 한다. 그리고 말기에는 집단 및 구성원의 기능 달성 정도를 사정, 개입이 추가적으로 필요한 영역에 대해 주목하여 사정해야 한다(김경호 외, 2005).

Pincus와 Minahan(1973)은 올바른 사정을 위해서는 가능한 곳이면 어디서나 한 가지 이상의 자료수집양식을 사용하고, 정보의 원천과 문제, 관심사, 과업 등은 구분되어야 함을 강조하였다. 또한 몇 가지 원천으로부터 적절한 정보 샘플을 획득해야 하고, 적절한 정보를 빠르고 효율적으로 획득할 수 있도록 자료 수집을 조직화해야 한다고 지적한다. 그리고 정보 수집이나 정보 제공자에게 지나친 요구를 하지 말고 편협적인 자료는 피할 것을 권하고 있다. 집단구성원의 사정방법에는 구성원의 자기관찰, 사회복지사의 관

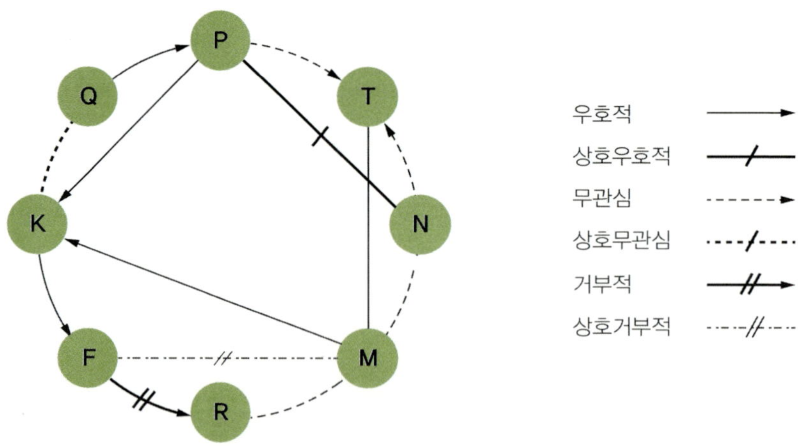

그림 10-1 소시오그램의 예

출처: Toseland & Rivas(2005).

찰, 외부전문가의 보고, 표준화된 사정 도구들이 활용되며, 소시오그램을 통해 작성된다.

(6) 활동준비

집단 활동을 위한 의제를 준비하고, 구성원의 토론을 자극하며 흥미를 유발할 수 있는 재료를 준비하는 과정이 필요하다. 이것에는 적절한 시간배분, 프로그램 활동준비 등이 요구된다.

3) 집단의 중간단계

중간단계는 집단이 목표를 달성하기 위해 여러 과제를 수행해 가는 단계로, 집단 목적에 따라 과제는 달라진다. 중간단계의 특징은 초기단계와 거의 비슷하게 이어지고 사회복지사의 역할이나 기술도 거의 같다. 구성원 간의 친밀감과 상호 공유가 증가하고 집단 응집력이 증가한다. 그리고 집단의 생산성은 높아지고, 구성원들은 자신이 계획한 목표 달성을 위한 노력을 한다. 사회복지사는 집단과 구성원이 목표를 달성하도록 격려하고, 목표달성의 방해요인을 극복하도록 원조한다(이윤로, 2007).

(1) 중간단계의 특징

초기단계가 지나면서 집단구성원들은 개별적인 문제를 집단에서 말하게 되고 다른 구성원들에 대해서도 알고 싶어 하게 된다. 이것은 집단구성원이 집단사회복지사와 구성원들을 신뢰하고 있다는 증거이기도 하다. 그리고 각 구성원들은 서로를 수용하게 되고 사회복지사나 집단사회복지사의 도움 없이도 서로 원조하며 원조받을 수도 있게 된다. 이러한 과정을 통해 집단의 신뢰감과 응집력이 나타나기 시작하는데 초기단계에 나타난 구성원들끼리의 부정적 감정에 관해 집단 전체가 서로 신중히 생각하고 각 구성원의 문제 등에 대한 공통점을 찾아냄으로써 유대가 강화되고 신뢰감이 증대되어 집단목표를 향해 함께 전진할 용기를 갖게 된다.

한편 중간단계에도 여전히 구성원들이 불신감을 갖거나 사회복지사나 다른 구성원들에 대한 저항, 적대감, 구성원들 사이의 투쟁 등과 같은 부정적 감정이 있다면 이것은 구성원들이 너무 친밀해질 것을 두려워하거나 자기노출에 대한 부정적인 반응일 경우도 있다(조학래, 2006).

(2) 집단의 구조화

중간단계에서는 집단의 구조화가 일어나야 하는데, 구조화란 구성원들이 바람직한 방향으로 변화해 가도록 원조하기 위해 집단사회복지사가 계획적이고 체계적이며, 시간제한적인 개입을 하는 것을 의미한다. 이 구조화를 통해 집단구성원들은 목적을 성취하고 구성원 간 토론과 지지가 촉진된다. 또한 자원을 적절하게 활용할 수 있게 된다. 상호지지 집단은 낮은 수준의 구조화가 효과적이고, 치료집단과 성장 집단은 높은 수준의 집단구조화가 필요하다.

(3) 구성원의 참여와 권한 부여

이 단계에서는 구성원들이 집단의 활동에 완전히 참여하게 되고, 집단 내외에서 자신의 행동에 책임을 질 수 있는 권한이 부여된다. 이때 집단사회복지사는 구성원들의 투입과 피드백을 진지하게 고려해야 한다.

(4) 구성원의 목적성취 원조

목적성취를 위한 활동을 하기 위해 구성원들은 자신의 목적을 인식하게 된다. 그리고 구체적인 개입계획을 발전시키고, 직면 문제를 극복하려고 한다. 그러므로 이 단계에서는 개입계획을 실행에 옮기려는 의지를 증진시키고 실행에 옮길 수 있도록 원조해야 한다.

목적성취를 위한 개별 구성원에 대한 개입 수준은 다음과 같다. 우선 개인의 비합리적 사고나 신념, 감정 상태를 변화시키도록 원조하는 것인데, 재정의, 패배적인 자기 대화, 인지적 자기표시 방법 등이 있다. 개인의 대인관계행동이나 기술을 변화시키는 것으로는 모델관찰을 통한 학습, 역할연습 등이 있으며, 구성원이 사회 심리적, 물리적 환경을 수정할 수 있도록 원조하는 개입방법으로 자원 연결, 구성원의 사회적 관계망 확대, 구성원의 행동변화를 방해하는 물리적 환경을 수정하도록 한다(김경호 외, 2005).

반면 목적성취를 위한 전체 집단에 대한 개입 수준은 다음과 같다. 집단에서 이루어지는 의사소통과 상호작용에 대한 대인관계에서 변화를 일으키게 하는 개입으로 의사소통 형태, 상호작용 빈도를 평가하여 전 구성원에게 참여기회가 보장되도록 하고, 의사소통 내용이 집단과업에 초점을 맞추어 유지하도록 한다. 집단의 매력을 증진시키는 개입으로는 의사소통의 기회를 적절히 배분하고, 토론 주제 선택을 격려하며, 흥미 있는 프로그램 활동을 포함한다. 집단 내의 규범, 역할, 지위, 위계구조에 대한 사회적 통제와 목적성취에 도움이 되는 집단문화를 창출하도록 개입하는 것이 포함된다. 그리고 환경 수준의 개입방법도 필요하다(신성자 외, 2009).

(5) 저항적인 구성원의 독려 및 모니터링

저항적인 구성원은 구성원들 간에 신념체계 변화와 외부환경을 이용하여 건설적인 직면을 하도록 해서 동기를 촉진시켜야 한다. 그리고 각 회합이 끝났을 때, 구성원들은 그 회합에 대한 평가, 피드백, 모니터링이 필요한데 서면, 구두, 이메일 등의 방법을 활용할 수 있다.

(6) 사회복지사의 역할

중간단계에서의 사회복지사는 목표달성의 장애요소들을 극복할 수 있도록 원조한다. 구성원들의 노력을 지지하는 집단의 역동을 촉진한다. 조직과 지역사회가 구성원들의 노력에 부응할 수 있도록 원조한다. 이를 위해서 융통성 있는 자세와 구성원들 스스로 책임감을 가질 수 있도록 노력한다. 그리고 집단 계획이나 내용을 구성원과 함께 재검토하며 구성원들이 감정을 표현할 수 있도록 장려해야 한다. 또한 바람직한 행동 강화, 보편성 공유, 본보기(자기노출과 직면), 일상생활에서의 새로운 행동 수행 지원, 집단목표 확인 및 격려가 필요하다. 또한 효과적인 집단이 만들어질 수 있도록 신뢰와 수용, 공감과 돌봄, 희망, 새로운 행동을 시도할 자유, 변화의 수행, 친밀감, 정화, 인지적 재구조화, 자기노출, 직면, 피드백이 요구된다(황철수, 2009).

4) 종결단계

집단의 종결단계에서 집단체계의 세 요소인 구성원 개개인, 전체로서의 집단, 사회복지사는 깊은 감정을 느끼고 반응하게 된다. 어떤 구성원들은 두세 가지 반응을 합쳐 표현하거나 갑작스런 감정을 불러일으키기도 한다. 반응의 강도도 집단 기간 · 폐쇄 · 개방집단에 따라 다르게 나타나며 사람에 따라서도 다르게 나타난다.

(1) 종결단계의 특징

종결단계의 특징으로는 부정 · 분노의 표현 · 상실감 · 이별파티 현상 · 탈출 등이 나타난다(이윤로, 2007). 구체적으로 보면 첫째, 부정의 감정이다. 집단 종결이 가까워지면 집단에서의 경험을 부정할 수 있다. 사회복지사나 집단구성원들도 집단이 자신에게 아무런 도움이 되지 않았으며 시간만 소비했을 뿐이라고 말할 수 있다. 사회복지사가 집단을 끝내는 주를 잊어버리는 것도 집단 종결에 대한 일종의 부정이라고 할 수 있다.

둘째, 직접적 · 간접적 분노의 표현이다. 과거 고통스런 이별 경험이 많은 집단구성원은 집단 종결을 자신을 거부하는 것으로 받아들일 수 있다.

셋째, 상실감이다. 친숙한 관계를 끊는다는 것은 매우 어렵다. 지금까지 이야기하기 어려웠던 문제나 감정을 집단에서 서로 나누고 원조하고 원조 받으면서 형성된 유대가 강하게 남아 있는데, 상호원조 체계가 무너진다는 것은 매우 슬픈 일이며 이로 인해 상실감을 느끼게 된다.

넷째, 이별파티 현상이 나타난다. 집단이 끝날 때 대부분 이별파티를 하게 된다. 기쁜 마음으로 종결을 하는 것은 좋지만, 집단에서의 최후의 경험은 즐거운 집단 경험만으로 끝나지 않기 때문에 집단에서의 긍정적 · 부정적 경험 모두를 솔직하게 평가하고 이 같은 경험을 앞으로의 생활에 어떻게 살려나갈 것인가를 고려해야 한다.

다섯째, 탈출현상도 보인다. 집단의 종결이 가까워 오면 구성원은 집단으로부터 벗어날 준비를 시작한다. 새로운 집단에 가입하거나, 새로운 활동을 시작하거나, 새 친구를 만들거나, 집단에서 배운 지식이나 기술을 현실 생활 속에서 시도해 보기도 한다. 집단 종료에 대한 슬픔을 자제하기 위해 집단이 끝나기 전에 집단을 떠나버리거나 적의를 보이기도 한다.

(2) 집단종결의 유형

집단종결의 유형으로는 성공적 집단의 종결, 미완결 상태에서의 종결, 중도탈락, 계획하지 않은 종결, 다른 기관이나 사회복지사로의 의뢰, 사회복지사에 의한 종결 등이 있다(조학래, 2006). 구체적으로 보면 첫째, 성공적 집단의 종결이다. 공식적인 종결은 마지막 모임 전 모임에서부터 시작하는 것이 필수적이다. 최후 모임은 미리 구성원들에게 알려져서 동의되고 토론되어야 하며, 집단을 끝마치기 위해 충분한 시간이 할당되어야 한다. 종결은 때로 슬픈 반면 집단구성원들이 주고받은 것, 성장한 방식, 학습한 기술, 집단의 성취들을 강조함으로써 부정적 감정이 전복될 수 있다.

둘째, 미완결 상태에서의 집단의 종결의 경우도 있다. 집단 목표가 충족되지 않은 상태에서 끝을 맺게 되는 경우이다. 변화의 진전 부족에 대한 집단 반응은 매우 다양해서 분노 · 좌절 · 실망 · 절망 · 죄책감(비생산적 노력 · 노력의 결핍) · 희생양 · 비난 · 동정 등이 표출되기도 한다. 미완결 집단종결은 혼돈스럽고 위험하기도 하다. 미완결 집단의 종결은 완결 집단의 종결만큼 중요하다. 여기서도 집단구성원들은 종결에 대한 계획을 미리 세울 수 있어야 한다. 마지막 모임 일이 토론에 의해 결정되고 미해결 과제에 대해 논의할 충분한 시간이 주어져야 한다.

셋째, 중도 탈락의 유형도 있다. 집단이 계속되고 있는데, 집단구성원이 중도 탈락하면 집단구성원의 입장에서 볼 때 종결이 이루어진다. 집단구성원의 중도 탈락 요인에는 집단이 설정한 목표를 수행하지 못할 것이라는 생각, 집단구성원 본인이 집단을 잘 받아들이지 못할 것이라는 생각, 다른 집단구성원에 대한 불쾌감 · 불일치 등 여러 가지가 있다. 집단구성원의 중도 탈락에 대한 정보나 이유를 알지 못할 때 집단사회복지사는 종결

이유를 알기 위해 집단구성원과 만나야 한다. 다른 구성원과의 갈등 때문이라면 이 갈등이 풀리면 다시 돌아올 수 있을 것이며, 다른 이유에서라면 어떤 행동이 그 구성원을 돌아오게 할 수도 있기 때문이다. 치료집단 · 감수성 훈련집단 · 교육집단 등에서 미해결된 개인적 관심이 있음에도 불구하고 집단구성원이 중도 탈락할 경우에는 다른 집단이나 전문가에게 의뢰하는 것이 바람직하다.

넷째, 계획하지 않은 종결이다. 집단이 종결되기 전에 구성원들이 참여를 중단해 버리는 종결 유형으로 사회복지사의 사정에 따라 계획되지 않은 종결을 하기도 한다.

다섯째, 타기관이나 전문가에 의뢰하는 경우도 있다. 집단구성원이 공감할 수 없다고 느끼는 경우, 집단구성원들이 사회복지사가 진력이 날 정도의 대안만을 선택함으로써 이를 받아들이기가 극도로 어려운 경우, 사회복지사가 치료적 도움을 제공할 수 없다고 느끼는 성격적 문제를 가진 경우, 좋은 관계가 수립되기 어려운 경우, 집단구성원들이 문제를 건설적으로 해결하는 것을 막는 집단 내 파괴적 힘을 가진 구성원의 경우가 해당된다.

여섯째, 집단 사회복지사의 근무지 이전에 의해 종결이 되는 경우도 있다. 집단사회복지사에 의한 종결은 직무의 변화 · 가족과의 문제 등으로 발생할 수 있다. 이때의 종결은 집단사회복지사와 구성원들 모두에게 어려운 과정이다. 종결을 둘러싸고 정서적 반응이 강렬해질 수 있고 이러한 반응을 통한 적당한 작업 시기가 유용하게 활용되지 못할 수 있다. 기존 집단사회복지사는 집단구성원들이 자연스럽게 새로운 사회복지사를 맞이할 수 있도록 도와주어야 한다.

(3) 종결단계의 과제

종결단계에서는 다음과 같은 과제를 갖고 있다(김혜란 외, 2006). 첫째, 불만족스러운 종결의 사유에 대한 이해가 필요하다. 개별 구성원이 계획에 없는 종결을 하는 경우 사회복지사는 그 원인을 확인하여 집단구성원이 탈락하는 것을 방지하고 자신의 기술을 증진시키도록 하여야 한다. 둘째, 변화노력의 유지 및 일반화가 필요하다. 사회복지사는 구성원의 집단의존성을 줄이기 위하여 구성원들이 집단 외부의 지지와 구성원 자신의 기술 및 자원을 활용하도록 원조해야 한다.

셋째, 집단에 대한 의존성의 감소를 인정해야 한다. 사회복지사는 구성원의 집단의존성을 줄이기 위하여 구성원들이 외부지지체계를 구성할 수 있도록 지원해야 한다. 넷째, 종결에 대한 감정의 처리가 있어야 한다. 사회복지사는 집단의 종결에 따른 자신의 감정을 구성원과 공유하며, 구성원들의 양가감정을 토론하도록 격려해야 한다.

다섯째, 미래에 대한 계획이 필요하다. 집단이 종결된 후에 구성원의 욕구가 충족되지 않거나 다른 목적이 있어서 부가적인 서비스를 필요로 하는 경우가 있다. 집단구성원들이 희망할 경우, 재계약을 할 수 있으며, 사회복지사의 지도 없이 집단구성원들끼리 만나는 자조집단을 만들도록 격려할 수 있다.

여섯째, 의뢰가 요구되기도 한다. 구성원과 사회복지사 모두 동의한 경우에 사회복지사는 구성원이 의뢰될 부서나 기관과 이전에 어떤 접촉이 있었는지 확인해야 하며, 의뢰되는 곳에 관한 기본 정보를 구성원과 공유해야 한다. 일곱째, 평가가 필요하다. 평가는 개별 구성원과 집단의 목적달성 정도를 통해 개입의 효과성을 판단할 수 있는 근거를 제공한다. 평가를 통해 얻은 정보를 활용하여 집단지도기술을 발전시킬 수 있다. 평가는 검사도구를 통한 평가로 이루어질 수 있다. 여덟째, 사후관리가 필요하다. 사후관리모임에서 집단의 성과를 평가할 수 있는 기회를 제공하고 일상에서의 어려움을 논의할 필요가 있다. 사후관리 개별상담은 20분 내외가 적합하다. 아홉째, 집단일지 작성이 필요하다. 집단일지를 통해 집단의 발달과 구성원의 변화를 볼 수 있어야 한다.

(4) 사회복지사의 역할

집단사회복지사는 종결단계에서는 종결감정 다루기, 미완성 과제에 대한 표현, 대인관계 기술들을 적용할 기회 제공, 건설적 피드백 기회 제공, 비밀보장의 중요성이 강조된다. 그리고 사회복지사는 개시(초기)단계와 똑같이 중심적 위치로 돌아가 주된 역할을 수행하게 된다. 종결단계에서는 사회복지사와 구성원들 간에 감정의 흐름이 가장 강렬해지는 시기이기 때문에 집단구성원과 집단을 친절하게 위로하면서 원조 · 지도해 온 사회복지사에게는 집단구성원들이 깊은 감동으로 응답하게 된다.

5 집단사회복지사의 자세

Konopka는 집단사회복지사는 고도의 감정 능력, 융통성, 예민한 지각과 이성, 원만한 인간관계 능력, 창의력과 상상력이 필요하다고 하였다. 개인의 고유한 상이성, 장단점을 인정하고, 다양한 특성을 지닌 집단을 하나의 집단으로 인정해야 할 것을 권하고 있다(김혜란 외, 2006). 집단구성원과 집단사회사업가와의 의도적 원조관계를 인식하고 집단구성원 간의 협조적 관계를 수립할 필요가 있다. 문제해결과정에 능력에 따른 참여로 능력을 향상시켜 구성원들 간의 갈등을 해결하는 방법을 원조해 주어야 한다. 집단의 진단적 사정평가에 근거한 프로그램을 활용하고, 계속적인 평가활동과 전문가의 자기 활용방법이 지속적으로 일어나야 함을 강조하였다.

※ 집단일지

집단일지

- 일시:
- 장소:
- 기록자:
- 프로그램 차수:
- 참석자:
- 집단의 진행과정

집단구성원의 관계 및 특이사항

집단활동에서 얻은 통찰 및 질문

향후 계획

CHAPTER

11

지역사회복지 실천기술

1. 지역사회복지실천의 개념과 목표
2. 지역사회복지실천 방법
3. 지역사회복지 실천과정
4. 지역사회복지 실천기술
5. 지역사회실천모델 및 사회복지사의 역할

CHAPTER 11

지역사회복지 실천기술

1 지역사회복지실천의 개념과 목표

1) 지역사회의 개념

지역사회의 개념은 매우 다양하다. Fellin은 지역사회를 공동의 장소, 이해, 정체성에 기초한 사회적 단위를 형성하는 사람들의 집단이라고 하였으며, 최옥채는 다양한 욕구 혹은 문제를 가지고 있으며, 주민의 상호작용이 활발하게 이루어지고 사회복지실천이 가능한 규모의 장으로 설정하였다. 또한 Robert Park은 영토성, 사회적 상호작용, 끈 혹은 연의 요소를 가진 곳으로 정의하였으며, Dunham은 관습, 전통, 언어 등과 같은 일상적인 삶에서 공유되는 것을 지니는 일정 영토에서 거주하는 인구집단으로 설명하였다(오정주 외, 2006).

지리적 의미의 지역사회는 특정한 공간 중심의 지역집단, 행정구역, 마을, 시장권 및 학교권과 같은 사회적 집단으로 크기 영역 조밀도에 따라 변화된다. 기능적 의미의 지역사회란 사회적 · 문화적 동질성을 가진 공동체나 공통된 이해와 관심을 가진 이익집단으로 설명될 수 있으며, 개인적 의미의 지역사회는 개인의 상호작용, 서비스나 자원의 이용, 구직활동, 여가활동 등 개인이 참여하는 모든 지역사회, 공식 · 비공식적 사회적 지지망의 자원 파악, 개입방법 개발 적용에 필요한 부분까지 포함된다(최향순, 2007).

그러므로 지역사회란 일정한 집단의 사람들이 가치, 자원, 서비스, 관심, 위치 등의 공통점을 공유하면서 특정 방식으로 상호작용하는 조직이다. 그러므로 지역사회는 물리적 혹은 지리적 장소에 근거한 사회적인 조직형태이기 때문에 공통의 욕구, 공통문제, 성장과 발전을 위한 기회가 있을 때 상호의존적이게 된다. 지역사회 구성원들이 상품과 서비스를 생산하고 분배하며 소비하는 과정에서 동질적인 지역사회는 유사성, 친밀감, 호혜성에 근거하여 연대감을 갖고 강한 일체감을 나타내게 된다.

지역사회의 기능으로는 사회적 기능(상품이나 서비스의 생산, 분배, 소비), 사회화 기능(지식, 가치, 신념 및 행동의 전수과정), 사회통제기능(법률, 경찰력, 법정체계 등 규범 내에 살도록 하는 것), 사회참여 기능(소속감), 상호지지 기능(클라이언트에 대한 서비스 제공)이 포함된다(이영철, 2007).

농촌 지역사회는 동질성, 안정성, 유대감, 협업 등이 특징이다. 우리나라의 경우 현재 거의 사라져 가고 있는 추세이다. 도시 지역사회는 여러 이질적인 하위문화를 가진 지역사회들로 구성되어 있다.

2) 지역사회복지실천의 개념

지역사회복지실천은 사회복지실천의 기초로서 사회복지사의 활동 영역에서 필수적이다. 지역사회복지실천은 전통적인 지역사회개발, 사회행동, 사회계획과 밀접히 관련되어 있다. Weil에 의하면, 기존에 사용되었던 지역사회조직의 의미로는 지역사회복지의 실체 및 활동 영역을 포괄할 수 없기 때문에 오히려 지역사회복지실천이라는 용어를 사용하는 것이 바람직하다고 주장하고 있다. 왜냐하면 지역사회복지실천은 지식, 기술, 방법 측면에서 다양한 실천모델을 포괄할 수 있는 용어이며, 지역사회문제의 해결과정에서 나타나는 조직 간 협력, 지역사회의 참여 등을 개념적으로나 이론적인 틀로 제시할 수 있기 때문이다. 특히, 지역사회복지실천은 조직화, 계획, 개발과 변화에 관한 과정, 방법, 실천기술을 포함하고 있다. 그리고 지역사회주민의 참여, 서비스의 계획에 따른 과정 및 기술적 방법, 삶의 조건을 개선시키기 위한 지속 가능한 개발, 사회행동 및 사회변화전략 등에 관한 실천기술과 밀접하게 관련되어 있다(강철희 외, 2006).

그러므로 지역사회복지실천이란 클라이언트의 연계체계, 지역사회 자원의 사정, 클라이언트 지원체계의 개발, 클라이언트의 욕구충족을 위한 정책결정자에 대한 옹호활동 등 조직과 지역사회에서 사회변화를 위한 전문적이고 직접적인 개입을 의미하는 거시적 사회복지실천활동이다. 뿐만 아니라 지역사회집단, 조직과 제도 그리고 지역사회구성원 간의 관계 및 상호작용의 행동 패턴을 변화시키는 실천기술의 적용이라 할 수 있다.

그러나 이러한 거시적 활동은 지역사회주민의 회생 및 심리사회적 손상의 회복을 강조함으로써 상담, 임상치료 등 미시적인 개입과 관련될 수밖에 없기 때문에, 지역사회복지실천이란 반드시 거시적 접근의 실천에 제한되는 것은 아니다. 사회복지사가 지역사회주민의 삶의 기능을 높이기 위해 지역사회자원의 개발, 연결, 관리는 물론 클라이언트가 사회적 환경을 활용하도록 도움을 제공하는 것처럼 지역사회조직가, 계획가, 사회행동가 등의 거시적 사회복지사뿐만 아니라 직접적인 서비스 제공자 혹은 임상사회복지사와 같이 미시적인 지역사회복지실천과 관련된 지식과 기술을 필요로 한다(박용순 외, 2006).

3) 지역사회복지실천의 목표

지역사회복지실천의 목표는 지역사회 구성요소 간의 상호작용에 의해 의식적인 변화를 추구하는 것이라고 할 수 있다. Dunham은 지역사회실천의 목표를 세 가지로 구분하고 있는데, 과정중심 목표와 과업중심 목표, 관계중심 목표로 나누었다. 과정중심 목표는 지역사회의 개입 활동을 수행하기 위해 지역사회 주민의 참여, 자조, 협동, 조직화, 능력 개발 · 강화 · 유지와 같은 수단과 방법에 초점을 둔 것이며, 과업중심 목표는 지역사회 현안 문제에 대한 구체적인 해결과 지역사회의 욕구충족을 위한 자원 간의 조정과 균형을 도모하는 개입 노력의 성과를 의미한다. 그리고 관계중심 목표는 지역사회 구성요소 간의 사회관계에 대한 변화를 시도하는데 초점을 둔 것이다(김종일 외, 2005).

Mondros와 Wilson은 지역사회복지실천의 구성요소란 변화목적, 직원, 지역사회 지도자, 구성원들에게 필요한 구체적인 역할, 이슈 선택 과정, 변화노력을 위한 표적의 확인, 표적체계의 협조 여부에 대한 사정, 변화전략, 변화를 위한 필요자원의 이해, 변화과정에서의 조직역할에 대한 이해 등으로 설명하고 있다(이택용 외, 2005).

2 지역사회복지실천 방법

지역사회복지실천을 위한 방법(강철희 외, 2006)으로 첫째 조직화를 들 수 있다. 조직화는 구성원의 능력개발 및 도시지역 계획과 외부개발에 영향과 변화에 초점을 두는 것으로 주민의 삶의 질을 강조한다. 둘째, 지역사회의 사회경제개발의 방법이다. 이것은 주민의 관점에 입각한 개발 계획을 주도하고, 사회경제적 투자를 주민이 이용할 수 있도록 하는 것이다. 저소득층 및 주변계층, 불이익계층을 위한 교육과 리더십 기술을 향상하는 사업을 추진한다. 셋째, 프로그램 개발 및 지역사회 연계사업이다. 이것은 지역사회서비스의 효과성을 증진시키기 위한 기관 프로그램 확대와 방향을 수정하고, 특정 대상자를 위한 서비스를 개발하는 것을 의미한다.

넷째, 지역사회 내 기관과 협력하는 방법이 있다. 이 방법은 서비스 공급주체 간의 자원과 정보를 공유하고 교환하는 전달체계의 혁신을 요구하고, 클라이언트의 포괄적인 욕구충족을 위한 지역사회 차원의 서비스 연계와 조정을 중요시하는 사례관리가 핵심이 된다. 자발적, 협력의 공동의 목표를 설정하고, 민주적 의사결정을 강조한다. 타 기관의 인정 및 신뢰가 기본이 되어야 하며, 기관의 역할과 책임 소재가 명확해야 한다. 실용적인 정보를 문서화하고, 개방적인 의사소통이 요구되며, 외부회의에 대한 시간 인정이 되어야 한다. 공동교육 및 훈련의 기회 제공과 지역사회 각 영역의 대표자 모두가 포함되어야 진정한 협력이 이루어질 수 있다.

다섯째, 집단옹호의 방법이 있다. 이 방법은 클라이언트의 불리한 상황을 해결하기 위해 클라이언트와 함께 클라이언트를 대표해서 일하는 것을 말한다. 주로 클라이언트에게 서비스와 혜택의 제공을 거부할 때, 비인간적 방법을 사용할 때, 종교 인종 신념으로 인한 차별, 곤란과 역기능, 서비스 내용 및 절차의 부정적인 영향이 존재할 때 사용된다.

또한 스스로 효과적 행동을 수행하는데 어려움이 있거나, 자원부족으로 인한 욕구충족이 안되는 경우, 위기개입이 필요할 때, 법적 권리를 거부할 때 등에 사용된다. 집단옹호의 기술로는 클라이언트의 집단을 조직하기, 관련 기관 간의 협의체 구성, 정부 관료나 입법자들과 접촉하기, 법적인 행동, 전문가 증언 제공하기, 지역사회 관련 부분 교육하기 등이 있다.

그러나 집단 옹호 시 유의사항으로는 문제 명확화 및 문제대상, 이유, 변화를 위한 방법에 대한 신중한 분석과 계획이 필요하며 목적달성을 위한 시간, 에너지, 자금 검토를 통한 목표 순위 결정이 필요하다. 또한 반대세력 파악 및 저항 이유를 이해해야 하며, 자기규율 및 연대 기관과의 상호신뢰가 기본이 되어야 하고, 기관 및 전문가를 이용한 적절한 권력의 사용과 홍보매체 활용기술이 요구된다.

여섯째 방법은 지역사회 내 사회지지체계의 개발이 있다. 이 방법은 신체적 · 심리적 · 사회적 문제의 예방 및 완화를 위한 상호작용 체계를 구축하는 것을 말한다. 유형으로는 자연적인 지지체계(이웃, 이웃주민 가정방문원, 자조집단, 생활지원시스템), 공식적인 지지체계(사회기관 활용, 시설 및 단체 활용, 행정기관 활용) 등을 들 수 있다.

일곱째 방법은 민간 자원의 개발이다. 이 방법은 욕구충족 및 사회적 기능 향상을 수행하는 능력의 총량을 늘이는 것으로 지역주민의 자발적 참여를 통한 공동체 의식 함양에도 도움을 주게 된다. 인적자원(자원봉사자)으로 민간 영역의 무보수 인력이나 물적 자원(모금활동, 후원 등)의 현금과 현물, 제도나 시설, 재단 지원금, 기업후원금, 회비, 수익사업 등이 이에 속한다.

여덟째 방법은 사회개혁이다. 이것은 주민의 안녕을 심각하게 위협하고 잠재력 개발에 방해가 되는 사회의 조건을 수정하고, 법적 계획까지 추구하는 것을 말한다. 아홉째는 정치 및 사회행동으로 문제를 가진 특정인구집단과 이슈를 중심으로 한 대변 활동을 의미하는 것으로 동경할 만한 대표자 선출을 통해 유사한 계획을 추구하는 집단과의 연대로 정치적 활동에 참여하는 것을 말한다. 열 번째는 연대활동으로 프로그램의 방향 또는 자원을 끌어낼 수 있는 다조직적인 권력기반을 형성하고 특정 이슈에 이해관계가 있는 조직의 참여를 포함한다.

3 지역사회복지 실천과정

지역사회복지실천은 다음의 다섯 단계의 과정을 거친다(류종훈, 2006). 우선 지역사회에 대한 이해의 단계이다. 지역사회의 문화, 자원상황, 주민 특성과 능력, 잠재력 등을 파악하는 시기이다. 두 번째 단계는 문제발견 및 분석의 단계로 문제의 규정과 사회문제에 대한 기술이 포함된다. 이때 가치판단에 대한 근거와 사회문제와 관련 이론을 연결할 수 있도록 다양한 이론과 모델의 분별 있는 활용이 필요하다. 이를 위해서는 객관적 자료의 수집 및 사용이 전제되어야 하며, 사회문제를 조직화하여 실천할 수 있도록 구체화되어야 한다.

세 번째 단계는 정책 및 프로그램의 개발단계로서 문제해결을 위한 조치와 방향의 결정, 실현가능성 체크, 과업중심 목표와 과정중심 목표, 관계중심 목표 중 어느 것에 역점을 둘 것인가를 결정해야 한다. 그리고 세부 프로그램을 개발하고 구체화해야 하는데 이때 효과성과 효율성을 중시해야 한다. 네 번째 단계는 프로그램의 실천단계로 체제 유지 혹은 과정 중심적인 활동을 위해 문제해결 능력을 배양해야 한다. 다섯 번째 단계는 평가단계로 피드백을 통해 실천 궤도의 수정이 있어야 하며, 전 과정의 결과와 최종 산물로 평가되어야 한다.

4 지역사회복지 실천기술

지역사회복지 실천기술은 미시적, 중간적, 거시적 기술로 구분하여 설명할 수 있다. 미시적 기술로는 중재기술, 비판보다는 온화함, 관계형성, 클라이언트의 신중한 관찰, 확신과 역량, 자신을 표현하는 능력이 포함되며, 중간적 기술로는 갈등해결, 윈윈(win-win) 결과 발전시키기, 팀만들기, 연설, 자문 등을 예로 들 수 있다. 그리고 거시적 기술에는 결과평가하기, 기금조달, 예산, 협상하기(문제와 사람분리, 중립적, 상호 이익이 되는 새로운 선택, 객관적 기준의 사용), 조정하기(분쟁해결, 제3자 필요성, 중립적), 의사결정자에게 영향력 행사, 욕구사정, 계획하기(문제 확인, 과제 우선순위 결정, 단계별 시간 정하기, 책임질 담당자 선정), 연합으로 일하기 등이 포함된다. 구체적인 지역사회실천기술을 살펴보면 다음과 같다(류상열, 2004).

1) 옹호기술

옹호기술은 사회 정의의 실현을 위해서 지역사회나 지역주민들의 입장에서 직접적으로 옹호, 변호, 대변, 지지 등을 하는 것을 말한다. 지역사회 주민들이 사회적 약자로서 취약한 상태에 있을 때에 적절하고, 많은 노력을 필요로 하며, 강력한 체계에 대항할 경우에는 그 위험을 감수해야만 한다. 옹호의 유형에는 자기옹호, 개인옹호, 집단옹호, 지역사회 옹호, 정치 또는 정책적 옹호, 체계변화적 옹호 등이 있다. 옹호활동은 합리적 수준을 유지하는 것이 좋으며, 가능하면 팀 워크에 의존한다. 옹호활동은 종종 적극적이고 단호한 태도를 요구하기도 하고, 유연성을 강점으로 인식할 필요가 있다.

2) 연계기술

연계란 지역사회 주민들과 사회자원을 연결시키는 것을 말한다. 지역사회 주민들이 사회자원에 대한 정보가 없거나 그것을 이용할 능력이 없을 때 유용하게 사용될 수 있다. 사회복지사는 연계기술을 활용함으로써 자신의 능력과 세력을 강화 및 확장할 수 있다. 그리고 클라이언트의 욕구 중심에 초점을 둘 수 있다. 특히 여러 사회복지 관련 기관과 시설의 중복된 서비스를 효율적으로 통합, 제공할 수 있다. 또한 다수의 시민을 지역사회복지실천에 참여시킴으로써 시민의 연대의식을 강화시킬 수 있다

연계기술을 활용할 때에는 개입하고자 하는 사례의 특징에 합당한 연계목표를 분명히 설정해야 한다. 그리고 연계체계의 원활한 구축과 활용을 위해 평소 특정 주요 인물, 기

관, 조직과 긴밀한 관계를 형성하고 있어야 한다. 또한 자발적이고 적극적인 참여를 호소할 수 있는 명분을 가져야 한다. 특히 연계 체계의 목표, 자원, 구성원들의 특성에 따라 융통성을 발휘해야 한다. 그리고 기존 연계 체계를 다른 사회복지사와 서로 주고받아 활용할 수 있도록 해야 한다.

3) 조직화기술

조직화기술이란 지역사회 전체 또는 지역사회 내 일부 집단을 역동적 단일체로 만들어 나가는 과정에서 활용되는 기술을 말한다. 조직화의 단계는 우선 준비단계에서는 기관 내부에서 조직화 사업을 전개하기 위한 준비 작업이 포함된다. 계획화단계에서는 조직화를 이루기 위한 전단계이기도 하지만 계획화단계 그 자체에서 완결되어 사회계획의 정책적 실현 과정의 성격을 띤다. 조직화단계에서는 계획한 단계에서 설계된 내용을 기초로 하여 모집단계, 정서 강화형 소집단 구성단계, 그리고 문제해결형 소집단 구성단계 등이 전개된다. 지역활동 및 복지운동 단계에서는 주민의 역량강화, 민주적 합의과정, 주민자치 활동 등의 내용을 구성한다. 마지막으로 평가 및 과제 전환단계에서는 지역사회조직사업에 대한 평가와 사업 종결과 관련된 제반 과정을 포함한다.

4) 자원개발 및 동원기술

자원개발 및 동원은 지역사회 문제해결을 위해 자원을 동원하고 자원이 부족할 경우에는 이를 개발하는 것을 말한다. 자원은 지역사회복지실천에서 클라이언트의 변화나 그들의 생활을 향상시키는 데 유용하게 사용할 수 있는 인력, 물질, 조직, 정보로 이해할 수 있다. 자원개발 및 동원 방법으로는 지역사회의 구조를 활용하거나 강화하기, 지역주민을 개인 차원에서 설득하기, 지역주민들이 헌신적으로 집단활동에 참여하도록 유인하기 등이다.

5) 임파워먼트(역량강화) 기술

지역사회 또는 지역주민이 처해있는 어려움의 해결방법은 치료를 통해서가 아니라 파워(power)를 획득함으로써 가능하다고 본다. 파워란 원하는 것을 얻을 수 있는 능력, 타인의 사고, 느낌, 행동에 영향을 미칠 수 있는 능력, 자원배분에 영향을 미칠 수 있는 능력을 말한다.

파워를 획득하게 하고 파워를 부여한다는 것은 자신의 환경에 효과적이고 창조적으로 참여하는 것으로 이에 관련된 결정에 참여하는 선택권을 갖는다는 것을 의미한다. 파워가 반드시 실질적인 파워를 갖거나 실질적 통제를 행사하는 것은 아니다. 지역주민이나 자기가 속한 지역사회를 긍정적으로 바라보는 입장을 주장하는 것도 포함된다. 이것은 파워를 획득할 수 있는 충분한 잠재 능력을 가지고 있을 뿐만 아니라 강점을 가지고 있다고 보는 관점이기 때문이다.

5 지역사회실천모델 및 사회복지사의 역할

Hardina는 지역사회복지 실천모델은 사회복지사들에게 지역사회 개입방법을 안내하는 역할을 수행한다고 하였다. Weil은 지역사회실천모델이 개념적인 구성요소나 사회복지사의 역할 측면에서 상호 배타적이지 않다는 점을 인정하지만, 각각의 실천모델은 사회복지사들에게 지역사회 문제해결을 위한 사정과 전략 선택, 실천개입에 대한 평가 등에서 유용하게 활용될 수 있다는 점을 강조하고 있다.

실천모델의 목적은 과업목적과 과정목적으로 나눌 수 있다. 과업목적이란 지역사회의 특정 문제해결 자체에 관심을 갖고, 구체적인 과업의 완수에 초점을 두는 것을 말한다. 즉 지역사회의 욕구와 자원 간의 조정과 균형을 도모하고, 장애인고용촉진법 등과 같은 법률의 제정, 소수 인종, 여성, 장애인 등이 더 많이 취업할 수 있도록 하는 고용 현장의 변화, 더 많은 빈민들이 사회보장 혜택을 받을 수 있도록 하는 관료적 절차의 변화, 선거를 통한 정계 진출 등 정치적 역량 강화 등이 포함된다.

반면 과정목적은 변화의 욕구에 대한 열린 대화, 지역사회의 문제해결을 위한 지역주민들의 참여 유도, 지역사회 내에 존재하는 여러 집단들 간의 협동관계 수립, 조직 내의 여성들이나 소수자들의 조직화, 도시에서 서비스 개선을 위해 소비자를 대표할 수 있는 대표집단의 개발 등이 포함된다.

지역사회복지실천은 조직화, 개발, 계획, 변화전략 등을 통해 지역사회의 다양한 문제해결을 위한 노력이기 때문에 시대적 상황 및 개별 국가의 경험을 반영하여 다양한 유형으로 분류되고 있다. 지역사회복지 실천모델의 발전과정은 사회경제적 배경이나 이데올로기, 사회복지실천의 전문화 경향과 밀접히 관련되고 특히 최근 신자유주의적 확산과 경쟁원리의 강화로 세분화되는 경향이 있다. 그러나 실제 지역사회복지실천의 개입전략에 있어서는 상호 중복되고 혼합된 형태를 보인다(박태영, 2004).

1) Rothman의 실천모델(전통적 실천모델)의 세 모형

(1) 지역사회개발모델(Community development model)

지역사회개발모델이란 지역의 주민들이 지역주민들의 참여와 자조를 바탕으로 스스로 그들의 문제를 해결할 수 있는 지역사회 능력과 역량을 강화하고 사회통합을 이루도록 하는 실천모델을 말한다. 즉, 지역사회의 변화를 가장 효과적으로 이룩하기 위해서는 주민들을 변화시키기 위한 목표를 결정하고 이를 실천행동에 옮기는데 국민들을 참여시켜야 한다는 전제에서 나온 지역복지사업의 한 형태인 것이다. UN은 지역사회개발을 지역사회 주민들이 적극적으로 참여하여 가능한 한 최대의 주도권을 가지고 전 지역사회의 경제적, 사회적 조건을 향상시키는 과정이라고 하였다.

사회문제의 접근에 있어서 위에서 아래로 내려오는 하향식 접근이나 관료적, 전문적 접근보다 아래에서 위로 올라가는 상향식 접근이나 풀뿌리조직의 구성원들로부터의 접근을 강조한다. 그리고 지역사회 문제해결에 있어서 지역주민들의 소외감을 제거하는 데에 중요한 목적을 두므로, 과정을 중요하게 생각한다. 특히 지역사회 개별 지역주민들의 역량을 강화시키기 위한 행동들은 참여, 자조, 리더십, 성실성, 협동 등이다. 기본 방법은 집단지도자 양성, 협력적 활동 분위기를 조성하는 것이기 때문에 사회복지 전문가의 역할은 조력자, 조정자, 문제해결기술 훈련자 등의 역할이 요구된다. 지역사회개발의 예로는 지역복지관의 지역개발사업, 자원봉사운동, 새마을운동 등 지역사회복지관의 지역사회사업, 성인교육과 공중보건교육 분야에서의 지역사회활동을 들 수 있다.

그러나 이 모델은 다음과 같은 한계점을 갖는다(김용민 외, 2009). 즉, 지역사회의 변화를 위해 지역사회 내에 있는 모든 사람들이나 집단들이 공감대를 형성한다는 것은 시간이 많이 들고 현실적으로 어렵다는 점이다. 그리고 지역사회 주민들이 성별, 계급, 문화, 인종, 육체적 및 정신적 능력, 나이 등과 관련된 경계를 뛰어넘는 공통의 이해관계를 가지고 있다는 가정 자체가 비현실적이라는 점이다. 특히 힘이 있는 정책결정자들은 사회변화를 방해할 수 있으며, 협상 테이블에 앉는 것을 거부할 수도 있다는 점을 한계점으로 들 수 있다.

(2) 사회계획모델(Social planning model)

사회계획모델은 비행, 주택, 정신건강 등과 같은 구체적인 사회문제들을 해결, 통제, 예방하기 위한 합리적인 사회계획의 과업을 중요시하고 전문가로서 직접 문제해결을 강조한다. 즉, 지역사회나 지역주민들의 욕구를 해결하기 위하여 정책이나 프로그램의 개발, 개선을 통해서 지역사회문제를 해결해 나가는 실천모델인 것이다. 직관이나 경험이 아니라 공식적인 계획과 정책 준거틀의 설계를 중요시 하며 계획이나 정책집행의 효과성과 효율성을 강조하는 등 이성적 분석과정을 담당하는 사회계획가를 강조한다.

그러므로 사회복지사는 문제해결을 위한 제안을 할 수 있는 전문적 기술을 갖춘 전문가로 계획가, 행정가, 관리자로서의 역할이 특히 강조된다. 재화와 서비스 제공, 자료 수집과 분석, 프로그램 계획과 평가 등을 담당해야 한다. 복잡한 산업사회에 있어서 계획된 변화는 거대한 관료적인 기관들을 움직일 수 있는 능력을 포함한 고도의 기술을 행사할 수 있는 전문가가 필요하고 특히 사회복지사로서의 전문가는 주민들이 필요로 하는 물자와 서비스를 제공하는데 관심을 가져야 한다. 그러나 지역사회개발모델에서처럼 지역사회의 문제해결 능력을 배양한다거나 사회행동모델에서 근본적인 사회변혁을 증진시키려는 관심은 이 모델에서는 중요하지 않다. 예를 들면 공동모금기관이나 지역사회복지협의회와 같은 조직에서 추진하는 여러 가지 정책을 들 수 있다. 그러나 이 모델은 제한적인 시간과 지역사회의 자원, 문제해결과정에 미치는 정치적 영향력 등을 간과하고 있다는 한계점을 갖는다.

(3) 사회행동모델(Social action model, 과업+과정)

사회행동모델은 지역사회에서 억압받고 소외된 주민들이 사회정의와 민주주의, 정치적 공평성의 입장에 입각해서 더 많은 자원과 향상된 처우를 그 지역사회에 요구하는 행동을 지향하는 모델을 말한다. 사회행동모델은 기본적으로 과업을 중시하는 과업중심 모델이지만 과정도 무시하지는 않는다는 점에서 차이가 있다.

과업 목적은 지역사회의 기존 제도나 상태에 대한 근본적인 변화를 추구하는 것으로 사회적으로 약한 집단들이 일자리, 교육, 정치적 의사결정 과정에 접근하기 위해서 조직에 참여할 수 있는 기회가 중요하다는 것을 강조한다. 그리고 정치적 · 사회적 · 경제적 체계에 영향을 미치는 힘의 구조를 변화시키기 위해 사회복지사는 조직가의 역할, 사회적 약자를 지지하고 옹호하는 역할을 담당해야 하는데 이를 위해서는 조직적 대항, 입법로비활동, 대중조직의 개발, 정치적 캠페인의 기술이 요구된다. 예를 들면 여성운동, 빈민운동, 환경운동 등을 들 수 있다.

그러나 지역사회에서 일어나는 모든 상황을 극복하기 위하여 대항만을 사용하는데, 이것은 집단이나 조직들을 양극화함으로써 기대하는 결과를 얻는 데 난점으로 작용하기도 한다. 그리고 지나치게 파괴적인 대항전술이나 급속한 변화는 지역사회가 감당할 수 없을 수도 있다. 대항전술은 경우에 따라 법에 어긋나는 것일 수도 있고 긴박한 상황에서만 사용해야만 하는 것일 수 있기 때문에, 대항전술에 따른 위험을 완벽하게 인지하고 있어야 한다. 이와 같이 이 모델의 한계점은 지역사회실천 활동을 대항활동으로만 제한, 대항 전략에 대한 거부감, 대항 형태의 불법 가능성 등이라 할 수 있다.

표 11-1 Rothman의 지역사회복지 실천모델 비교

모델 구분	지역사회개발 (local/community development)	사회계획 (social planning/policy)	사회행동 (social action)
개념	지역사회의 변화를 가장 효과적으로 이룩하기 위해서는 광범위한 주민들을 변화의 목표설정과 실천 행동에 참여시켜야 한다.	범죄, 주택, 정신건강과 같은 사회문제를 해결 하고자 하는 기술적 과정을 강조한다.	지역사회의 주민들이 사회정의와 민주주의에 입각해서 보다 많은 자원과 향상된 처우를 그 지역사회에 요구하는 행동을 말한다. 지역사회의 기존 제도와 현실에 대한 근본적인 변화를 추구한다.
지역사회 활동목표	과정중심 목표에 역점을 둔다. 지역주민들의 자조와 지역사회 내 집단들의 전체적인 조화를 목표로 문제해결에 더 많은 주민들을 참여하도록 유도한다 지역사회가 기능적으로 통합을 이루고 자주적으로 협동적인 문제해결에 참여하며, 민주적인 능력을 배양한다.	중요한 사회문제를 해결하고자 하는 과업완수에 초점을 둔다 지역사회의 문제해결을 목표로 사실을 수집하고 가장 합리적인 행동방안 및 계획을 수립한다.	과업과 과정을 모두 중시한다. 과업중심목표는 특정 입법이나 복지혜택추구, 공공기관의 정책변경에 관심을 두며, 과정중심목표는 집단구성원의 정치적 영향력 증대에 관심을 둔다. 불이익을 받는 집단에 대한 자원획득, 권력관계와 기본적인 제도와 자원의 변화를 목표로 한다. 소규모적이고 단기적인 문제 상황을 해결하는 것보다 체제 변화에 따른 결과를 중시한다.
강조점	자조정신 강조 민주적인절차 자발적인 협동 토착적인 지도자 개발 교육 등	문제해결을 위한 합리적인 계획 수립과 통제된 변화 정책집행의 효과성과 효율성 강조 공식적인 계획과 준거틀에 대한 설계	권력, 자원, 지역사회의 정책결정에 있어서의 역할 등의 재분배
지역사회 구조와 문제상황에 관한 전제	지역주민들은 유익한 인간관계를 맺는데, 자신들이 안고 있는 문제를 해결할 수 있는 능력과 기술이 결여되어 있을 뿐만 아니라 주민들이 상호 고립되어 아노미(사회질서가 흐려져 개인행동이 통제를 잃게 되어 범죄, 비행, 정상에서 벗어나는 행동을 나타내는 형태), 소외, 정신병적인 증상을 갖고 있다. 지역사회는 전통을 고수하고 소수의 전통적인 지도자들에 의해 지배되고 있으며, 문제해결 기술이 없고 민주적인 과정에 대한 이해가 없는 무지한 주민들로 구성되어 있다(후진국의 경우).	지역사회는 빈곤, 주택, 고용, 보건, 비행과 범죄, 여가 활용, 교통 등 수많은 실질적 사회 문제를 안고 있다.	지역사회는 혜택과 권한의 분배에 따른 계층을 유지하고 있다. 억압받고 박탈당하고 무시당하고, 무력한 주민들이 정부나 대기업, 사회의 기존체계 등의 억압자들의 부조리와 사회부정의, 불평등, 착취에 의해 고통을 받고 있다.

변화를 위한 기본전략	광범위한 다수의 주민들이 참여해서 자신들의 욕구를 결정하고 문제를 해결하려는 것(토론, 토의)	문제에 관한 적절한 자료를 수집해서 문제해결을 위한 최적의 합리적인 가능한 방안을 강구 하자는 것(전문가)	불리한 처지에 놓여있는 주민들의 합법적인 적이 누구인가를 찾아내고, 집단행동을 조직하여 선택된 적대집단에 압력을 가하는 것(운동 개념) 이슈의 구체화와 표적대상에 대해 조치를 취할 수 있도록 주민 동원
주요 내용	자기결정의 존중 변화의 촉진 수용 중립성 불만의 공론화 협력적 분위기의 조성 전문성의 활용	분석 복지지향성 참여의 유도 운영과 관리	옹호 참여의 유도 자원재분배의 요구 집단적 중재 힘의 과시 정치적 압력 법적행동 언론의 활용 협상
변화전술과 기법	합의: 지역사회집단 간, 이해관계 간 상호의사소통, 집단토의	문제 확인, 사정, 목표개발, 실행, 평가의 요소 사실발견과 분석 상황에 따라 갈등이나 합의를 사용하기도 함	갈등이나 대결: 정면대결, 직접적인 실력행사 및 직접행동 협상 항의, 시위, 보이콧, 피케팅 등 비교적 다수의 대중을 규합할 수 있는 능력이 요청됨
사회복지사의 역할	조력자-촉매자, 조정자: 문제해결기술과 윤리적 가치에 대한 교사 안내자 전문가 치료자, 격려자, 능력부여자, 실천가, 조사자, 교육자(문제해결 기술훈련)	사실수집자와 분석자, 프로그램 기획 및 실행자, 평가자, 촉진자, 계획가 전문가, 행정가	행동주의적 옹호자: 선동자, 중개자, 협상자, 매개자, 지지자, 조직가, 조력자, 행동조직가
변화의 매개체	과업지향적인 소집단 활용과 소집단 간의 합리적인 조정	공식집단(지역사회의 기관, 정부기관)과 객관적 자료의 활용 및 조정(자료 수집과 분석)	대중조직과 정치과정 활용 및 조정
권력 구조에 관한 견해	협력자로서 권력구조의 구성원 지역사회 전체 권력을 쥔 사람도 지역을 향상시키기 위해 공동으로 노력한다.	고용주와 후원자로서 권력구조 전문가의 후원자 또는 고용기관	활동의 외부표적으로서 권력구조: 타도되거나 강요된 압제자 클라이언트 밖에 존재하여 클라이언트 집단에 대한 반대세력 또는 강압세력
수급지역의 범위정의	지리적 측면에서 전체 지역사회	지역사회 전체 또는 특수 지역 및 지역사회 일부	지역사회 일부로 특수한 지원을 요하는 고통받는 집단 후원이나 치료의 대상이 아니라 동지로 여긴다.

지역사회 하위부분의 이해관계에 대한 전제	공통의 이해관계 및 조정 가능한 차이	이해관계의 조정가능 또는 갈등	쉽게 조정할 수 없는 갈등적 이해관계, 자원의 희소성
지역사회 구성집단 들간의 이해관계에 관한 전제	상이한 집단, 계층의 이해관계가 상호조화를 이룰 수 있다(긍정적 관점) 합리적인 설득이나 대화, 상호간의 호의를 쉽게 규합될 수 있다	지역사회 내 집단들 간의 갈등적인 이해에 크게 개의치 않는다. 실용적이며 특정 문제의 해결에만 관심을 가진다.	구성집단 간의 이해관계가 상충되며, 서로 조화를 이룰 수 없다(투쟁).
클라이언트 집단에 대한 견해	아직 완전히 개발되지 않은 상당한 잠재력을 가진 시민 잠재력을 발휘하기 위해서는 전문가의 도움이 필요하다. 지역사회 상호적 문제해결 과정에 적극적으로 참여한다. 클라이언트는 자기들의 욕구를 표현하고 바람직한 목표를 결정하며 적절한 조치를 강구 하는데 참여한다	서비스의 혜택을 받는 소비자(복지급여의 수령자)	체제의 희생자(고통받는 집단) 특정불이익 집단 혜택을 받는 자
공공의 이익에 대한 개념	합리주의적·중앙집권적 개념 협동적인 결정과정을 이용해서 주민의 일반적인 복지를 위해 여러 지역사회 집단의 이익을 반영한다.	이상주의적·중앙집권적 개념 계획전문가는 사회과학자들과 협의를 통해 지식, 사실, 이론에 입각해서 공익을 대변하며, 개인의 정치적 이익이나 일반의 인기에 좌우되지 않는다.	현실주의적, 개인주의적 견해
임파워먼트의 활용	협동적이고 의사결정을 할 수 있는 지역사회 능력구축, 주민의 개인적 주인의식 고취	소비자들의 서비스 욕구규명: 소비자의 서비스 선택의 정보제공 권리강조	수급자체계(지역사회)를 위한 객관적 권력(지역사회 의사결정에 영향을 미치는 권리와 수단)의 획득, 참여자의 주인의식 고취
예	새마을 운동 지역복지관의 지역개발 사업 성인교육 분야의 지역활동	모금기관 활동 지역사회복지협의회	학생운동 여성해방·여권신장운동 노동조합운동 복지권운동 소비자보호운동
주요학자	Ross, Lippitt	Morris & Binstock, Sanders	Grosser, Grossman

2) Weil과 Gamble의 실천모델 8모형(김치영, 2009)

(1) 근린지역 및 지역사회 조직화모델

지리적으로 가까운 근린지역 및 지역사회의 조직화에 초점을 둔다. 근린지역사회조직은 지역주민들의 권력 기반 조성과 삶의 질 개선을 위한 조직사업을 도와주는 실천활동으로 지역주민의 역량 강화, 리더십 개발, 구체적 과업 성취를 주요 목표로 한다.

(2) 기능적 지역사회 조직화모델

지역적으로 떨어져 있지만 공통된 관심사나 이해관계 등을 기초로 한 지역사회의 조직화에 둔다. 기능적 지역사회 조직은 특정 분야 또는 집단에서의 변화를 유도하기 위한 당사자 조직사업으로 장애인 권익 신장 운동이나 동성애자 인권운동 등을 들 수 있다. 교육과 옹호적 역할을 강조한다.

(3) 지역사회의 사회적 및 경제적 개발모델

지역사회의 성공적 개발을 위해 사회적 및 경제적 개발이 동시에 진행되어야 한다는 것을 강조한다. 지역사회의 사회 · 경제개발모델은 지속 가능한 개발을 내세우며 지역주민의 사회경제적 환경 개선을 도모하는 실천모델이다. 주민들로 하여금 사회, 경제적 자원을 활용할 수 있도록 준비시키는 데 주력한다.

(4) 사회계획모델

사회계획모델은 개별 기관 수준 및 휴먼서비스기관의 협의체, 지역 휴먼서비스계획협의회에서 이루어진다. 휴먼서비스에 필요한 자원결정과 자원을 효율적으로 이용하는 것에 강조를 하기 때문에 사회서비스와 정책의 개발, 확장 및 조정에 초점을 둔다. 계획가가 수행하는 중심적 과업은 서비스통합, 사회계획 및 인간서비스에 합리성을 부여하는 것 등이다. 계획가가 사용하는 주요 기술들로는 조사, 욕구사정, 평가, 제안서 개발 및 분석 등이다.

(5) 프로그램 개발 및 지역사회 연계모델

프로그램 개발과 지역사회 연계모델은 지역사회의 욕구에 신속히 대처하기 위한 신규 서비스의 창출, 기관 프로그램의 확대 또는 방향 재설정이 주요 목적이 된다. 지역사회와의 상호작용을 새롭게 강조한다. 지역사회 주민들에게 필요하다고 평가된 새로운 서비스를 설계하고 실행하는 데에 초점을 둔다.

(6) 정치적 및 사회적 행동모델

이 모델의 목적은 힘의 균형상태를 유지함으로써 과거 의사결정과정에서 배제되어 왔던 소외계층이 미래에는 의사결정에 참여하여 역할을 담당하도록 하는데 있다. 정책 수립자, 기업의 형태 등을 변화시키기 위한 사회정의 실천 행동을 촉진하는 것이 목표이다. 지역주민은 정치사회행동을 통해 자신들의 역량에 대한 신뢰를 강화하는 한편, 불의한 상황을 바꾸는 데 필요한 조직사업과 리더십 기법을 발전시킬 수 있다.

(7) 연합모델

집합적 사회변화를 위해 개별 집단들이 함께 일하는 데에 초점을 두는 모델이다. 사회정책이나 프로그램의 방향에 영향을 미치거나 소요 자원을 효과적으로 요구하기 위한 다조직 권력 기반의 건설을 목표로 한다. 선출직 공무원이나 정부 기관이 주요 표적 집단이 된다.

(8) 사회운동모델

인권존중과 사회정의를 위한 민주화운동이나 인권운동 등 사회운동과 동맹하여 그것들을 지지하는 데에 초점을 두는 모델이다. 사회복지사로서의 직업적 윤리 및 가치와 부합되는 사회운동에 동참하여 사회변화를 도모한다.

| 표 11-2 | Weil과 Gamble의 지역사회복지 실천모델 비교

모델 구분	근린지역 사회조직	기능적인 지역사회 조직	지역사회의 사회·경제 개발	사회계획	프로그램 개발과 지역사회 연결	정치·사회 행동	연합	사회운동
목표	조직화를 위한 구성원의 능력개발, 도시·지역계획과 외부개발에 영향과 변화	행위, 태도의 옹호와 변화에 초점을 둔 사회정의를 위한 행동, 서비스 제공	지역주민관점에 입각한 개발계획주도, 사회경제적 투자를 주민이 이용할 수 있도록 준비	선출된 기관 또는 인간서비스계획협의회가 행동을 하기 위한 제안	지역사회서비스의 효과성을 증진시키기 위한 기관프로그램의 확대와 방향 수정	정책 또는 정책형성자의 변화에 초점을 둔 사회정의를 위한 행동	프로그램의 방향 또는 자원을 최대한 끌어낼 수 있는 다조직적인 권력기반 형성	특정 대상집단 또는 이슈에 대해 사회정의를 위한 행동
변화의 표적체계	시, 외부개발자, 지역사회주민	일반대중, 정부기관	은행, 재단, 외부개발자, 지역사회주민	지역사회지도자의 관점, 인간서비스 지도자의 관점	기관프로그램의 재정충원자, 기관서비스의 수혜자	선거권자, 선출된 공무원, 잠재적 참여자	선출된 공무원, 재단, 정부기관	일반대중, 정치제도
일차적인 구성원	이웃 지역사회주민	동호인	지역사회의 저소득계층, 주변계층, 불이익계층	선거로 선출된 공무원, 사회기관과 기관 간의 조직	기관위원회 또는 행정가, 지역사회대표자	특정 정치적 권한이 있는 시민	특정 이슈에 이해관계가 있는 조직	새로운 비전과 이미지를 창출할 수 있는 조직과 지도자
관심영역	지역사회주민의 삶의 질	특정 이슈와 대상을 옹호	소득, 자원, 사회적 자원(support) 개발, 교육가 리더십 기술 향상	지역계획에 사회적 욕구통합, 인간서비스 관계망 조정	특정 대상자를 위한 서비스 개발	정치권력의 형성, 제도의 변화	사회적 욕구 또는 사회적 관심과 관련된 특정 이슈	사회정의
사회복지사의 역할	조직가 교사 코치 촉진자	조직가 옹호자 집필자 정보전달자 촉진자	협상가 증진자 교사 계획가 관리자	조사자 프로포절 제안자 정보전달자 관리자	대변인 계획가 관리자 프로포절 제안자	옹호자 조직가 조사자 조정자	중개자 협상가 대변인	옹호자 촉진자

출처: 김치영(2009).

CHAPTER

12

사회복지실천의 기록

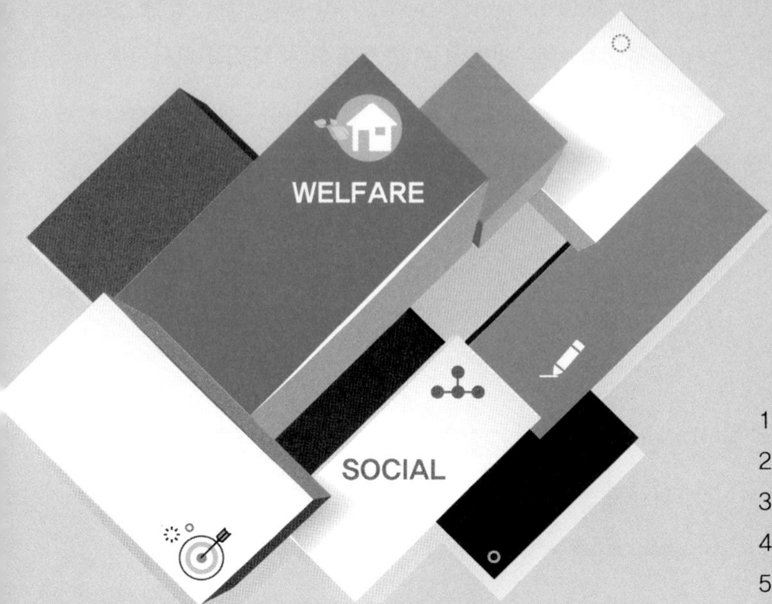

1. 기록의 개념과 목적
2. 진행단계별 기록 내용
3. 사회력
4. 기록의 종류와 특성
5. 좋은 기록과 좋지 않은 기록
6. 사생활보장의 권리와의 상충

12 사회복지실천의 기록

CHAPTER

1 기록의 개념과 목적

사회복지실천에 있어서 기록은 중요한 부분이다. 기록은 매우 다양하게 이루어지고 있는데, 그 이유는 사회복지실천현장이나 대상자의 유형, 그들이 가지고 있는 문제 및 요구 등이 다양하기 때문이다. 그러나 사회복지를 전공하는 학생들이나 사회복지사들은 일반적으로 기록을 소홀히 하거나 기록하기를 귀찮아하는 경향이 있다(김옥선 외, 2008). 실천 활동에 대해 기록하는 것은 사회복지실천과정의 일부이며, 잘 작성된 기록은 좋은 사회복지실천과 밀접한 관련이 있다.

1) 개념

기록이란 사회복지실천에서 클라이언트의 상황을 확인하고, 기술하며, 사정하여 서비스의 목적과 활동을 비롯한 서비스 전달과정이나 클라이언트에 대한 개입 효과의 평가를 문서화한 것을 말한다. 기록은 목적, 내용, 형식, 방법 등이 매우 다양하다.

2) 목적

Ames는 기록의 목적을 클라이언트의 욕구 파악, 개입을 위한 기초자료 수집, 수급자격 입증 문서로 사용, 정보보존, 전문가와의 공조체계 원활, 사례의 지속성 보장, 사회복지사의 생각의 조직화, 수퍼비전, 자문의 근거, 교육훈련 및 연구조사의 자료로 활용, 서비스의 효율성 및 효과성과 질 평가의 근거, 규정이나 기준의 준수 여부 파악, 실무와 행정상의 결정을 위한 정보 제공, 비용청구 및 재원확보에 사용 등으로 설명하고 있다(전남련 외, 2007).

Kagle(김혜란 외, 2006)은 사회복지실천에서 기록이 강조되는 이유를 첫째, 사회복지실천활동을 정당화하는 데 두고 있다. 사회복지활동 개시부터 종결까지의 모든 실천 내용을 문서화함으로써 사회복지기관이 약속한 프로그램 및 정책적 지침을 실제로 행하고 있다는 것을 보여주며, 사회복지 프로그램에 대한 재정지원을 정당화해 주는 것이다. 기관은 후원자에게 기관서비스의 성격, 내용 및 효과 등을 기술한 서류를 제시하지 못한다면 그들로부터 후원금을 받지 못할 것이다. 후원자들은 정기적으로 실제로 기관이 제공한 서비스를 입증할 것을 요구한다. 그러므로 사회복지활동에 대한 세심한 기록은 클라이언트와의 관계에서 일어난 모든 부분들을 포함하고 있기 때문에 클라이언트의 변화, 사회복지실천 활동의 목적, 문제 및 욕구해결의 정도, 사회복지사와 클라이언트의 관계력 등을 파악할 수 있도록 하며, 이러한 결과를 기초로 사회복지실천계획의 변화, 접근방법의 변화 등을 가져올 수 있는 역할을 한다. 아울러 기록은 필요시 클라이언트에게 유효한 법적 증거로도 활용될 수 있으며, 법정에서 사회복지사의 증언을 증명하는 데에도 활용될 수 있다.

둘째, 기록은 사회복지사가 사고를 구조화하는데 도움이 된다. 자신의 면접이나 서비스 수행과정을 기록하면서 사회복지사는 자기의 사고를 조직화할 수 있다. 그리고 정보를 집합적으로 분석함으로써 서비스 전달상의 경향을 알아내고 모니터링할 수 있으며 시간경과에 따른 서비스 활동을 검토할 수 있다. 그러므로 기록은 효과적인 서비스를 위한 점검, 평가, 수정 등을 위한 기초자료로 활용됨으로써 서비스의 효과성과 효율성, 서비스의 질을 평가하는데 필요하다. 이와 같이 기록을 통하여 각 사례에 대해서, 그리고 기관 전체의 차원에서 보다 효과적인 서비스를 제공할 수 있게 되는 것이다.

셋째, 기록은 클라이언트의 지속적인 서비스를 가능케 하여 사례의 지속성을 유지하는데 도움이 된다. 사회복지사가 부득이하게 교체되어야 하는 경우 인수받는 다른 사회복지사가 사례에 대해 현재까지의 진행과정을 파악할 수 있게 해준다. 사례가 종결되었다가 다시 개시되기를 여러 번 반복할 수도 있고 사회복지사가 질병이나 휴가로 출근하지 못하거나 갑자기 그만두게 되어 다른 사회복지사를 통하여 서비스를 수행하도록 할 경우, 이전의 기록은 새로운 노력의 중복을 막아주고 시간을 절약해 주며 지속성을 유지시켜 준다. 그리고 클라이언트가 이전에 이야기했던 것을 다시 반복하지 않고, 사회복지사가 이직한 경우에도 클라이언트에게 지속적인 서비스를 제공할 수 있도록 해준다. 뿐만 아니라 한 사회복지사가 계속 담당하는 사례라고 할지라도 오랫동안 진행되는 경우에는 정기적으로 자기의 기록을 되돌아보고 기록검토를 통해 지속적인 사례에 대한 계획발전에 도움을 준다.

넷째, 의사, 간호사, 임상전문가, 물리치료사 등 전문가 간의 의사소통을 활성화하는 데에도 기록이 필요하다. 팀 어프로치를 행할 경우 클라이언트를 치료하는 다른 전문직들에게 사회복지사의 관점으로 얻은 정보와 실천 활동을 알림으로써 진정한 팀 활동에 기여하고, 팀 구성원들에게 집단 결정과 집단행동을 강화시켜 주는 자원을 제공하며 전문가들의 개별적 노력을 조정할 수 있도록 도움을 준다. 그러므로 기록은 전문적 공조체계의 도구로 활용될 수 있다.

다섯째, 기록은 학생 및 초보 사회복지사에게 사회복지실무와 기관의 업무과정을 가르치기 위한 교육의 도구로 활용되는데, 수퍼비전, 자문, 동료들의 피드백 등을 받을 수 있는 근거가 된다. 수퍼비전의 중요한 목적 중의 하나는 업무 능력의 훈련과 발전인데 기록은 이를 위한 중요한 도구가 되기 때문이다. 수퍼바이저는 사회복지사가 기록한 내용을 검토함으로써 수퍼비전을 통해 효과적인 서비스를 제공했는지 점검하고 서비스 및 자질 향상에 기여할 수 있게 한다.

여섯째, 기록은 클라이언트와 정보를 공유하고 의사소통을 할 수 있는 도구가 되며 실제로 클라이언트가 치료에 반응하도록 돕기 위한 치료과정 도구로 활용될 수 있다. 클라이언트에게 사회복지실천 과정에 대한 정보를 제공함으로써 클라이언트가 사회복지실천 활동에 적극적으로 참여하게 도울 수 있다. 많은 사회복지기관들이 사회복지서비스의 클라이언트에게 기록을 개방함으로써 사회복지사는 자신이 기록한 것들이 클라이언트 본인 및 그 가족에게 읽힐 수 있다는 것을 염두에 두고 기록해야 한다. 또한 사회복지사는 클라이언트가 자신에 대해 기록한 파일에 접근할 권리가 있음을 기억해야 한다.

일곱째, 행정적 자료로 활용하는데 도움을 준다. 기록은 클라이언트의 욕구, 서비스의 유형, 직무관리, 직원의 직무수행, 자원의 분배에 관한 행정적 결정을 내리기 위한 정보를 제공하기 위해 사용된다.

여덟째, 기록은 조사연구를 위한 자료나 서비스 비용을 청구하고 프로그램 실시를 위한 재원을 확보하는데 도움을 준다. 사회복지실천의 다양한 주제에 대한 조사연구는 서비스 전달체계를 연구하고자 하는 기관이나 사회복지계 전체에 귀중한 정보를 줄 수 있다. 따라서 기록은 클라이언트의 유형이나 사회복지활동, 정서적 문제 등의 자료를 수집하고 연구하고자 하는 전문 연구자들에게 풍부한 정보를 제공한다. 하지만 기록에서 클라이언트의 신변상황에 대한 비밀보장에 주의를 기울여야 한다.

3) 기록의 목표

기록은 사회복지실천에 있어 다음 네 가지의 목표를 갖는다.

첫째, 기록은 사회복지사의 당연한 의무로서 책무성이 강조되어야 한다. 사회복지사들은 자신의 서비스를 기록하고 설명하고 평가함으로써 클라이언트와 기관, 지역사회에 대한 법적, 윤리적 책임을 져야 한다.

둘째, 기록은 효율성 달성을 위해 초점이 분명하고 간단명료해야 한다. 기록을 통해 어떻게 개입하고 있는지, 또한 개입한 사안에 대해서 어떻게 효율적으로 검토할 수 있는지, 혹은 어떻게 효율적으로 기록할 것인지를 의미한다.

셋째, 사적권리 보호를 위해 외부로부터의 접근을 제한해야 한다. 사회복지사는 클라이언트의 사적인 비밀을 최대한 보장하면서 기록해야 한다.

넷째, 사회복지실천의 기록은 서비스의 과정에서 일어난 전문적 의사결정, 근거, 내용, 결과 등을 문서화하여 클라이언트나 사회복지사 중심이 아닌 서비스 중심의 기록이어야 한다.

2 진행단계별 기록 내용

Kagle은 기록에 포함되어야 할 기본 내용으로 클라이언트의 인구학적 특성, 서비스 제공 사유, 사회복지사의 사정 내용과 소견, 서비스 목적과 계획, 특성, 사회복지 실천활동 결과 요약, 서비스의 종결방법과 사유, 사후관리 등을 들고 있다. 구체적인 사회복지 실천 과정별로 기록내용을 살펴보면 다음과 같다(이미선 외, 2008).

1) 서비스 탐색단계

서비스 탐색단계에서의 기록에 포함되어야 할 내용은 클라이언트와 만난 날짜 및 기록 날짜, 클라이언트의 특성 및 기본적인 정보(사회인구학적 정보, 대면 전 사무직원이나 클라이언트가 직접 기록), 클라이언트의 접촉 사유 및 서비스를 개시하는 이유(서비스의 필요성 인식 정도, 서비스 목표와의 일치 정도), 찾아오게 된 사유 서술 등이 포함된다. 그리고 클라이언트의 문제와 상황에 관한 보다 상세한 정보, 현재와 과거의 클라이언트와 상황에 대한 기술, 클라이언트의 사회력(현재 및 과거의 문제나 욕구) 등이 필요하다.

또한 서비스의 자원과 제약의 파악(공식적, 비공식적 자원), 사회복지실천과정에 대한 기록(사정, 개입과 개입계획, 종결에 관한 내용), 수행과정의 측면에 대한 사항, 사후지도 사항, 수퍼바이저 및 다른 사회복지사와 토의할 문제 등이 요구된다.

2) 서비스 형성단계

서비스 형성단계에서는 우선 서비스의 종류나 양의 정당성을 기록하기 위해 서비스 결정이 이루어져야 한다. 서비스 결정은 구체적이고 측정 가능한 명확한 서비스 목적이 포함되어야 하며, 목표성취를 위한 행동이나 의뢰가 포함된 구체적인 서비스 계획이 있어야 한다. 또한 행정적 처리나 조사연구를 위한 구조화된 기록을 통해 서비스 특성이 제대로 드러나야 하며, 이러한 기록들은 컴퓨터로 관리할 필요가 있다.

3) 서비스 실행단계

서비스 실행단계에서는 주로 중간노트를 통한 기록이 이루어진다. 중간노트란 사례에 대한 사회복지사의 지속적인 관찰과 사정에 대한 비구조적인 기록으로 클라이언트의 상태변화, 서비스 활동과 과정 기록, 중요한 사건 기록, 사정과 변화기록이 포함된다.

서비스 실행이 진행되면서 서비스 재검토를 위해 중간 요약이 필요한데, 이것은 공식적 재평가에 대한 기록으로, 사례회의를 통해 이루어진다. 책무성을 위한 구조적 양식으로 기록되며, 재검토 후 서비스의 목적과 계획이 수정되기도 한다. 이때는 SOAP 기록으로 S(주관적 정보), O(객관적 정보), A(전문적 사정), P(확인된 문제에 대한 계획)가 포함되어야 한다.

S (subjective information): 환자와 가족으로부터 얻은 주관적 정보

O (objective information): 면담과 관찰로부터 얻은 객관적 정보

A (assessment): 사정

P (plans): 계획

4) 서비스 종결단계

서비스 종결단계에서는 종결의 방법과 사유에 대한 구체적인 명시가 있어야 한다. 계획에 따른 종결인지, 사전 종결인지, 서비스의 총괄평가와 향후 서비스 계획에 대한 기록이 포함되어야 한다는 것이다. 또한 서비스 활동과 결과에 대한 종결요약이 필요한데, 이것은 시간제한적 혹은 단기적이기 때문에, 중간 요약 대신 서비스 과정과 효과를 서술하고 평가하는 역할을 담당한다. 서비스가 장기적이고 기록이 장황할 때 기록 전체를 요약하여 부가적 서비스를 위해 재방문 시 이전 정보 파악이 용이하다.

서비스 종결단계에서의 기록내용은 서비스 개시 이유, 진행과정의 내담자의 상황, 서비스 목적, 계획과 과정, 중요한 사건의 요약, 종결 시 내담자 및 상황의 위치, 서비스 평가, 향후 서비스와 사후검토를 위한 제안 등이다.

3 사회력

클라이언트의 사회력은 클라이언트의 문제와 욕구를 역사적이며 생태학적인 맥락에서 이해하기 위해 현재와 과거의 정보를 기록한 것을 말한다(김혜란 외, 2006).

1) 사회력의 중요성

사회력이 사회복지실천 현장에서 중요한 이유는 문제원인과 해결에 필요한 자원을 탐색하는데 도움을 주기 때문이며, 클라이언트의 욕구와 결핍 내용뿐 아니라 강점과 대처능력을 알 수 있게 하기 때문이다. 그리고 클라이언트에게 가장 적합한 서비스나 프로그램을 결정하는 데 도움을 주며, 표현의 기회 제공으로 자신의 경험을 재검토하고 공유하는데 도움을 주기 때문이다. 또한 다른 서비스 제공자에게 사회복지실천 관점에 의한 정보를 제공하고, 실천의 결정과 행동의 근거를 문서화하는 역할을 담당하기 때문이다.

2) 사회력의 내용

사회력에 포함될 내용은 개인적 정보로 가족력, 인지 및 신체적 발달 및 기능, 건강상태, 장애, 영양, 심리 정서적 기능, 정신건강, 중요 행동 및 반응 유형, 지식 및 정보 인지유형, 감정 및 정서적 반응, 교육, 직업, 재정, 법적 문제, 최근 서비스의 이용 현황 등을 들 수 있다. 대인관계 정보로는 결혼과 가족, 중요한 타자와의 관계, 친구집단과 공식적 사회망, 직장관계 등이 있으며, 사회적 정보로는 문화, 지역사회, 제도와의 관계 등을 들 수 있다. 물리적 환경으로 주거, 이웃, 작업환경, 교통수단 등이 사회력에 포함된다.

4 기록의 종류와 특성

1) 이야기체 기록

이야기체 기록은 클라이언트의 상황이나 서비스에 대해 이야기를 풀어가듯 서술체로 기록된 것으로 사례 진행사항을 요약한 보고서이다. 면담 내용 혹은 서비스 제공과정에서 이야기한 것을 그대로 대화 형태로 표현하는 것이 아니라 주제별 시간별로 조직화 재구성되어 내용이 정리, 서술된다. 일정한 틀이나 양식이 있지 않고 표준화나 구조화가 덜 되어 있기 때문에 총괄적인 기록이 가능하며, 클라이언트의 상황, 서비스 교류의 특별한 특성과 서비스가 갖는 나름의 특수한 본질을 개별적으로 반영할 수 있어 임상실천을 문서화하는데 특히 적합하다. 이야기체 기록은 사회력이나 사정과 같은 특정 내용요소를 융통성 혹은 포괄적으로 문서화하되 정보를 적절히 선택하여 조직화하는데 도움을 준다.

하지만 이야기체 기록은 과정기록보다는 시간이 덜 들지만 기록할 것과 하지 않을 것을 구분하고 재구성하기 때문에 역시 시간과 비용이 많이 소요된다. 그리고 면담이 지나치게 단순화되거나 초점이 흐려져 정보를 쉽게 찾지 못할 우려가 있고, 인간행동, 사회복지의 이론과 실천, 서비스 제공, 기록에 대한 사회복지사의 지식과 재량이 반영되기 때문에 기록자의 관점에 따라 내용이 많이 변화될 수 있다. 하지만 이야기체 기록은 일반적으로 널리 사용되고 있기 때문에 사회복지사들의 활용능력이 요구된다. 원활한 기록을 위해 지침 혹은 일정한 양식을 만들어 활용하고 있다.

2) 문제중심 기록

현재의 문제를 중심으로 문제 영역을 규정하고 사정하며 목록화해서 각 문제에 대한 문제 영역 규명 및 사정, 서비스 계획수립 및 진행사항을 문서화하는 것을 말한다. 병원, 의료 및 정신보건 분야에서 자주 사용되는 기록 형식의 한 방법이며 사회복지기관에서도 널리 사용하고 있다. 문제해결을 위한 팀 접근의 정보교환과 종합적 사례 논의에 사용된다. 이와 같이 문제중심 기록은 전문직 간 의사소통을 촉진해 공조를 원활히 하고, 문제에의 초점이 강화되며, 모든 치료계획에 대해 문서화된 추후점검으로 책무성이 향상되고 질 높은 기록으로 검토될 수 있다.

문제중심 기록은 문제들을 나열하는 구체적 양식(데이터베이스 혹은 문제목록)과 문제해결을 위해 이루어지는 진행을 노트에 기록하는 양식이 사용된다. 데이터베이스는 클라이언트의 문제를 목록으로 작성하기 위해 사회심리적 정보, 질병 및 과거력, 주변환경, 심리 및 성격 검사결과 등에 대한 정보를 구축하는 것을 말한다. 이때 문제목록은 문제에 번호를 붙여 문제가 정확히 규명될 때까지 계속해서 문제목록에 추가하도록 한다. 사례계획과 개입의 초점을 제공하게 되며, 종결 시 서비스 효과 검토의 근거가 되는 것이다.

그러나 문제중심 기록은 기록방법의 특성상 개인과 환경의 상호작용을 단순화하거나 부분화함으로써 통합적 · 체계적인 쟁점들을 왜곡시킬 우려가 있으며, 개인을 강조하여 복잡성을 간과하고 단순화할 우려가 있다. 특히 클라이언트의 욕구나 문제만을 한정하여 강조함으로써 사회복지실천의 폭을 한정시킬 수도 있다는 단점을 갖는다. 그리고 타 전문직과 함께 일하는 현장에서 효과적이나 전체보다는 부분에 치중하게 하고, 클라이언트의 장점이나 능력, 자원, 환경의 쟁점을 포괄하는 기록이 되지 못할 수 있다는 단점이 있다(이옥선, 2008).

3) 과정기록

과정기록은 사회복지 실천과정에서 클라이언트와 사회복지사의 상호작용과 의사소통, 상황변화 등을 있는 그대로 세밀하게 기록하는 방법이다. 과정기록의 내용은 수퍼바이저의 코멘트, 면접내용, 사회복지사의 느낌, 사회복지사의 분석 등이 포함되기 때문에 사례진행을 비교적 면밀하게 점검할 수 있다. 그러므로 과정기록은 사회복지실천에서의 수퍼비전용 기초자료로 활용되거나 교육용 도구로 유용하다.

클라이언트와의 교류를 준비하고 상기하고 기록하고 분석하며 과정기록에 대한 수퍼바이저의 코멘트에 반응함으로써 클라이언트와 서비스의 상호교류 및 학생들의 면담기법과 개입방법에 대한 교육 훈련에 좋다. 그리고 초보실무자의 역량의 평가, 지도, 자아활용의 향상, 잘못된 사례 진행의 방지 등에 유용하다.

하지만 과정기록은 기록에 소용되는 시간이 너무 길다는 것으로 실무현장에서 비효율적일 수 있으며 선별적인 재구성으로 기록의 정보 자체가 불안전하며 왜곡될 수 있다. 그리고 면접 시 기록에 신경을 지나치게 쓰게 되면서 기록으로 인해 면접 자체의 진행에 문제가 발생할 수 있다. 면담 내용을 정확히 기술하기 위해 면접 후 빨리 기록하는 것이 필요하며, 공식적 기록이 아니므로 기관보관용 기록을 다시 작성해야 한다. 교육훈련을 위해 정직하게 기록해야 한다(설진화, 2008).

4) 요약기록

요약기록은 클라이언트의 문제, 클라이언트에게 제공된 서비스, 그리고 클라이언트의 진전과정에 대한 요약 혹은 초록으로서, 클라이언트와 원조과정 중 일정기간마다 혹은 서비스 중반부나 종결 시에 사용될 수 있는 기록형식이나, 사회복지사의 면접에 대한 과정기록의 대안으로 사용되기도 한다. 시간의 경과에 따라 변화된 상황, 개입활동, 중요한 정보 등을 요약하여 기록하고, 시간의 경과에 따라 일정한 기간의 간격을 정하여 기록하는 것으로 사례가 장기간 지속될 경우 유용하며, 주로 클라이언트에게 일어난 변화에 초점을 두어 기록한다. 클라이언트의 언어적 표현이나 비언어적 표현 등이 사실적으로 전달되지 않거나 클라이언트나 사회복지사의 생각이나 느낌이 잘 드러나지 않을 수 있다.

5 좋은 기록과 좋지 않은 기록

기록은 면담이 끝난 후 잊어버리기 쉬운 사실을 간단하게 기록하고, 면담 중 메모하는 것을 최소한으로 줄여야 한다. 개인적 정보 유출이 되는 것을 방지하기 위해 기록물 보관에 유의하며, 기록하기 전에 클라이언트가 불안해하거나 불편해 하면 즉시 중단하고 감정을 나눌 필요가 있다. 사실적 내용, 약속 등을 정확하게 메모해야 한다.

1) 좋은 기록

Kagle은 좋은 기록이란 서비스의 결정과 행동에 초점을 둔 것이며, 사정, 개입, 평가의 기초가 되는 클라이언트와 상황에 대한 정보와 각 단계에서 목적, 목표, 계획 과정과 진행을 포함하여 서비스 전달에 관한 정보를 담고 있어야 한다고 하였다. 또한 별도의 제목 아래 쓰여져 있어서 읽는 사람들이 사회복지사의 관찰 사항과 해석을 구분하여 이해할 수 있도록 상황묘사와 사회복지사의 견해를 뚜렷하게 구분하여 기술하고, 정보의 효과적인 문서화를 위해 구조화된 양식의 기록이 좋다. 정확하고 논리적으로 작성하여 정보를 찾는데 용이하도록 작성되어야 하며, 간결하고, 구체적이며, 시기적절하고, 의미 있는 내용이 사실에 근거하여 작성되어야 한다. 기존의 수용된 이론에 기초하며, 전문가적 윤리를 바탕으로 클라이언트의 관점을 포함해야 좋은 기록이라 할 수 있다(김혜란 외, 2006).

2) 좋지 않은 기록

좋지 않은 기록은 과다 정보 혹은 너무 적은 정보로 인해 부정확한 사정이나 잘못된 판단, 비윤리적 행동, 부적절한 개입이 발생하게 되는 경우이다. 관찰과 평가가 없는 기록이거나 과잉단순화로 초점이 없고 모호하며 편견과 추리에 의존한 기록도 좋지 않은 기록이다. 맞춤법상의 오류와 반복된 표현, 장황한 표현, 진부한 용어의 사용도 지양해야 한다. 독단적 견해의 표현, 클라이언트에 대한 비난 또는 부정적인 낙인 등의 내용도 기록에 포함되지 않도록 해야 한다(전재일 외, 2002).

6 사생활보장의 권리와의 상충

기록은 클라이언트의 비밀보장 혹은 사생활보장의 권리와 상충될 수 있다. 그러므로 서비스 전달 및 평가와 관련된 것만 기록하고, 사생활정보는 일반적 용어로 기술함으로써 클라이언트를 보호해야 한다. 특히 사례기록은 반드시 잠금장치로 보관하여 외부 정보 유출이 발생하지 않도록 해야 하며, 부득이한 경우 외부로 유출해 할 경우를 대비하여 입증된 정보만 기록하여 클라이언트에게 상처를 주는 일이 없도록 해야 한다.

최근 들어 클라이언트의 개인적 정보나 서비스 내용 등이 전산화됨으로써 관리의 용이성과 집합성 그리고 사례관리의 통합적 접근은 가능해졌으나 클라이언트의 개인 정보 유출은 매우 심각한 상황이라 할 수 있다. 그러므로 합법적 권한이 없는 자들에 대한 정보접근 금지를 철저하게 지켜야 하며, 외부기관이나 개인에게 정보제공 시의 절차에 대한 규칙을 준비해야 한다.

CHAPTER 13

사회복지실천의 평가기술

1. 평가의 개념과 중요성
2. 평가의 유형
3. 평가에 있어 사회복지사의 역할
4. 평가 설계방법

13 사회복지실천의 평가기술

CHAPTER

사회복지실천의 평가과정은 개별 클라이언트에 대한 특정 개입의 효과성에 관한 정보를 통하여 클라이언트에게 최대한 도움이 되기 위한 것이며, 상이한 문제, 특성, 환경을 가진 클라이언트들에게 상대적으로 효과적인 개입방법이 어떤 것인가를 선정하기 위한 것이다. 그리고 기관, 클라이언트, 전문가 집단 그리고 지역사회에 대한 책무성을 향상시키기 위한 것이기도 하다.

1 평가의 개념과 중요성

1) 평가의 개념

사회복지 분야에서 평가는 기관의 계획이나 정책 혹은 프로그램에 전반적으로 적용된다. 광의의 차원에서 사회복지실천 평가는 사회복지실천 활동이 효과적이었는지 그리고 효율적이었는지를 판단한 것이다. 반면 협의의 사회복지실천 평가란 사회복지사의 개입노력을 사정하는 것을 말하는데 개인이나 가족, 집단, 지역사회를 대상으로 실시한 개입이 변화를 일으켰는지, 어느 정도의 변화가 생겼는지를 사정하는 것이다(김경호 외, 2005).

또한 사회복지실천에서의 평가는 프로그램 혹은 기관의 계획, 수행, 활용 등 포괄적인 활동에서 사회복지사의 개입활동의 효과성과 효율성에 초점을 맞추어 체계적으로 판단하는 것이다. 또한 평가내용과 관련하여 사회복지 개입의 목표와 개입방법이 보다 명확하고 구체적이 되도록 해주고 사회복지실천과 관련된 결정을 하는 데 필요한 정보를 제공해 주기 때문에 평가는 사회복지실천을 촉진시키는 기능을 한다.

구체적으로 사회복지실천의 평가 목적(김현종, 2008)은 첫째, 사회복지실천의 효과성 측정을 위한 것으로 사회복지실천이 얼마나 효과적이었는지, 즉 목표를 달성했는지를 측정하며 이는 평가의 일차적인 목적이 된다. 둘째, 사회복지실천의 효율성 측정을 위한 것으로 동일한 비용으로 높은 효과를 내었을 때 효율성은 증가한다. 평가과정을 통해 실천의 효율성을 측정할 수 있다. 셋째, 평가는 사회복지실천이 얼마나 공평성을 갖게 되었는지를 측정하게 되는데, 이것은 효과와 비용이 집단 및 지역 간에 공평하게 분배되었는지를 평가하게 된다. 넷째, 자원의 사용에 대한 책임성 입증을 위한 것으로 재정적인 지원이나 지역사회의 승인이 필요할 때 이에 대한 근거를 제시하는 계획안이 된다.

다섯째, 평가는 클라이언트에 대한 책임성 이행을 위한 것으로 사례의 진행 정도에 대해 사회복지사 자신뿐 아니라 지역사회와 클라이언트에게 알려줄 책임을 이행할 수 있다. 여섯째, 실천과정에 대한 모니터를 위한 것으로 클라이언트는 어떻게 반응하고 있는지, 계획했던 변화가 일어나고 있는지 등 변화과정에 대한 피드백을 받을 수 있다. 일곱째, 평가는 사회복지사의 능력 제고를 위하여 필요한데, 사회복지사가 실천 내용에 대해 점검하고 평가함으로써 반성할 기회를 갖고 새로운 활동에 반영할 수 있기 때문이다.

2) 사회복지실천에서의 평가제도

사회복지실천의 평가제도는 사회복지사업에 할당하는 자원을 효과적으로 사용하는지에 대한 신뢰성을 검증하기 위하여 1997년 사회복지사업법의 평가 규정 삽입으로 강조되기 시작하였다. 그동안 사회복지 내부에서 성숙되어 온 평가의 필요성과 이해를 바탕으로 기관 및 시설, 프로그램 평가제도를 도입할 수 있는 법적 근거가 마련된 것이었다.

이 규정에 의하여 3년마다 1회 이상 사회복지시설 종사자의 전문성, 시설환경, 서비스의 만족도 등에 대해 평가하도록 하였다. 이것은 사회복지실천의 전문성을 객관적으로 인정받을 수 있는 방법이라는 측면에서 중요한 계기를 마련하였으나, 과학적인 평가틀의 미흡과 사회복지사의 주관적 경험 등을 체계적으로 분석할 수 있는 평가제도가 되지 못하고 있다.

2 평가의 유형

1) 평가 자료의 속성에 따른 분류

(1) 양적평가(quantitative evaluation)

획득되는 자료의 속성이 계량화가 가능한 측정을 말하며, 많은 사례를 대상으로 실시할 수 있다.

(2) 질적평가(qualitative evaluation)

획득되는 자료의 속성이 계량화가 곤란하여, 나타나는 현상의 정도와 수준을 상황적, 맥락적, 해석적으로 이해하는 것을 말하며, 소수의 사례를 대상으로 한다.

2) 평가 시점에 따른 분류

(1) 형성평가(formative evaluation)

사회복지실천 개입과정에 초점을 두고, 주기적으로 진전 상황을 평가하며, 정책, 프로그램, 활동의 진행과정에서 그것을 부분적으로 수정, 개선, 보완, 향상하기 위하여 필요한 정보를 얻기 위해 실시하는 평가활동이다. 좁은 의미의 형성평가는 어떤 경로를 거쳐 효과가 발생되는지, 효과 미발생 시 어떤 경로에 문제가 있었는지, 효과에 보다 강한 영향을 미치는 경로는 없었는지 등을 평가하는 것이며, 운영과정 평가는 프로그램의 계획대로 운영되었는지, 운영절차와 자원, 서비스 전달, 대상 영역의 점검 등을 평가하는 것이다.

(2) 총괄평가(summative evaluation)

사회복지실천에서 개입이나 프로그램, 정책이 종결되었을 때, 개입이 목표로 하는 바를 얼마나 잘 성취했는지를 평가하는 것으로 다양한 개입방법의 성과, 효과성과 효율성, 공평성 등을 사정하는 것을 말한다. 총괄평가의 단계에서는 사명, 프로그램의 목적, 프로그램의 목표, 프로그램 목표달성 여부결정 방법, 목표달성 여부, 평가자료 활용방법 등이 고려되어야 한다.

총괄평가는 그 방법에 따라 결과평가, 평가적 연구로 분류된다. 결과평가는 의도된 결과의 성취 정도를 밝히는 것이며 대상에 대한 개입결과를 평가하는 것이므로 비교적 평가를 수행하기 쉬워 사회복지실천에서 꼭 수행해야 하는 중요한 영역으로 자리잡았지만 사회복지사의 개입이 결과에 영향을 주었는지를 판별할 수 있는 인과적 자료를 얻을 수는 없다는 것이 단점이다.

평가적 연구는 사회복지사의 개입으로 결과가 성취된 것인지와 같이 개입과 결과의 인과적 관계를 파악하고자 하는 것으로 평가의 전형적 방법인 실험통제연구와 유사하다고 볼 수 있다.

(3) 통합평가

통합평가는 사후평가방식의 일종으로 형성평가와 총괄평가를 통합한 평가이다. 단일사례연구를 통합평가로 보기도 하고 과정평가나 총괄평가의 변형으로 보기도 한다. 운영과정의 타당성과 인과관계의 정밀한 검사, 총괄평가에서 얻은 정보와 타당성과 신뢰도를 판정하여 실시한다.

3) 개입 대상에 따른 분류

(1) 실천평가(practice evaluation)

실천평가는 개인, 가족, 집단을 대상으로 사회복지사의 개입 노력을 사정하는 것으로 사회복지사의 노력이 클라이언트를 얼마나 변화시켰는지와 관련된다. 개입 과정 동안 사회복지사의 태도 등이 개입에 어떠한 영향을 주었는지 알아보기 위해 클라이언트로부터 피드백을 받는 것이다. 클라이언트의 긍정적 피드백은 사회복지사로 하여금 자기 강점을 더 잘 알게 하고 그것을 미래에 자주 활용하게 한다. 부정적인 피드백은 때로 고통스럽지만 사회복지사의 주의 산만, 반치료적 행위나 태도, 매너리즘을 알려준다는 점에서 역시 매우 도움이 된다.

(2) 프로그램평가(program evaluation)

프로그램평가는 지역사회를 단위로 프로그램의 목적과 목표를 달성했는지, 얼마나 달성되었는지를 결정하는 체계적인 과정이다. 이것은 프로그램 노력, 프로그램 효과성, 프로그램 효율성에 초점을 맞춘다. 실천적 조사연구의 한 유형으로 사회복지서비스가 필요한지, 서비스가 계획된 대로 수행되는지, 그리고 서비스가 목적한 바대로 사람들의 욕구나 문제에 효과적이었는지를 평가하는 것이다. 프로그램평가는 평가의 결과를 토대로 결정권자로 하여금 합리적인 결정을 내릴 수 있게 한다.

프로그램평가는 과정평가와 결과평가로 분류된다. 과정평가(process evaluation)는 사회복지실천 개입이 클라이언트에게 도움이 되었는지, 클라이언트가 원조과정을 어떻게 인식했는지를 평가하는 것이다. 즉, 클라이언트나 지역사회를 위해 프로그램이 검토되거나 그 기능을 변화시키고자 하는 목적을 갖는다. 원조과정에서 도움이 되었거나 방해되었던 기술과 사건에 대해 클라이언트의 피드백을 받으면 사회복지사는 분별력을 가지고 기술을 사용할 수 있게 된다. 과정평가의 핵심은 긍정적인 변화를 유발할 수 있는 일반적인 요소를 잘 알아 실천에 통합하고 치료적 효과를 향상시키는 것이다.

반면 결과평가(outcome evaluation)는 목표에 비추어 성취된 결과를 평가하는 것이다.

성과평가의 방법은 평가단계에서 결정한다. 만약 측정도구가 없다면, 클라이언트의 관점과 생각을 사회복지사의 생각과 비교하기 위해 상담이나 질문지를 사용할 수 있다. 전체 과정을 평가하기 위해, 각 과정에서 달성한 목표를 클라이언트의 관점에서 도출해야 한다.

4) 평가 주체에 따른 분류

(1) 내부평가

프로그램의 결정, 집행을 담당하는 사람 혹은 조직체 내 다른 구성원이 행하는 평가이다.

(2) 외부평가

프로그램을 수행하는 조직체가 아닌 외부의 전문가, 연구기관 등 제3자가 행하는 평가이다.

3 평가에 있어 사회복지사의 역할

사회복지사는 전문적 원조관계를 통한 개입이 얼마나 효과가 있었는지, 클라이언트의 문제해결 능력이 어느 정도 향상되었는지 또는 어느 정도 목표가 달성되었는지를 평가해야 하는 책임이 있다. 즉, 클라이언트에게 제공된 서비스가 과연 효과적이었는지를 평가하는 것이다. 평가를 하지 않는다면 서비스의 효과성을 파악할 수 없다. 효과성이 없는 서비스 또는 효과성이 입증되지 않는 서비스를 클라이언트에게 제공하는 것은 사회복지사의 윤리에 어긋나는 태도이다. 평가를 위한 절차 내용 등에 대한 계획을 세우고 실천하는 자세를 갖는 것이 중요하다.

4 평가 설계방법

사회복지실천에서 평가를 위한 설계는 크게 집단설계와 단일사례설계로 나누어 볼 수 있다. 집단설계는 개입방법의 효과를 과학적으로 증명할 수 있는 방법이지만 사회복지실천의 성격상 흔히 쓰일 수 있는 설계가 아니기 때문에 사회복지실천의 현장에서 평가의 도구로 단일사례설계를 유용하게 사용하고 있다.

1) 집단설계(Group Design)

실험연구의 한 접근방법으로 클라이언트의 한 집단에는 개입을 하고, 다른 집단(통제집단)에는 개입을 하지 않은 채, 개입 이전과 이후 각 집단을 측정한다. 그런 다음 두 집단에 대한 결과에서 통계적 · 사회적으로 중요한 차이가 나타나는지를 탐색한다.

(1) 실험집단설계

연구대상이 되는 두 집단을 무작위로 표집한 후에 실험집단에는 의도적인 개입을 하고 통제집단에는 개입하지 않은 채 두 집단 간의 결과 차이를 비교하여 개입한 방법의 성과를 파악하는 것이다. 이것은 평가를 위해 무작위로 실험집단과 통제집단으로 구분하고, 독립변인을 실험집단에만 적용하고 통제집단에는 적용하지 않으며, 종속변인의 변화를 측정하는 설계이다(김혜란 외, 2006).

그러므로 실험조사설계는 무작위 추출 과정을 통해서 각각의 표본이 실험집단 또는 통제집단에 들어갈 수 있는 확률을 같게 하여 인과관계의 추론을 높이고 무작위 추출 과정은 집단의 특성이 동등하게 되어 집단들이 합리적으로 비교될 수 있도록 하는 것이다. 또한 두 집단의 다른 조건이 동일하다면 개입 후의 차이는 개입방법이 효과가 있다는 것을 보여줌으로써 인과관계 설명이 가능하게 하는 것이다.

실험설계는 단일집단 사전 · 사후설계에 비해 내적 타당도에 저해가 되는 대부분의 요인들을 통제하는 매우 우수한 설계다. 하지만 실험(집단)설계는 양적 연구에 적합한 사례 수를 확보하는 데 어려움이 있으며, 통제집단에 대해서 의도적으로 개입을 하지 않는다는 점에서 사회복지실천상 윤리문제가 제기될 수 있다. 실험설계의 대안으로 유사 실험설계를 고려해 볼 수 있다. 유사실험설계가 실험설계와 다른 점은 평가의 대상을 무작위 표집하지 않고 의도적 표집을 통해 구한다는 점이다. 즉 클라이언트를 무작위로 실험집단과 통제집단으로 할당하는 대신, 실험집단과 유사한 비교집단을 구성하는 것이다.

구체적인 예를 들어보면 20명의 클라이언트를 10명은 실험집단에 나머지 10명은 통제집단에 무작위 할당한 후 두 집단을 대상으로 사전조사를 실시하는 경우이다. 사전조사를 실시한 후 실험집단에는 서비스를 제공하고 통제집단에는 서비스를 제공하지 않는다. 프로그램이 종결된 후 두 집단을 대상으로 사후조사를 실시하고 사전검사점수와 사후검사점수를 비교하는 방식이다. 검사를 위한 도구는 프로그램의 목표에 따라 달라지며 일반적으로 신뢰도와 타당도가 검증된 도구를 사용한다. 검사도구는 사회복지사들이 유용하게 활용할 수 있는 표준화된 척도들의 문항, 신뢰도 및 타당도, 적용 대상 등에 대한 정보와 학술논문이나 학위논문을 참조할 수도 있으며 특히 검사도구만을 모아놓은 문헌을 참고하는 것도 여러모로 도움이 될 것이다.

(2) 유사실험집단설계

유사실험집단설계는 전형적인 실험설계의 기본 요소인 통제집단, 무작위할당, 독립변수의 조작, 사전-사후검사 중 한두 가지 요소가 결여된 설계로서 현실적으로 인위적인 통제와 조작이 어려운 경우가 많기 때문에 많이 활용된다. 조사대상자는 난선화가 아닌 의도적 표집을 통해 선정되고, 실험변수는 조작되었거나 조작 가능한 것으로 볼 수 있고, 관찰 또는 검사를 여러 번 할 수 있게 된 조사설계의 형태를 말한다.

먼저 신청한 사람들은 실험집단에 할당하고 실험집단이 다 채워진 후에 찾아오는 클라이언트를 대기통제집단에 할당하는 방법을 사용할 수 있다. 이렇게 하면 시간도 절약하고 윤리적 문제도 해결된다. 무작위로 할당되지 않았기에 선정편견이라는 내적 타당도를 위협하는 요소가 있을지라도 실험집단과 통제집단이 인구사회학적 변수나 사전조사 점수 또는 중요하게 생각되는 변수 면에서 유사하다고 파악된다면 이 두 집단이 치료 결과를 놓고 서로 비교될 수 있다. 무작위 할당이 시행되지 않았기에 유사실험설계라고 부르는 것이다. 유사실험설계에서는 무작위 추출 과정이 결여되어 있지만 비동질적인 특성인 것으로 보이는 집단을 비교하거나 한 집단을 여러 번에 걸쳐 관찰한다. 무작위실험설계가 신뢰할 수 있는 평가 방법이지만 위에서 제시한 한계점으로 인해 사회복지실천현장에서 사용하기에는 어려움이 있다.

유사실험집단 사례의 대표적인 것으로 비동일 통제집단설계를 들 수 있는데, 이것은 무작위 할당을 제외하고는 실험설계의 통제집단 사전 · 사후 검사설계와 동일하기 때문에 활용도가 매우 높은 유형이다. 학교 세팅에서 보다 적극적으로 활용할 수 있는 설계이다. 학교 세팅의 경우 이미 학급이 구성되어 있기 때문에 클라이언트를 두 집단으로 할당하거나 평가를 위해 두 개의 학교를 선정해야 하는 부담이 줄어들게 된다. 동일 학교에 재학 중인 학생들의 경우 인구사회학적 배경이 비슷하기 때문에 이미 형성되어 있는 학급을 활용하는 연구설계를 고려할 수 있다.

(3) 단일집단 사전 · 사후설계(one group pretest-post test design)

집단 프로그램의 효과성을 분석하는 방법 가운데 가장 일반적인 방법은 단일집단 사전 · 사후설계이다. 집단 프로그램을 시작하기 전에 사전조사를 하고 프로그램을 종결하면서 사후조사를 실시하여 프로그램의 사전 · 사후를 비교하는 것이다. 사회복지실천현장에서 비교집단을 구하기가 용이하지 않을 뿐만 아니라 비교집단에 대해서는 개입을 하지 않아야 하기 때문에 윤리적 문제가 제기될 수 있으므로 단일집단 사전 · 사후설계가 많이 사용된다.

사회복지실천의 평가를 위해 이 설계를 사용하게 될 경우, 문제점을 항상 염두에 두어야 한다. 설계의 내적 타당도가 상당히 낮기 때문에 이 설계를 통해 나타난 결과를 신뢰하기가 어렵다는 것이다. 그럼에도 불구하고 단일집단 사전 · 사후설계가 집단 프로그램의 평가를 위한 현실적인 대안이라면 이 설계가 갖는 문제점을 보완할 수 있는 방법을 마련하여 프로그램에 대한 평가를 실시할 필요가 있다.

(3) 집단 프로그램 평가의 한계점

집단설계의 한계점은 아주 잘한 사람, 보통으로 잘했거나 개입의 영향이 없는 사람, 실제로 못한 사람 모두를 평균적으로 반영하므로 개인차가 무시될 수 있고, 다른 요인과 개입이 클라이언트에 관련이 있을지라도, 집단 실험에서 개별 클라이언트의 차이에 따라 개입을 변형하는 것은 불가능하다. 또한 현실적으로 개별 사회복지사는 집단설계를 수행하는 데 필요한 재정 · 적절한 사례 수 등을 확보하기 어렵고 실험 연구를 시행함에 있어서 사회복지실천에서 윤리적인 문제가 발생할 수 있다는 단점을 갖고 있다. 무엇보다도 통계적 의미를 중시함으로써 임상적 의미가 약화될 가능성이 높다.

2) 단일사례설계

단일사례설계는 클라이언트 한 명 혹은 사례 하나를 대상으로 실시하며, 클라이언트 체계의 특정 문제나 표적의 변화를 관찰하기 위하여, 개입(독립변수)과 결과(종속변수)의 인과관계를 살펴보기 위해 통제된 환경에서 개입 전과 개입과정, 개입 후에 걸쳐 반복적으로 측정하는 일련의 경험적 절차를 의미하는 연구방법이다. 이 방법을 통해 결과의 성취 정도뿐만 아니라, 그 변화가 개입으로 인한 변화인지를 알 수 있다. 단일사례설계를 사회복지기관 전체 차원에서 이용하게 되면 외부 조사 연구자가 기관업무를 평가하는 경우는 줄어들게 되고 기관 내부적으로 평가역량이 증가하게 된다. 단일사례설계의 과정은 목표구체화 → 측정도구 선택 → 기초자료 기록 → 개입과 지속적인 점검 → 변화사정 → 효과성 추론으로 이어진다.

(1) 단일사례설계의 특징

단일사례설계의 특징은 사례 수가 하나라는 것이다. 사회복지실천과정에서 하나의 클라이언트, 가족, 집단에 초점을 두며, 평가의 대상이 전체가 아닌 하나의 클라이언트 체계이므로 클라이언트의 독특한 변화를 알 수 있게 한다. 그리고 또 다른 특징은 개입 전후 단계의 비교를 명확히 한다는 것이다. 우선 개입 전, 개입 중, 개입 후를 비교하기 위해 단계별 구분을 명확히 해야 하는데, 개입 전 단계는 기초선 단계이자 사정단계의 한 부분으로 문제의 심각성 정도에 대해 체계적인 정보를 제공하고 개입의 결과와 비교되는 기준이 되기 때문에 매우 중요하다. 기초선은 사정단계와 동시에 자료수집이 이뤄지는 기초선과 위기상황에서 기초선 자료를 구할 수 없을 때 클라이언트의 기억이나 과거의 기록에 의해 재구조화된 기초선이 있을 수 있다.

개입단계는 대상문제에 영향을 미치기 위해 실시된 계획된 노력의 단계로, 개입이 바뀌는 경우에도 서로 다른 개입방법이 그래프상에 표시되어야 한다. 기초선 단계에서 대상문제에 어떤 지속적 변화도 없는 일관된 상태에서 개입이 시작된 후 대상문제가 지속적으로 개선되는 방향으로 변화를 보여 주게 된다.

개입 전후의 변화된 단계별 자료는 대상문제나 사건에 변화가 있었는지 알기 위하여 비교되어야 한다. 비교 후에는 이러한 변화가 내적 타당도를 가지기 위해 반복측정을 해야 한다. 개입 전과 개입 후에 각 한 번씩만 측정을 한다면 개입과 무관하게 계속 진행되는 과정을 발견할 수 없을 것이기 때문이다. 각 단계별 반복 측정의 횟수는 바람직한 기초선 수집기간에 대해 정해진 바는 없으나 문제나 상황을 사정하는 데 충분한 기간이어야 하며, 기초선 기간의 자료가 안정된 형태를 나타낼 때까지 측정하는 것이 좋다. 개입단계의 측정 횟수는 기초선 단계와 개입단계의 변화에 따라 달라질 수 있기 때문에 기초선 단계의 측정은 적어도 3회 이상, 일주일 이상, 최저 열 개의 기초선 관찰이 요구되고, 기초선 자료가 안정된 형태가 될 때까지 측정하는 것이 좋다. 개입단계의 측정 횟수는 결과 해석에 실질적 유의성과 통계적 유의성이 성립되는 범위 내에서 결정해야 한다.

단일사례설계와 실험통제집단설계를 비교하면 다음과 같다.

| 표 13-1 | 단일사례설계와 실험통제집단설계의 비교

기준	단일사례설계	실험통제집단설계
1. 관련된 클라이언트의 수	한 개인 또는 집단	최소한 두 집단
2. 반복된 측정의 횟수	개입 전, 중간, 후에 걸쳐 규칙적인 간격으로 자주	개입 전과 후로 대개 2, 3번
3. 연구기간	서비스 제공기간에 따라 다양하게 변화가능	미리 정해진 기간
4. 연구목표의 선정	클라이언트와 사회복사의 합의	조사연구자
5. 피드백	즉각적인 피드백으로 개입의 내용 변경 가능	연구과정에서 피드백은 거의 없으며 수용하기 힘든 구조
6. 연구주제의 범위	목표행동의 습득과 일반화, 유지효과를 입증하기 위한 연구주제에 한정	어떤 주제도 가능
7. 조사연구설계변경	설계변경 가능	설계변경 불가
8. 실천이론의 이용	이론에 구애받지 않음	이론에 나온 가설 이용
9. 평가시 비교집단의 이용	개입 전의 정보를 이용하는 기초선이 비교기준이 되어 자체통제 가능	실험집단과 유사한 조건을 가진 서비스를 받지 못한 통제 집단 이용
10. 개입결과의 활용	해당 클라이언트에게 직접적, 즉각적으로 결과 이용	참여자에게 직접적인 영향 적음 비슷한 문제를 가진 타집단에 차후 활용
11. 비용	적은 시간, 노력으로 가능	외부연구자, 자료수집 및 분석 위한 비용
12. 연구 가치의 역할	클라이언트의 가치가 목표, 절차 선정에 반영	조사연구자 또는 연구비 지원자의 가치가 반영
13. 자료분석	통계적 추론	그래프 통한 시각적 분석

(2) 평가의 절차

① 목표의 구체화

목표는 개입의 결과로 무엇이 달라져야 하는가를 구체적인 용어로 기술해야 한다. 목표에는 행동, 사고, 감정, 사회관계나 환경의 변화가 포함된다. 달성하고자 하는 목표를 구체화하는 것이 첫 단계이다. 목표달성의 정도를 판단할 수 있는 효과성의 기준을 명확히 하기 위하여, 목표설정 시 유의해야 할 점은 통계적으로 유의미한 목표와 임상적인 목표를 동시에 고려해야 한다는 것이다.

② 측정지수의 선택

클라이언트체계와 관련된 다양한 정보를 통하여 개입할 영역을 정하고 개입의 목적과 목표를 정하고 난 다음에 중요한 것은 조작적 용어로 대상문제를 정의하고 대상문제의 지표를 선택하는 단계이다. 측정지수는 대상문제의 특정행동 빈도가 될 수 있고, 클라이언트의 주관적인 심리상태를 나타내는 것이 될 수 있다. 또한 대상문제를 측정할 수 있는 지수는 문제가 있다는 부정적인 지수와 문제가 없다는 긍정적인 지수가 있다. 단일사례설계는 반복측정을 기초로 하므로 조작적 지수는 정기적으로 측정하기에 충분할 정도로 자주 일어나는 것을 선택하는 것이 좋다.

예를 들어, '대인관계 기술 능력 증진'이라는 추상적 목표는 '친구에게 전화 및 이메일 보내기', '낯선 사람에게 먼저 인사하기' 등과 같은 구체적 목표로 기술된다. 목표는 클라이언트가 원하는 것이어야 하고, 현실적으로 달성 가능하고 구체적이며 측정할 수 있고 바람직해야 한다. 통계적으로 부정적인 행위나 사고방식이 줄거나 긍정적인 면이 증가되었다고 해서 임상적인 측면에서 클라이언트의 문제가 해결되었다고 보기 어려운 경우가 있다(류종훈, 2005).

③ 적절한 측정도구의 선택

측정도구는 양적 결과를 측정함으로써 최소한 그 변화가 일어났는지의 유무를 알 수 있어야 하며, 척도나 다른 절차를 통하여 변화의 수준을 측정해 낼 수 있어야 한다. 결과는 신뢰할 수 있는 방법으로 측정되어야 한다. 측정 방법에는 직접 관찰(direct observation), 자기보고식 평정척도(self-abchored rating scale), 표준화된 측정(standard measures)이 있다.

가. 직접 관찰

클라이언트에 대한 개입결과를 평가함에 있어서 주요 대상은 행동변화에 대한 평가이다. 행동이란 상대적으로 구분될 수 있는 사건으로 특징지어지는 광범위한 인간의 행위를 말한다. 행동변화를 직접 관찰하기 위해서는 관찰 대상이 되는 행동이 명백하고 객관적으로 규정되어야 한다.

직접관찰은 클라이언트 행동 변화를 직접적으로 가까이에서 살펴보는 것으로, 클라이언트의 문제나 목표달성 정도가 변화하고 있는지를 판단하는 것이다. 자연스런 상황에서의 관찰은 관찰자의 능력에 따라 신뢰도와 타당도가 높아지기 때문에 평가를 위한 자료수집의 좋은 도구로 여겨지게 된다.

관찰을 통해 자료수집을 하는 경우 사건의 발생빈도를 기록할 수 있는 편리한 방법을 선택하는 것이 중요하다. 사건이 일어날 때마다 카드에 기록을 하는 경우 관찰되는 클라이언트에게 영향을 줄 수 있다. 기록한다는 사실이 타인의 눈에 띄지 않으면서도 들고다니기에 편리한 도구를 이용하면 좋다.

행동의 직접 관찰을 위해 빈도, 차별적인 작동, 시간간격 표집, 유예기간, 지속기간의 측정 등을 사용한다. 예를 들면 '협동하여 놀이하는 정도', '수면 시간의 감소' 등 직접 관찰이 가능한 행동을 말한다. 또한 자존감의 증진, 우울증 감소 등과 같은 심리적 상태도 행동적 용어로 규정하여 행동지표로 내면 상태를 제시할 수 있다(이준우, 2009).

나. 자기보고식 평정척도

클라이언트의 문제가 행동적 용어로 다 진술되거나 규정하기 어렵기 때문에 가장 직접적인 측정방법인 클라이언트의 자기보고(self-report) 방법이 유용하다. 자기보고식 척도는 클라이언트의 상황에 맞추어 실용적인 척도로 개발한 사회복지사와 클라이언트의 평정척도이다. 예를 들어 분노나 우울한 감정과 같은 클라이언트의 주관적 사고나 감정의 강도, 인식의 정도를 측정하거나, 관찰자가 클라이언트 문제의 각성이나 문제 발생 정도에 대한 인식을 나타낼 때 사용된다. 측정할 표적이 정해지면 문제의 강도가 약한 것과 강한 것을 양극으로 한 수평선 전체적으로 5~11점 척도가 되게 각 숫자 간의 간격은 동일한 것으로 하여 클라이언트가 체크한 숫자가 정도를 의미하도록 하는 것이다. 자기보고식 척도가 주관적이기 때문에 방법론적으로 비판을 받기도 하지만, 내적 상태를 가장 잘 측정할 수 있는 방법이라고 볼 수 있다.

다. 표준화된 측정

클라이언트의 변화를 측정하기 위해서 표준화된 측정도구를 사용하기도 한다. 표준화된 측정 방법에는 검사, 설문지, 평점척도, 도구(inventories), 체크리스트 등이 활용된다. 필요한 정보를 체계적으로 광범위하게 구할 수 있도록 구조화되어 있으며, 같은 척도를 이용한 타 연구와 비교가 가능하다. 여러 사회복지실천 현장에서 사회복지사가 개입하게 되는 문제를 중심으로 활용할 수 있는 척도를 개발하고 있다.

단일사례설계를 이용한 평가과정에서 표준화된 측정도구를 사용할 때 사회복지사가 고려해야 할 사항은 타당성과 신뢰성, 적용의 용이성, 유용성, 민감성, 비반응성을 고려해야 한다. 타당성은 절차가 측정하고자 하는 것을 실제로 측정하고 있는지를 의미하며, 신뢰성은 비슷한 여건에서 측정을 반복하였을 때 유사한 결과가 나오는지에 관한 사항이다. 적용의 용이성은 측정절차는 간략하고, 이용하기 쉬우며, 전문가가 아니더라도 이해할 수 있는지와 관련된 내용이며, 유용성은 절차가 사회복지실천에 관련된 것이고 사회복지사와 기관에서 흔히 사용되는 정보를 제공하여 주는지를 의미한다. 민감성은 측정절차가 상대적으로 적은 수준의 변화와 차이점도 알아낼 수 있는지와 관련된 사항이며, 비반응성은 측정으로 인한 조사 대상의 변화나 영향 없이 개입으로 인하여 발생한 변화를 알 수 있는지와 연관된 내용이다.

뿐만 아니라 표준화된 측정도구는 질문지에 응답하고 점수화하며 결과를 해석하는 데 드는 시간과 노력이 많지 않아야 하며, 클라이언트가 질문을 이해할 수 있는지, 질문의 방대함이나 난해함으로 클라이언트가 압도당하지 않는지 등이 고려되어야 한다.

④ 자료수집 대상자 선정

사례의 자료수집의 대상자를 누구로 할 것인가와 관련된 부분이다(손광훈 외, 2009).

가. 클라이언트

클라이언트로 하여금 자료를 수집하도록 하는 것은 클라이언트가 자신의 상황을 가장 잘 아는 위치에 있다는 점이 장점이다. 클라이언트만이 측정대상에 대한 정보를 자세히 제공할 수 있다. 그러나 클라이언트의 보고는 잠재적인 한계와 단점을 가지고 있다. 클라이언트는 오랫동안의 습관으로 개입의 표적이 되는 문제의 발생을 잘 인식하지 못할 수 있다. 클라이언트가 너무 어리거나 장애가 심한 경우 정보를 제공할 능력이 없을 수 있고 클라이언트는 사회복지사가 원한다고 생각하는 방향에 맞추어 거짓으로 보고할 가능성이 있다. 클라이언트를 통한 측정과 기록의 성패는 사회복지사가 클라이언트에게 측정을 어떻게 제시하는가에 달려 있다. 사회복지사가 유의해야 할 사항이다.

나. 클라이언트 주변의 사람

클라이언트와 일상적으로 상호작용을 하고 있는 사람으로부터 자료를 수집함으로써 실제 상황에서 정보를 제공받고, 대인관계에 대한 개입 시 관련된 타인의 관점을 통해 개입의 성공 여부를 판단한다. 가정 내에서는 부모, 배우자, 자녀, 형제자매, 학교에서는 선생님이나 친구, 병원에서는 의사, 간호사, 임상심리사, 자원봉사자 등이 있을 수 있다. 클라이언트 주변의 사람을 활용하는데 있어 개입의 궁극적 목적이 클라이언트의 일상생활에서의 기능을 향상시키고 긍정적인 대인관계를 조성하는 것이라는 것에 초점을 두어야 한다. 그러나 주변사람으로부터 자료수집을 할 경우 이를 클라이언트가 반대하거나 주변사람이 비우호적 혹은 비호응적, 편견을 가지고 있을 때 어려움이 있을 수 있다.

다. 사회복지사

전문가로서의 훈련과 경험, 클라이언트와의 친숙함으로 관찰과 이해하는 데 이점이 있으나, 모든 사건이 같이 있을 때 일어나는 것이 아니며, 사회복지사는 자신의 개입이 효과적이라는 것을 나타내야 한다는 점에서 자료 왜곡의 가능성도 있다.

라. 독립적인 평가자

동료, 수퍼바이저, 외부의 전문가는 클라이언트와의 면담이나 녹화테이프의 검토를 통하여 정보를 제공할 수 있다. 독립적 측정과 기록에 대해서 전문훈련을 받았을 가능성이 있다는 점에서 객관적, 정확한 정보를 제공한다고 할 수 있으나, 기관 사정에 따라 활동이 독립된 평가자의 활용이 어려울 수 있다는 것이 단점이다.

마. 자료수집자의 선정과 관련된 사회복지사의 역할

사회복지사는 정확한 정보를 제공할 수 있고 또 제공할 의사가 있는 사람이 누구인지를 판단하여 위에서 언급한 여러 자료수집자 중 장점을 극대화하고 단점을 최소화할 수 있는 사람을 선정해야 한다.

원조관계에서 라포와 신뢰가 형성되기 전에 클라이언트에게 측정과 기록의 임무를 부과해서는 안 된다. 측정과 기록은 반드시 개입의 한 부분임이 설명되어야 하고, 사정과 개입이 클라이언트의 자료수집에 상당히 의존하고 있음을 알려야 한다. 그리고 측정과 결과의 과정을 분명하게 설명해야 한다. 사회복지사는 클라이언트의 참여에 지지를 보내고 자료수집에 따르는 어려움에 공감을 표시하며 협조해 주는데 감사함을 전해야 한다.

일단 라포가 성립되면 자료수집과 기록의 과업을 전체적인 사회복지실천의 한 과정으로 분명하게 자신감 있는 태도로 제시한다. 사회복지사가 측정과 기록에 대해서 불편해 하거나 자신 없어 하고 미안해 하면 자료수집자는 측정과 기록이 가치가 없는 것으로 받아들이게 되기 때문이다. 그리고 사회복지사가 요청하는 정보의 관련성을 설명할 필요가 있다. 예를 들어 개입 전의 기초선단계의 정보가 필요한 경우 의사가 치료 전에 혈압, 체온, 맥박을 아는 것이 필요하듯이 사회복지 개입을 위해서 기초적인 자료가 필요하다고 설명 하는 것이다.

또한 제공되는 정보는 법적 한도 내에서 반드시 비밀이 보장된다는 것을 확실히 해주어야 한다. 특히 측정과 기록이 정직하고 정확해야 한다는 것을 강조한다. 측정과 기록을 위한 자료수집자의 준비상태를 확인하기 위하여 측정과 기록방법에 대해 그가 이해한 대로 말하게 하고 분명하지 않은 것에 대해서는 언제든지 질문하도록 한다. 마지막으로 자료에 대한 사회복지사의 반응이 자료의 정확성에 영향을 미치므로 감탄이나 실망의 기색을 나타내지 않는 것도 필요하다(전남련, 2007).

⑤ 자료수집의 장소 및 시기 선택

문제발생의 빈도나 강도를 나타내는데 일상적인 형태를 대표할 수 있는 시간대와 장소를 정하거나 특정 문제와 밀접한 관련이 있는 시간대와 장소를 정하는 것이 좋다. 특히 중요한 것은 자료수집의 전 과정에 걸쳐 측정 장소와 시기를 바꾸지 않는 것이 결과해석의 혼동을 막을 수 있다.

⑥ 기초선 자료의 기록

측정도구를 선택한 다음 단계는 개입 이전의 기초선 자료수집이다. 기초선 측정은 개입으로 인한 변화가 발생하기 이전에 상태를 측정한 후 개입으로 인한 변화를 알 수 있는 기초율을 설정하는 것이다. 기초선 설정의 주된 목적은 개입 이후나 중간에 수집된 자료와 기초선 자료를 비교하기 위한 것으로 만약 개입 이후에 수집된 자료가 기초선 자료와 다른 패턴이나 수준을 보인다면 변화가 일어났다고 볼 수 있는 것이다. 클라이언트의 사정단계와 병행되므로 문제나 원하는 결과가 분명히 진술될 때까지 개입을 시작하지 않는 것이 좋고 기초선 자료 없이는 결과의 변화 유무를 결정하는 것이 불가능하다.

⑦ 개입 실행과 지속적인 점검

기초선 측정 이후 개입을 할 때, 개입의 구성 요인이 무엇인지 명확하게 기술하고 구체화하는 것이 필요하다. 평가에서 가장 어려운 것은 다른 사람이 개입기술을 사용하더라도 유사한 결과를 얻을 수 있도록 분명하고 자세한 과정이 기록되어야 하고, 사회복지사는 개입 수행을 증명해야 한다. 기초선 측정기간과 개입기간의 측정방법을 동일하게 실시하여 일어난 개입기간 중의 변화가 개입의 영향임을 보여주어야 한다.

⑧ 변화의 사정과 인과관계의 추론

단일사례설계에서 클라이언트의 변화된 결과가 사회복지사의 개입으로 인한 것임을 논리적, 경험적으로 증명하는 것이 인과관계를 추론하는 것이다. 인과관계는 개입 즉시 변화가 일어나는 동시변화와 클라이언트의 변화에 영향을 줄 수 있는 타당도의 위협요인을 제거하고 일관적이고 안정적인 신뢰도를 확보함으로써 증명하게 되는 것이다. 많은 경우 프로그램의 효과성을 언급할 때 다른 요인들에 의해서 변화가 일어날 수도 있기 때문이다. 따라서 단일사례설계는 측정하고자 하는 모든 행동을 사전에 미리 결정하여 조작적 정의를 내려야 하며, 실험 결과가 대상자나 목표 행동 또는 실험 조건 등에서 반복하여 제시될 수 있도록 사전 체계적 설계를 계획하여야 한다.

가. 내적 타당도 위협요인

내적 타당도는 원인과 결과의 관계에 대한 확신의 정도를 의미하는데, 변화가 단지 개입으로 나타난 효과인가를 나타내는 것을 위협하는 요인이라 할 수 있다. 클라이언트는 시간이 흐르면서 성숙해질 수도 있고 프로그램 이외의 우연한 사건이나 요인들에 의해서 변화가 나타날 수도 있는 것이다. 예를 들면 역사적 성숙, 반복 검사, 통계적 회귀, 복수개입 간섭효과, 실험대상자의 탈락 등이 개입의 효과를 위협하는 요인이 된다.

나. 외적 타당도 위협 요인

외적 타당도는 일반화를 할 수 있는 근거가 되는 것으로 불충분한 대상자 수나 상황과 자료, 주관적인 임상가, 과제의 난이도, 충분하지 못한 반복 등이 위협 요인이다.

(3) 사회복지실천평가에 있어서 단일사례설계 이용의 장점

단일사례설계는 개입의 전 과정에 걸쳐 규칙적인 간격으로 반복측정이 이루어지므로 일정기간의 개입 후에 기대했던 개입의 효과성이 나타나지 않는 경우 개입내용을 곧바로 바꿀 수 있다는 장점이 있다. 또한 기초선 단계는 사회복지실천의 사정단계와 같은 것으로 평가의 개념을 도입하여 측정이 이루어질 때보다 더 정확하여 주요 결정에 필요한 정보를 체계적으로 제공해 줄 수 있다. 그리고 상대적으로 이해와 활용이 쉬우며, 일단 기본 특징을 이해하며 상황 또는 사례에 맞게 다양하게 발전시켜 이용할 수 있다는 점도 긍정적이다.

특히 클라이언트를 측정과정(반복측정)에 참여하게 함으로써 문제 완화나 해결을 위한 동기 자극제로 사용할 수 있어 문제해결의 진전 정도를 잘 알게 되어 자신의 문제를 조속히 해결하기 위해 열심히 노력하게 된다. 그리고 사회복지기관 전체 차원에서 이용하게 되면 외부조사자가 기관업무를 평가하는 경우는 줄어들게 되고 기관 내부적으로 평가 역량이 증가하게 된다는 점에서도 중요하다.

(4) 단일사례설계의 유형

① AB설계

AB설계는 개입 전에 클라이언트의 표적문제를 단기간에 걸쳐 모니터링할 수 있을 때 하나의 기초선 단계와 하나의 개입단계를 포함하는 설계를 통하여 개입 전과 개입 후를 비교하는 가장 기본적인 연구설계이다. 즉, 반복측정을 통해서 개입의 효과성에 대한 약간 경험적이고 논리적인 자료를 제공하는 것이다. AB설계는 사회복지사들이 대상문제의 변화를 감시하고 클라이언트와 변화에 대한 설명을 탐구한다. 변화의 필요성이 있으면 서비스 전달을 변경시킬 수 있도록 즉각적인 피드백을 제공한다는 점에서 유용하다.

그러나 하나의 기초선 단계와 하나의 개입단계를 포함하는 간단한 설계로 사회복지실천에 적응하기에 비교적 용이하다고는 하나 연구의 타당성을 위협하는 많은 요인과 외부 사건의 영향을 통제하지 못하기 때문에 개입의 효과성이나 인과관계를 추정하는데 한계가 있다.

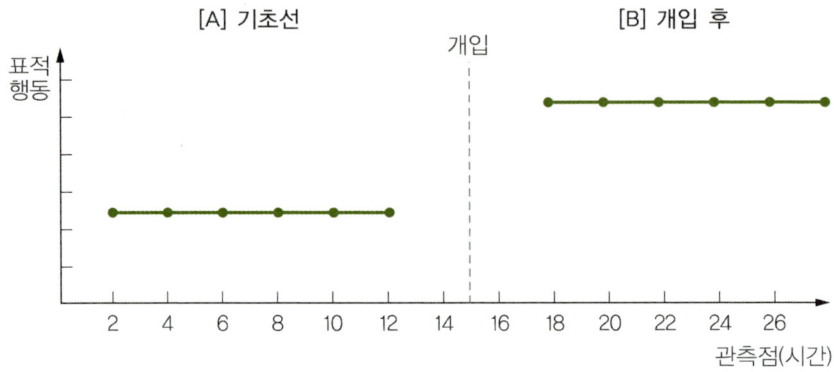

❙ 그림 13-1 ❙

② 철회설계(ABAB설계)

철회설계(withdrawal design)는 일정한 개입이 이루어지고 난 후에 개입의 철회를 반복하는 것으로 이를 결과의 변화가 많아질수록 개입의 효과성이 높은 것으로 파악하는 것이다. 즉, 외부 사건을 보다 더 잘 통제하기 위해 두 번째 기초선 단계와 개입단계를 도입하는 것이다. 첫 번째 개입으로 인한 변화에 개입을 철회하면, 두 번째 기초선 단계에 개입 이전 상태로 머물 것이며, 개입을 재도입하여 같은 변화가 반복되어 나오면 개입이 변화의 원인임이 입증되는 것이다.

ABAB설계는 크게 두 가지의 문제가 대두되는데, 실천적 또는 윤리적 문제로, 효과가 있는 것으로 보이는 개입을 중지하고 기초선 상황으로 돌아가는 것은 클라이언트에게 해를 끼칠 수 있다는 것이다. 그리고 많은 상황에서 측정의 대상이 되는 문제는 기초선의 상태로 되돌릴 수 없다는 것, 즉 개입이 중단되었더라도 첫 번째 개입의 효과가 여전히 지속되는 잔여효과가 있을 수 있다는 것이다. 이것은 내적 타당도를 위협하는 하나의 요소가 된다.

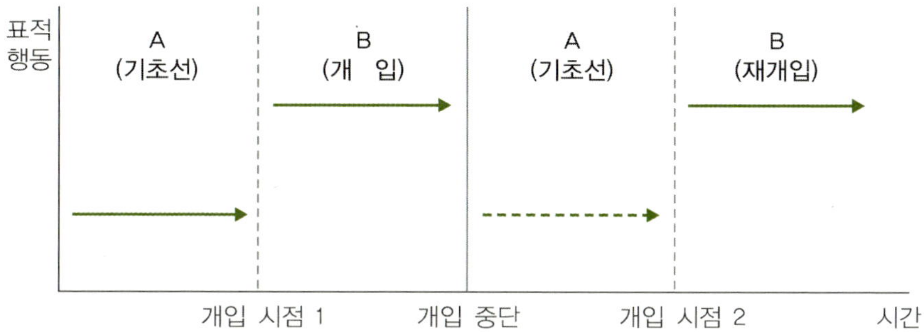

| 그림 13-2 |

③ BAB설계

기초선의 측정 없이 바로 개입을 할 때 사용하는 설계이다. 클라이언트가 위기상황에 처해 있어 즉각적인 개입이 필요한 경우가 있는데 이때 기초선 단계의 자료를 모으지 않고 바로 개입을 해야 한다. 문제가 어느 정도 극복되면 개입을 잠시 중단하고 A단계의 자료를 얻는 것이다. 첫 번째 B단계와 A단계 자료를 비교하고 또 A단계와 두 번째 B단계 자료를 비교하여 효과성을 판단한다.

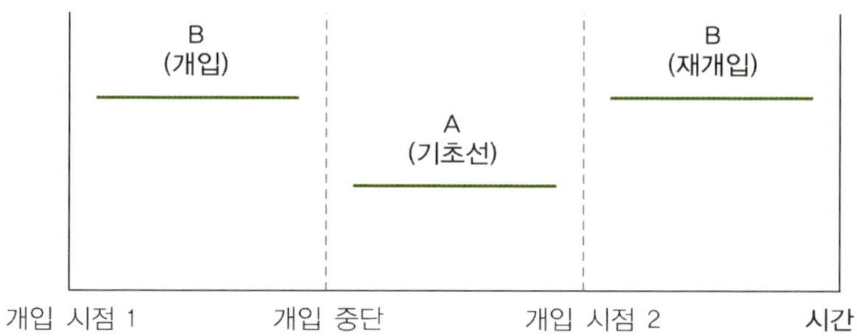

| 그림 13-3 |

④ 다중기초선설계(multiple baseline design)

다중기초선설계는 개입의 대상자가 두 명 이상의 소수이거나 한 명이라 하더라도 두 개 이상의 문제에 대한 개입이 필요한 클라이언트를 대상으로 사용할 수 있다. 인원 또는 문제 수만큼의 기초선 조사가 이루어지고, 개입하는 단계적 과정을 거처 순차적으로 실시하는 방식을 갖는다. 외적영향에 의한 대상의 변화인가, 개입에 의한 변화인가를 증명하기 위하여 각각의 대상자 또는 문제에 대한 개입의 시기를 각기 달리하는 것이다. 예를 들어, 이 설계를 동일한 표적 문제를 가진 세 명의 클라이언트가 기초선 단계를 같이 시작하나 개입이 시작되는 시점을 다르게 하는 것이다. 이 설계도 ABAB설계와 마찬가지로 기초선 단계가 한 개 이상으로 구성되어 있기 때문에 개입의 효과를 보다 명확하게 파악할 수 있다는 장점이 있다.

⑤ 다중요소설계

개입의 변화가 미치는 영향을 분석하기 위해 사용된다. 클라이언트에게 효과가 없는 것으로 보이는 개입을 변형시키고자 할 때, 또는 개입의 어느 부분이 실제로 대상문제의 변화를 설명하는지를 결정하고자 할 때 이 설계를 사용하기 좋다. 다중요소설계의 하나가 강도변화설계인데, 이것은 개입단계에서 동일한 개입을 하되 개입의 양이나 클라이언트로부터 기대되는 실행수준을 증가시키는 것이다.

⑥ ABCD설계

하나의 기초선 자료에 대해서 복수의 각기 다른 개입방법들을 연속적으로 도입해 보는 것으로 각기 다른 사회복지서비스들의 효과성을 측정하는 데 실용적인 방법이다. 각기 다른 개입방법들에 대한 비교가 각각에 대한 기초선이 요구되지 않는 상태에서 가능하므로 매우 효율적이다.

(5) 단일사례설계 자료의 해석

결과를 분석할 때, 유의성(실질적, 통계적, 이론적)을 검토해야 개입이 효과적인 것으로 판단될 수 있다. 실질적 유의성은 임상적 유의성이라고도 하는데 문제에 의미 있는 변화가 일어났다는 것을 의미하며, 통계적 유의성은 변화가 우연이 아닌 확률적 판단에서 나왔다는 것으로 통계적 절차에 의해서 판단된다. 또한 이론적 유의성은 개입의 기초 이론이 변화의 방향에 대해 명확히 제시하고 있는 경우, 결과가 이론에서 제시하는 방향과 같은가 하는 것을 의미한다.

분석된 결과를 해석할 경우 판단이 명확할 때는 주로 시각적 방법을 사용하며 단계 간 변화가 미묘할 때는 통계적 방법을 사용하게 된다. 하지만 모호한 자료를 해석할 때 다음에 유의한다(이미선 외, 2008). 자료의 형태가 변화하는 시점과 동시에 서비스 제공이나 클라이언트의 노력에 변동이 없었는가를 살펴본다. 서비스나 과제수행, 측정 장소나 시기에 비일관성이 없었는지 검토한다. 불안정한 단계의 자료수집기간을 연장할 수 있다. 클라이언트나 관련 사람들의 자문을 통해 변화가 진정한 변화인지 알아본다. 둘 이상의 척도를 사용하면 한 가지 척도를 사용하는 것보다 결과의 해석이 보다 분명해질 수 있다.

사용 중인 개입에 대한 지식과 이론이 개입의 특정단계에서 모호한 결과를 예상하는지 알아본다. 반복적으로 모호한 자료를 얻은 경우 개입의 변경을 고려해 본다. 통계적 절차를 적용하여 분석해 본다.

TEST

기말고사

CHAPTER 08-13

TEST 8-13 CHAPTER

기말고사

측정의 효과성을 추론하는 방법으로 옳지 않은 것은?

① 내적 타당도와 외적 타당도를 위협하는 요인을 배제하는 것은 효과성을 입증하는 것이다.
② 내적 타당도와 외적 타당도를 높이기 위해 최대한 변수통제가 이루어져야 한다.
③ 내적 타당도를 위협하는 요인으로는 역사적 사건, 성숙, 검사 등이 있다.
④ 개입 즉시 변화가 일어나는 동시변화는 개입으로 인한 인과관계를 설명하기에 충분하다.
⑤ 측정하고자 하는 모든 행동을 사전에 미리 결정하여 조작적 정의를 해야 한다.

정답 ④

해설 개입 즉시 변화는 인과관계를 설명하기에 불충분하기 때문에 반복적인 개입에 의한 변화를 주시해야 한다.

집단의 규범에 대한 설명으로 옳지 않은 것은?

① 규범은 명문화되어 있으며 공식적으로 만들어진다.
② 집단구성원들이 서로에게 기대할 수 있는 것들에 대한 정보를 제공함으로써 안정과 예측의 수단을 제공한다.
③ 집단 내에서 받아들여지는 행동의 범위를 규정하는 규제적인 메커니즘이다.
④ 주어진 환경 내에서 성원들이 어떻게 행동해야 하는가에 관련되어 성원들이 공유하고 있는 명백한 기대상황과 신념 등을 말한다.
⑤ 집단이 발달함에 따라 규범도 함께 발달한다.

정답 ①

해설 규범은 명문화되어 있는 경우도 있지만, 집단 내 구성원들의 암묵적인 형태로 존재하기도 한다.

좋은 기록의 특성을 모두 묶은 것은?

가. 기록이 간결
나. 구조화
다. 전문가적 윤리에 따름
라. 클라이언트의 관점 포함

① 가, 나, 다　　① 가, 다
② 나, 라　　③ 라
④ 가, 나, 다, 라

정답 ④

해설 가~라 모두 좋은 기록의 특성을 설명한 것이다.

다음 특징들을 가지고 있는 집단 유형은?

- 자기표출 정도가 매우 높다.
- 집단성원은 대개 유사한 문제를 경험한 사람들이다.
- 집단응집력을 형성하는 것이 상대적으로 빠른 편이다.
- 이혼가정의 취학아동 모임, 어린이 화상환자의 부모집단 등이 있다.

① 지지집단　　② 과업집단
③ 교육집단　　④ 치료집단
⑤ 2차집단

정답 ①

해설 지지집단에 대한 설명이다.

문제중심 기록의 진행노트에서 SOAP에 대한 설명으로 옳은 것은?

① P는 문제에 대한 견해, 해석, 평가를 의미한다.
② A는 주관적 정보, 객관적 정보, 사정을 기반으로 하여서 확인된 문제에 대하여 무엇을 할 것

인지에 대한 계획을 기술한다.

③ 문서화된 문제를 중심으로 계획을 진행하고 추후점검을 하게 된다.

④ 진행노트의 S자는 클라이언트의 행동이나 외모에 대한 사회복지사의 관찰, 그리고 사실적 자료와 같은 객관적 정보를 기술한다.

⑤ 진행노트의 O는 클라이언트가 지각하는 문제, 즉 자기의 상황과 문제에 대해 스스로 어떻게 생각하고 느끼고 있는가에 대한 주관적 정보를 기술하는 것이다.

정답 ③

해설 SOAP란, S는 주관적 정보, O는 객관적 정보, P는 계획, A는 해석 및 평가를 의미한다.

총괄적 평가에 대한 설명으로 옳은 것은?

① 사회복지사의 개입과정을 사정하는 것이다.

② 의도된 결과의 성취 정도를 밝히는 것이다.

③ 획득되는 자료의 속성이 계량화가 가능한 측정이다.

④ 사회복지사의 다양한 개입방법의 효과성과 효율성을 사정하는 것이다.

⑤ 대상에 대한 개입결과를 평가하는 것이다.

정답 ④

해설 총괄적 평가에 대한 설명이다.

다음 중 연결이 바르지 않은 것은?

① 사회목표모델: 공동의 관심사를 위해 협력하는 구성원

② 상호작용모델: 상호지지체계 개발

③ 사회목표모델: 시민, 이웃, 지역주민

④ 치료모델: 개인적 역기능 변화

⑤ 상호작용모델: 개인과 집단 선 추구

정답 ①

해설 공동의 관심사를 위해 협력하는 구성원은 상호작용모델에서 대상으로 하는 집단이다.

기록에 관한 다음의 기술 중 틀린 것은?

① 전문용어를 활용하되 불필요하게 많은 형용사 또는 워커 혼자만의 은어와 사적인 언어를 쓰는 것은 좋지 못하다.

② 생활력에 관한 것은 Face sheet에서 취급하지 않는 것이 좋다.

③ 인칭에 있어 1인칭 복수형이 가장 보편적이다.

④ 과거형으로 기록하는 것이 일반적이라 할 수 있다.

⑤ 제1면은 Face sheet 또는 Face card라고 하며 그 목적은 케이스의 생활실태에 있어 유관계자들에게 대한 신분을 밝히는 것이다.

정답 ③

해설 인칭에는 상관없이 문장에서 주어를 기록하여 행동의 주체와 문제의 주체를 명확히 하도록 해야 한다.

지역사회실천과정 중 집단옹호의 전략이 아닌 것은?

① 입법자들과 접촉하기

② 클라이언트의 집단을 조직화하기

③ 지역사회의 개개인에 대한 상담 실시하기

④ 법적인 행동

⑤ 관련 기관의 협의체 구성

정답 ③

해설 집단옹호를 위해서는 조직화, 법적 행동, 협의체 구성, 정치인들과의 접촉 등이 이루어진다.

집단성원들이 공통적으로 가지고 있는 가치관·규범·신념 그리고 활동 등으로 다른 집단과 구별되는 그 집단만의 독특성은 무엇인가?

① 집단규범 ② 집단문화

③ 집단역할 ④ 집단역동성

⑤ 집단상호작용

정답 ②

해설 집단문화를 통해 집단구성원들의 응집력과 신뢰감이 더 커지게 된다.

Northen의 집단발달단계이다. 순서가 바른 것은?

가. 종결단계　　나. 문제해결단계
다. 오리엔테이션단계　　라. 준비단계
마. 탐색과 시험의 단계

① 다 → 라 → 마 → 나 → 가
② 가 → 나 → 다 → 라 → 마
③ 라 → 마 → 다 → 나 → 가
④ 다 → 가 → 나 → 라 → 마
⑤ 라 → 다 → 마 → 나 → 가

정답 ⑤

해설 집단발달단계는 준비단계, 오리엔테이션단계, 탐색과 시험의 단계, 문제해결의 단계, 종결단계를 거친다.

다음 중 클라이언트 특성에 따라 집단을 올바르게 분류한 것은?

가. 알코올중독의 재발로 지역정신건강센터 프로그램에 참여한다.
나. 한부모로서 아이양육의 어려움을 겪고 있다.
다. 환자를 위한 가족의 역할을 알고 싶어 하는 말기암 환자의 가족들의 모임이다.

① 가: 치료집단, 나: 지지집단, 다: 교육집단
② 가: 성장집단, 나: 과업집단, 다: 사회기술훈련집단
③ 가: 사회기술훈련집단, 나: 지지집단, 다: 교육집단
④ 가: 성장집단, 나: 과업집단, 다: 사회화집단
⑤ 가: 치료집단, 나: 교육집단, 다: 사회화집단

정답 ①

해설 알코올중독집단은 치료집단, 한부모집단은 지지집단, 환자 가족들이 서로의 정보를 공유하고 학습하는 집단은 교육집단이다.

다음 내용 중 가장 상관성이 적은 항목은?

① 집단성원의 지식, 기술의 향상이 주목적이다.
② 성원들의 행동변화, 개인적인 문제 개선, 기능회복을 원조한다.
③ 집단사회복지사는 권위적 인물이나 촉진자, 혹은 전문가 역할을 수행한다.
④ 예로는 마약중독자집단이 있다.
⑤ 자기표출 정도가 높다.

정답 ①

해설 ①번은 교육집단에 대한 내용이며, ②~⑤번은 치료집단에 대한 설명이다.

단일사례설계 방법 중 철회설계에 대한 설명으로 옳지 않은 것은?

① 일정한 개입이 이루어진 후 개입철회를 반복하는 것이다.
② 역사, 성숙, 통계적 회귀 등에서 발생하는 위협요인을 통제하는 데 유용한 연구이다.
③ 철회는 사후관리와 같이 개입철회 시 클라이언트의 변화가 지속되고 있음을 보여 주는 것이다.
④ 이론적 근거는 인과적 추론으로서 개입과 동시에 클라이언트의 결과가 변화하는 경우가 많아질수록 인과의 영향력이 높아진다고 보는 이론이다.
⑤ 의도적으로 개입을 철회해야 하는 것은 서비스를 제공하는 목적과 갈등을 초래해 윤리적 문제가 되기도 한다.

정답 ③

해설 철회는 클라이언트의 변화를 중지시켜 개입이 변화를 가져오는 요인이 됨을 보여 주는 것이다.

코노프카(Konopka)가 제시한 집단사회복지사로서 갖추어야 할 자질이 아닌 것은?

① 원만한 인간관계 능력
② 창의력과 상상력
③ 고도의 감정능력
④ 민감하지 않은 지각과 이성

⑤ 융통성

정답 ④

해설 집단사회복지사는 민감한 지각과 차분한 이성을 가지고 있어야 전문적인 집단개입으로 집단의 목적을 달성할 수 있다.

다음에서 기록의 목적이라고 보기 어려운 것은?

① 정확한 진단과 치료의 기초자료가 된다.
② 외부 공개용으로 가치가 매우 높다.
③ 지도, 감독의 자료로 삼는다.
④ 워커의 교체와 타 기관으로의 의뢰에 대비한다.
⑤ 기관서비스의 입증자료, 근거가 된다.

정답 ②

해설 기록은 비밀보장의 원칙에 위반되지 않도록 각별한 유의가 필요하다.

다음 ( ) 안에 들어갈 단어로 적절한 것은?

> 집단사회복지는 의도적인 (㉠)의 경험을 통하여 (㉡)의 욕구를 충족시키고 사회심리적 기능을 향상시키도록 하며, 개인이나 집단의 당면문제를 해결할 수 있도록 하는 사회복지실천방법 중의 하나이다

① ㉠: 개인 ㉡: 개인
② ㉠: 집단 ㉡: 집단
③ ㉠: 집단 ㉡: 지역사회
④ ㉠: 개인 ㉡: 집단
⑤ ㉠: 집단 ㉡: 개인

정답 ⑤

해설 집단사회복지실천방법은 집단을 통해 개인의 문제해결 및 대처능력 향상에 목적을 둔다.

면접과정에서 메모를 할 경우 주의해야 할 사항으로 옳지 않은 것은?

① 사회복지사가 메모를 할 때는 면접을 잠시 멈추도록 한다.
② 면접 내용 중 사실적 정보 및 사회복지사가 하기로 한 약속은 메모하는 것이 더 바람직하다.
③ 면접 중 메모에 대해서는 클라이언트에게 사전허락을 받는 것이 필요하다.
④ 사회복지사가 경험을 쌓을수록 메모의 양은 줄어들 수 있다.
⑤ 면접 중 메모는 최소한만 하도록 한다.

정답 ①

해설 메모가 면접을 중단하거나 클라이언트의 대화를 방해하지 말아야 한다.

다음 집단의 종류 중 성격이 다른 것은 어느 것인가?

① 지지집단 ② 교육집단
③ 성장집단 ④ 사회화집단
⑤ 과업집단

정답 ⑤

해설 ①~④번은 치료집단에 대한 내용이다.

기록과 관련된 기술에 대한 설명이다. 옳지 않은 것은?

① 페이스시트(face sheet)는 케이스의 생활상환에 관계가 깊은 사람들에 대한 신분을 밝히는 자료, 즉 클라이언트의 가족에 대한 성명, 직업 등에 대한 것이다.
② 케이스 기록에서 주어는 항상 써 주는 것이 좋다.
③ 일반적으로 케이스기록은 항상 현재형으로 써야 한다.
④ 기록을 할 때 지나치게 말을 줄여서 쓴다거나 약어를 사용하는 것은 바람직하지 않다.
⑤ 다른 전문가와 팀으로 일할 경우 타 분야 전문용어의 파악을 정확히 해야 한다.

정답 ③

해설 기록은 항상 현재형일 필요는 없다.

클라이언트체계를 대상으로 개입 전, 개입 동안, 개입 후를 반복적으로 관찰함으로써 그 변화를 평가하는 방법은 무엇인가?

① 질적 평가
② 결과분석방법
③ 무작위 유사실험집단설계
④ 단일사례연구
⑤ 형성평가

정답 ④

해설 단일사례연구에 대한 설명이다.

집단성원들이 집단에 남아 있도록 작용하는 모든 힘과 결과로서, 다른 집단보다 자신의 집단이 상호인간적 관계를 가졌다고 느끼고 그에 알맞은 행동을 하게 하는 것은 무엇인가?

① 집단응집력
② 긍정적 상호작용
③ 집단매력
④ 집단규범
⑤ 집단역할

정답 ③

해설 집단매력에 대한 설명이다.

위원회(committee), 기타 이사회와 같은 행정집단으로, 의무사항의 이행, 조직의 과정 성취를 위해 구성된 집단이며, 조직과 기관의 문제에 대한 해결책 모색, 새로운 아이디어의 개발, 의사결정 등에 주로 활동되는 집단은 어느 집단인가?

① 과업집단
② 사회화집단
③ 성장집단
④ 교육집단
⑤ 지지집단

정답 ①

해설 과업집단에 대한 설명이다.

표준화된 측정도구를 사용할 때 고려해야 할 사항이 아닌 것은?

① 융통성
② 민감성
③ 신뢰성
④ 타당성
⑤ 비반응성

정답 ①

해설 ②~⑤ 이외에도 적용 용의성, 유용성 등이 있다.

성장집단의 특성과 거리가 먼 것은?

① 병리적인 현상을 치료하기보다 심리사회적인 건강증진에 초점이 있다.
② 성원들은 각자의 잠재력을 발전시키면서 집단 결속력을 강화한다.
③ 사회복지사는 전문가, 권위 있는 인물 또는 변화매개인으로 역할한다.
④ 성원들의 능력과 자의식을 넓히고 개인적 변화를 끌어낼 수 있는 기회를 제공하면서 자아 향상을 강조한다.
⑤ 예비부부를 위한 참만남집단, 부부의 결혼생활 향상집단 등이 있다.

정답 ③

해설 ③은 치료집단에 대한 설명이다.

집단사회복지사의 집단과정을 용이하게 만드는 촉진기술에 대한 설명이 올바른 것은?

① 집단과정을 명확히 하기: 성원들이 어떻게 상호작용하고 있는가를 이해할 수 있도록 도와준다.
② 표현기술: 어려운 주제에 대해서는 비개방적 의사소통이 이루어질 수 있게 한다.
③ 집단 의사소통에 초점 두기: 사회복지사와 성원 중심의 의사소통을 방지한다.
④ 집단성원 참여시키기: 소외되거나 침묵하고 있는 성원은 자발적으로 토론에 참여할 때까지 기다린다.
⑤ 반응기술: 모든 집단과정에 동일한 반응을 보인다.

정답 ①

해설 촉진기술에는 주의집중 및 표현기술, 반응기술, 의사소통의 초점유지, 집단과정의 명료화, 내용의 명료화, 집단상호작용의 지도 등이 속한다.

다음과 같은 특징을 가진 집단의 종류는 어느 것인가?

- 스트레스를 주는 생활상의 사건을 잘 대체하고 효과적으로 적응할 수 있도록 돕는다.
- 동일한 문제나 유사한 경험을 공유하는 사람들로 구성되어 유대가 빨리 형성된다.
- 정신장애자 가족집단, 치매가족집단, 이혼자집단, 가정폭력 피해여성집단이 대표적이다.
- 집단사회복지사는 집단이 원만히 진행될 수 있도록 하는 촉진자의 역할을 하며, 집단이 안정되면 일종의 자조집단으로 변경되어 진행자의 역할이 축소되어 자문 제공의 수준에 머무를 수 있다.

① 사회화집단 ② 교육집단
③ 성장집단 ④ 지지집단
⑤ 과업집단

정답 ④

해설 지지집단에 대한 설명이다.

사회력(social history)에 포함되는 정보로 볼 수 없는 것은?

① 중요한 타자 및 관계
② 신체 · 심리적 건강상태
③ 서비스기관의 물리적 환경
④ 최근에 이용한 서비스 내용
⑤ 사회망

정답 ③

해설 사회력에는 서비스기관의 물리적 환경이 아니라 서비스기관의 이용 내용 및 효과 등이 포함된다.

지지집단의 특성으로 볼 수 없는 것은?

① 난치병아동의 부모모임, 이혼가정의 취학아동 모임 등이 있다.
② 집단성원은 대개 유사한 문제를 경험한 사람들이다.
③ 자기표출 정도가 매우 높다.
④ 사회복지사는 집단성원들의 통찰력을 얻고 새로운 행동을 시험하면서 촉진자의 역할을 한다.
⑤ 집단응집력을 형성하는 것이 상대적으로 빠른 편이다.

정답 ④

해설 지지집단에서 사회복지사는 감정입적 이해와 상호원조의 촉진자 역할을 한다.

평가의 측정도구의 선택에 대한 설명으로 옳지 않은 것은?

① 표준화된 측정도구는 반복측정을 하기에 적합하지 않다.
② 표준화된 측정도구를 사용할 때는 도구의 신뢰도와 타당도가 가장 큰 쟁점이다.
③ 타당도란 측정하고자 하는 것을 실제로 측정하였는가의 여부이다.
④ 직접관찰과 자기보고식 평정척도는 클라이언트의 결과를 민감하게 측정할 수 있는 방법이다.
⑤ 클라이언트의 내적 상태를 가장 잘 측정할 수 있는 방법은 직접관찰이다.

정답 ⑤

해설 클라이언트의 내적 상태를 가장 잘 측정할 수 있는 방법은 자기보고식 평정척도이다.

다음 중 집단의 역동성과 관련이 가장 적은 것은 어느 것인가?

① 집단의사소통과 갈등처리
② 성원들의 지위와 역할
③ 집단결속과 응집력
④ 집단성원 간의 비밀보장
⑤ 집단성원 간의 상호작용의 종류와 질

정답 ④

해설 집단성원 간의 상호작용의 종류와 질, 성원들의 지위와 역할, 집단결속과 응집력, 집단의사소통과 갈등처리 등이 역동성에 영향을 미친다.

다음에서 설명하는 타당도에 영향을 미치는 요인은 무엇인가?

> 일반적으로 클라이언트가 사회복지사에게 올 때에는 극단적인 상태이다. 따라서 시간이 지나면 자연스럽게 상태가 나아질 수 있다. 이것을 독립변수효과로 오인해서는 안 된다. 가능하면 기초선을 정확하게 측정하는 것이 영향을 줄일 수 있는 방법이다.

① 복수개입 시 간접효과
② 성숙
③ 역사적 사건
④ 통계적 회귀
⑤ 중도탈락

정답 ②

해설 클라이언트가 시간의 지남에서 오는 성숙에 의해 문제해결이 자연스럽게 진행되어 개입에 의한 효과인지에 대한 분석이 애매한 경우가 있다.

이야기체 기록에 대한 설명으로 옳지 않은 것은?

① 이야기체 기록은 융통성을 감소시키게 한다.
② 기록의 질이 제공된 서비스의 질보다 사회복지사의 문장력이나 기록에 걸린 시간의 양에 의해 더 좌우될 수 있다.
③ 대부분의 이야기체 기록은 구조화되어 있지 않아 사회복지사의 재량에 많이 의존한다.
④ 융통성이 있어 중요하다고 생각되는 것은 포괄적으로 기록할 수 있는 장점이 있다.
⑤ 이야기체 기록은 개별적 구성과 부담스러운 양 때문에 원하는 정보를 쉽게 찾을 수 없는 어려움이 있다.

정답 ①

해설 이야기체는 일정한 틀이나 양식이 표준화되어 있지 않아 융통성이 많다.

사회행동모델에서 사회복지사의 역할로 그로서(Grosser)는 "지역사회의 자원분배 메커니즘을 변경하여 지역사회의 불우계층의 이익을 증대시키는 것이 도시 영세지역 주민이나 기타 어려운 처지에 놓여 있는 클라이언트 집단의 복지를 위해 일하는 사회복지사의 주된 역할"이라는 급진적 견해를 가지고 있다. 이중 그로서가 제시하는 지역사회복지사의 역할이 아닌 것은?

① 계획가(planner)로서의 역할
② 중재자(broker)로서의 역할
③ 조력자(enabler)로서의 역할
④ 옹호자(advocate)로서의 역할
⑤ 행동가(activist)로서의 역할

정답 ①

해설 계획가는 사회계획모델에서의 사회복지사의 역할이다.

평가해야 할 결과가 '자신감이 더 생긴다'거나 '덜 불안해하거나 덜 우울해하는 것'과 같이 내적인 변화일 때 사용하기에 적합한 평가방법은 무엇인가?

① 지속기간 측정 ② 직접관찰
③ 표준화된 측정도구 ④ 유예기간 측정
⑤ 자기보고식 평정척도

정답 ⑤

해설 자기보고식 평정척도를 사용하는 예를 설명한 것이다.

집단사회복지에 대한 정의를 잘못 설명한 것은?

① 주로 소집단을 활용한다.
② 성원의 재활, 교육, 사회화, 성장 등의 목표지향적 활동이다.
③ 전체 집단에 초점을 맞춘다.
④ 고통받는 개인뿐만 아니라 건강한 개인들로 구성된 집단을 대상으로 한다.
⑤ 전문가의 원조하에 이루어진다.

정답 ③

해설 집단을 활용하여 개인의 사회적 기능 향상에 관심을 가진다.

다음 중 자료수집 및 사정기술의 내용에 해당되지 않는 것은 무엇인가?

① 정보요청 · 질문 · 탐색기술
② 갈등해결
③ 요약 및 세분화 기술
④ 확인 및 묘사기술
⑤ 분석기술

정답 ②

해설 갈등해결은 행동기술에 속한다.

집단발달단계의 특성으로 볼 수 없는 것은?

① 폐쇄집단의 경우 비교적 집단발달단계를 구분하고 예측할 수 있다.
② 집단의 특성상 이전 단계로 역행할 수도 있다.
③ 어떤 집단은 어느 한 발달단계에서 정체할 수도 있다.
④ 모든 집단은 동일한 발달단계를 거치게 되어 있다.
⑤ 중간단계에서는 과업과 목표달성을 집중적으로 노력해야 한다.

정답 ④

해설 집단은 각각 상이한 발달단계를 거친다.

집단구성원의 자격을 뚜렷이 규정함으로써 집단구성원이 동시에 들어와 집단이 운영되는 기간 동안 새로운 집단성원의 입회 없이 처음부터 끝까지 일정하게 운영되는 집단은 무엇인가?

① 폐쇄집단
② 개방집단
③ 치료집단
④ 과업집단
⑤ 사회집단

정답 ①

해설 개방집단과 폐쇄집단은 집단구성의 자율성 기준에 의한 개념이다.

단일사례연구의 평가 절차가 바르게 배열된 것은?

① 적절한 측정도구의 선택 → 목표의 구체화 → 기초선 자료에 대한 기록 → 개입과 점검 → 변화의 사정 → 효과성의 추론
② 목표의 구체화 → 적절한 측정도구의 선택 → 기초선 자료에 대한 기록 → 개입과 점검 → 변화의 사정 → 효과성의 추론
③ 목표의 구체화 → 적절한 측정도구의 선택 → 기초선 자료에 대한 기록 → 개입과 점검 → 효과성의 추론 → 변화의 사정
④ 적절한 측정도구의 선택 → 기초선 자료에 대한 기록 → 목표의 구체화 → 개입과 점검 → 변화의 사정 → 효과성의 추론
⑤ 적절한 측정도구의 선택 → 목표의 구체화 → 기초선 자료에 대한 기록 → 변화의 사정 → 개입과 점검 → 효과성의 추론

정답 ②

해설 목표의 구체화 → 적절한 측정도구의 선택 → 기초선 자료에 대한 기록 → 개입과 점검 → 변화의 사정 → 효과성의 추론의 순서를 거친다.

집단성원을 사정하는 방법으로 옳지 않은 것은?

① 표준화된 사정도구
② 비슷한 집단 유형의 프로파일
③ 구성원의 자기관찰
④ 외부 전문가의 보고
⑤ 사회복지사의 관찰

정답 ②

해설 각각의 집단은 독특한 특성을 갖기 때문에 유사한 집단의 프로파일이 사정의 도구로 활용되지 않는다.

집단을 개방집단과 폐쇄집단으로 구분하는 기준은 무엇인가?

① 집단의 상호작용 정도
② 집단의 가입 · 탈퇴의 자율성
③ 집단의 지속성 정도

④ 집단의 규모
⑤ 집단의 목적

정답 ②

해설 개방집단과 폐쇄집단은 집단구성의 자율성 기준에 의한 개념이다.

집단구성원 간의 불안과 긴장이 높은 단계로 집단의 목표를 보다 명확히 하고 집단과제를 분명히 해야 하는 집단발달단계는?

① 탐색과 시험단계
② 종결단계
③ 집단구성단계
④ 오리엔테이션단계
⑤ 문제해결단계

정답 ①

해설 탐색단계에 대한 설명이다.

지역사회실천과정을 준비단계, 계획단계, 조직화단계, 문제해결단계, 평가단계로 구분할 때 문제상황에 따른 접근, 주민대표자 역할 강화, 조직 간 상생(Win-Win Game) 등은 어느 단계의 전략인가?

① 준비단계
② 계획단계
③ 조직화단계
④ 문제해결단계
⑤ 평가단계

정답 ④

해설 문제해결단계는 실천단계를 의미한다.

코노프카(Konopka)가 제시한 집단사회복지의 개념과 다른 것은?

① 개인, 집단, 지역사회의 문제에 효과적으로 대처할 수 있도록 사회자원을 동원한다.
② 의도적인 집단경험을 통해 개인이 사회경험을 할 수 있는 능력을 높인다.
③ 민주사회를 진보시킬 활동적 시민 양성에 관심을 가진다.
④ 사회복지실천의 한 방법이다.
⑤ 집단을 활용하여 개인의 사회적 기능 향상에 관심을 가진다.

정답 ③

해설 ③은 코노프카가 제시한 집단사회복지의 목적의 내용이 아니다.

무작위 실험집단설계가 사회복지실천의 현장에서 사용되기 어려운 이유는?

① 통제집단에 속해 있는 클라이언트에게 문제해결을 위한 어떤 개입도 시행하지 않아야 하는 현실은 윤리적 문제를 야기할 수 있다.
② 사회복지실천에서 양적 연구에 적합한 사례 수를 확보하는 것이 어렵다.
③ 윤리적 문제를 해결하기 위해 프로그램에 참여하지 않은 대상을 비교연구하는 방법이 있지만, 이는 무작위 실험집단설계라고 보기 어렵다
④ 실험집단과 통제집단을 구성할 때 똑같은 특성을 갖는 대상을 구하는 것이 어렵다.
⑤ 결과를 일반화시키는 것에 대해서 신뢰성의 문제가 제기된다.

정답 ②

해설 무작위 실험집단설계의 경우 집단구성원의 수와 특성이 한정되어 있어 일반화에 약점을 갖고 있다.

집단결속과 응집력에 영향을 미치는 것이 아닌 것은?

① 물리적 환경
② 집단활동 내용
③ 집단목표
④ 집단성원 개개인
⑤ 집단에 참여해야 하는 필요성

정답 ①

해설 집단구성원들이 갖는 집단에 대한 정서적 반응을 의미한다.

다음은 기록의 어떤 형태인가?

> 2012년 12월 1일 오전 10시
> 클라이언트(ㅇㅇㅇ, 30세, 여)와의 개별면담
> - 제시된 문제: 남편이 술만 취하면 아내를 구타하며 점점 더 이런 일이 심해지기 때문에 본 기관에 도움을 요청하기로 결심하였다.
> - 가족기능: 클라이언트는 결혼한 지 7년이 되며, 고졸 후 다니던 직장에서 남편을 만나서 1년의 교제 후 결혼하였다.

① 이야기체 기록 ② 대화체 기록
③ 요약형 기록 ④ 문제중심 기록
⑤ 과정기록

정답 ①

해설 이야기체 기록은 클라이언트의 상황이나 서비스에 대해 이야기를 풀어 가듯 서술체로 기록된 것이다.

획득되는 자료의 속성을 계량화하기 곤란한 경우로, 나타나는 현상의 정도와 수준을 평가하는 것으로 소수의 사례를 대상으로 하며, 상황적이고 맥락적이며 해석적인 특성을 갖는 것은?

① 양적 평가 ② 질적 평가
③ 형성적 평가 ④ 총괄적 평가
⑤ 결과평가

정답 ②

해설 질적 평가에 대한 설명이다.

다음에서 설명하는 집단사회복지사의 활용기술은?

> - 집단성원 참여 촉진, 주의집중, 표현기술, 반응기술, 집단 의사소통의 초점유지 등이 있다.
> - 사회복지사가 집단과정에 영향을 미치려는 의도가 있을 때 사용한다.
> - 성원 간에 개방적 의사소통을 형성하여 신뢰감을 형성시키는 데 도움이 된다.

① 자료수집기술 ② 집단과정 촉진기술
③ 사정기술 ④ 행동기술
⑤ 평가기술

정답 ②

해설 집단과정 촉진기술에 대한 내용이다.

과정기록을 작성할 때 주의해야 할 것이 아닌 것은?

① 정직하게 기록하여야 하며, 이를 통해 수퍼비전을 받을 수 있다.
② 언제나 기록보다는 면접이 중요하며, 될 수 있으면 면접 중에는 필기보다 면접에 정신을 집중하는 것이 필요하다.
③ 과정기록이 의미 있기 위해서는 면접이 끝난 후 가능한 한 빨리 써야 한다.
④ 과정기록은 교육적 목적을 위해 쓰여진 것으로 기관의 공식적인 기록이다.
⑤ 교육용으로 사용되므로 클라이언트의 개인적 정보 보안에 노력해야 한다.

정답 ④

해설 과정기록은 기관의 공식적인 기록은 아니며, 실습생의 학습도구용으로 사용된다.

전문가의 도움을 받는 특수하고 통제된 집단상호작용을 통하여 집단성원의 개인적·사회적 기능을 향상시키고 성원들의 증상과 고통을 완화하며 기본적인 성격을 변화시키는 데 목적을 두는 것은 무엇인가?

① 집단사회복지 ② 집단지도
③ 집단상담 ④ 집단치료
⑤ 집단개입

정답 ④

해설 집단치료의 개념을 설명한 것이다.

사회복지기관의 평가제도의 근거는 어떤 법에 의한 것인가?

① 사회복지사업법
② 사회복지평가법
③ 사회복지기관 설치 및 평가에 관한 법률
④ 사회사업법
⑤ 임상사회복지사업법

정답 ①

해설 사회복지사업법에 의하여 사회복지시설이나 기관의 평가가 실시되고 있다.

집단의 응집력을 바탕으로 정체성에 관련된 심리적 측면의 문제를 다루는 것으로 집단의사소통의 관계적 차원에 초점을 두는 구성원의 역할은 무엇인가?

① 집단과업 역할
② 집단형성 및 유지 역할
③ 자기중심적 역할
④ 성원중심적 역할
⑤ 정체성 유지의 역할

정답 ②

해설 집단형성 및 유지의 역할에 대한 설명이다.

기록에 대한 설명으로 옳지 않은 것은?

① 문제중심 기록의 진행노트는 SOAP 방식으로 기록한다.
② 과정기록의 형태는 교육적 목적이나 수퍼비전의 목적으로 사용된다.
③ 문제중심 기록은 다양한 전문가가 팀을 이루어 개입할 경우 주로 사용되는 방법이다.
④ 사회복지실천에서 얻어지는 정보는 사정 전 단계에서 종결된다.
⑤ 과정기록의 제한점은 면접세션에서 실제로 일어난 일을 완벽하게 재현하지 못하는 것이다.

정답 ④

해설 정보는 사회복지실천 전 단계에서 수집될 수 있으며, 이 정보에 따라 개입목표가 변화될 수 있다.

지역사회복지 실천모델의 개발에 가장 직접적으로 많은 영향을 미친 활동은?

① 소수민족인권운동 ② 노동운동
③ 지역사회복지관 ④ 사회과학적 논의
⑤ 인보관운동

정답 ⑤

해설 인보관운동을 통해 지역사회 변화와 개혁을 위한 실천활동이 전개되었다.

좋은 기록의 특징으로 볼 수 없는 것은?

① 전문가적 윤리에 따름
② 기록이 간결
③ 클라이언트의 관점 포함
④ 자신만의 기호 사용
⑤ 구조화

정답 ④

해설 기록할 때는 타 전문가의 공유를 위하여 공통적으로 사용되는 언어를 통해 기록해야 한다.

집단사회복지실천의 기본 요건은 집단, 집단성원, 사회복지사, 그리고 프로그램 활동이다. 이 네 가지 요건에 대한 설명으로 올바른 것은?

① 사회복지사: 집단과정 촉진기술, 자료수집과 사정기술, 그리고 행동기술 등을 사용한다.
② 집단: 공통 요소로는 상호의존적 상호작용, 소속감, 남녀의 성별분리 등이 있다.
③ 프로그램 활동: 자신의 생각을 잘 표현하는 사람들에게 유익하다.
④ 프로그램 활동: 프로그램이 집단성원의 상호작용을 저지하게 하는 활동이다.
⑤ 집단성원: 집단에서의 성원은 항상 일정한 역할을 수행한다.

정답 ①

해설 사회복지사는 주로 집단에 개입하면서 자료수집과 집단 내 역동성을 촉진하고, 참여를 통한 행동 등의 기술을 발휘하는 전문가이다.

집단사회복지사가 사용하는 기술 중 집단과정에서 구성원들 간의 참여를 촉진하고, 자유롭게 구성원들이 자신에 대해 표현하도록 하며, 집단구성원단의 상호작용 내용을 명료화하는 데 도움을 주는 기술은 무엇인가?

① 옹호기술 ② 자료수집 및 사정기술
③ 행동기술 ④ 집단과정 촉진기술
⑤ 교육기술

정답 ④

해설 집단과정 촉진기술에 대한 설명이다.

단일사례연구 시 필요한 정보를 수집하는 사람은 다양하다. 각각의 특성과 유의점에 대해 잘못 설명한 것은?

① 사회복지사의 수퍼바이저: 클라이언트에 대해 정보가 부족하므로 자료수집가로 적절하지 않다.
② 클라이언트 부모: 실제상황에서 클라이언트가 어떻게 기능하는지 정보를 제공할 수 있다.
③ 사회복지사: 개입 효과성을 위해 자료를 왜곡할 수 있다.
④ 클라이언트: 자신의 문제를 객관적으로 보지 못할 수 있다.
⑤ 클라이언트 주변 사람: 대인관계에 초점을 둔 개입인 경우, 개입의 효과성을 측정하는 데 유용하다.

정답 ①

해설 동료, 수퍼바이저, 외부 전문가는 클라이언트와의 면담이나 녹화테이프의 검토를 통하여 정보를 제공할 수 있다.

다음 중 집단과정 촉진기술에 해당되지 않는 것은 무엇인가?

① 집단성원 참여촉진 ② 확인 및 묘사기술
③ 표현기술 ④ 반응기술
⑤ 주의집중

정답 ②

해설 확인 및 묘사기술은 자료수집 및 사정기술에 속한다.

사회력에 포함되어야 할 내용이 아닌 것은?

① 물리적 환경
② 비공식적 사회망
③ 지역사회와의 언어 및 관습의 차이
④ 건강상태
⑤ 사회복지사의 견해

정답 ⑤

해설 사회력은 클라이언트의 개인적인 정보를 담고 있어야 한다.

다음은 단일사례조사연구의 절차를 설명한 것이다. 순서대로 바르게 나열한 것은?

㉠ 목표의 구체화
㉡ 측정지수의 선택
㉢ 적절한 측정도구의 선택
㉣ 기초선 자료의 기록
㉤ 개입실행과 지속적인 점검
㉥ 변화의 사정과 인관관계의 추론

① ㉥-㉠-㉤-㉡-㉢-㉣
② ㉠-㉡-㉢-㉣-㉤-㉥
③ ㉠-㉥-㉤-㉢-㉡-㉣
④ ㉥-㉤-㉢-㉠-㉡-㉣
⑤ ㉥-㉤-㉠-㉢-㉡-㉣

정답 ②

해설 ㉠~㉥까지의 순서를 거친다.

집단의 특성에 대한 설명으로 옳지 않은 것은?

① 성원 스스로 집단성원이라는 소속감을 가지고 있다.
② 성원들은 상호의존적이고 직·간접적으로 상호영향을 미친다.

③ 한 가지 이상의 목적을 가지고 형성한다.
④ 개별성원의 목표는 모두 동일하다.
⑤ 집단의 성격이 집단을 운영하는 기관의 견해나 기능에 반드시 일치하는 것은 아니다.

정답 ④

해설 집단에 참여하는 성원의 목표는 각 성원마다 차이가 있을 수 있다.

지역사회복지의 주된 활동영역이라고 판단되는 내용으로 적합한 것은?

① 불리한 처우를 받거나 상대적으로 혜택이 주어지지 않는 사회계층을 대변하여 정책과 제도의 변화를 도모하기 위한 개인활동의 지원
② 지역사회 문제해결과 주민들의 복지 욕구를 충족시키기 위한 정부만의 지원활동
③ 교육, 설득, 협상 등의 상호작용을 통해 이루어지는 활동을 제외한 지역사회의 구조적 변화, 예방, 사회개혁 등의 활동
④ 지역사회의 문제나 이슈와 관련한 주민집단에 대한 개별적 상담
⑤ 지역사회에 존재하는 각종 사회복지 및 관련 기관들에 대한 네트워크 구축

정답 ⑤

해설 지역사회의 사회복지실천은 개인이나 정부와 같은 미시 혹은 거시적 측면이 아닌, 실제 지역사회에 존재하는 다양한 자원들을 활용한 문제해결 및 사회문제 예방 등을 의미한다.

사회복지실천 기록을 활용하는 목적으로 맞는 것은 ?

① 서비스 효과성과 효율성, 서비스 질을 평가하는 데 사용된다.
② 교육훈련과 연구조사 자료로는 부적당하다.
③ 비밀보장에 유리하다.
④ 클라이언트의 자기결정권을 확대하는 데 도움을 준다.
⑤ 사회복지사의 사고를 비구조화하는 데 도움이 된다.

정답 ①

해설 기록은 서비스에 대한 평가 및 연구조사 등에 활용된다.

단일사례설계를 활용할 때 유의할 내용과 거리가 먼 것은?

① 자료수집 전 과정에서 측정한 장소와 시기를 다양하게 바꾸면서 조사의 신뢰도를 높인다.
② 빈도는 정기적으로 측정하기에 충분할 정도여야 한다.
③ 임상목표와 통계적으로 유의미한 목표가 동시에 고려되어야 한다.
④ 각 측정도구의 장단점을 확인하고 활용한다.
⑤ 달성하려는 목표가 구체적 수치나 임상적 변화 등으로 구체화되어야 한다.

정답 ①

해설 측정 장소와 시기를 바꾸지 않는 것이 결과해석의 혼동을 막을 수 있다.

다음 중 집단의 역학을 이해하는 데 필요하지 않은 것은?

① 집단구조 ② 집단계약
③ 집단규범 ④ 집단문화
⑤ 집단지도력

정답 ②

해설 집단역학은 집단구조, 집단규칙이나 규범, 집단문화와 리더십 등의 영향을 받는다.

집단사회복지사가 사용하는 기술 중 의사소통 유형에 어떤 영향력을 행사할 것인가를 계획하고, 집단목적의 성취를 위해 어떤 기술을 사용할 것인지를 결정하는 데 유용한 기술은 무엇인가?

① 행동기술
② 집단과정 촉진기술
③ 자료수집 및 사정기술

④ 직면기술
⑤ 표현기술

정답 ①

해설 지지, 재구성 및 재명명, 지시하기, 조언이나 제안 교육 등이 행동기술에 속한다.

집단목표의 중요한 요인이 아닌 것은?

① 집단을 이끌어 가는 기관의 논리
② 집단에 대한 사회복지사의 가정과 기대
③ 개입방법에 대한 사회복지사의 기대
④ 집단성원들의 개개인의 특성
⑤ 집단목적에 대한 이해

정답 ④

해설 개개인의 특성보다는 집단의 목표가 우선된다.

다음 중 로스만(Rothman)이 제시한 지역사회조직의 대표적인 모델은 무엇인가?

가. 지역사회개발모델(local/community development)
나. 사회계획 및 정책모델(social planning/policy)
다. 사회행동모델(social action)

① 가　② 나
③ 다　④ 가, 나
⑤ 가, 나, 다

정답 ⑤

해설 로스만의 3대 지역사회복지 실천모델에 대한 설명이다.

사회복지실천과정에서 기록되는 내용의 요소로 맞는 것은?

① 종결단계: 클라이언트의 사후지도
② 서비스 형성단계: 서비스 제공 방법과 사유, 서비스 활동과 결과에 대한 요약
③ 서비스 탐색관계: 서비스에 영향을 미치는 결정, 서비스 목적, 서비스 계획
④ 서비스 종결단계: 클라이언트의 속성, 서비스를 개시하는 이유
⑤ 서비스 실행단계: 서비스의 특성, 클라이언트의 사회력

정답 ①

해설 종결단계에서는 목표달성과의 관계, 평가 및 사후지도 등이 포함된다.

집단 내에서 힘을 구성하는 요소로 볼 수 없는 것은?

① 집단의 응집력
② 하위집단
③ 지위와 역할
④ 이차집단
⑤ 의사소통과 상호작용

정답 ④

해설 이차집단은 자연발생적으로 생겨나는 가족이나 친척과 같은 일차집단과 구별되는, 특정한 목적과 이익을 중심으로 발생하는 집단이기 때문에 집단에서의 힘을 중심으로 한 집단의 정의로 볼 수 없다.

집단사회복지사가 사용하는 자료수집 및 사정기술의 내용 중 자료의 유형을 파악하고, 자료 간의 차이를 발견하며, 평가에 필요한 자료를 획득할 수 있는 방법이나 기제를 설정하는 것이 포함되는 기술은?

① 정보요청 · 질문 · 탐색기술
② 요약 및 세분화 기술
③ 정보분석기술
④ 통합기술
⑤ 확인 및 묘사기술

정답 ③

해설 정보분석기술에 대한 설명이다.

조사연구 결과의 내적 타당도에 영향을 미치는 요인과 관계없는 것은?

① 성숙　② 반복검사

③ 역사적 사건 ④ 불충분한 대상자 수
⑤ 대상자 중도탈락

정답 ④

해설 외적 타당도의 위협요인이다.

집단지도력에 직접적인 영향을 주는 요인이 아닌 것은?

① 집단 내 외부에 있는 권위의 속성
② 집단성원의 사회정서적 기술 및 과업
③ 전체로서의 집단이 추구하는 목표, 욕구, 과업
④ 집단지도력이 획득되는 방법
⑤ 집단 회합장소

정답 ⑤

해설 집단지도력은 주로 권위의 속성, 목표와 과업, 성원의 정서와 기술, 지도력 획득방법 등에 의해 영향을 받는다.

서비스 탐색단계에서 사회력에 대한 기록을 한다. 사회력이 중요한 이유가 아닌 것은?

① 기록에 있어서 지속성을 유지하기 위해서이다.
② 클라이언트에게 가장 적합한 서비스나 프로그램에 관한 결정을 내리는 데에 도움이 되기 위해서이다.
③ 욕구와 결핍뿐만이 아니라 강점과 대처능력을 발견하기 위해서이다.
④ 클라이언트, 가족, 중요한 타인들에게 '자신들의 이야기를 말할'기회를 통해 자신들의 경험을 재검토하고 공유할 수 있도록 하기 위해서이다.
⑤ 문제의 원인과 문제해결을 위한 자원을 찾기 위해서이다.

정답 ①

해설 사회력과 지속성과는 관련성이 적다.

집단역동성에 관한 설명 중 옳지 않은 것은?

① 집단에서 얻는 것이 많을 때, 즉 집단에 매력을 느끼고 있을 때 집단결속력이 생긴다.
② 집단문화는 서서히 발전하지만 수정이 용이하다.
③ 긍정적이고 결속력 있는 집단은 목표달성에 효과적이다.
④ 하위집단은 집단에 부정적인 영향을 미치므로 반드시 사회복지사가 개입해야 한다.
⑤ 집단의 크기가 커지면 아이디어, 기술, 자원 등을 상대적으로 더 많이 확보할 수 있다.

정답 ④

해설 하위집단은 집단에 항상 부정적인 것은 아니며, 집단구성원의 역동을 변화시키기도 하기 때문에 사회복지사가 꼭 개입해야 하는 것은 아니다.

서비스 실행단계의 기록에 대한 설명으로 옳지 않은 것은?

① 서비스 재검토는 서비스 결정과 서비스 활동에 대한 공식적 재평가에 대한 기록이다.
② 중간노트(interim notes)는 주어진 사례에 대한 사회복지사의 지속적인 관찰과 사정에 대한 구조적 기록이다.
③ 서비스 재검토는 많은 경우 사례회의를 통해 이루어지며, 책무성을 위해 기록된다.
④ 이 단계에서는 중간노트를 통해 내담자의 상황과 서비스 교류를 정기적으로 기록하고 사정한다.
⑤ 실행단계에서 서비스의 목적이나 계획에 대한 사정 및 변화를 기록한다.

정답 ②

해설 중간노트는 구조화된 기록을 문서화하기 전에 사회복지사의 전반적인 서비스 실행과정을 기록한 비구조화된 기록이다.

지역사회실천과정을 준비단계, 계획단계, 조직화단계, 문제해결단계, 평가단계로 구분할 때 집단행동화는 어느 단계의 기술인가?

① 준비단계 ② 계획단계
③ 조직화단계 ④ 문제해결단계
⑤ 평가단계

정답 ④

해설 문제해결단계에서는 집단행동화를 통해 실천에 개입한다.

사회복지실천 기록을 활용하는 내용으로 적당한 것을 모두 묶은 것은?

가. 사회복지사의 사고를 구조화하는 데 도움이 된다.
나. 교육훈련과 연구조사 자료로 활용된다.
다. 서비스 효과성과 효율성, 서비스 질을 평가하는 데 사용된다.
라. 클라이언트와 서비스에 관한 정보를 필요할 때 이용할 수 있도록 보존한다.

① 가, 나, 다 ② 가, 다
③ 나, 라 ④ 라
⑤ 가, 나, 다, 라

정답 ⑤

해설 가~라 모두가 기록의 필요성을 설명하고 있다.

기초선의 특정 없이 개입한 후 어느 정도 문제가 극복되면 개입을 잠시 중단하고 기초선의 자료를 얻는 단일사례설계는?

① ABCD설계 ② BAB설계
③ AB설계 ④ 복수기초선설계
⑤ 철회설계(ABAB설계)

정답 ②

해설 위기상황에서 즉각적인 개입이 필요한 경우 사용된다.

집단성원의 참여를 저해하는 요인이 아닌 것은?

① 공동지도력이 있는 경우
② 집단성원이 불안해하는 경우
③ 집단크기가 너무 큰 경우
④ 집단크기가 너무 작은 경우
⑤ 역할이 과중한 경우

정답 ①

해설 공동지도력이 있는 경우 집단성원의 참여가 더 활발해질 수 있다.

서비스 형성단계에서의 기록에 대한 설명으로 옳지 않은 것은?

① 구두계약을 했을 경우 계약 내용은 기록하지 않는 것이 원칙이다.
② 문서계약을 했을 경우 계약서 사본을 철해 두어야 한다.
③ 서비스 계획을 자세하게 기술하는 것은 서비스의 지속성 유지를 위해 필요하다.
④ 서비스의 기록은 행정적 처리나 조사연구를 위해 구조화된 기록을 말한다.
⑤ 서비스 목적에 대한 기록은 가능한 한 모호한 용어를 피하고 구체적이어야 한다.

정답 ①

해설 구두계약이라도 계약 내용에 대한 기록에는 이 내용이 기술되어야 한다.

Nothen의 집단발달단계에 따른 내용을 연결한 것이다. 바르지 않은 것은?

① 준비단계: 집단 구성을 계획, 크기, 특성, 배경 및 집단의 환경적 위치를 고려한다.
② 오리엔테이션단계: 소집단 구성, 의사소통 형성, 인간적 유대관계 발생
③ 탐색과 시험의 단계: 상호작용의 유형발달, 하위집단 형성
④ 문제해결단계: 목표지향적 활동, 목적달성
⑤ 종결단계: 목적달성, 예정기한 종료, 다른 이유로 집단을 해산

정답 ④

해설 문제해결단계에는 응집력과 의존성, 협동과 해결 능력의 고도화 과정이 있어야 한다.
목적지향적 활동은 탐색과 시험의 단계에서, 목적달성은 종결단계에서 수행되어야 한다.

지역사회실천과정을 준비단계, 계획단계, 조직화단계, 문제해결단계, 평가단계로 구분할 때 주민대표 모임의 주도세력화는 어느 단계의 목표인가?

① 문제해결단계 ② 평가단계
③ 준비단계 ④ 조직화단계
⑤ 계획단계

정답 ④

해설 조직화단계에서 주민대표 모임 등과 같은 네트워크에 초점을 둔다.

사회복지사가 집단을 대상으로 1년 계획으로 프로그램을 실시하였으나, 6개월 후 목표달성 정도를 점검한 결과 개입 전과 변함없는 결과가 나와 프로그램을 중단하였다면, 사회복지프로그램 실행에 있어 사회복지사가 실시한 것은 무엇인가?

① 욕구재사정 ② 스크리닝
③ 모니터링 ④ 포괄적 사정평가
⑤ 효율성 평가

정답 ③

해설 사회복지사는 모니터링을 통해 프로그램의 수정 및 지속 여부 등을 결정한다.

사회복지실천과정에서 기록되는 내용의 요소로 적합하지 않은 것은?

① 서비스 탐색관계: 클라이언트의 속성, 서비스를 개시하는 이유
② 서비스 형성단계: 서비스에 영향을 미치는 결정, 서비스 목적, 서비스 계획
③ 서비스 실행단계: 서비스의 특성, 클라이언트의 사회력
④ 서비스 종결단계: 서비스 종결의 방법과 사유, 서비스 활동과 결과에 대한 요약
⑤ 종결 이후 단계: 클라이언트의 사후지도

정답 ③

해설 서비스의 실행단계에서는 제공된 서비스 내용과 관련된 내용이 정리되어야 한다.

적합한 측정도구를 선택하는 데 고려해야 할 요소는?

① 신뢰도 ② 타당도
③ 사용의 용의성 ④ 유용성
⑤ 모두 다

정답 ⑤

해설 이밖에도 민감성과 비반응성 등이 있다.

사회복지실천과정을 기록할 때 유의해야 할 사항 중 그 내용이 틀린 것은?

① 면담이 끝난 직후에 잊어버리기 쉬운 면담내용을 간단하게 기록한다.
② 정확한 기록을 위해서 면담 중 기록에 집중한다.
③ 보관에 유의해야 한다.
④ 면담 중 메모하는 것은 최소한으로 줄인다.
⑤ 사실적인 내용이나 약속 등은 정확하게 메모하는 것이 더 유익하다.

정답 ②

해설 기록으로 인해 면담이 방해되거나 클라이언트의 반응을 놓치지 않아야 한다.

집단사회복지에 대한 설명으로 옳지 않은 것은?

① 목표지향적 활동이다.
② 집단, 집단성원, 집단환경을 구성요소로 한다.
③ 문제를 가진 집단을 대상을 한다.
④ 집단치료 회합을 개입 수단으로 한다.
⑤ 3대 사회사업방법론 중 하나이다.

정답 ③

해설 집단은 문제를 가진 집단뿐만 아니라 정상적 혹은

일반적인 대상을 중심으로 구성하기도 한다.

집단사회복지사가 사용하는 자료수집 및 사정기술의 내용 중 집단이 직면하고 있는 문제나 관심사에 대해 토론할 때, 성원들이 자신이 인식한 바를 서로 비교할 수 있으며, 복잡한 문제나 이슈를 다룰 수 있는 작은 부분으로 나누는 기술로서 성원들의 문제해결동기를 증진시키도록 돕는 기술은?

① 요약 및 세분화 기술
② 확인 및 묘사기술
③ 정보요청 · 질문 · 탐색기술
④ 통합기술
⑤ 분석기술

정답 ①

해설 요약 및 세분화 기술에 대한 설명이다.

집단성원들이 집단에 대해 매력을 느끼도록 하는 요인이 아닌 것은?

① 집단목적의 성공적인 성취
② 집단 내의 규범
③ 성원의 개인적인 욕구 및 기대 충족
④ 의사결정과정에서의 강한 영향력 행사
⑤ 성원의 집단결과에 대한 주관적인 기대

정답 ②

해설 집단 내의 규범과 집단매력과는 관련이 적다.

다음 중 성장집단(growth group)의 특성에 해당되지 않는 것은 어느 것인가?

① 사회정서적 질병의 치료보다는 사회정서적 건강증진에 초점을 두고 있다.
② 성원들의 사고를 변화시키기 위하여 구성한 집단이다.
③ 새로운 아이디어의 개발, 의사결정 등에 주로 활용된다.
④ 성장집단에 속하는 것으로 참만남집단, 여성을 위한 의식고양집단, 퇴직준비집단, 잠재력 개발집단 등이 있다.
⑤ 성원들의 자기인식을 증진시키는 데 초점을 두고 있다.

정답 ③

해설 과업집단에 대한 설명이다.

단일사례설계에서 활용할 수 있는 측정방법과 그에 대한 설명으로 옳지 않은 것은?

① 자기보고 평가척도는 클라이언트의 내적인 상태를 평가하기에 적절하다.
② 직접관찰은 타당성과 신뢰성, 유용성과 민감성 등이 중요하다.
③ 표준화된 측정도구는 누구나 일정하게 기입하는 절차가 있다.
④ 직접관찰은 행동의 변화 여부를 명백하고 객관적으로 규정할 수 있어야 한다.
⑤ 자기보고 평가척도는 너무 주관적일 수 있다는 단점이 있다.

정답 ②

해설 ②는 표준화된 측정도구의 활용에 대한 설명이다.

다음 중 집단사회복지모델과 지도자의 역할이 잘못 연결된 것은?

① 전문가: 사회목표모델
② 교사: 사회목표모델
③ 변화대리인: 치료모델
④ 중개자: 상호작용모델
⑤ 영향자: 사회목표모델

정답 ①

해설 전문가는 치료모델에서의 역할이다.

게임, 역할극, 야외활동 등 성원들이 사회적 기술을 습득하고 사회적으로 수용되는 행동 유형을 학습함으로써 사회생활에서 효과적으로 기능할 수 있도록 원조하는 것으로, 집단토의보다는 프로그램 활동(게임, 역할극, 야외활동 등)을 통하여 집단의 공동목적과 개인의 목적의 성취를 도모하는 집단은 어떤 집단을 말하는 것인가?

① 교육집단 ② 지지집단
③ 성장집단 ④ 과업집단
⑤ 사회화집단

정답 ⑤

해설 사회화집단에 대한 설명이다.

집단 개시기의 특성이 아닌 것은?

① 집단사회복지사가 성원들에게 대화를 거는 일방통행적 의사소통이 되기 쉽다.
② 성원들이 집단에 대해 접근하거나 회피하는 등의 다양한 특성을 나타낸다.
③ 성원들끼리의 서열화가 이루어진다.
④ 하위집단이 형성된다.
⑤ 집단의 신뢰감과 응집력이 강화된다.

정답 ⑤

해설 집단의 신뢰감과 응집력은 개시기를 지나 중간단계에서 형성되게 된다.

다음 중 집단대상 사회복지실천의 기본요건에 해당되지 않는 것은 무엇인가?

① 집단 ② 집단구성원
③ 집단사회복지사 ④ 의사결정
⑤ 프로그램 활동

정답 ④

해설 집단대상 사회복지실천의 기본요건은 집단, 집단구성원, 집단사회복지사, 집단프로그램이다.

집단규범과 문화를 다루어 주고, 집단불안감을 해소해 주며, 집단에 대해 소극적이거나 따라가지 못하는 사람들을 동기화하고 격려하는 경우, 집단사회복지실천의 어느 단계에 속하는 것인가?

① 준비단계 ② 초기단계
③ 중간단계 ④ 평가단계
⑤ 종결단계

정답 ②

해설 초기단계에는 구성원이 갖고 있는 특성을 파악하여 상호작용에 기본이 되는 사항들을 다루어 준다.

정신장애인 가족집단, 치매가족집단, 이혼자집단, 가정폭력 피해여성집단 등 스트레스를 주는 생활상의 사건에 잘 대처하고 효과적으로 적응할 수 있도록 돕기 위한 것으로, 동일한 문제나 유사한 경험을 공유하는 사람들로 구성되어 유대가 빨리 형성되는 집단은 어떤 집단을 말하는 것인가?

① 사회화집단 ② 교육집단
③ 성장집단 ④ 지지집단
⑤ 과업집단

정답 ④

해설 지지집단의 구체적인 집단 유형이다.

집단사회복지사가 집단의 목적과 과업을 성취하도록 원조할 때 사용하는 행동기술에 속하지 않는 것은 무엇인가?

① 요약 및 세분화
② 지지
③ 재구조화 및 재정의
④ 성원 간 의사소통 연계
⑤ 지시

정답 ①

해설 요약 및 세분화 기술은 자료수집 및 사정기술에 속한다.

단일사례설계의 기본 특징에 해당하지 않는 것은?

① 개입 전에 기초선을 설정하지 않으면 클라이언트에 개입할 수 없다.

② 개입 전 개입 중 혹은 개입 후를 비교하기 위해 각 단계별 구분을 명확하게 해야 한다.
③ 실천과정에서 클라이언트체계 하나에 초점을 둔다.
④ 반복적으로 측정한다.
⑤ 집단실험연구와 달리 클라이언트의 독특한 변화를 알 수 있다.

정답 ①

해설 위기상황과 같이 기초선을 설정하지 못한 경우에는 개입 후에 클라이언트의 과거 기억을 통해 설정하거나, 개입철회 후의 상태를 기초선으로 활용할 수 있다.

1차집단과 2차집단의 특성에 대한 설명이다. 옳지 않은 것은?

① 1차집단은 인위적으로 형성된 집단이다.
② 2차집단은 전혀 직접 접촉하지 않는 경우도 있다.
③ 2차집단은 공식적으로 연관되어 있다.
④ 가족은 가장 대표적인 1차집단이다.
⑤ 1차집단은 긴밀하게 개인적으로 접촉하는 사이를 말한다.

정답 ①

해설 인위적으로 형성된 집단은 2차집단이다.

집단발달단계별 사회복지사의 과제를 설명한 것 중 가장 올바른 것은?

① 집단 형성을 위한 계획단계: 개별성원에 대한 사정, 전체 집단에 대한 사정
② 집단의 초기단계: 집단의 목적에 대한 설명과 피드백, 계약, 집단활동에 대한 동기와 능력의 고취
③ 집단의 중간단계: 모니터링, 의뢰
④ 집단의 종결단계: 집단 회합의 준비, 집단의 구조화, 성원의 참여와 권한 부여 모니터링, 의뢰
⑤ 집단과정에 대한 사정단계: 잠재적 후원기관의 사정, 집단의 구성, 물리적 환경의 배려

정답 ②

해설 사정단계에는 집단구성원에 대한 정보수집 및 분석, 종결단계에는 평가 및 추후관리, 중간단계에는 집단의 구조화 및 권한 부여, 구성원의 목적성취, 계획단계에는 모집 및 목표설정 등이 포함된다.

사회복지실천에서 평가에 대한 설명이 바르지 못한 것은?

① 서비스의 효과성에 대한 신뢰성의 검증이 요구됨에 따라 중요성이 증대하고 있다.
② 평가 내용과 관련하여 사회복지개입의 목표와 개입방법이 보다 명확하고 구체적이 되도록 해준다.
③ 사회복지사가 개입 내용에 대해 점검함으로써 반성할 기회를 갖는다.
④ 사회복지 평가는 효과성에 주된 초점을 두고 효율성 측면은 사회복지 평가에서 중요하지 않다.
⑤ 사회복지실천과 관련된 결정을 하는 데 필요한 정보를 제공해 준다.

정답 ④

해설 효율성 측면에서도 평가는 매우 중요하다.

집단의 종류와 구성방법에 따른 연결이 바른 것은?

① 집단구성방법: 개방집단과 폐쇄집단
② 집단목적: 치료집단과 과업집단
③ 집단구성방법: 치료집단과 과업집단
④ 집단구성원의 자율성 여부: 자연집단과 형성집단
⑤ 집단목적: 개방집단과 폐쇄집단

정답 ②

해설 정서적 결속: 일차집단과 이차집단 / 구성방법: 자연발생적 집단과 형성집단 / 구성원 수: 큰 집단과 작은 집단 / 구성원 자율성: 개방집단과 폐쇄집단

단일사례설계와 실험/통제집단을 비교한 내용이다. 옳은 것은?

① 단일사례설계는 조사연구설계를 바꾸는 것이 불가능한 반면 실험/통제집단설계는 가능하다.
② 단일사례설계는 특정 이론을 바탕으로 하지만 실험/통제집단은 이론에 구애받지 않는다.
③ 단일사례설계는 연구 중 피드백이 거의 없지만 실험/통제집단은 즉각적인 피드백으로 개입 내용을 변경할 수 있다.
④ 평가 시 비교집단으로 단일사례설계는 기초선을 활용하고 실험/통제집단은 통제집단을 활용한다.
⑤ 연구목표를 결정할 때 단일사례설계는 조사자가 단독으로 결정하는 반면 실험/통제집단은 연구자와 피험자의 합의 아래 결정한다.

정답 ④

해설 ① 단일사례설계는 조사연구설계를 바꾸는 것이 가능한 반면 실험/통제집단설계는 불가능하다. ② 단일사례설계는 이론에 구애를 받지 않지만 실험/통제집단설계는 특정이론에 구애를 받는다. ③ 단일사례설계는 연구 중 피드백으로 개입의 내용 변경이 가능하지만, 실험/통제집단설계는 피드백이 거의 없어 개입 내용을 변경할 수 없다. ⑤ 연구목표를 결정할 때 단일사례설계는 클라이언트와 사회복지사가 합의해야 하지만 실험/통제집단설계는 사회복지사가 결정한다.

다음 중 집단의 단점이 아닌 것은?

① 집단성원들이 다양한 성격의 소유자와 접하여 풍부한 경험을 할 수 있다.
② 집단 안에서는 특정 클라이언트의 개인적인 문제가 충분히 다루어지지 않을 가능성이 높다.
③ 비슷한 연령과 생활배경을 가진 성원들로 구성되면 참여자들의 공통적인 문제가 주로 논의되어 다른 다양한 성격과 수준의 참여자로부터 자극받을 기회가 없게 된다.
④ 집단 안에서 개인의 문제가 간과될 여지가 있으며 개인의 준비된 상황을 충분히 고려하지 못할 수 있다는 점이 있다.
⑤ 심리적 준비를 갖추기 전에 자신의 생각을 털어놓아야 한다는 집단압력을 받기 쉽다.

정답 ①

해설 ①은 집단의 단점이 아닌 장점에 속한다.

다음 중 기록의 종류와 그 특징에 관해 잘못 설명하고 있는 것은?

① 문제중심 기록은 다양한 전문직 간 효율적인 의사소통과 정보교환을 위해 중요하다.
② 요약기록은 사회복지기관이나 상담에서 가장 널리 사용되는 기록 형태이다.
③ 이야기체 기록은 지나치게 단순화될 수 있고 초점이 흐려질 수 있다는 단점이 있다.
④ 요약기록은 사회복지실천에서 가장 오랜 역사를 가진 기록방법으로 실습의 수퍼비전이나 교육방법으로 유용하게 쓰인다.
⑤ 과정기록은 사회복지사와 클라이언트의 의사소통 내용이나 비언어적 표현까지 포함되며, 가능한 수정하지 않고 그대로 기록한다.

정답 ④

해설 ④는 과정기록에 대한 설명이다.

집단사회복지의 실천원칙이 아닌 것은?

① 개별화의 원칙
② 갈등해결의 원칙
③ 규범의 원칙
④ 의도적 감정표현의 원칙
⑤ 계속평가의 원칙

정답 ④

해설 ④는 개인을 대상으로 한 사회복지실천의 원칙이다.

문제중심 기록을 구성하는 요소에 대한 설명이다. 관계가 적은 것은?

① 융통성이 있는 총괄적인 기록이 가능하게 한다.
② 클라이언트 문제 목록을 작성하고 새로운 문제를 발견하면 추가한다.
③ 클라이언트의 문제를 목록으로 작성하기 위해 기본 자료를 수집한다.
④ 문제해결을 위한 팀 접근의 정보교환과 종합적 사례논의에 사용된다.
⑤ 서비스 진행과 변화 내용에 대해 문제 목록에 기재된 번호에 따라 기록한다.

정답 ①

해설 이야기체 기록에 대한 설명이다.

집단설계에 대한 내용이다. 옳지 않은 것은?

① 집단조사설계는 설계의 종류에 따라 인과관계의 추론을 지지하는 정도가 달라진다.
② 실험집단설계를 활용할 때에는 적합한 사례 수를 확보하는 데에 어려움이 있다.
③ 개별적인 문제를 평준화하기 때문에 개인차를 무시하게 되는 것은 집단설계의 한계이다.
④ 유사실험집단설계는 난선화의 방법이 사용된다.
⑤ 집단설계는 윤리문제를 제기할 수 있다.

정답 ④

해설 유사실험집단설계에서 대상자는 난선화가 아닌 의도적 표집을 통해 선정된다.

다음 중 집단사회복지모델과 지도자의 역할이 가장 적합한 것은?

① 전문가: 상호작용모델
② 영향자: 사회목표모델
③ 매개자: 치료모델
④ 중개자: 사회목표모델
⑤ 훈련자: 상호작용모델

정답 ②

해설 사회목표모델에서 사회복지사는 지역 사회 내 문제집단이나 변화집단에게 긍정적 영향을 주고, 문제를 인식하게 하는 영향자의 역할이 크게 부각된다. 그뿐만 아니라 조력자, 교사의 역할도 필요하다.

다음 중 다른 것들과 성격이 다른 집단을 하나 고르면?

① 참만남집단
② 이혼가정 취약아동집단
③ 부부의 결혼생활 향상집단
④ 여성을 위한 의식고양집단
⑤ 청소년 가치명료화 집단

정답 ②

해설 이혼가정 취약아동집단은 지지집단이며, 나머지는 성장집단이다.

집단종결기에 대한 설명으로 옳지 않은 것은?

① 집단종결에 대한 반응은 부정, 상실감, 탈출 등으로 다양하게 나타난다.
② 집단이 성공하면 할수록 사회복지사와 집단성원들은 헤어지는 것에 대한 강렬한 감정을 갖게 된다.
③ 집단성원의 종결에 대한 반응은 집단의 시간, 집단의 성격에 따라서 다르게 나타난다.
④ 이별파티를 통해 집단경험이 즐거운 경험이었음을 상기하고 종결한다.
⑤ 집단사회복지사가 종결에 대해서 부정하려는 현상이 일어나기도 한다.

정답 ⑤

해설 집단사회복지사가 종결에 대해 부정하는 것이 아니라 집단구성원이 종결에 대해 부정하려는 현상이 나타난다.

참만남집단, 여성을 위한 의식고양집단, 퇴직준비집단, 잠재력개발집단 등 성원들의 자기인식을 증진시키고 사고를 변화시키기 위한 것으로, 사회정서적 질병의 치료보다는 사회정서적 건강증진에 초점을 두는 집단은 어떤 집단을 말하는 것인가?

① 과업집단 ② 교육집단
③ 지지집단 ④ 사회화집단
⑤ 성장집단

정답 ⑤

해설 성장집단의 구체적인 집단 유형이다.

집단사회복지의 실천 구성요소가 아닌 것은?

① 장소 ② 집단
③ 집단성원 ④ 집단지도자
⑤ 프로그램

정답 ①

해설 집단사회복지실천이 구성되려면 집단, 구성원, 프로그램, 집단지도자가 필요하다.

다양한 평가방법과 그에 대한 설명이다. 바르게 설명하고 있는 것은?

① 과정평가는 최종결과에 관심을 둔다.
② 프로그램 평가는 사회복지사의 개입 노력을 사정한다.
③ 질적 평가는 계량화가 가능한 자료일 때 활용한다.
④ 평가의 시점에 따라 형성평가와 총괄평가로 나눌 수 있다.
⑤ 형성평가는 개입이 종결된 후에 수행된다.

정답 ④

해설 프로그램 평가는 프로그램의 목표달성 정도를 파악하는 평가이며, 양적 평가가 계량화된 자료를 활용하는 것이며, 과정평가는 사업진행 과정 속의 효과 경로에 대한 평가이며, 총괄평가가 개입이 종결된 이후에 수행되는 평가이다.

한 집단을 두 명 이상의 집단지도자가 함께 진행하는 경우, 이를 공동지도라고 한다. 다음 중 공동지도력에 대한 설명으로 틀린 것은?

① 공동지도자 이외에 집단과정을 기록하기 위해서 혹은 학생이나 초보자의 훈련을 위해서 관찰자가 집단에 참여하는 것은 허용되지 않는다.
② 두 지도자 간에 동등한 위치에서 수평적 관계를 형성하는 경우와 주지도자–보조지도자와 같이 수직적 관계를 이루는 경우가 있다.
③ 공동지도자들 간에 동일한 역할을 상호 공유하는 경우와 역할을 분명하게 분담하는 경우가 있다.
④ 가정폭력 가해자집단의 경우, 반드시 남녀지도자가 공동지도할 것을 명시하는 집단 프로그램들이 많다. 이는 평등한 남녀관계를 보여 주는 역할모델로 기능할 수 있기 때문이다.
⑤ 지도자와 관찰자의 수가 지나치게 많은 경우, 집단 진행에 부정적 영향을 미칠 수 있으므로 유의해야 한다.

정답 ①

해설 공동지도자는 훈련에도 포함된다.

사회복지실천에서 효과성 정도를 결정하는 조건이 아닌 것은?

① 비용 대비 결과
② 일반화 정도
③ 목표달성 정도
④ 개입과 목표달성의 관계
⑤ 서비스의 지속적 제공

정답 ①

해설 비용 대비 결과는 효율성의 개념이다.

토스랜드와 리바스(Toseland & Rivas)의 집단의 특징 중 연결이 바른 것은?

① 성장집단: 생활사건에 효과적으로 대처하는 능력 향상
② 성장집단: 행동변화, 교정, 재활
③ 치료집단: 사회적 기술습득 및 효과적 기능을 위한 원조

④ 교육집단: 촉진자, 역할모델
⑤ 지지집단: 스트레스 사건에 대한 대처능력의 회복

정답 ⑤

해설 성장집단은 잠재력 개발 및 통찰력 증진, 치료집단은 행동변화 개입을 통한 교정, 재활 및 문제해결, 교육집단은 강의토론, 경험을 통한 교육, 사회화집단은 의사소통과 사회기술 및 대인관계 향상에 초점을 둔다.

다음의 설명은 집단발달단계 중 어느 시기에 행해야 할 것인가?

- 집단구성
- 집단목표의 설정
- 물리적 환경의 결정

① 집단준비단계
② 집단개시단계
③ 집단의 관계형성단계
④ 집단의 개입단계
⑤ 집단의 종결단계

정답 ①

해설 집단준비단계에서 해야 할 과업에 대한 설명이다.

클라이언트의 문제나 욕구를 역사적, 생태학적 맥락에서 이해하기 위해서 클라이언트 및 상황의 현재와 과거에 대해 얻은 정보를 무엇이라 하는가?

① 개인욕구　　② 개인정보
③ 정보력　　④ 사회력
⑤ 사정력

정답 ④

해설 사회력은 클라이언트의 현재 및 과거에 대한 정보를 포함하는 내용을 담은 분석방법이다.

이혼한 부부의 자녀모임집단, 암환자나 환자의 가족들이 질병과 그로 인한 영향 등에 대해 대처하는 방법을 토론하는 집단, 한부모가족들이 아동양육에 대한 어려움을 함께 나누고 서로에게 의지하기 위한 모임 집단은 어떤 집단인가?

① 지지집단　　② 자조집단
③ 치료집단　　④ 교육집단
⑤ 사회화집단

정답 ①

해설 지지집단은 일상생활 속에서 발생하는 문제들을 효과적으로 대응하고 위기에 효과적으로 대응해 나가도록 돕는 집단이다.

집단 내 성원 간의 상호작용과 응집력을 측정하는 방법으로 널리 사용되는 것은 무엇인가?

① 집단만족도 척도
② 생태도
③ 사회측정법(소시오그램)
④ 응집력 척도
⑤ 관계평가 척도

정답 ③

해설 집단사회복지실천에서 사용하는 측정도구이다.

사회복지실천의 기록에 대한 설명으로 옳지 않은 것은?

① 기록이 효율적이려면 초점이 분명하고 세밀하게 또 자세히 기술되어야 한다.
② 클라이언트에 관련된 기록은 경우에 따라 공유되기도 한다.
③ 모든 사회복지기관의 기록 유형이 같은 것은 아니다.
④ 기록이 책무성을 갖추어야 하는 것은 서비스의 효과성을 입증하기 위함이다.
⑤ 사회복지실천의 모든 내용을 문서화할 수 없다.

정답 ①

해설 기록의 효율성은 간략하면서도 초점이 분명한 것에 있다.

다음은 개시기의 사정에 대한 내용이다. 이중 성격이 다른 것은?

① 집단구조에 대한 사정
② 집단문화에 대한 사정
③ 집단 내 의사소통과 상호작용 유형에 대한 사정
④ 집단의 사회적 통제에 대한 사정
⑤ 집단성원의 환경에 대한 사정

정답 ⑤

해설 ①~④는 집단 속에서의 개인의 분석이지만, ⑤는 개개인의 개별적인 분석이다.

집단사회복지실천의 치료모델의 내용이 맞는 것은?

① 집단구성원과 사회복지사와의 동등한 관계 형성
② 개인과 집단 간의 상호 또는 공생적 관계
③ 사회복지사가 집단 형성과 운영에 막대한 영향력 행사
④ 집단을 통해 사회를 치료
⑤ 사회의식과 사회책임 발전

정답 ③

해설 치료모델은 개인 선을 추구하며, 개인적 역기능을 변화하는 데 초점을 둔다. 사회복지사는 상당한 권위를 갖고 집단을 구성한다.

다음은 집단사회복지사의 역할에 대한 설명이다. 해당하는 사회복지사의 역할은?

- 모든 개입역할 중 가장 중요한 역할이다.
- 성원들의 목적달성 계획과 관련된 자신의 감정이나 관심사를 표현하도록 격려한다.
- 성원의 집단활동에 대한 반작용을 탐색한다.
- 자신의 장점과 자원을 활성화시키도록 원조하는 역할이다.

① 중개자(broker) ② 중재자(mediator)
③ 옹호자(advocator) ④ 교육자(educator)
⑤ 조성자(enabler)

정답 ⑤

해설 조성자의 구체적인 역할을 설명한 내용이다.

단일사례연구의 평가 절차 중 ( ) 속에 들어가야 할 것은?

목표의 구체화 → 적절한 측정도구의 선택 → ( ) → 개입과 점검 → 변화의 사정 → 효과성의 추론

① 이론적 추론
② 기초선 자료에 대한 기록
③ 클라이언트의 가족들의 역동
④ 클라이언트의 심리적 상황 검토
⑤ 유사 프로그램의 기록

정답 ②

해설 기초선에 대한 기록을 통해 변화를 사정하고 효과성을 추론해 낼 수 있다.

장이론(field theory)에 대한 설명으로 틀린 것은?

① 집단 내의 개인의 참여와 만족에 기반을 두고 행동을 강조한다.
② 집단을 하나의 전체로 이해해야 한다.
③ 레윈(Lewin)에 의해 개발되었다.
④ 역할극이나 모의실험을 강조한 훈련집단이 이에 속한다.
⑤ 전체로서의 집단의 속성이 성원에게 미치는 영향의 중요성을 강조한다.

정답 ①

해설 ①은 집단이론 중 사회교환이론에 대한 설명이다.

표준화된 측정방법으로 평가도구를 활용할 때 갖추어야 할 요건이 아닌 것은?

① 표준화된 해석지침
② 결과의 책임성
③ 측정도구의 타당도
④ 측정도구의 신뢰도

⑤ 동일한 점수와 기입의 절차

정답 ⑤

해설 동일한 점수나 기입의 절차는 평가도구의 요건이 아니다.

집단의 종류와 설명이 바르게 연결된 것은?

① 치료집단과 과업집단: 정서적 결속도
② 개방집단과 폐쇄집단: 집단구성원 가입과 탈퇴의 자율성 여부
③ 과업집단: 지지, 교육, 성장, 사회화집단으로 세분화
④ 교육집단: 단주친목모임
⑤ 자조집단: 자문위원회, 이사회, 연합체

정답 ②

해설 정서적 결속도에 따라 1차집단과 2차집단으로 구분되며, 과업집단은 위원회, 이사회, 직원발전집단 등이 속하며, 단주친목모임은 자조집단이며, 자문위원회나 이사회, 연합체는 과업집단이다.

집단사회복지모델과 대표학자가 바르게 연결된 것은?

① 치료모델: 빈터(Vinter), 글래서(Glasser)
② 사회목표모델: 글래서(Glasser), 비옹(Bion)
③ 사회목표모델: 레윈(Lewin), 비옹(Bion)
④ 상호작용모델: 리랜드(Reland)
⑤ 상호작용모델: 코일(Coyle), 윌슨(Wilson)

정답 ①

해설 사회목표모델은 Ryland, Wilson, Coyle, Wiener, 치료모델은 Vinter, Sarri, Glasser, Redl, 상호작용모델은 Schwartz, Bion, Lewin 등이 대표적인 학자이다.

단일사례연구설계에 대한 설명으로 옳지 않은 것은?

① 기초선을 여러 차례에 걸쳐 측정하여 객관성을 높이도록 한다.
② 통제된 환경하의 유기체에 대해서 개입하기 전과 후의 변화를 반복하여 측정하는 평가연구방법이다.
③ 목표는 측정 가능하도록 구체화되어야 한다.
④ 전통적인 통제집단설계와 같이 엄격한 방법론을 채택하고 있다.
⑤ 측정도구는 목표를 평가하기에 적합한 방법으로 채택되어야 한다.

정답 ④

해설 전통적인 통제집단설계는 실험통제집단설계이다.

다음 중 집단사회복지모델과 목적이 틀리게 연결된 것은?

① 사회목표모델: 사회의식과 사회책임 추구
② 사회목표모델: 집단 선(善) 추구
③ 상호작용모델: 개인과 집단 간의 상호 선(善) 추구
④ 치료모델: 개인 선(善) 추구
⑤ 상호작용모델: 개인 간의 선(善) 추구

정답 ⑤

해설 상호작용모델은 개인과 집단 간의 상호 선(善)을 추구한다.

이야기체 기록에 대한 설명 중 잘못된 것은?

① 일반적으로 널리 사용되고 있기 때문에 사회복지사들의 활용능력이 요구된다.
② 융통성이 있어서 중요하다고 생각하는 것을 포괄적으로 기록할 수 있다.
③ 시간을 많이 소모하고 초점이 모호하며, 정보를 쉽게 찾지 못할 수 있다.
④ 개인과 환경의 상호작용을 단순화・부분화한다.
⑤ 제공된 서비스의 질보다 사회복지사의 문장력, 기록에 투여된 시간에 의해 좌우될 수 있는 단점이 있다.

정답 ④

해설 문제중심 기록에 대한 내용이다.

집단이론 중 체계이론에 대한 설명이다. 바르지 않은 것은?

① 개별성의 상호작용을 통해 전체로서의 집단 특성이 형성된다.
② 집단은 내부적 기능뿐 아니라 외적 환경과 관련성을 지니고 있다.
③ 집단의 힘은 개인의 행동에 막대한 영향을 끼친다.
④ 티바우트(Tibaut)에 의해 개발되었다.
⑤ 파슨즈(Parsons)는 통합, 적응, 형태 유지, 목적성취를 집단의 과제로 보았다.

정답 ④

해설 티바우트는 사회교환이론을 설명한 학자로, 집단 구성원 간의 보상을 추구하는 방법과 영향력을 행사하는 방법으로 집단을 분석하였다.

다음과 같은 내용이 포함되는 정보를 무엇이라고 하는가?

- 가족력
- 교육 정도, 최종학력
- 인지적, 신체적, 발달적 특징
- 사회망, 중요한 타자 및 관계
- 문제해결능력이나 대처기술 등

① 환경적 정보
② 사회력
③ 이력서 정보
④ 직장 정보
⑤ 대인적 정보

정답 ②

해설 사회력에 들어갈 내용을 설명한 것이다.

다음 중 집단사회복지실천을 하기에 적절한 대상이 아닌 것은?

① 위기상황에 있는 클라이언트
② 우울증 문제를 가진 클라이언트
③ 약물중독자
④ 가정폭력 피해자
⑤ 경범죄 전과자

정답 ①

해설 위기상황에 있는 클라이언트는 개별적인 위기개입이 필요하다.

과정기록이 갖는 장단점에 대한 설명이다. 옳지 않은 것은?

① 사회복지실천이나 교육방법으로 유용하다.
② 사례 진행을 비교적 면밀하게 점검할 수 있다.
③ 기록자 자신이 자신에 대해 새롭게 인식할 수 있는 기회가 된다.
④ 불안전하고 왜곡된 정보를 제공할 수도 있다.
⑤ 면담 내용이 단순화되어 정보 복구가 어렵다.

정답 ⑤

해설 과정기록은 사회복지사와 클라이언트와의 상호작용과 의사소통을 있는 그대로 세밀하게 기록한 것을 말한다.

사회복지실천과정에서 사회력을 활용할 때 얻을 수 있는 이득과 거리가 먼 것은?

① 클라이언트의 욕구와 결핍 내용을 제외한 강점과 대처능력을 알 수 있다.
② 클라이언트에게 가장 접합한 서비스나 프로그램을 결정하는 데 도움이 된다.
③ 서비스 전달과 관련이 있는 결정사항과 활동의 근거를 문서화한다.
④ 다른 서비스 제공자에게 사회복지실천 관점을 알려 준다.
⑤ 문제원인과 해결에 필요한 자원을 찾을 수 있다.

정답 ①

해설 사회력은 클라이언트의 욕구와 결핍 내용까지도 알려 준다.

집단사회복지의 접근방법 중 상호작용모델의 설명으로 옳은 것은?

① 성원, 기관, 여러 환경이 서로 상호작용하고 있다.
② 현재의 집단과 개인행동에 초점을 둔다.
③ 클라이언트의 생활환경을 강조한다.
④ 집단경험을 통해 구성원 개개인이 그의 행동, 환경을 변화하도록 돕는 데 초점을 둔다.
⑤ 병리나 비정상, 질병보다 사회적 기능수행에 더 관심을 둔다.

정답 ⑤

해설 ①~④는 집단사회복지에서 사회목표모델에 대한 설명이다.

이야기체 기록방법의 특징으로 거리가 먼 것은?

① 기록하는 데에 융통성이 있다.
② 사회복지사의 재량에 상당 부분 의존한다.
③ 면담 내용을 지나치게 단순화해서 초점이 불명확할 수도 있다.
④ 기록하는 데 소모되는 시간이 짧다.
⑤ 시간의 순서에 맞게 기록한다.

정답 ④

해설 ④는 문제중심 기록에 대한 설명이다.

지역사회복지(community welfare) 실천방법의 구체적인 기술이 아닌 것은?

① 자아실현기술 ② 옹호기술
③ 연계기술 ④ 조직화기술
⑤ 자원개발 및 동원기술

정답 ①

해설 ②~⑤의 기술 이외에도 임파워먼트기술 등이 있다.

집단 사회복지사의 기술범주에 대한 설명이다. 연결이 바른 것은?

① 집단과정 촉진기술: 정보의 요청, 질문 및 탐색
② 자료수집 및 사정기술: 집단의사소통의 초점 유지
③ 행동기술: 지지, 재구조화, 조언, 제안 또는 교육
④ 자료수집 및 사정기술: 집단과정의 명료화
⑤ 집단과정 촉진기술: 모델링, 역할연습, 예행연습, 지도

정답 ③

해설 집단과정 촉진기술: 주의집중 및 표현기술, 반응기술, 집단과정의 명료화, 의사소통의 초점 유지 / 자료수집 및 평가 혹은 사정기술: 사고, 감정, 행동의 확인 및 묘사, 정보의 요청 및 질문의 탐색 / 행동기술: 모델링, 역할연습, 지도, 지지, 재구조화, 재정의

사회복지실천 기록 내용에 포함되어야 할 기본적인 내용과 가장 거리가 먼 것은?

① 서비스 내용
② 클라이언트의 인구학적 특성
③ 서비스의 목적과 계획
④ 사후관리계획
⑤ 사회복지사의 개인적 상황

정답 ⑤

해설 사회복지사의 개인적인 상황에 대해서는 구체적으로 기록할 필요는 없다.

다음 중 각 집단의 분류와 집단의 예시가 잘못된 것은?

① 성장집단(growth group): 참만남집단, 여성을 위한 의식고양집단, 퇴직준비집단, 잠재력 개발집단 등
② 교육집단(educational group): 청소년 성교육집단, 부모역할 훈련집단, 대리모집단 등
③ 사회화집단(socialization group): 위원회(committee), 기타 이사회 등
④ 치료집단(remedial group): 정신치료집단, 보호관찰 처분을 받은 청소년집단, 금연집단, 약물중독자집단 등
⑤ 지지집단(support group): 정신장애자 가족집단, 치매가족집단, 이혼자집단, 가정폭력 피해

여성집단 등

정답 ③

해설 위원회나 이사회 등은 과업집단에 속한다.

집단을 지도하기 위한 지침으로 옳지 않은 것은?

① 갈등해결을 위해 바람직한 관점을 생각하도록 한다.
② 집단이 직면한 문제해결에 가장 적합한 의사결정 절차를 사용한다.
③ 협력적 집단 분위기를 만들기 위해 노력한다.
④ 지도력의 분담은 집단성원의 책임소재에 문제를 발생시킨다.
⑤ 종결방법에 대해 항상 관심을 갖도록 한다.

정답 ④

해설 공동지도력은 구성원의 책임소재에 문제를 일으키는 것이 아니라 지도자 간의 책임소재에 문제를 야기할 확률이 높다.

집단에서 공동지도력의 장점이 아닌 것은?

① 한 집단사회복지사의 탈진을 예방할 수 있다.
② 한 지도자가 불참 시 다른 지도자가 집단을 지도할 수 있다.
③ 집단사회복지사를 중심으로 하위집단이 형성될 가능성이 높다.
④ 상호피드백을 통해 전문적 성장을 가져올 수 있다.
⑤ 역할분담이 가능하다.

정답 ③

해설 ③은 공동지도력의 장점이 아닌 단점에 대한 설명이다.

집단성원의 모집과 선정에 대한 설명으로 옳지 않은 것은?

① 집단성원은 집단참여를 스스로 원하는 사람을 중심으로 선정한다.
② 모집과정을 거치지 않고 구성되는 집단도 있다.
③ 집단을 모집하기 전 집단의 목적과 집단활동 내용의 계획이 수립되어야 한다.
④ 모집방법은 일반적으로 게시판이나 기관지 등을 통한 광고를 하는 것이다.
⑤ 모집광고의 내용에 반드시 포함해야 할 내용은 집단의 목적과 성원의 선택기준이다.

정답 ①

해설 치료집단의 경우에는 모집과정 없이 문제를 가진 대상을 중심으로 형성되기도 한다.

지역사회의 기능(Gilbert & Specht)이 바르게 연결된 것이 아닌 것은?

① 사회화 기능: 교육제도
② 사회통합기능: 종교제도
③ 사회통제기능: 정치제도
④ 상부상조기능: 사회복지
⑤ 생산, 분배, 소비의 기능: 경제제도

정답 ①

해설 사회화 기능은 교육제도가 아니라 가족제도에 의해 이루어진다.

집단발달단계별 사회복지사의 과제를 설명한 것이다. 바르지 않은 것은?

① 집단 형성을 위한 계획단계: 잠재적 후원기관의 사정, 집단의 구성, 물리적 환경의 배려
② 집단의 초기단계: 집단의 목적에 대한 설명과 피드백, 계약, 집단활동에 대한 동기와 능력의 고취
③ 집단과정에 대한 사정단계: 개별성원에 대한 사정, 전체 집단에 대한 사정
④ 집단의 중간단계: 집단의 구조화, 성원의 참여와 권한 부여
⑤ 집단의 종결단계: 구성원의 목적성취 원조, 저항적인 구성원의 독려 및 모니터링

정답 ⑤

해설 구성원의 목적성취 원조, 저항적인 구성원의 독려 및 모니터링은 중간단계의 과제이다.

집단사회복지실천 원칙과 상관관계가 가장 적은 내용은?

① 집단구성원은 집단과정을 통해 과거에는 경험하지 못했던 것을 체험하면서 성장한다.
② 집단구성원 각자가 표현한 태도, 언어, 감정을 수용하는 것은 중요하다.
③ 참가를 촉진하기 위해서는 프로그램 활동보다는 집단구성원의 구성에 신경 써야 한다.
④ 집단에서 개인의 입장을 명확히 하고 개인의 욕구에 대응하는 것이 집단개별화이다.
⑤ 집단규범 중 가장 기본적인 것은 출석해야 할 책임이다.

정답 ③

해설 집단사회복지실천에서는 집단 프로그램을 통해 집단구성원들의 참여를 촉진한다.

집단을 구성할 때는 물리적 환경에 대한 설정을 고려해야 한다. 다음 중 적당하지 않은 것은?

① 집단모임의 빈도는 집단의 응집력이 강화된 이후 집단활동기에 자주 모이는 것이 이상적이다.
② 지나치게 소규모인 집단은 집단 내에 이용 가능한 자원이 충분하지 못한 한계가 있다.
③ 좌석의 원형 배열은 집단의 응집력을 강화하고 토론을 하는 데 이상적이다.
④ 집단의 최적 구성은 일반적으로 5명에서 10명 정도이다.
⑤ 집단시간의 결정은 원조과정의 구조 및 집단성원의 집단경험에 대한 수행 및 실행 수준에 영향을 준다.

정답 ①

해설 집단모임은 모임 초기에 자주 가짐으로써 집단의 응집력을 높이고 참여도를 높여 집단 목표달성에 용의하도록 해야 한다.

성원들은 항상 집단의 초점을 제공하는 일상적인 문제를 공유하며, 특별한 문제를 해결하거나 특정상황을 수정·변경하는 데 중점을 두는 것이라고 코노프카(Konopka, 1983)가 제시한 것은 무엇인가?

① 집단치료　② 집단상담
③ 집단개입　④ 집단지도
⑤ 사회사업

정답 ②

해설 집단상담의 개념을 설명한 것이다.

사회복지실천과정을 기록하는 목적에 대한 설명 중 옳지 않은 것은?

① 사회복지사는 자신의 활동을 객관적으로 조직할 수 있다.
② 병원 세팅에서 기록은 각 전문직의 관점을 공유해서 실천에 활용하는 팀 활동에 기여한다.
③ 기관에서 행정적인 문제를 결정하는 데 중요한 자료가 된다.
④ 클라이언트와 정보를 공유하고 의사소통하며 때로는 치료방법으로도 활용할 수 있다.
⑤ 연구 시 내용의 신빙성을 높이기 위해 클라이언트에 관한 정보를 최대한 공유한다.

정답 ⑤

해설 기록에 대한 내용의 비밀보장을 가장 우선시해야 하며, 정보 공유 시에는 클라이언트의 재가가 필요하다.

치료집단과 과업집단의 특징으로 바르지 않은 것은?

① 치료집단: 특별한 과제에 대한 토론에 초점
② 치료집단: 개방적 의사소통에 초점
③ 치료집단: 욕구, 감정, 관심사 등 자기표출이 많음

④ 과업집단: 과업성취에 관한 부분에 국한
⑤ 과업집단: 공식적 일정이나 규칙에 규정되어 있음

정답 ①

해설 특별한 과제에 관심을 갖는 집단은 과업집단이다.

집단구성 시 집단사회복지사가 집단성원의 특성에 대해 파악해야 할 것이 아닌 것은?

① 집단에 대한 기대
② 집단목적 수행에 대한 동기와 자발성
③ 가족력
④ 집단주제에 대한 인지 정도
⑤ 성원들의 가치체계

정답 ③

해설 집단성원의 구성 시에는 개인적인 특성보다는 집단에 대한 구성원들이 갖는 관심과 기대 등이 더 중요하다.

집단이론에 대한 설명이다. 어떤 이론에 대한 설명인가?

- 개인에 초점을 둔다.
- 집단에서 나타나는 상호작용은 성원의 성격과 방어기제를 나타낸다.
- 성원은 집단을 통해 인생 초기경험에서 해결되지 않은 갈등을 표출하게 된다.

① 집단성격이론 ② 체계이론
③ 장이론 ④ 정신분석이론
⑤ 형태주의이론

정답 ④

해설 정신분석이론의 입장에서 집단구성원의 역동을 설명한 내용이다.

집단구성에 영향을 미치는 요인이 아닌 것은?

① 집단의 특성
② 집단의 과정
③ 집단구성원과 사회복지사의 갈등
④ 사회복지사의 통찰
⑤ 문제의 유사성

정답 ③

해설 집단구성원과 사회복지사의 갈등은 집단구성 이후에 형성되는 요인이다.

지역사회실천에 있어서 지역사회 구분 기준이 아닌 것은?

① 사회복지 대상자의 분포
② 인구 크기
③ 경제적 기반
④ 인구 구성의 사회적 특수성
⑤ 정부의 행정구역

정답 ①

해설 사회복지 대상자는 지역사회를 구분하는 기준이 되지 않는다.

집단사회복지사가 의제를 선정할 때 고려해야 할 사항이 아닌 것은?

① 어려운 문제는 논의하기에 충분한 시간을 두어 다루도록 한다.
② 집단성원보다는 집단사회복지사의 전문적 지식에 따라 의제를 선정한다.
③ 시간에 대한 계획을 세운다.
④ 논리적 순서에 따라 의제를 요약하여 표현하도록 한다.
⑤ 집단 진행에 있어서 다양한 방식을 활용하도록 한다.

정답 ②

해설 집단의 의제는 구성원들의 자발적인 논의를 거쳐 만들도록 해야 한다.

하위집단에 대한 설명으로 맞는 것은?

① 집단성원 간에 공통된 관심사나 태도, 반응에 따라서 둘씩 혹은 서너 명씩 이루어진다.

② 집단의 기능에 부정적인 역할을 하므로 하위집단이 형성되지 못하도록 해야 한다.
③ 집단의 목표성취에 방해가 된다.
④ 하위집단 형성을 알아보기 위해서 생태도를 활용한다.
⑤ 사회복지사는 이미 형성된 하위집단에 개입하지 않는 것이 바람직하다.

정답 ①

해설 하위집단이 목표성취에 꼭 부정적인 것은 아니며, 소시오그램을 통해 집단 현황을 파악하는 것이 필요하며, 부정적인 하위집단에 대해서는 사회복지사의 개입이 필요한 경우가 있다.

사회복지실천에서 기록의 기능이 아닌 것은?

① 클라이언트의 욕구를 파악하고 개입하기 위한 기초 자료를 얻는다.
② 클라이언트와 사회복지사 간의 정보 공유를 통하여 사회복지사와 클라이언트가 대등한 관계를 갖도록 한다.
③ 서비스의 효율성, 효과성, 질을 평가하는 데 사용된다.
④ 수퍼비전, 자무, 동료검토를 위한 근거를 제공한다.
⑤ 사례의 지속성을 보장한다.

정답 ②

해설 기록이 사회복지사와 클라이언트와의 대등한 관계를 갖게 하기 위한 기능을 갖고 있지는 않는다.

집단준비기에 집단목표 설정에 대한 설명으로 옳지 않은 것은?

① 집단초기의 목표는 일정한 형태로 설정하게 된다.
② 집단 내의 개인적 목표와 집단적 목표의 일치도가 클수록 집단목표 성취를 위한 노력이 크다.
③ 집단 내의 목표는 계속적으로 변화할 수 있는 가능성을 갖고 있다.
④ 임시목표는 수집될 자료의 범위를 결정하는 데 중요한 역할을 한다.
⑤ 목표 달성을 위한 구체적인 절차는 사회복지사와 집단이 함께 수립한다.

정답 ①

해설 집단초기의 목표는 다양한 형태로 설정하게 된다.

참고문헌

강선경 외 2인(2009). 사회복지실천론. 경기: 동문사.

강철희 외 1인(2006). 지역사회복지실천론. 경기: 나남.

고미영(2009). 구성주의 사회복지실천기술론-아산재단 연구총서267. 경기: 집문당.

곽형식 외(2000). 인간행동과 사회환경. 경기: 형설출판사.

구혜영(2009). 인간행동과 사회환경. 서울: 신정.

권구영 외 4인(2008). 사회복지실천론. 서울: 창지사.

권육상 외 4인(2008). 사회복지실천기술론. 서울: 유풍출판사.

권육상(1999). 사회복지실천론. 서울: 학문사.

김경호(2005). 사회복지실천기술론. 서울: 청목출판사.

김기태 외 3인(2007). 사회복지실천론. 경기: 양서원.

김기태(2006). 위기개입론. 서울: 대왕사.

김동배 외(2000). 인간행동과 사회복지실천. 서울: 학지사.

김두현(2006). 새가족 세우기(지도자용). WAYGLOBAL.

김용민(2009). 사회복지실천기술론. 서울: 청목출판사.

김유숙(2007). 가족상담. 서울: 학지사.

김은수(2008). 사회복지실천기술론. 서울: 홍익재.

김익균 외 7인(2006). 사회복지실천론. 경기: 교문사.

김정진 외 2인(2007). 사회복지실천기술론. 경기: 서현사.

김종일(2005). 지역사회복지론. 경기: 학현사.

김충식 외 4인(2009). 사회복지실천기술론. 경기: 공동체.

김치영 외(2009). 지역사회복지론. 서울: 파워북.

김현중 외 1인(2009). 사회복지실천론(사회복지사 1급). 서울: 시대고시기획.

김현중(2008). 사회복지실천기술론. 서울: 시대고시기획.

김혜란 외(2006). 사회복지실천기술론. 경기: 나남.

나동석 외 1인(2008). 사회복지실천론. 경기: 학현사.

남세진 외 1인(2001). 집단지도방법론.

도광조(2005). 사회복지실천론. 경기: 양서원.

류상열(2004). 지역사회복지론. 경기: 형설출판사.

류상열(2006). 사회복지실천론. 서울: 보문각.

류종훈 외 2인(2007). 사회복지실천기술론. 경기: 21세기사.

류종훈(2004). 쉽게 쓴 사회복지실천론. 서울: 동인.

류종훈(2005). 사회복지실천기술론. 서울: 유풍출판사.

류종훈(2006). 사회복지실천론. 서울: 청목출판사.

류종훈(2006). 지역사회복지론. 서울: 동인.

문인숙 역(1984). 사회사업통합방법론. 서울: 홍익재.

문인숙 외(1985) 임상사회복지학. 경기: 집문당.

박경애(1999). 인지행동치료의 실제. 서울: 학지사.

박세정 외 1인(2008). 사회복지실천론. 서울: 창지사.

박세정 외 4인(2008). 사회복지실천기술론. 서울: 창지사.

박영숙 외 3인(2008). 사회복지실천기술론. 서울: 대왕사.

박용순(2006). 지역사회복지론. 서울: 학지사.

박철용(2007). 사회복지실천현장 사례관리 적용과 이해–과제중심모델을 중심으로–. 경기: 학현사.

박태영(2004). 지역사회복지론. 경기: 현학사.

배창진 외(2003). 사회복지실천론. 서울: 대학출판사.

백은령 외 5인(2008). 사회복지실천론(제2판). 서울: 대왕사.

서강훈(2009). 사회복지용어사전. 이담북스.

설진화(2008). 사회복지실천기술론. 경기: 양서원.

손경식 외 1인(2009). 사회복지실천. 다림기획.

손광훈(2008). 인간행동과 사회환경. 경기: 공동체.

손광훈(2009). 사회복지실천기술론. 경기: 공동체.

손광훈(2009). 사회복지실천기술론. 경기: 공동체.

송호범(1983). 소모임 활동 입문. 서울: 풀빛.

신성자(2007). 사회복지실천기술론. 경기: 양서원.

신용주 외(2006). 자녀지도와 부모교육. 경기: 형설출판사.

양옥경(2005). 사회복지실천론. 경기: 나남.

양정남 외 1인(2007). 사회복지실천론. 경기: 양서원.

엄명용 외 2인(2007). 사회복지실천기술의 이해. 서울: 학지사.

엄명용 외(2006). 사회복지실천의 이해(개정판). 서울: 학지사.

오정수 외(2006). 지역사회복지론. 서울: 학지사.

원요한(2007). 사회복지실천기술론. 경기: 학현사.

윤찬중(2005). 사회복지의 실천. 서울: 창지사.

윤현숙 외(2005). 사회복지실천기술론. 경기: 양서원.

이광규(1997). 한국친족의 사회인류학. 경기: 집문당.

이미선 외 2인(2008). 사회복지실천기술론. 서울: 창지사.

이소희(2003). 가족문제와 가족복지. 양지.

이순요 외(1983). 소집단 활동의 이론과 실제. 경기: 박영사.

이애재(2006). 사회복지실천기술론. 경기: 양서원.

이영분 외(2001). 사회복지실천론. 서울: 동인.

이영철(2003). 지역사회복지실천론. 경기: 양서원.

이영철(2007). 지역사회복지론. 경기: 양서원.

이옥선(2008). 사회복지실천기술론. 서울: 박문각.

이원숙(2008). 사회복지실천론. 서울: 학지사.

이유섭 외 3인(2009). 사회복지실천기술론. 레인보우북스.

이윤로(2007). 사회복지실천기술론. 서울: 학지사.

이윤로(2008). 최신 사회복지실천론. 서울: 학지사.

이인재(2004). 한국지역복지실천론. 서울: 나눔의집.

이정남 외 4인(2008). 사회복지실천론. 서울: 학지사.

이준우 외 2인(2004). 사회복지실천론. 서울: 인간과복지.

이준우 외 2인(2006). 사례와 함께하는 사회복지실천론(제2판). 서울: 인간과복지.

이준우(2009). 사회복지실천기술론. 서울: 파란마음.

이택룡(2005). 지역사회복지론. 경기: 양서원.

임상록 외 2인(2009). 사회복지실천의 이해. 서울: 파란마음.

임우석(2006). 사회복지실천론. 서울: 홍익재.

임은희(2005). 사회복지실천론. 서울: 학지사.

장병림(1980). 사회심리학. 서울: 박영사.

장인협(1992). 사회사업실천방법론 상, 중, 하. 서울대학교출판부.

장인협(1995). 지방화시대의 지역복지실천방법론. 서울대학교출판부.

전남련 외 2인(2007). **사회복지실천론**. 경기: 학현사.

전남련 외 3인(2007). **사회복지실천기술론**. 경기: 학현사.

전재일 외(2002). **사회복지실천기술론**. 경기: 형설출판사.

전재일 외(2007). **사회복지실천론**. 경기: 형설출판사.

정문자 외 2인(2008). **가족치료의 이해**. 서울: 학지사.

정순둘 외(2007). **사회복지와 임파워먼트**. 서울: 학지사.

정종우(2007). **사회복지실천영역3**. 서울: 학지사.

조학래(2006). **집단사회복지실천론**. 침례신학대학교출판부.

조휘일 외 4인(2005). **사회복지실천기술론(제너럴리스트 실천접근)**. 경기: 학현사.

조휘일 외 4인(2008). **사회복지실천론**. 경기: 서현사.

조홍식 외 3인(2009). **사회복지실천론(개정3판)**. 경기: 나남.

채옥채(2006). **사회복지실천론**. 경기: 양시원.

최경석 외(2003). **한국 가족복지의 이해(제2판)**. 서울: 인간과복지.

최선화(2008). **풀어쓴 사회복지실천기술. 경기: 공동체.**

최해경(2009). **사회복지실천론**. 서울: 학지사.

최향순(2007). **지역사회복지론**. 서울: 대영문화사.

한인영(2009). **의료사회사업론**. 서울: 학문사.

홍득표(1999). **치료과정론**. 서울: 학문사.

황철수(2009). **사회복지실천론**. 경기: 양서원.

Allie C. Kilpatrick, & Thomas P. Holland, 유계숙 외 2인 역(2008). **통합적 관점으로 바라본 가족복지실천기술론**. 시스마프레스.

Arthur E. Jongsma Jr. & L. Mark Peterson, 최송식 외 1인 역(2009). **사회복지실천기술론(성인 클라이언트 심리치료계획서)**. 서울: 신광문화사.

Bass, Bernard M.(1981). *Stodgill's Handbook of Leadership*, The Free Press, New York, N.Y.

Beck, A. T. 원호택 외 공역(1997). **우울증의 인지치료**. 서울: 서울: 학지사.

Bugelski, Bergen Richard(1973). *An Introduction to the Principles of Psychology*, 2nd ed., The Bobbs-Merrill Company, Inc., Indianapolis.

Cartwright, Dorwin & Alvin Zander(1968). *Group Dynamics : Research and Theory*, 3rd ed., Harper & Row, Publishers, New York.

Compton, Beulah R. Burt Galaway(2000). *Social work processes* (6th ed.) California: Brooks/Cole Publishing Company.

Crabb, L. J. Understanding People. 윤종석 역(2000). 인간이해와 상담. 서울: 두란노.

D'zurilla, T. J.(1986). *Problem-Solving Therapy*, New York : Springer Publishing company.

David G. Myers 저, 신현정 역(2008). 심리학개론. 서울: 시그마프레스.

David H. Olson & Amy K. Olson(2003). 건강한 부부관계 만들기. 경기: 양서원.

Dayne, Malcolm(1991). *Modern Social Work Theory : A Critical Introduction*, Chicago : Lyceum Books.

Egan, G. The Skilled Helper. 오성춘 역(1991). 상담의 실제. 서울: 대한예수교장로회총회출판국.

Epstein, L. & L. B. Brown(2002). *Brief treatment and a new look at the task-centered approach*. 4th ed. New York: Macmillan.

Feld, Shilda, Norma Radin(1982). Social Psychology for Social Work and the Mental Health Professionals, Columbia University Press, New York.

Florence Hollis & Mary E. Woods(1981). *Psychosocial Therapy*, New York : Random House.

Garvin, C. & Tropman, J.(1998). *Social Work in contemporary Society*(2nd Ed.) Needham Heights, MA : Allyn and Bacon.

Germain, C. B. & Gitterman, A.(1980). *The life model of Social Work practice*, New York : Columbia University press.

Harriet, M. Bartlett(1970). Common Base of Social Work practice.

Heiden, L. A. and Hersen, M. Introduction to Clinical Psychology. 이영호 역(2001). 임상심리학입문. 서울: 서울: 학지사.

Helen Northen 저, 노충래 역(2006). 집단사회복지실천. 서울: 학지사.

Helen Perlman(1957). *Social Casework A Problem Solving Process*, University of Chicago Press.

Johnson, David W. & Frank P. Johnson(1982). Joining Together : Group Theory and Group Skills, 2nd ed., Prentice-Hall, Inc., Englewood Cliffs, New Jersey.

Katz, Daniel & Robert L. Kahn(1978). *The Social Psychology of Organization*, 2nd ed., John Wiley & Sons. New York.

Louise C. Johnson & Stephen J. Yanca, 한인영 외 2인 역(2006). 사회복지실천론(일반주의관점). 하나의학사.

Maria Oneil Mcmahon, 오창순 외 역(2001). 사회복지실천론(통합적 관점). 아시아미디어리서치.

Mary Richmond(1929). *What is Social Casework?*, New York : Russell Sage Foundation.

Michael P. Nichols 외 저, 김영애 외 역(2007). 가족치료(핵심개념과 실제적용), 서울: 시그마프레스.

Miley, K. K., O'Melia, M., & DuBois, B. (2000). *Generalist social work practice*: An empowering approach(3rd ed, ch. 3). Boston: Allyn and Bacon.

Narramore, C. M. The Psychology of Counseling. 양승달 역(1976). 상담심리학. 서울: 성암사.

Nelson, Lowry, C. E. Ramsey & C. Verner(1960). Community Structure & Change, The Macmillan Company. New York.

Norlin, J. M. & Chess, W. A.(1977). *Human Behavior and the Social Environment : Social Systems Theory* (3rd ed.), Boston : Allyn and Bacon.

Pincus, A., & Minahan, A.(1973). Social Work practice : Model and Method, Itasca, IL : Peacock.

Rapoport, L.(1970). Crisis intervention as a mode of brief treatment, Univerity of Chicago Press.

Reid, W., & Epstein, L.(1972). *Task-centered Casework*. New York : Columbia University Press.

Rhodes S.(1980). A developmental approach to the life cycle of the family, Social Work 58.

Richard K. James 외 저, 한인영 외 역(2001). 위기개입, 서울: 나눔의집.

Shaw, Marvin E.(1976). *Group Dynamics : The Psychology of Small Group Behavior*. McGrow-Hill Book Company, New York.

Siporin, M.(1980). *Introduction to Social work practice*, New York : MacMillan Publishing Co. Inc.

Toseland, R. W. & Rivas, R. F.(2005). An Introduction to Group Work Practice with Myhelpinglab, Addison-Wesley.

Virginia Satir 저, 홍성화 역(1991). 가족치료. 성원사.

찾아보기

ㄴ

ㄷ

ㅇ

ㅈ

a-z

저자소개

구혜영

이화여자대학교 정치외교학 학사
이화여자대학교 대학원 사회복지학 석사
가톨릭대학교 대학원 사회복지학 박사

현) 한양사이버대학교 사회복지학과 교수
전) 광진복지재단 이사장
전) 여성가족부산하 농어촌청소년육성재단 이사장
전) 서울시자원봉사센터 센터장
전) 한국청소년상담복지개발원 선임상담원
전) 이화여자대학교 사회복지관 연구원

사회복지실천기술론(3판)

초판발행 2010년 3월 5일 **1판 1쇄** | 2010년 9월 10일 **1판 2쇄** | 2011년 9월 10일 **1판 3쇄**
2판발행 2013년 9월 10일 **2판 1쇄** | 2013년 10월 30일 **2판 2쇄** | 2014년 9월 10일 **2판 3쇄**
2015년 9월 10일 **2판 4쇄** | 2019년 3월 10일 **2판 5쇄** | 2020년 9월 10일 **2판 6쇄**
3판발행 2021년 6월 30일 **3판 1쇄** | 2022년 3월 10일 **3판 2쇄** | 2023년 9월 10일 **3판 3쇄**

지은이 구혜영
펴낸이 최용구 | **펴낸곳** 도서출판 **신정**
주소 (04316) 서울시 용산구 원효로 89길 19 (원효로1가)
전화 02)3211-4782, 0266(영업부), 3211-4783(편집부), 3211-4784(팩스)
이메일 sjbook2002@naver.com | **홈페이지** www.sjbook.co.kr
등록 2001년 5월 11일 제13-702호
기획마케팅 최용구 장만동 최충구 송대용 | **책임편집** 석기은 황가연 | **표지** SDY

ISBN 978-89-5912-765-8 93330
정가 20,000원